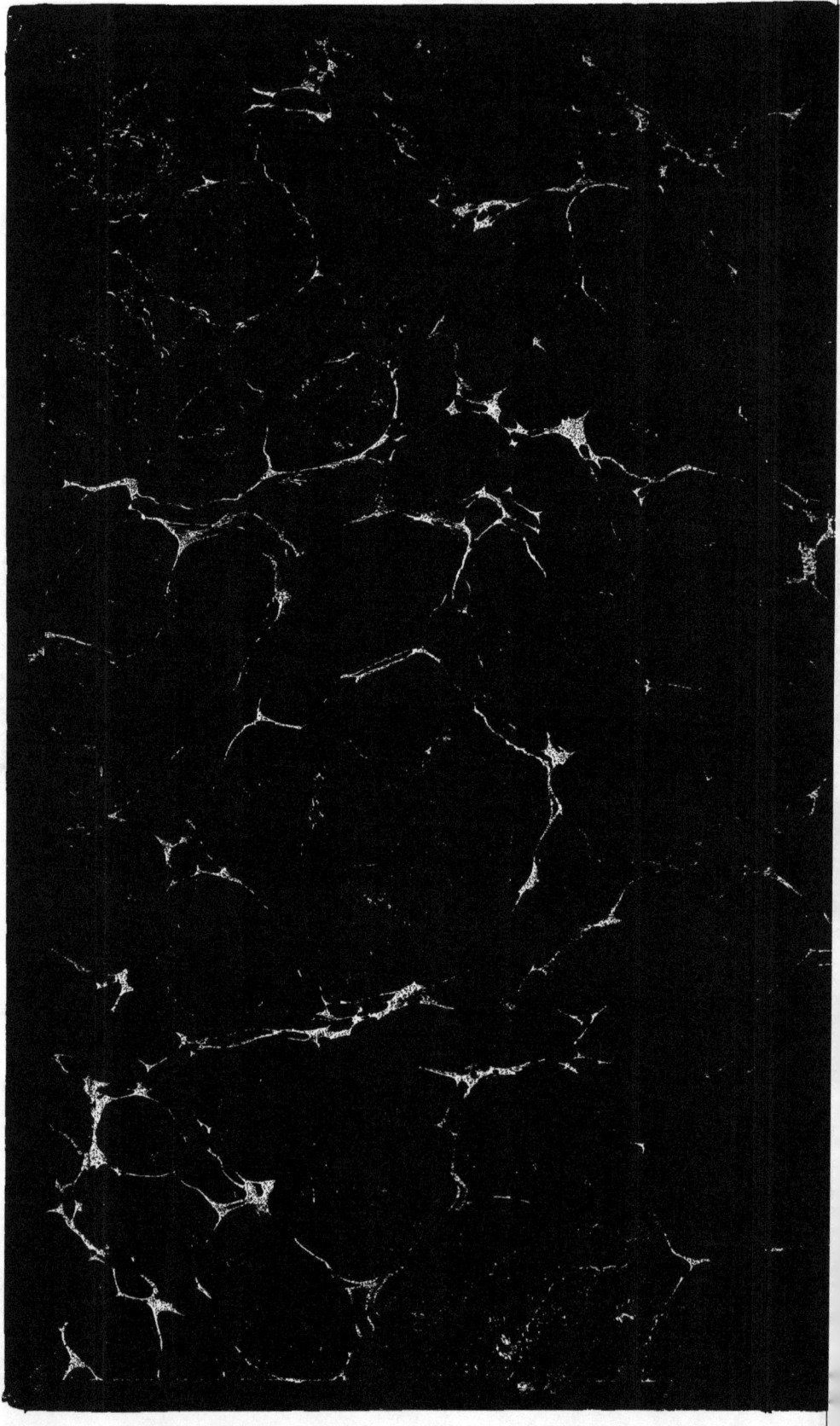

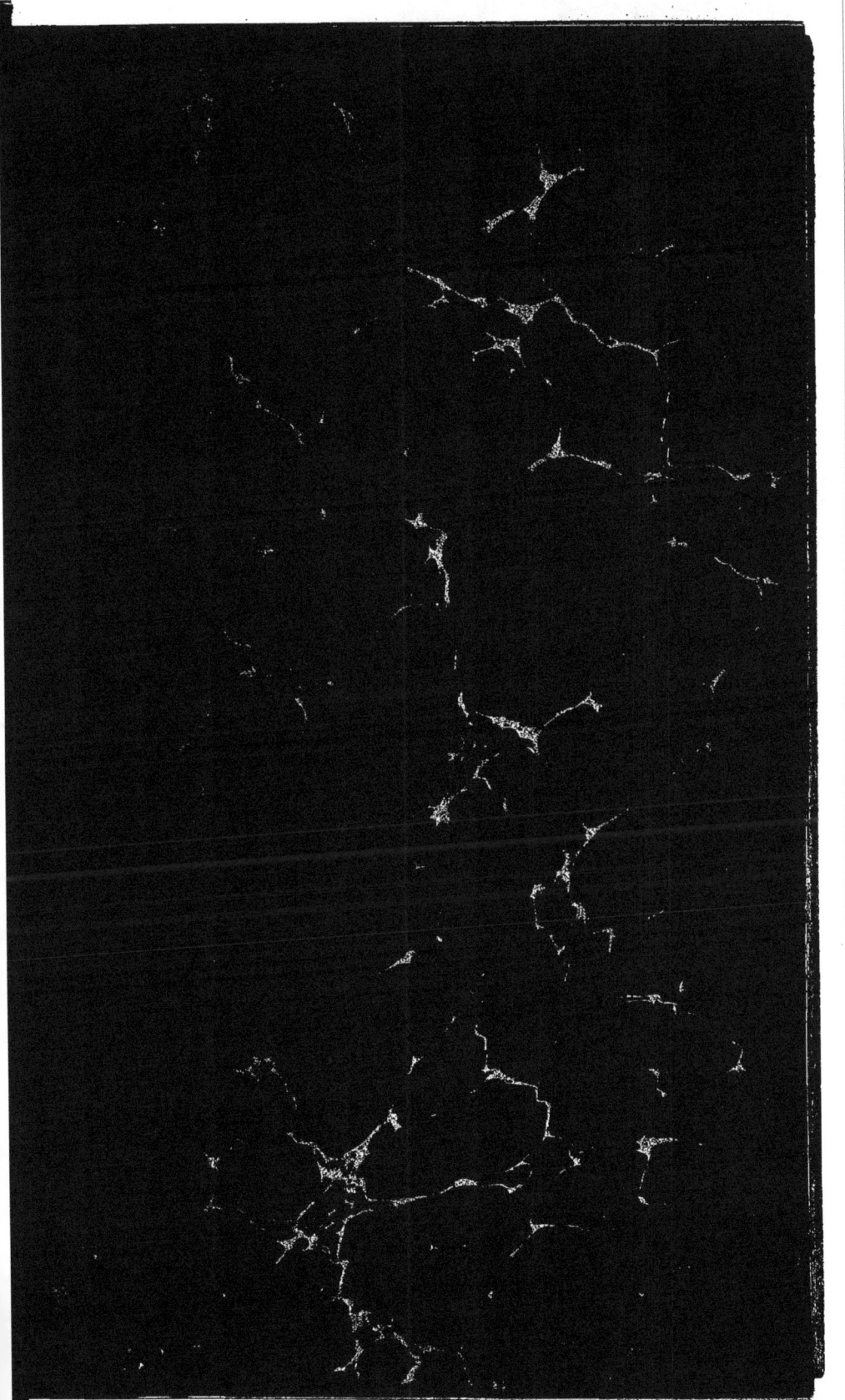

ESSAI

DE

GRAMMAIRE JAPONAISE

PARIS. — IMP. W. REMQUET, GOUPY ET Cⁱᵉ, RUE GARANCIÈRE, 5.

ESSAI
DE
GRAMMAIRE JAPONAISE

COMPOSÉ PAR M. J. H. DONKER CURTIUS

COMMISSAIRE NÉERLANDAIS AU JAPON

ENRICHI D'ÉCLAIRCISSEMENTS ET D'ADDITIONS NOMBREUSES

PAR M. LE DR J. HOFFMANN

PROFESSEUR DE JAPONAIS ET DE CHINOIS,
INTERPRÈTE DU GOUVERNEMENT DES INDES NÉERLANDAISES

(PUBLIÉ EN 1857, A LEYDE)

TRADUIT DU HOLLANDAIS

Avec de nouvelles Notes extraites des Grammaires des PP. Rodriguez et Collado

PAR LÉON PAGÈS

PARIS

BENJAMIN DUPRAT, LIBRAIRE DE L'INSTITUT IMPÉRIAL DE FRANCE

ET DES SOCIÉTÉS ASIATIQUES DE PARIS, LONDRES
MADRAS, CALCUTTA, CHANG-HAÏ ET NEW-HAVEN (ÉTATS-UNIS D'AMÉRIQUE)

Rue Fontanes, 7

1861

A M. LE D' J. HOFFMANN

RESPECTUEUX HOMMAGE

LÉON PAGÈS.

AVANT-PROPOS

PAR LE TRADUCTEUR.

La Société asiatique de Paris a inauguré les études japonaises contemporaines, en publiant la traduction, par M. Landresse, de la grammaire du P. Rodriguez (Paris, 1825). Rémusat et Klaproth composaient dès lors de nombreux mémoires sur les langues chinoise et japonaise : le premier, doué d'une pénétration qui lui faisait pressentir et déterminer fréquemment les principes de la science, et dont tous les écrits sont revêtus de la forme la plus attrayante ; le second, ouvrier infatigable, mais dont les affirmations sont souvent téméraires.

M. de Siébold, vers la même époque, préparait, au Japon même, les matériaux de nombreux ouvrages, qu'il rédigea plus tard avec le concours de M. Hoffmann; enfin W. H. Medhurst faisait imprimer, à Batavia, son vocabulaire japonais, travail insuffisant, et surtout très-imparfait.

M. de Siébold publia à Leyde, en 1835, son *Thesaurus linguæ japonicæ* (*Wa Kan von Seki Sjo gen zi ko*), vocabulaire assez étendu de mots japonais mis en parallèle avec les mots chinois. En 1857, M. Gochkevitch fit paraître, à Saint-Pétersbourg, un vocabulaire japonais-russe, d'environ 12,000 mots.

La grammaire japonaise, publiée en hollandais à Leyde (1857), et dont nous donnons aujourd'hui la traduction, est primitivement l'ouvrage de M. Donker Curtius, ancien commissaire néerlandais au Japon. Il est spécial à l'idiome oral de Nagasaki. C'est le fruit d'une expérience de plusieurs années, et le premier essai grammatical au point de vue moderne sur la langue japonaise. M. Hoffmann, chargé par son gouvernement d'être l'éditeur du livre, a, par ses éclaircissements et ses additions, augmenté considérablement l'importance du travail. L'éditeur a tiré le plus heureux parti des éléments préparés par le premier auteur. Il a déterminé plusieurs lois grammaticales et en a savamment expliqué la théorie. Ce livre est donc un instrument du plus grand prix pour les études japonaises. En traduisant l'ouvrage de MM. Donker Curtius et Hoffmann, nous avons eu en vue de le rendre plus accessible à nos compatriotes ainsi qu'aux autres Européens.

Dès à présent, nous allons entreprendre l'impression du *Dictionnaire japonais-français*, traduit du *Dictionnaire japonais-portugais* composé par les missionnaires-jésuites et publié à Nagasaki, en 1603 : nous espérons que ce travail, en 4 livraisons, sera terminé le 1er janvier 1862. Dès lors tous nos loisirs seront consacrés à l'achèvement et à la publication de l'histoire, en quatre volumes, de l'empire du Japon.

LÉON PAGÈS.

PRÉFACE.

L'Essai d'une grammaire japonaise, composé par M. J. H. Donker Curtius, nous a été transmis en 1856 de la part du Ministère des Colonies, avec invitation de la faire servir à créer un moyen de communication entre les Néerlandais et les Japonais.

Le manuscrit avait été envoyé du Japon en 1855. Avant de l'expédier, M. Donker Curtius en avait soumis une copie au collége des interprètes de la factorerie néerlandaise de Nagasaki, afin d'avoir l'opinion de ce corps savant sur la valeur de l'ouvrage. Mais les événements politiques n'ont point permis au collége des interprètes de rédiger son opinion motivée avant l'expédition du manuscrit en Europe.

Néanmoins M. Donker Curtius a, dans un avis préliminaire, exprimé son opinion personnelle au sujet de son travail, et nous transcrirons littéralement ses paroles :

« Cette grammaire, dit M. Donker Curtius, ne doit pas être considérée comme
« le fruit d'une connaissance radicale de la langue japonaise, mais plutôt comme le
« résultat d'une première étude. Et cependant notre œuvre, tout imparfaite
« qu'elle puisse être, doit, nous le croyons du moins, permettre d'apprendre
« en trois mois, avec le secours d'un dictionnaire, autant de japonais que nous-
« même, sans aucun secours grammatical, avons pu le faire dans un intervalle
« de trois ans. Toutefois on ne saurait espérer avec cet instrument d'être immédia-
« tement en mesure de converser avec les fonctionnaires japonais et avec les grands :
« son principal et très-réel avantage sera d'aider nos compatriotes à se faire

« entendre des serviteurs japonais, des artisans et des marchands, comme aussi de
« suivre par la pensée les interprètes, quand ils traduiront nos paroles en leur
« langue. »

Quand l'essai grammatical de M. Donker Curtius nous a été remis, nous étions sur le point de publier notre propre grammaire, achevée depuis longtemps. Les circonstances nous semblaient favorables ; nous avions tout préparé pour l'impression, et nous avions même fait exécuter un nouveau corps de caractères japonais.

Nous résolûmes cependant de publier le manuscrit de M. Donker Curtius, malgré son imperfection, afin que le dessein de l'auteur se trouvât réalisé et que les Néerlandais résidant au Japon fussent immédiatement mis en possession d'un instrument certain pour entrer en relations avec les marchands indigènes et les employés du gouvernement.

Sous les auspices de S. Exc. le Ministre des Colonies, nous avons mis la main à l'œuvre. En même temps nous avons résolu d'ajouter les éclaircissements nécessaires, de perfectionner l'ouvrage par des additions succinctes, et de lui faire porter des fruits plus abondants qu'il n'en pouvait produire si l'on se renfermait dans le projet primitif de l'auteur. En effet, M. Donker Curtius a pris le langage vulgaire, et peut-être trivial, de Nagasaki, pour la base de sa grammaire, et, bien qu'initié dans l'écriture japonaise, il a constamment rendu les mots japonais en lettres européennes; nous avons cru devoir faire un pas de plus, et nous avons transcrit le Japonais en caractères indigènes, conformément à l'orthographe admise pour la langue écrite. Deux raisons nous y ont déterminé. En premier lieu, le langage oral japonais n'est point à nos yeux une base assez sûre pour l'étude grammaticale et complète de la langue, et pour la fixation de la concordance orthographique. En second lieu, l'orthographe japonaise adoptée par M. Donker Curtius nous a paru arbitraire et tout à fait différente de l'orthographe généralement admise, de telle sorte que l'Essai grammatical n'est pas en rapport avec les travaux antérieurs relatifs à la langue et à l'écriture japonaises. Pour remédier à ces inconvénients et pour nous affermir sur un terrain solide au point de vue de la langue écrite, nous avons fait constamment usage de nos types japonais, en y ajoutant la transcription néerlandaise usitée le plus généralement.

Les additions introduites par nous et la différence d'orthographe qui perfectionnent le travail de M. Donker Curtius, ne sont point émanées de notre autorité privée, mais de l'essence même de la langue écrite. Nos additions et les modifica-

PRÉFACE.

tions de sens pour les mots japonais se trouveront placées entre deux crochets [ ].

Après les formes de déclinaison, proposées dans le Ms., nous avons cru nécessaire d'ajouter celles de la langue écrite, ainsi que des éclaircissements qui permettront à l'étudiant de se bien pénétrer de la nature et de l'usage des formes de déclinaison.

Nous avons agi de même pour les noms adjectifs. L'examen attentif du « Mot d'éclaircissement » qui précéde le § 1 du ch. II fera concevoir l'utilité très-réelle de nos propres additions.

En suivant le manuscrit, paragraphe par paragraphe, nous avons, par forme d'éclaircissements, annoté les passages qui nous paraissaient imparfaits ou inexacts. Nous l'avons fait avec réserve et dans l'intérêt seul de la science.

La physiologie du verbe substantif *Ari* (être), celles de *Te-ari*, de *Nari*, de *Nare*, de *Nasi* et d'*Ori* donnent à l'étudiant des éléments essentiels afin de devenir maître de la langue. Notre théorie au sujet de ces verbes est tout à fait nouvelle. Nous la recommandons spécialement, tandis que nous permettons à nos lecteurs d'omettre nos additions relatives aux degrés de comparaison, qui n'ont pour objet que de conférer nos idées personnelles avec les idées du Ms.

La connaissance des nombres japonais, et tout ce qui s'y rapporte, sont une des parties les plus obscures et les plus difficiles de la grammaire japonaise. Il nous a paru tout à fait impossible de suivre le Ms.; et nous avons fait un chapitre entièrement original.

Notre addition aux pronoms japonais fera comprendre la théorie de ces pronoms mieux qu'aucun maître japonais ne saurait l'enseigner. Les formes alléguées par nous existent dans la langue écrite et dans la langue parlée, et notre interprétation qui est le résultat de nos études, sera, nous n'en doutons pas, ratifiée par l'examen.

La science du verbe, telle qu'elle est donnée dans l'introduction au chapitre spécial, ouvre à l'étude de la langue japonaise une voie tout à fait nouvelle. Ce n'est plus la forme des mots que l'étudiant a devant les yeux, sa pensée embrasse dans leur ensemble les lois logiques qui régissent les dérivations et le sens réel des formes. Les textes ajoutés comme exemples sont les témoins irréfragables de la vérité de notre doctrine.

La méthode grammaticale ancienne a été conservée dans le Ms., où l'on trouve le verbe japonais identifié avec notre verbe européen, ce qui doit paraître, d'après notre théorie, tout à fait inapplicable. La méthode ancienne rend inintelligible la partie la plus essentielle, et, pour ainsi dire, l'âme du langage. Elle égare la pensée dans un dédale d'illusions grammaticales. Nos paroles peut-être sembleront présomptueuses, mais les étudiants à venir (c'est pour eux seuls que nous écrivons, et non pour les curieux et les fantaisistes), après s'être pénétré de nos théories et les avoir vérifiées sur les textes, acquerront la conviction immédiate et intime de la réalité de notre enseignement. Nous espérons aussi n'être point accusé de témérité ni d'ingratitude envers nos devanciers; car nous avons toujours eu en vue la science, et non les personnes. Mais la réserve elle-même a ses limites, et devient répréhensible quand, aveugle volontaire, elle autorise des théories erronées, qui deviennent pernicieuses à ceux qui se les assimilent.

Dans l'éclaircissement précédant les paragraphes relatifs aux adverbes, on trouve réunis en quelques lignes les points les plus essentiels concernant ces attributs du discours.

A l'égard des postpositions, nous avons rassemblé toutes les notions qui pouvaient étendre et compléter la science de ces mots de relation.

A la liste des 19 conjonctions donnée par le Ms., nous avons ajouté l'esquisse des principales relations de sens complets et de sens intermédiaires, en mettant en rapport cette esquisse avec notre doctrine de l'association des mots (voir à la page 29 de l'introduction) : on possédera donc dans son ensemble la syntaxe de la langue japonaise dans ses rapports avec les deux théories, et cette syntaxe permettra de se rendre compte de la formation des mots, de comprendre le sens d'une phrase, comme aussi de composer soi-même en langue japonaise.

Nous aurons ainsi réalisé l'objet de notre publication.

Mais nous devons revenir à ce qui concerne le Ms. de M. Donker Curtius. Le vœu de l'auteur, qui était de provoquer un rapport du collége des interprètes, n'avait pu se trouver accompli. Néanmoins, sur l'invitation du commissaire néerlandais, M. N. M. (Nacamoura?) Hatsiyemon, avait rédigé la déclaration officielle suivante :

« Au sujet de la grammaire japonaise composée par M. Donker Curtius, commis-
« saire néerlandais au Japon, après en avoir fait une lecture complète et attentive,
« le soussigné a l'honneur et la satisfaction de déclarer cette grammaire la plus
« complète et la meilleure qui existe, au point de vue de l'étude de la langue japo-

PRÉFACE.

« naise; et il reconnaît que ce livre contient, dans un ordre régulier, les éléments
« et les règles nécessaires, non-seulement à la jeunesse hollandaise, mais encore
« aux jeunes Japonais, pour la pratique du langage oral. »

Cette déclaration évidemment décisive contre les additions faites à la grammaire par le traducteur du gouvernement, c'est-à-dire par nous-même, ne nous a été connue qu'au moment où l'impression du livre était parvenue au chapitre du *Verbe*. Toutefois elle a pris à nos yeux l'apparence d'un défi.

Avant tout nous devons rendre hommage au zèle éminent de M. Donker Curtius pour l'instruction des Néerlandais dans la langue japonaise; à sa loyauté, qui lui a fait soumettre son ouvrage à l'examen et à la révision d'une autorité aussi compétente que le collége des interprètes; ainsi et à la courtoisie de M. N. M. Hatsiyemon, qui par sa déclaration officielle a attaché à l'essai grammatical de M. Donker Curtius le sceau d'une approbation sans réserve, et s'est constitué garant de l'ensemble du Manuscrit, dégageant ainsi le Commissaire néerlandais de toute responsabilité scientifique.

Le combat que nous avons accepté au sujet des lettres et des formes de mots, n'aura donc lieu qu'entre nous-même, comme représentant de l'étude linguistique du japonais dans les Pays-bas, et M. N. M. Hatsiyemon, Japonais de naissance, et premier interprète de la factorerie pour la langue néerlandaise : et si l'on choisit un Hollandais ayant résidé au Japon, pour être juge de camp, ce sera bien évidemment M. Donker Curtius qui, dans ses études, a reconnu le terrain de la science grammaticale japonaise, et y a fait assez de découvertes pour pouvoir apprécier et décider à qui doit être adjugée la victoire, et qui doit avoir l'honneur d'avoir mis en sa vraie lumière l'essence de la langue japonaise, et d'avoir préparé les voies pour une connaissance approfondie de cette langue. D'autre part, ce qui pourrait paraître imparfait dans notre doctrine (la forme de la publication présente ne nous permettant pas tous les développements qui nous sembleraient nécessaires) se trouvera complété dans notre propre grammaire japonaise, qui sera bientôt publiée, et qui contiendra toute la théorie de la formation des mots et de leur association dans le discours d'après les principes établis ici, et qui seront développés par nous. Nous achèverons ainsi notre édifice.

A l'histoire de ce livre se rattache un nom qu'il ne nous est pas permis de passer sous silence, celui de M. W. J. C. baron Huyssen van Kattendyke, lieutenant de marine de 1re classe, parti en 1857 pour le Japon, et qui, pendant qu'il résidait en Hollande, a fait usage de cette grammaire, à mesure que les feuilles sortaient de la presse, et qui a acquis une connaissance de la langue japonaise telle qu'aucun Néerlandais avant lui ne l'avait possédée avant de quitter l'Europe. Espérons que son zèle lui aura fait réaliser de nouveaux progrès, et que lui-même, à son tour, ajoutera des notions importantes à la linguistique japonaise.

Parmi les savants Européens, les premiers qui liront ce livre seront sans doute MM. Stanislas Julien, Wilhelm Schott, Auguste Pfizmayer et Léon de Rosny. Les deux premiers sont profondément instruits dans la langue chinoise et dans les autres idiomes de la haute Asie, et les deux autres ont fait une étude spéciale de la langue japonaise.

Par sa grammaire chinoise (*Chinesische Sprachlehre*) récemment publiée, le professeur Schott a ouvert une voie nouvelle à l'étude et à l'intelligence de la langue chinoise.

Les essais de M. Auguste Pfizmaier sur la langue et la littérature japonaises ne sont ignorés de personne. Mais nous ne connaissons de ses travaux que la 1re livraison (publiée en 1851) d'un vocabulaire japonais, entrepris dans des proportions trop vastes, et dont l'exécution a dû être interrompue. Depuis cette époque, M. Pfizmaier a fait paraître un roman japonais (texte et traduction), d'une exécution typographique magistrale, et deux mémoires sur l'ancienne poésie japonaise (1852). C'est dans l'unique intérêt de la science que M. Pfizmaier et nous-même avons travaillé chacun dans notre sphère, espérant qu'une époque allait venir, où les étudiants en langue japonaise deviendraient plus nombreux : et cette époque existe déjà.

C'est avec une satisfaction très-vive que nous avons vu paraître l'introduction à l'étude de la langue japonaise, de M. Léon de Rosny. Nous avons lu le rapport de M. A. Bazin, publié dans le *Journal Asiatique* (juin 1857). Après avoir examiné le livre, nous devons témoigner à l'auteur notre approbation sympathique pour ses travaux.

Un autre étudiant en la langue Japonaise est M. le Dr. Bettelheim, envoyé en 1847, par la Société des Missions Britanniques, dans l'archipel de Lioukiou. Malgré la surveillance rigoureuse dont il a été l'objet, il a pu transmettre, en 1853, à ses commettants, une traduction japonaise du Nouveau Testament.

Nous devons mentionner encore un service essentiel rendu à l'étude de la langue japonaise dans les Pays-Bas. M. le major W. L. de Sturler, possesseur d'un

PRÉFACE.

trésor de livres japonais, amassé par feu le Colonel J. W. de Sturler, qui dans les années 1824-1826 a été chargé d'affaires des Pays-Bas au Japon et chef de la factorerie néerlandaise, a mis généreusement tous ces livres à notre disposition. Nous offrons à notre honorable ami l'expression très-vive de notre reconnaissance.

Quant à l'exécution typographique du présent livre, M. A. W. Sythoff n'a rien négligé pour en faire un des joyaux de la typographie néerlandaise. Les types chinois seuls laisseront peut-être à désirer : nous les aurions fait graver, si nous n'avions craint d'augmenter considérablement les frais.

Le manuscrit original de M. Donker Curtius a été déposé dans la bibliothèque de la Société néerlandaise des sciences littéraires à Leyde. Cet ouvrage servira de point de départ pour l'étude des lettres japonaises et chinoises dans les Pays-Bas ; et des Pays-Bas la connaissance de la langue et des lettres japonaises se répandra dans le monde entier. Nous devons en rendre grâces aux hommes d'état éclairés, qui dirigent depuis un intervalle de douze années le département des Colonies. Leur bienveillant concours et les dispositions qu'ils ont daigné prendre nous ont permis de réaliser une œuvre éminemment utile, et nous ne faisons qu'accomplir un devoir en exprimant ici tous nos sentiments de respectueuse gratitude pour la confiance dont nous avons été l'objet, en même temps que pour la mission nouvelle qui nous a été confiée (et qui est la publication des annales japonaises), envers Leurs Excellences M. J. C. Baud, ancien ministre des colonies, C. F. Pahud, gouverneur général des Indes Néerlandaises, et P. Mijer, ministre des colonies, aux frais desquels cette grammaire est aujourd'hui publiée.

J. HOFFMANN.

INTRODUCTION [1]

SUR L'ÉCRITURE DES JAPONAIS.

Les Japonais écrivent le chinois, et ont en même temps une écriture nationale dérivée du chinois, et qu'ils disposent précisément comme le chinois, en séries verticales et parallèles se succédant de la droite à la gauche. Les mots, composés de traits obliques, commencent à la droite, et les manuscrits et les livres chinois et japonais se terminent à l'endroit où les nôtres commencent [2].

La première connaissance de l'écriture chinoise fut apportée au

---

[1] Cette introduction est due à M. Hoffmann.

[2] Le fait essentiel que l'écriture japonaise ne coïncide pas avec la nôtre, mais la contrarie, et lui est diamétralement opposée, et qu'ainsi les lettres A B C devraient s'écrire d'après la méthode japonaise $\begin{smallmatrix}A\\B\\C\end{smallmatrix}$ ou C B A, devient une cause d'embarras lorsqu'il s'agit d'associer l'écriture japonaise avec la nôtre. Les Japonais, s'attachant à leur système d'écriture où les caractères sont respectivement placés les uns au-dessous des autres, changent simplement la direction de ces caractères, de verticale en horizontale, et écrivent $\begin{smallmatrix}A\\B\\C\end{smallmatrix}$ pour faire concourir leur écriture avec la nôtre : nous avons imité leur exemple, et nous avons placé dans notre livre les caractères japonais dans le sens transversal. En ce qui concerne l'écriture chinoise, nous avons suivi la méthode, généralement admise, de la succession latérale des caractères. Quant à l'écriture cursive japonaise, elle exige le système par colonnes, et ne permet aucun changement dans la direction des lignes. (Hoffmann.)

* Nous avons cru devoir modifier le système typographique de notre auteur et suivre, pour le japonais, le procédé, presque universel pour le chinois, et admis pour cette langue par M. Hoffmann lui-même, de ranger les caractères de face, en lignes dirigées de la gauche à la droite. Nous y trouvons l'avantage de donner à lire les caractères dans leur sens naturel, sans être obligé, pour chaque exemple japonais, de tourner à demi le livre. (L. P.)

Japon, l'an 284 de notre ère, par un prince de la presqu'île Coréenne, et presque immédiatement le précepteur de ce prince, un Chinois appelé *Wang-jin* 王仁, devint le premier professeur de sa langue[1].

L'étude de la langue et de l'écriture chinoises devint générale au Japon dans le vi[e] siècle, lors de l'introduction dans cet empire de la doctrine de Bouddha. Chaque Japonais de condition élevée associait dès son enfance l'étude du chinois à celle de sa langue maternelle, et bientôt il ne se trouva plus aucun Japonais ayant reçu l'instruction la plus élémentaire qui ne fût en état de lire et d'écrire une lettre en chinois.

La prononciation originelle chinoise dégénéra de très-bonne heure, à ce point qu'il en résulta de nouveaux idiomes, inintelligibles pour les Chinois du continent; mais la connaissance radicale de l'écriture et la pratique du style des Chinois mirent les Japonais en état d'échanger leurs pensées au moyen de cette écriture, non-seulement avec les Chinois proprement dits, mais avec tous les peuples asiatiques écrivant le chinois. Si l'on transporte un Japonais ayant reçu l'éducation commune en Corée, à Pékin, à Canton, ou dans un camp chinois à Java, et que d'autre part on amène un Chinois parlant un dialecte quelconque de sa langue en Corée, à Matsmaï, à Yedo ou à Nagasaki; tous deux n'auront besoin d'aucun interprète pour traduire leurs paroles : un morceau de craie, ou le pinceau et l'encre, ce que chacun aura sous la main, leur suffira pour se faire immédiatement comprendre dans la langue écrite commune à tous. Le chinois littéral est devenu au Japon la langue de la science; il l'est encore, et doit le demeurer toujours. C'est en réalité le *palladium* de la nationalité japonaise et le lien naturel qui doit réunir un jour l'Orient avec l'Occident!

Que les langues de l'Occident, et surtout la langue néerlandaise, soient de plus en plus étudiées au Japon, on le prévoit naturellement; mais cette étude est limitée, dans le principe, à la corporation des interprètes et aux savants proprement dits, qui se servent de la connaissance du néerlandais comme d'un pont par où les notions les plus

---

[1] On trouve ce fait historique avec tous ses détails dans le *Japan's bezüge mit der koreischer halbinsel und mit China. Nach Japanischen Quellen, von J. Hoffmann.* Leyden, 1839, p. 111. (Hoffm.)

essentielles de l'Occident peuvent être importées au Japon. Leurs traductions chinoises ou japonaises servent à répandre dans tout l'empire le bénéfice intellectuel résultant de notre littérature. Cependant l'étude des langues occidentales par des Japonais, non-seulement ne peut avoir de résultats décisifs, mais elle doit en avoir de moins favorables encore que l'étude des langues de l'Orient par les Européens. Le hollandais n'est pas, au Japon, la langue de la cour [1], et ne le deviendra jamais, moins encore que le japonais ne sera la langue de la cour dans les Pays-Bas.

Après que la langue chinoise, écrite et parlée, eut fait invasion au Japon, quand on fut dans le cas d'écrire la langue du pays, qui n'a pas le moindre rapport avec le chinois, au lieu d'en disséquer les mots en leurs éléments simples, et d'exprimer ceux-ci par des signes d'écriture pareils à nos lettres, on prit chaque son dans son intégrité, et on l'exprima, syllabe par syllabe, au moyen de caractères chinois.

Notre lecteur ne peut ignorer que chaque mot primitif chinois est monosyllabique, et se trouve exprimé par un monogramme plus ou moins complexe, lequel a sa propre valeur idéographique et phonétique. Ainsi, pour choisir un exemple, 千 est le signe chinois pour «mille». Un Chinois dit *tsiën*; un Japonais prononce *sen*, et le mot japonais signifiant «mille» est *tsi*. L'expression de chaque caractère chinois, c'est-à-dire le monosyllabe chinois modifié par l'idiome dégénéré japonais, se nomme en japonais *coye* ou *won*, son, voix (音 *yn*); le mot japonais exprimant l'idée du chinois s'appelle *yomi*, lecture, interprétation, sens. Le mot 千 peut être considéré comme un signe de la pensée, soit que le Japonais le prononce *sen*, soit qu'il le traduise par *tsi*, ou que ce mot soit simplement employé comme phonétique

---

[1] Nous devons cette fable, que la langue néerlandaise était la langue de la cour au Japon, à un mauvais sujet de pilote qui avait visité successivement Dezima et Nagasaki, et qui, entendant dire, en 1846, qu'un envoyé extraordinaire des Pays-Bas devait se rendre au Japon, conçut le désir de l'accompagner en qualité de guide. Afin de pouvoir attirer sur lui l'attention, il lui fallait démontrer que la connaissance des langues japonaise et chinoise était superflue, et que la langue néerlandaise était devenue d'un usage habituel à la cour du Japon : fable, à notre avis, beaucoup trop flatteuse pour devoir survivre à son inventeur ! (Hoffm.)

ou signe du son, et réponde uniquement soit à la syllabe *sen*, soit à la syllabe *tsi*. Il est bien évident que la confusion qui s'opère entre le *coye* et l'*yomi* rend incertain dans ses bases le système scripturaire des Japonais.

On est parti de ce point pour écrire le japonais avec l'écriture chinoise, et afin d'exprimer le son des mots japonais syllabe à syllabe par des caractères chinois, on a choisi quelques centaines des caractères chinois les plus usités que l'on a employés comme signes de son, *cana*[1].

Ces signes de sons ont été, comme l'écriture chinoise en général, écrits d'abord intégralement, soit dans la forme régulière, soit dans une forme cursive, effet naturel de l'action de tracer avec le pinceau un signe verbal chinois composé de plus ou moins de traits, d'où résulte une esquisse plutôt qu'une image entière. Pour 由, par exemple, les formes cursives sont 𛀙 𛀁 𛀆.

La forme typique intégrale existe dans la chronique japonaise *Yamato boumi* ou *Nippon syo ki* (日本書記 *ji pen chou ki*)[2], contenant les plus anciennes annales du Japon, de 661 avant l'ère chrétienne jusqu'à 696 de cette ère, et publiées en trente parties manuscrites dès l'année 720.

La forme cursive se trouve employée dans le recueil des anciennes poésies japonaises ayant pour titre *Man yeoû syou* (萬葉集 *wan ye tsi*), ou Collection des dix mille feuilles, rassemblée vers le milieu du VIIIe siècle.

---

[1] Le mot japonais *cana* カナ (prononcez *canna*) est dérivé de *cari-* ou *carou-na*, par assimilation de l'*r*, et signifie « un nom mis à part ou emprunté, » c'est-à-dire un signe de son sans signification spéciale, à la différence de *mana* ou *sin mei* (眞名 *tching ming*), nom réel. Le mot *cana* se trouve ordinairement exprimé par les caractères chinois 假名 *kia ming*, nom emprunté. L'écriture *cána* se nomme *cána gaki* (假名書 *kia ming chou*), et les signes s'appellent *cána-mon-zi* (假名文字 *kia ming wen tse*).(Hoffm.)

[2] Cet ouvrage, écrit en langue chinoise, a été l'une des principales sources pour la composition de notre mémoire sur les relations du Japon avec la presqu'île de Corée et avec la Chine, inséré, en 1839, dans le *Nippon-Archief* de *Von Siebold*. Tout ce que les écrivains français et anglais des derniers temps ont composé sur le même sujet, est extrait de cette dissertation, avec addition du nom des auteurs. (Hoffm.)

La première forme *cana* est appelée, par cette raison, *yamato-cana*[1] (大和假名 *ta ho kia ming*), et l'autre *Man yeoû cana.*

Une abréviation des deux formes a conduit à la création d'une écriture particulière qui se trouve en contraste avec l'écriture en caractères chinois et est désignée comme l'écriture indigène du Japon (*Nippon goc 'no mon-zi* (日本國之文字 *Ji pen coue tchi wen tse*).

Cette forme plus ou moins abrégée de l'écriture chinoise cursive s'appelle *firacana gaki*, ou écriture en lettres simples. Les lettres missives, les pièces officielles et la presque totalité des livres japonais sont écrits et imprimés en cette écriture. L'assertion souvent réitérée, que l'écriture manuscrite ordinaire *firacana* est réservée aux femmes et ne concerne aucunement les hommes, est du domaine des fictions[2]. Les hommes les plus lettrés et les individus tout à fait illettrés écrivent le *firacana* de même que les femmes, parce que c'est l'écriture vulgaire du pays; mais tandis que les femmes se servent seulement de cette écriture, les hommes, dont l'éducation est plus perfectionnée, apprennent encore d'autres formes d'écriture, par exemple, le *catacana.* La lettre manuscrite du haut allemand est-elle donc une écriture de femmes, parce qu'il y a des hommes qui écrivent aussi la lettre moulée des Latins, tandis que les femmes ne font usage que de l'écriture indigène allemande? — L'écriture cursive a ce caractère spécial entre les autres formes d'écriture, que l'on peut lier les lettres d'un mot avec celles d'un autre mot. Si nous voulons employer le *firacana* en relation avec notre écriture littérale, nous n'avons d'autre moyen à prendre que de changer les lignes verticales *cana* en lignes transversales et d'écrire くに (*couni*) au lieu de く *cou* に *ni*. Le défaut d'espace ne me permet pas d'employer ici cette seconde forme d'écriture. Au surplus, divers spécimens de texte *firacana* ont été précédemment

[1] *Yamato* (大和 *ta ho*), contracté de *yama ato*, derrière les montagnes, est proprement le nom de la province où la cour du Micado fut établie en l'an 710, et se trouve aussi employé pour l'empire lui-même. Voyez le vocabulaire *Fac bouts zen*, à l'article *Yamato*, et l'*Encyclopédie Japonaise*, partie LXXIII, p. 4 v°. (Hoffm.)

[2] Le P. Rodriguez dit simplement : *Desta sorte de letra uza a gente ordinaria, e as mulheres.* (L. P.)

transportés par nous sur la pierre et édités avec commentaire et traduction [1]. Nous avertissons donc ceux d'entre nos lecteurs qui y attachent quelque importance, qu'ils peuvent étudier dans nos publications cette forme infiniment compliquée d'écriture.

Par une nouvelle abréviation de l'écriture typique s'est formé le *catacana gaki*. On le destina dans l'origine à tracer, à côté des caractères chinois, l'expression soit de leur son (*coye*), soit de leur sens (*yomi*), en une forme notablement plus petite, et on l'a nommé, par cette raison, *catacana mon-zi* (片假名文字 *pian kia ming wen tse*), c'est-à-dire lettres latérales (en anglais, *lateral letters*) [2].

Le *coye* est placé à la gauche, l'*yomi* à la droite du caractère chinois, par exemple :

$$\overset{2}{\underset{\text{テン}}{}}\ 天\ \overset{3}{\underset{\text{アメ}}{}}$$

1. Le mot chinois *t'iên* (ciel).
2. *Coye* ou prononciation japonaise : *ten*.
3. *Yomi* ou traduction japonaise : *ame* (ciel) [3].

Le nombre des sons ou syllabes de la langue japonaise a été, dans l'origine, fixé à 47. Au lieu de les classer en éléments grammaticaux d'après les organes de la parole, on en a fait une petite pièce de poésie, et comme cette pièce commence par le mot *Irova*, l'alphabet japonais est connu sous ce nom. La première ligne de la pièce de vers jusque et y compris *wo*, est attribuée au prêtre Bouddhiste *Go miyó Sô sei* (護命僧正 *Hou ming sang tching*), mort en 834, et le surplus au prêtre de la même secte *Cô bó Dai si* (弘法大師

---

[1] *Die Angabe Schinesischer und Japanischer Naturgeschichten von dem Illicum religiosum und der davon verschiedenen Sternanis des Handels.* Leiden, 1837, p. 7. — *Yo-san fi-rok*, L'art d'élever les vers à soie au Japon, par *Oue kaki Mori kouni*, traduit du texte japonais, par le docteur J. Hoffmann, ouvrage annoté et publié par Mathieu Bonafous. Paris et Turin, 1848, pl. 50. — *S'âkja's leven, eene Japansche Legende; Tekst, lezing en vertaling.* Voyez le *Buddhapantheon von Nippon, aus dem Japanischen Originale übersetzt und mit erläuternden Anmerkungen versehen von* Dr J. *Hoffmann.* Leyden, 1859, pp. 165-168. (Hoffm.)

[2] Nous regardons comme peu exacte l'opinion de quelques écrivains japonais, que par le *catacâna* on a voulu faire des demi-lettres. (Hoffm.)

[3] La forme *catacana* est souvent employée par les lettrés dans les gloses interlinéaires. (Rodriguez.) (L. P.)

INTRODUCTION.   7

Co fa ta sse), mort en 835¹. Ce dernier, profondément instruit dans la littérature bouddhique, était allé en Chine pendant l'intervalle entre les années 804 et 831, pour s'initier d'une manière plus parfaite dans la loi de Bouddha, et y avait, durant une résidence de trois ans, acquis également la connaissance de l'écriture brahmanique ou sanscrite ². La fixation à 47 du nombre des signes *cana* fut faite par assimilation aux 12 voyelles et aux 35 consonnes de l'écriture brahmanique, *Fon si* (梵字 *fan tse*) ³.

Le *cátacána* est d'une origine plus récente que le *firacána*. Son inventeur, d'après l'*Encyclopédie japonaise* ⁴, est inconnu, et c'est à tort qu'on l'attribue à l'homme d'État japonais *Ki bi Daï zin,* qui mourut en 715, un an après la naissance de *Cô bô Daï si.*

Voici la petite poésie *Irova* :

TEXTE.	TRADUCTION ⁵.
Irova ⁶ *nivoveto tsirinourou wo.*	La couleur et l'odeur (l'attrait et le plaisir) s'évanouissent.
Wagayo darezo tsouné naram.	Dans notre monde qui (ou quoi) peut être permanent?
Ou-wi no ocouyama kefou coyete,	Le jour présent a disparu dans les montagnes profondes du néant.
Asaki younemisi, evimo sezou.	C'était la fragile image d'un songe : il ne cause pas le plus léger trouble (il vous laisse indifférent) ⁷.

On doit apprendre par cœur cette pièce de vers; car elle répond à notre *abc,* et les vocabulaires japonais, très-imparfaits sans doute, sont coordonnés d'après la série de ses caractères.

¹ Encyclopédie japonaise *San sai dzou e,* partie xvi, p. 35 v°. (Hoffm.)
² *Ibid.*, part. lxxvi, p. 34 r° v°. (Hoffm.)
³ *Ibid.*, part. xv, p. 35 v°. (Hoffm.)
⁴ *Ibid.*, part. xv, p. 37 r° v°. (Hoffm.)
⁵ L'*Irova* est traduit pour la première fois par nous. (Hoffm.)
⁶ Nous verrons plus loin les signes de la permutation des consonnes (*c* (*k*) en *g*, *s* en *z*, *t* en *d*, *f* ou *v* en *b* et en *p*), et dans le courant de la grammaire, les principes de permutation. (L. P.)
⁷ Nous donnerons ici l'analyse grammaticale de l'*Irova :*
Iro, subst., couleur. — *Va* , enclitique , indice du nominatif. — *Nivove. Nivoi*, subst., odeur, perdant l'*i* par la composition ; *ve* , enclitique (de *fe* , passer), indique la direction,

Les signes *cátacána* de l'*Irova* sont les suivants :

(Les caractères chinois, d'où ils sont dérivés, étant employés pareillement en manière de capitales, il est essentiel de connaître ces caractères, et nous les faisons précéder, comme étant les formes originelles.)

伊	イ *i.*	和	ワ *wa.*	宇	ウ *ou.*	阿	ア *a.*
呂	ロ *ro*	加	カ *ca.*	井	ヰ *wi, y.*	薩	サ *sa.*
半	ハ *fa, va, ha.*	與	ヨ *yo.*	乃	ノ *no.*	幾	キ *ki.*
仁	ニ *ni.*	多	タ *ta.*	於	オ *o.*	弓	ユ *you.*
保	ホ *fo, vo, ho.*	礼	レ *re.*	久	ク *cou.*	女	メ *me.*
反	ヘ *fe, ve, he.*	會	ソ *so.*	也	ヤ *ya.*	三	ミ, ミ *mi.*
土	ト *to.*	川	ツ, ッ *tsou, tou.*	末	マ, マ *ma.*	之	シ, シ *si.*
千	チ *tsi, ti.*	子	ネ *ne.*	介	ケ *ke.*	惠	ヱ *we, e.*
利	リ *ri.*	奈	ナ *na.*	不	フ *fou.*	比	ヒ *fi, vi, hi.*
奴	ヌ *nou.*	良	ラ *ra.*	己	コ *co.*	毛	モ *mo.*
流	ル *rou.*	牟	ム *mou, m* / ン *n.*	江	エ *ye.*	世	セ *se.*
乎	ヲ *wo.*			天	テ *te.*	湏	ス *sou.*

Les Japonais échangent les formes originelles chinoises de leur *cátacána* avec celles d'où le *firacana* est dérivé, et admettent, par exemple,

l'adjonction, caractérise le datif ou l'ablatif; *to*, enclitique, conjonction copulative, et. Cette forme répond au latin NOBISCUM. — *Tsirinourou*, forme présente (dans la langue écrite) du verbe *tsiri*, se disperser. — *Wo*, adv., en vérité. (Se met après le verbe.) — *Wagayo*. ce monde. *Waga*, pron. démonstratif, ce ; *yo*, subst., monde. — *Darezo*, quel? *Tare*, pron. relat., quel ; *zo*, particule interrogative. — *Tsoune*, adv., toujours. — *Naram*, forme syncopée du présent du verbe *nari*, être.—*Ouwi*, subst., chose misérable et triste, le néant. — *No*, encl., indice du génitif. — *Ocouyama*, montagne profonde ; d'*ocou*, adj., profond, et *yama*, subst., montagne. Le membre de phrase *ouwino ocouyama* est adverbial par position. — *Kefou*, subst., le jour présent. — *Coyete*, participe passé, de *coye*, passer au-dessus.— *Asaki*, forme verbale de l'adj. *asai*, mince, fragile (littéralem. qui est fragile). — *Youmemisi*, image d'un songe ; d'*youme*, subst., songe, et *misi*, subst., image.— *Evimo*. *Evi* (*yei*, au dict.), interjection de surprise; *mo*, enclitique négative, pas même, absolument pas.—*Sezou*, présent négatif (au moyen de l'enclitique *nou*) du verbe *si*, faire. (L. P.)

波 pour ハ, 知 pour チ, 遠 pour ヲ, 太 pour タ, 津 pour ツ, 禰 pour 子, 武 pour ム, 計 pour ケ, 安 pour ア, 左 pour サ, 由 pour ユ, 面 pour メ, 美 pour ミ, 寸 pour ス.

チ, 子, 井, エ, メ et ミ sont originairement des signes, non point de son, mais de sens, répondant aux mots japonais *tsi* (mille), *ne* (souris), *ye* (baie), *wi* (puits), *me* (femme), et *mi* (trois).

Le signe ム *mou*, employé encore ici pour le son final *m*, a reçu plus tard le signe ン *n* pour variante.

Comme signes sténographiques suppléant quelques-uns des mots japonais les plus usités, nous devons signaler :

⏋ pour 事 コト *coto* (chose).

朱, ou anciennement 寸, pour 時 トキ *toki* (temps).

㐧 pour トモ *tomo*.

ソ pour *site*, gérondif de *si*.

玉 pour *tama*, racine de *tamavi*.

La répétition d'un caractère est exprimée par ヽ, et la répétition de deux ou trois syllabes par 〱 ou 〲.

Comme signe de prolongation de voyelle, les interprètes japonais se servent à présent de 丨 et écrivent オ丨 au lieu de オホ *oho* ou オヲ *oo*.

L'emploi ou l'omission de la virgule (ヽ) et du point (॰ ou •) sont laissés à la volonté de l'écrivain. Dans d'anciens ouvrages imprimés on trouve seulement ॰ ou • employé sans distinction comme point et comme virgule. Quelques auteurs font encore usage de • pour indiquer un nouveau sens, et commencent ainsi la phrase par un point, tandis que d'autres se servent dans le même but d'un cercle un peu plus grand ○, ou d'un delta △. La virgule (ヽ) se place à la droite de la lettre (par exemple カヽ), tandis que les signes de réduplication sont placés à la suite et dans l'axe de la lettre (dans l'écriture perpendiculaire).

L'usage originel de séparer les mots dans l'écriture a été négligé par l'effet de l'écriture *catacana*, et l'on écrit à distance égale tous les signes *cana* d'une phrase. Il en résulte pour un novice une incertitude extrême touchant la division en mots d'un nombre de cinquante ou cent signes *cana* qui se suivent sans distinction. L'introduction de notre système d'écriture, qui espace les mots, doit faire faire un progrès immense à l'écriture japonaise.

Sur la valeur des signes CANA.

La valeur originelle des signes *cana* est mise en évidence par leur disposition systématique selon les organes de la parole, pour le service desquels ils ont été créés[1]. L'ordre emprunté par les savants japonais eux-mêmes à la série des caractères brahmaniques est le suivant, d'après les autorités japonaises[2] :

1. Sons palataux[3].	ア *a*.	イ *i*.	ウ *ou*.	エ *e (ye)*.	オ *o*.
2. —	カ *ca*.	キ *ki*.	ク *cou*.	ケ *ke*.	コ *co*.
3. Sons linguaux[4].	サ *sa*.	シ *si*.	ス *sou*.	セ *se*.	ソ *so*.
4. —	タ *ta*.	チ *ti (tsi)*.	ツ *tou (tsou)*.	テ *te*.	ト *to*.
5. —	ナ *na*.	ニ *ni*.	ヌ *nou*.	ネ *ne*.	ノ *no*.
6. Sons labiaux[5].	ハ *fa (va)*.	ヒ *fi (vi)*.	フ *fou (vou)*.	ヘ *fe (ve)*.	ホ *fo (vo)*.
7. —	マ *ma*.	ミ *mi*.	ム *mou*.	メ *me*.	モ *mo*.
8. Sons palataux.	ヤ *ya*.	イ *i*.	ユ *you*.	エ *ye*.	ヨ *yo*.
9. Sons linguaux.	ラ *ra*.	リ *ri*.	ル *rou*.	レ *re*.	ロ *ro*.
10. Sons labiaux.	ワ *wa*.	ヰ *wi*.	ウ *wou*.	ヱ *we*.	ヲ *wo*.

Les dictionnaires de l'ancienne langue japonaise sont disposés d'après cet ordre.

---

[1] Les cinq voyelles japonaises ゴ イ ン *goyn* (les cinq sons) constituent la base du système, et la série des consonnes est coordonnée suivant les organes palatal, lingual et labial. (L. P.)

[2] *Wa-can Sets' yoo mou só boucouro*, p. 38 r°, où la prononciation de la série littérale sanscrite est reproduite en *catacana* japonais. (Hoffm.)

[3] 喉音

[4] 舌﹇

[5] 唇﹇

INTRODUCTION.

OBSERVATIONS SUR L'APPAREIL DES SONS JAPONAIS ET SUR L'EXPRESSION DES SONS EN LETTRES EUROPÉENNES.

A. SUR LES VOYELLES.

Ainsi qu'il est évident d'après la table qui précède, il existait originairement une différence entre エ *ye* (*e*) et ヱ *we*, entre イ *i* et ヰ *wi*, entre オ *o* et ヲ *wo*, et sans doute elle était fondée sur l'essence même du langage. A présent cette différence est perdue de vue; l'on échange indistinctement ces signes phonétiques, et d'après l'écriture japonaise on ne peut plus déterminer avec certitude si l'on doit lire *ye* ou *we*, *i* ou *wi*, *o* ou *wo*. On a même, dans les vocabulaires japonais classés d'après l'*Irova*, négligé la différence entre ces différents sons, et rassemblé les mots commençant par エ *ye* ou ヱ *we* sous un titre unique, c'est-à-dire sous エ ou sous ヱ, les mots commençant par オ *o* ou ヲ *wo* sous l'un ou l'autre de ces caractères, et la variété constituée par ヰ *wi* étant absolument négligée, on l'a reportée à イ *i*. Le seul élément d'éclaircissement sur la prononciation originelle est la vieille écriture chinoise *cana* suivant laquelle sont écrits les mots japonais dans le *Nippon si yo ki*. L'examen de cette écriture est d'un grand intérêt pour la dérivation étymologique.

De même aussi, les sons simples *e* et *ou*, pris en eux-mêmes ou prononcés comme la première lettre d'une syllabe dans un mot néerlandais, sont étrangers au japonais et se trouvent remplacés par un son douteux qui tient le milieu entre *ye* et *we*, entre *ou* et *wou*, et par ce motif l'on écrit indifféremment エド (*Yedo*) ou ヱド (*Wedo, Edo*), et l'on prononce l'un *Yeddo* et l'autre *Eddo* [1]. — L'*e* fermé néerlandais

---

[1] Suivant une observation de Von Siebold (*Epitome l. jap.*, p. 86), l'*e* simple se rencontre seulement dans les mots *e*, frère; *e*, baie; *eda*, tâche, et *crou*, avoir, recevoir. Comme le nom d'*Yedo* est composé de *e* ヱ baie, et *to* ト porte (en chinois), on devrait écrire *Edo*, ainsi que l'Anglais William Adams a écrit *Eddo* dans une lettre du 23 octobre 1611, si l'orthographe *Yedo* n'était pas à cette heure adoptée dans l'usage.

Dans le manuscrit de Nagasaki le son *e* est ordinairement rendu par *eh*, et l'on trouve écrit *meh* et *keh* pour *me* メ (œil), *ke* ケ (cheveu). La raison nous en est inconnue. Comme dans le japonais il n'est fait mention d'aucun *riṣarga*, ou aspiration à la fin d'un mot, nous (comme dans *berg*, montagne, *weg*, chemin) et l'*e* aigu bref (comme dans *bel*, grelot, *wel*, bien), non plus que l'*u* français, ne peuvent être reproduits exactement en japonais.

We ヱ et *Ye* エ ne sont pas seulement échangés entre eux, mais encore à la fin d'un mot ils s'emploient pour ヘ *fe, ve;* il en résulte que pour écrire : *vers Jedo,* on se sert indistinctement des formes *Yedové* エド゜ヘ, *Yedowé* エド゜ヱ et *Yedoyé* エド゜エ.

Sur le ウ (*ou*) comme son final.

Les lettrés japonais de l'ancien temps ont divisé le son postérieur (*anuswara*) du sanscrit[1] en sons guttural, lingual et labial, et écrit en conséquence ウ (*ou*), ン (*n*) ou ム (*m*). Le son final *ng* des mots chinois, identique au *ng* hollandais dans *lang*, a toujours été dès l'origine remplacé par ウ (*ou*), et le chinois *láng* (golfe) exprimé par ラウ *ra-ou*. Sans doute on l'a d'abord prononcé comme *ra-ng*. Plus tard néanmoins on a, par l'ignorance toujours croissante de la nature du système vocal chinois, commencé, quoique bien à tort, à appliquer à ce système la règle adoptée pour la langue japonaise de transformer dans la prononciation アウ *aou* ou アフ *avou* en un *ô* long, — à prononcer ラウ *ra-ou*, qui devait originairement rendre le son chinois *láng*, comme *ro* ou *roo*, et à écrire cette expression elle-même comme ロウ *roo*.

Ainsi a disparu, par l'effet de la prononciation japonaise du chinois, le son final *ng*. La distinction entre *láng* (golfe) et *láo* (vieux) s'est effacée; car les deux sons se trouvent exprimés par ラウ *raou*, et prononcés comme *roo* : ainsi la prononciation japonaise du chinois a produit une finale chimérique, inintelligible des Japonais eux-mêmes[2].

---

avons pensé que l'*h* superflu pouvait être omise, d'autant plus que les syllabes aspirées *meh, keh*, etc., ne sont pas néerlandaises. (Hoffm.)

[1] Le point, comme signe de ce son postérieur, est appelé par eux 窂點 *coung tien*. (Hoffm.)

[2] A notre avis, il est impossible qu'un texte chinois, comme il est lu par un Japonais avec la prononciation japonaise, puisse être compris d'un autre Japonais. (Hoffm.)

INTRODUCTION. 13

Sur les sons doubles et leur fusion en un seul.

Les voyelles qui se suivent ne se fondent pas en diphthongues : *ai, ei, oi, oui* sont prononcés comme *aï, eï, oï, ouï.*

Aou ou *avou, oou* ou *ovou,* se changent dans l'expression en un *o* long que nous exprimons par *ô* ou *oo,* pendant que *eou* devient *eô.*

Que les exceptions ou les règles existent ici, cela ne m'est pas connu. La solution de cette question est néanmoins du plus haut intérêt pour la forme finale des verbes. La démonstration si *aou, oou* et *eou* dans tel ou tel mot est prononcé comme *a ou, o ou, e ou,* ou comme *oo* et *eô,* permettrait, en conservant la manière d'écrire originaire, d'écrire simplement dans le premier cas *aou, oou, eou,* et dans le second *aôu, oôu, eôu*[1].

Sur l'oppression (élision) des voyelles I et OU.

I et *ou,* dans un certain nombre de mots, en de certaines circonstan-

---

[1] Dans la préface de la Grammaire du P. Collado, nous lisons :

Quand, sur la lettre *o* se trouve le signe ʌ, on prononce *ó,* comme *ou* ou *au* (dans le mot français *autre*), les lèvres rapprochées et la bouche presque fermée. Quand sur *o* se trouve le signe v, on le prononce en ouvrant la bouche et comme s'il y avait deux lettres, *oo.*

M. le Dr Hoffmann dit, à la page 137 de sa Grammaire : « *ai* se change (dans les verbes) en *aou* et se prononce *ô* ou *oo* ; *ei* se change en *eou* ; *ii* se change en *iou* ou *i-iou* ; *oi* se change en *oou* et se prononce *ô* ou *oo.* »

D'après le dictionnaire composé par les missionnaires et les nombreux exemples vérifiés par nous, nous croyons pouvoir résoudre la difficulté proposée par M. Hoffmann et affirmer que la contraction provenant d'*aou* s'écrit *ô* et se prononce *oo,* et que celle résultant d'*oou* s'écrit *ô* et se prononce *ou* long ou *au.*

Eou, résultant d'une contraction verbale, se prononce *e-au* et s'écrit *eô* dans le Dictionnaire portugais. *Iou* se prononce *iau* et s'écrit *iô.*

U circonflexe (*oú*) se prononce comme *uu* (*ou-ou*).

En rendant hommage à l'érudition et à la sagacité très-éminentes de M. Hoffmann, nous sommes heureux de constater la valeur scientifique du Dictionnaire portugais et de la Grammaire du P. Collado, qui nous ont apporté ces solutions.

Nous ajouterons encore une observation contenue dans la préface du Dictionnaire portugais et confirmée par les exemples de ce Dictionnaire :

Les voyelles *e* et *i* se confondent et s'échangent souvent. On écrit *feòrŏ* ou *fiŏrŏ, meòji* ou *miŏji.* Toutefois, le langage élevé semble préférer *e* pour les mots qui ont l'accent long : *feòrŏ, feògacou,* et *i* pour ceux qui ont l'accent bref : *fiŏ, kiŏ.* (L. P.)

ces, ont un son tellement faible, qu'ils peuvent être considérés comme des lettres muettes. Les Japonais prononcent シタ *sita* (en bas) comme *sta*; ワタクシハ *watacousiva* (je) comme *watacsa*; ヨク *yocou* (bien) comme *yoc*; マシ, マス, マシタ *masi, masou, masita*, comme *mási, más, másta*; *tatsou* (dragon) comme *táts*; *yomou* (lire) comme *yom*; *narou* (étant) comme *nar*; *tsoucouri* (faire) comme *tscouri*. Le moyen d'exprimer dans l'écriture cet affaiblissement ou repos d'une voyelle, n'est encore venu dans l'esprit d'aucun Japonais, quoiqu'il fût très-facile de placer un point à la gauche de la lettre *catacana*, et de distinguer ainsi *sita* .シタ de *sta* シタ.

C'est principalement l'*ou* final des verbes et celui des adverbes terminés en ク *cou*, ainsi que l'*ou* des syllabes chinoises brèves finissant en ク *cou* et ツ *tsou*, qui perdent ainsi leur son.

Comme les muettes *i* et *ou* constituent dans le japonais une partie essentielle des mots et sont nécessaires à leur discernement, on se voit obligé rigoureusement de les imprimer dans les écrits auxquels on veut donner une valeur scientifique. Si ミチ *mitsi* (chemin) et ミツ *mitsou* (trois) dans la bouche de tel ou tel Japonais ont tous deux le son de *mits*, nous devons, dans notre écriture, à l'exemple des Japonais, distinguer les deux mots, et écrire *mitsi* et *mitsou*; si l'on veut néanmoins caractériser la voyelle faible ou muette, on emploiera des accents et l'on écrira *mitsĭ*, *mitsoŭ*, ou, comme les anciens auteurs, *mits^i*, *mits^{ou}*. La distinction que l'on a en vue s'accomplit encore par l'*apocope* ou retranchement qui a lieu pour l'*ou* et non pour l'*i*, et tandis que l'on conservera *mitsi, mitsĭ* ou *mits^i* pour ミチ, on écrira *mits'* ou même *mits* pour ミツ.

Nota. Pour les mots monosyllabiques brefs d'origine chinoise, tels que コク *coc* (pays, état), ロク *roc* (six), クヮツ *gwats* (mois), les lettres finales ク *cou* et ツ *tsou* ont la simple valeur des consonnes *c* (*k*) et *ts* (originairement *t*) [1].

---

[1] Il existe en japonais plusieurs diphthongues contractées :

Les syllabes portugaises *chi-ya, chi-yo, chi-yu* (fr. *tchi-ya, tchi-yo, tchi-you*, holl. *tsi-ja, tsi-jo, tsi-joe*), se prononcent en portugais *cha, cho, chu*, en italien *cia, cio, ciu*, en français *tchia, tchio, tchiou*, en hollandais *tsja, tsjo, tsjoe*.

Les syllabes portugaises *xi-ya, xi-yo, xi-yu* (fr. *chi-ya, chi-yo, chi-you*, holl. *si-ja,*

INTRODUCTION.

B. SUR LES CONSONNES.

Modification des consonnes [1].

Le son palatal *c* (*k*), les sons linguaux *s* et *t*, et les labiaux *f* (*v*, *h*) sont susceptibles de modifications : *c* (*k*) devient *g* (*ng*), l'*s* devient *z* ; *t* se change en *d*, *f* en *b* et en *p*. Ces modifications dans les écritures *firacana* et *catacana* sont indiquées par deux points adjacents appelés *nigori* (") ou par un petit cercle appelé *marou* (°), ainsi qu'il suit :

カ, ケ, キ, コ, ク, *ca, ke, ki, co, cou.*
ガ, ゲ, ギ, ゴ, グ, *ga, ghe, ghi, go, gou.*
サ, セ, シ, ソ, ス, *sa, se, si, so, sou.*
ザ, ゼ, ジ, ゾ, ズ, *za, ze, zi, zo, zou.*
タ, テ, チ, ト, ツ, *ta, te, tsi, to, tsou.*
ダ, デ, ヂ, ド, ヅ, *da, de, dzi, do, dzou.*
ハ, ヘ, ヒ, ホ, フ, *fa, fe, fi, fo, fou.*
バ, ベ, ビ, ボ, ブ, *ba, be, bi, bo, bou.*
パ, ペ, ピ, ポ, プ, *pa, pe, pi, po, pou.*

si-jo, si joe), se prononcent en portugais *xa, xo, xu,* en français *cha, cho, chou,* en hollandais *sja, sjo, sjoe.*

Les syllabes portugaises *ni-ya, ni-yo, ni-yu*, se prononcent en portugais *nha, nho, nhu*, en espagnol *ña, ño, ñu*, en français *gna, gno, gnou*, ou mieux, à l'imitation du portugais, *nha, nho, nhou,* en hollandais *nja, njo, njoe.*

Les syllabes portugaises *fi-yo, ki-yo, ri-yo, ke-fu* (*ke-fou*), se prononcent *fio, kio, rio, keô*, l'*i* et l'*e* se trouvant pour ainsi dire insensibles. — De même en français.

Les syllabes *na-fu* (*na-fou*) et *ki-fu* (*ki-fou*) se prononcent *nô* et *kiû* (*kioû*). — De même en français.

Il est des syllabes formées de trois éléments : ce sont celles dont la dernière voyelle est longue et qui ont eu des éléments rendus muets. Telles sont les syllabes portugaises *cuuau* (*cououaou*), qui se prononce *qouô* (*couô*) ; *kiyau* (*kiyaou*) = *kiô* ; *kiufu* (*kioufou*) = *kiû* (*kioû*) ; *niyau* (*niyaou*) = *nhô* ; *niyufu* (*niyoufou*) = *nhû*. — De même en français.

(D'après Rodriguez.) (L. P.)

[1] Les 47 syllabes primitives ne pouvant servir à exprimer et écrire tous les sons de la langue, on les a fait servir, en les modifiant, pour suppléer aux sons manquants.
On appelle les syllabes naturelles *soumi*, c'est-à-dire claires, pures, sans altération. Les syllabes modifiées sont les primitives adoucies ou renforcées, c'est-à-dire des sons similaires plus doux ou plus forts. On appelle ces syllabes *nigori*, c'est-à-dire troubles ou altérées, (Rodriguez.) (L. P.)

Les modifications des consonnes japonaises sont d'un caractère purement euphonique et n'ont par là même aucune influence sur le sens. Exemples : *Couni gouni* = terre-terre, c'est-à-dire les terres ; *tada*, simple, uni ; *fito bito* = homme-homme, c'est-à-dire les hommes ; *fa bayaki* pour *fa fayaki*, qui coupe bien. Les modifications sont encore le résultat d'une *m* ou d'une *n* précédente, avec laquelle *c* (*k*), *s*, *t* et *f* se confondent et forment des sons qui résonnent comme en néerlandais *ng*, *ns*, *nd* et *nb* ou *mb*, que les Néerlandais rendent toujours simplement par les lettres *g*, *z*, *d* et *b*, parce que dans le japonais l'*n* ne s'ajoute point dans l'écriture ; mais nous laissons néanmoins à d'autres la liberté d'écrire *ng*, *ns*, *nd* ou *mb*. Cependant, en vue de l'unité, il paraît désirable que l'on adopte exclusivement l'orthographe par *g*, *z*, *d* et *b*, qui est la plus usitée. Aussi nous écrirons *Nagasaki* ナ-ガ゛サ キ et *Firado* ヒ ラ ト゛, quoique l'ancienne orthographe *Nangasaki* et *Firando* soit très-voisine de la prononciation japonaise. Il est intéressant d'observer que les Coréens, quand ils transcrivent les mots japonais en leurs propres caractères, emploient *nt* pour le *d* japonais, et *mp* pour le *b* japonais, et qu'ils écrivent *mpoundoou* pour le japonais フ゛ト゛ウ *boudoou* (*boudô*) [1].

La fusion de *n* avec *va* est selon nous l'origine de la forme de conjugaison verbale *ba*.

Remarques sur la manière d'exprimer et d'écrire certaines consonnes.

« La prononciation japonaise, » fait remarquer le capitaine Golow-

---

[1] Les voyelles *a*, *e*, *i*, *o*, *ou*, devant *d*, *g*, et quelquefois devant *j* et *z*, donnent à la prononciation une faible aspiration nasale, comme si ces lettres étaient affectées d'un demi-*til*. Ainsi, *aghourou*, *caghou*, *tada*, *fidamasa*, *adanarou*. Mais on ne doit ni supposer un *til* complet, ni prononcer sèchement comme on prononce en portugais *fado*, *geada*, *imagino*. (Rodriguez.) (L. P.)

Le *til* placé par les Espagnols sur une voyelle ajoute le son *n*, mais incomplet et comme fugitif.

De même, quand un mot terminé par une voyelle est suivi d'un mot commençant par une consonne, spécialement un *b* ou une *s*, entre la voyelle et la consonne on fait sentir une *n* imparfaite. (Collado.) (L. P.)

nin[1], et son observation a du poids, parce que, ainsi qu'il le dit lui-même, la défense qui lui fut faite par les Japonais d'apprendre à écrire leur langue, lui rendait impossible de se familiariser avec leur écriture et leur grammaire; — « la prononciation japonaise, » dit-il, « est pour
« nous Européens difficile au plus haut degré. Il est des syllabes qui
« ne sont pas absolument prononcées comme notre *te* ou notre *de*,
« mais qui produisent un son intermédiaire, et que néanmoins nous
« ne pouvons exactement reproduire. De même il est d'autres sons
« qui tiennent le milieu entre *be* et *pe*, entre *sse* et *sche*, entre *ghe* et *che*
« (du haut allemand), entre *che* et *fe*. »

Cou? ou *Cfou?* — Au sujet du son palatal *cou* ク, un éclaircissement spécial est nécessaire. Dans les XVIe et XVIIe siècles, et avant E. Kaempfer, les Hollandais et les autres voyageurs, de même que les missionnaires portugais et italiens, écrivaient, dans les mots qu'ils avaient recueillis de la bouche des indigènes, *cou* (*cu*, *qu*) et *gou* (*gu*) pour ク et グ. De même François Caron[2], qui, vivant dans la société des Japonais, avait appris à parler leur langue, a écrit dans des mots purement japonais, d'après l'orthographe française, *cou* ou *kou* pour ク, et *gou* pour グ; il a écrit クニ *couni* (terre, pays), et クマモト *Koumamotto* (c'est-à-dire *siège d'ours*), nom de la métropole du *Figo*. Le ク, servant de finale à une syllabe chinoise brève, a été très-exactement rendu par Caron au moyen de *k* ou *ck*, et il a écrit *say kock* pour サイコク *sai kok* (néerl.) (pays occidental), *chi kock* pour シコク *si kok* (néerl.) (les quatre territoires). E. Kaempfer a adopté la même orthographe, lui qui connaissait d'autres idiomes asiatiques, de qui l'oreille était si bien exercée, et qui a exprimé la prononciation japonaise avec une telle précision, que ses écrits, aujourd'hui encore, surpassent à cet égard ceux des autres auteurs[3]. Il a aussi

---

[1] *Begebenheiten des Capitains von der Russich-Kaiserlichen Marine Golownin, in der Gefangenschaft bei den Japanern in den Jahren 1811, 1812 und 1813. Aus dem Russischen ubersetzt von* Dr C. J. Schultz. Leipz. 1818. Partie 2, p. 20. (Hoffm.)

[2] Il était en 1629 président de la factorerie à Firado. (Hoffm.)

[3] Il avait pour guide un jeune médecin japonais, attaché à sa personne sous le nom de surveillant, et qui avait aussi la mission d'apprendre la science médicale européenne et l'art de guérir. Kaempfer lui fut redevable en échange de notions précieuses sur le Japon. (Hoffm.)

rendu le ﾝ, au commencement ou au milieu des mots japonais, par le haut allemand *ku* (*koe* néerlandais), et a écrit *kuni* (pays), *kuro* (noir), *kusa* (herbe), et *tsugumigusa* (nom d'une plante), tandis que dans les monosyllabes chinois, qui ont pour finale ﾝ, dont le son *ou* est faible ou muet, il a transcrit le son de ce ﾝ par k^u, et, en manière de variante, l'a caractérisé par *kv* ou *kf*, et a écrit *jak^u*, *jakv* ou *jakf*. Pour la première fois, pendant que H. Doeff était président du commerce à Dezima (1811-1817), on a commencé à introduire l'orthographe *kfoe* et *gfoe*, et l'on a rendu les muettes ﾝ et ﾝ゛ par *kf* ou *kf'*, *gf* ou *gf'*, et changé le titre de Son Altesse le *Siôgoun* en *Siogfoun*. Ni l'étude de la langue, ni les relations sociales et le commerce n'y ont rien gagné, et ce serait un pas essentiel vers l'unité si désirable de l'écriture, que d'affranchir de nouveau le *c* (*k*) et le *g* de l'*f*. Pour faire que l'on s'entende généralement sur ce point, je crois important d'ajouter un dernier mot sur les monosyllabes chinois brefs se terminant en *c* (*k*).

Dans le chinois, les monosyllabes qui ont pour lettre finale, d'après l'orthographe japonaise, ﾝ, ｼ ou ﾌ, sont prononcés comme monosyllabes, et la voyelle est à peine proférée, comme si elle était reprise ou ravalée [1]. A cette classe de mots appartiennent *coué* (terre), *pĕ* (nord), *lŏ* ou *loŭ* (six), *fŏ* ou *foŭ* (= *bou* dans *Bouddha*), *chi* (dix). Dans quelques idiomes, tels que ceux de Canton, du Fokien, etc., ces sons attirent après eux comme leurs compléments les consonnes *c* (*k*), *t* ou *p*, et résonnent comme *couoc, coc, pac, poc, louc, lioc, fot* ou *fout, chap, sip*, les consonnes finales se trouvant réduites, pour ainsi dire, à l'état d'ébauche et à peine articulées. En même temps, à l'imitation de ces dialectes, on écrit et l'on prononce en Corée *couc, pouc, lioc, poul* et *sip*, que nos Japonais, dans l'imperfection de leur écriture *cana*, sont obligés d'écrire *cocou* コク, *focou* ホク ou *fotsou* ホツ, *rocou* ロク ou *ricou* リク, *boutsou* ブツ et *zivou* シ゛フ, et sont exposés à considérer comme dissyllabiques[2]. — Ainsi s'est formée la pronon-

---

[1] On les appelle par cette raison « des sons rentrant à l'intérieur, *ji ching* 入声 ». (Hoffm.)

[2] Le *t* final (des mots chinois) est suppléé par la syllabe *tsou*. On écrit *batsou*, et on lit *bat*. (Rodriguez.) (L. P.)

INTRODUCTION. 19

ciation de la langue chinoise au Japon, inintelligible pour tout indigène de Chine, et ayant pris au Japon même un caractère fantastique, tandis que, pour le commerce oral avec les Chinois, une école pour la formation des interprètes avait été instituée dès l'an 725.

Pour revenir à notre *cfou*, chacun a dû comprendre à quel point il est désirable que cette forme, si elle n'est pas absolument évitable, au moins ne soit pas employée pour le ング final des syllabes brèves chinoises.

— Les sons linguaux タ, チ, ツ, テ, ト ont originairement la valeur de *ta, ti, tou, te, to*. En même temps il y a des dialectes dans lesquels チ et ツ deviennent sifflants comme *tsi* et *tsou*, et où チ゛, ツ゛ sont prononcés comme *dsi* et *dsou*, de sorte que les mêmes signes チ et ツ peuvent être employés tantôt pour *ti* et *tou*, et tantôt pour *tsi* et *tsou*. En apparence, cette variété de prononciation est sans influence sur la signification des mots japonais; mais cela rend imparfaite la transcription japonaise des mots d'une autre langue, et les personnes accoutumées à prononcer *tsi* et *tsou* au lieu de *ti* et *tou*, devront les prononcer de même dans les mots néerlandais écrits en *cana* japonais; par exemple, チン (*tin*) deviendra *tsin*, comme dans le haut allemand, et チ㆒ン (*tien*) sera prononcé *tsiin*. Les Japonais emploient par ce motif, pour transcrire *ketting* (chaîne), la forme ケッチンク゛ *kettsingou*, ou, selon l'orthographe en *cfou*, *kettsingfou*; pour *lading* (cargaison), ラ㆒チンク゛ *raadingou* ou *raadingfou*; pour *dichtkunde* (art poétique), チクトキユンデ゛ *dsicouto kiyounde*; pour *diep* (profond), チ゛㆒プ゜ *dsiip*ou, tandis qu'ils écrivent et prononcent simplement, dans l'usage ordinaire, ジ゛㆒プ゛ロ㆒ト゛ *ziibouroodo* pour *dieplood* (sonde), et font ツ㆒ン *tsoun* du néerlandais *toen* (quand)[1].

---

[1] Nous empruntons ces exemples à un vocabulaire édité, probablement à Yedo, 1854, sous en le titre chinois *Sān yü piĕn lan* 三語便覽 (jap. *San go ben ran*), c'est-à-dire Répétition aisée de trois langues, en trois parties, contenant, outre le chinois et le japonais, les mots anglais, français et hollandais qui correspondent littéralement avec ces mots et réciproquement entre eux ; ainsi, par exemple : *Sotogourouva* est en hollandais *buitenwerken* ou *l'enceinte extérieure*, en français *le rempart extérieur*, en anglais *without work*. Ce livre nous a été confié par le ministère des colonies pour être examiné, et nous devons revenir plus tard sur son contenu et sur les trois préfaces écrites en langue chinoise. (Hoffm.)

チ (*tsi*) et ヂ (*dsi*) sont encore prononcés par quelques Japonais comme *tschi* et *dschi* (précisément comme en anglais *chief* et *ginger*). Les Portugais du XVIᵉ siècle, qui avaient appris à parler l'idiome populaire japonais, et qui le reproduisaient très-exactement dans leur écriture, avaient aussi profité de l'étude de l'écriture japonaise, et ils écrivaient *tçuchi* (= *tsoutschi*, néerl.) pour ツチ la terre, *cuzusu* (= *koudsousou*) pour クヅス rompre; de même F. Caron écrivait d'après l'orthographe française *Bitchiou* pour ビ°チウ, *Jetchigo* pour エチゴ, *chiuri* pour チウリ, et aussi *Taytsibanna* pour *Tatsibána* タチバナ. E. Kaempfer, H. Doeff, Von Siebold, Van Overmeer Fisscher, écrivent ordinairement *tsi* et *dsi*, et cette orthographe mérite, à notre sens, la préférence sur celle en *tschi*, *tsji*, *dsji* ou *tji*, et *dschi* ou *dji*, à moins qu'un examen ultérieur de l'idiome des différentes provinces ne doive faire décider que le チ doit être prononcé dans quelques mots comme *tsi*, et au contraire en d'autres comme *tschi*, et que l'écriture *cana* vienne imposer l'obligation de distinguer les deux sons [1].

— *Mou* ム, originairement le son labial *m*, au commencement des mots japonais, s'échangeait aussi dans les temps anciens avec ウ *wou* ou *ou*; de là ウマ et ムマ, tous deux prononcés comme *m'ma* (= chinois *mà*, coréen *mar*, mongol *mor-in*, cheval); ウマキ et ムマキ, prononcés comme *m'máki*, friand; ウメ et ムメ *m'mé*, prune; ウマレ et ムマレ *m'maré*, être né. La taupe, *oucoro motsi*, qui dans le *Sikok* est nommée *oucouro motsi* et *ocoro motsi*, et dans le Boungo *oucoura motsi*, s'appelle en Tosa *mougouro*, dans le Bizen *moucouro motsi*, à Yedo *moucoura* ou *moucoura motsi*, et dans l'Ise *Wongoro*, *Wogoro* ou *Wongoro motsi* [2]. Ceci n'est qu'un simple aperçu de la notable différence qui existe entre les dialectes japonais.

N finale. — Le signe ン sert aussi bien pour l'*n* postérieure dentale

---

[1] Le P. Collado considère le *tç* comme étant d'une prononciation très-difficile et qui n'a d'équivalent dans aucune langue : ce n'est ni *tç*, ni *s*, ni *ç* ; mais on frappe violemment les dents avec la langue, de manière à faire entendre *t* et *ç*, et plus *ç* que *t*. (L. P.)

[2] Ces synonymes sont empruntés à la nomenclature japonaise et chinoise d'histoire naturelle rédigée par *Onolanzan*, qui a paru en 1809 sous le titre de *Honzô kei mô mei sou*, ouvrage éminent à tous égards, et surtout précieux pour le développement des progrès scientifiques au Japon. (Hoffm.)

que pour l'*n* postérieure nasale, qui ressemble à l'*n* sourde française terminant une syllabe, ou au signe postérieur sanskrit *anuswara*, et « il a le son de *ng*, étant exprimé de la gorge comme par un levier [1]. »

Dès les temps anciens, le signe ン était échangé contre le signe *cana* ム *mou* et prononcé comme une *m* muette. Dans l'*Iroва* le ム est aussi employé pour ン[2]. Dans les mots japonais, ン s'emploie pour le son postérieur nasal sourd *ng* des Chinois, et au contraire, dans les mots chinois pour le son postérieur dental clair *n* des Japonais, comme dans les mots hollandais *man* (homme), *dan* (alors). Devant les consonnes labiales l'*n* finale se transforme dans la prononciation en *m*; on prononce *Tamba* pour *Tanba* タンバ; *Namboc* pour *Nanboc* ナンボク; *Kemboc* pour *Kenboc* ケンボク[3]. Dans la composition le son postérieur *n* a une influence euphonique sur les consonnes qui le suivent : *c* (*k*), *s*, *t*, *f* se changent, dans le langage parlé et écrit, en *g*, *z*, *t*, *b*. Mais il règne encore à cet égard tant d'incertitude et une telle absence de règle, qu'il faut laisser à des Japonais instruits dans la langue selon des principes solides le soin d'y introduire l'ordre nécessaire, et dans l'intérêt de l'unité d'orthographe, l'*n* finale japonaise, que durant l'espace de deux siècles on a exprimée par *n*, sera retenue par nous, et nous écrirons *Nippon*, et non pas *Nippong*, au moins pour les écrits auxquels nous désirons donner une valeur scientifique.

F. V. H. PH. — A la place du son labial aspiré *f*, l'*h* est aujourd'hui le plus souvent substituée, et *fa, fe, fi, fo,* ハ, ヘ, ヒ, ホ se transcrivent comme *ha, he, hi, ho*, tandis que フ *fou* est unanimement reconnu comme son labial. Mais dans les premiers temps, les Européens qui ont eu des rapports avec les Japonais ont toujours écrit *f*, et jamais *h*; telle était l'orthographe des missionnaires portugais et de leur contemporain, le Hollandais Fr. Caron (1639); telle était plus tard encore celle d'E.

---

[1] D'après une communication verbale de feu Van Overmeer Fisscher, auquel nous sommes redevable de plusieurs éclaircissements concernant la prononciation des mots japonais. (Hoffm.)

[2] Le *mou* faisait fonction de l'*n* finale. On écrivait *bamou*, et on lisait *ban*. (Rodriguez.) (L. P.)

[3] *N* devant *b*, *m*, *p*, se change en *m* comme dans le latin. Ainsi *xemban*, *mamman*, *kimpen*, *bambout*. (Rodriguez.) L. P.)

Kaempfer (1691), de P. Thunberg (1775), de J. Titsingh (1789), etc.; tous ont écrit *Farima, Fanna, Firando, Fori, Fusi*[1]. Pour la première fois au temps de H. Doeff (1812-1827), l'*h* s'introduisit parmi les interprètes de Nagasaki comme une variante accidentelle. On écrivait d'abord le même mot alternativement avec *f* et avec *h*, jusqu'à ce qu'une partie des interprètes adopta l'*h*, tandis que l'autre partie demeurait fidèle à l'ancienne *f*. Pendant qu'en Europe sur la Moskowa, devant Leipsig et à Waterloo, les peuples de notre monde occidental se trouvaient en présence les armes à la main, la différence entre *f* et *h* était la *question brûlante* à Desima, et le dissentiment qui en est résulté se fait ressentir encore à présent. Von Siebold et Meylan écrivent tour à tour *f* et *h*. Van Overmeer Fisscher, qui se trouvait à Desima vers la même époque, s'attache invariablement à l'*f*. Il a trouvé que son nom dans la bouche des visiteurs japonais serait plus euphonique s'il était prononcé *Van Overmeer Fisser"*, que *Han Hohelmeel Hissel"*.

Un examen scrupuleux fait voir que ni *f* ni *h* n'expriment le son original et naturel de la consonne renfermée dans ハ, ヘ, ヒ, ホ. « Aucun Européen, » dit Golownin[2], « ne peut venir à bout de prononcer le mot *fi* ヒ (feu). J'y ai déjà travaillé durant deux ans, et jusqu'à présent sans succès. Tel que les Japonais le prononcent, il semble résonner comme *fi, chi* (en hollandais *hi*), *psi, fsi,* et s'exprime entre les dents. Nous pourrions néanmoins tourner en tous les sens et tirer nos langues sans que les Japonais cessassent de nous opposer leur : Ce n'est pas juste! Or la langue japonaise compte un grand nombre de pareils mots. » Tel est le cas d'un capitaine de la marine impériale russe, qui, durant une captivité de deux ans dans le nord du Japon, n'avait pas manqué de loisir pour une étude des caractères du pays. Meylan, qui a passé les années de 1827 à 1830 à Desima, c'est-à-dire au sud de l'empire, n'était pas moins embarrassé par ce son. « Les Japonais, dit-il, ont une lettre qui a réellement le son d'un *f*, d'un *h*, d'un *ph* et d'un *v*, et ne répond cependant à aucune de ces lettres en particulier.

---

[1] Là où dans les *Curiosités* de *Titsingh* on rencontre un *h* dans les mots japonais, elle est mise par erreur du copiste pour *n*. (Hoffm.)

[2] Dans le livre et au passage déjà cités. (Hoffm.)

INTRODUCTION.

Je ne crois pas qu'un étranger puisse parvenir à en reproduire la valeur¹. »².

Devons-nous donc alors écrire *f* ou *h*? — A notre sens, aussi longtemps que nous n'introduirons aucune nouvelle lettre qui corresponde au son labial versicolore des Japonais, nous devons donner à l'*f* et au *v* la préférence sur l'*h*, par les raisons suivantes :

1. Les lettrés japonais eux-mêmes ont dans tous les temps caractérisé la consonne de leur série de sons ハ, ヒ, フ, ヘ, ホ comme son labial, et les prêtres bouddhistes venus de l'Inde l'ont en même temps assimilé aux sons labiaux *p, pʻ, b, bʻ*, des syllabes sanscrites प, फ, ब, भ, *pa, paʻ, ba, baʻ*, pendant qu'ils ont exprimé le sanscrit ह, *ha* par le japonais カ *ca*³.

2. Les signes chinois *cana*, choisis pour exprimer cette série, sont tous des sons qui, suivant la prononciation chinoise, commencent par un *p* ou un *f*.

3. L'aspirée aiguë des mots chinois, par exemple dans *haï* (*mer*), n'est jamais autrement rendue dans le japonais que par *c* (*k*); *haï* est exprimé par カイ *cai*.

4. Ainsi que dans le hollandais et l'anglais, de même dans le japonais l'*f* aiguë entre deux voyelles se transforme en *v* ou *w*, et カハ, カヘ, カヒ, カホ, カフ, ainsi écrits d'après l'ancienne orthographe, et que nous transcrivons avec la plupart des interprètes japonais *cava, cave, cavi, cavo, cavou*, sont devenus insensiblement カワ, カヱ ou カエ, カ井 ou カイ, カヲ, カウ (*cawa, cawe* ou *caye, cawi* ou *cai, cawo, cawou*).

5. Tous les anciens auteurs ont employé l'*f* ou le *v*; si nous adoptons l'*h*, il en peut résulter une confusion très-inutile, et surtout infinie, et nous aurons pour des milliers de mots japonais une double orthographe.

---

¹ *Japan voorgesteld in schetsen door G. F. Meylan.* 1830, p. 123. (Hoffm.)

² L'*f*, dit Collado, se prononce dans quelques provinces comme l'*f* latine; dans d'autres, comme une *h* imparfaite : c'est un son intermédiaire entre *f* et *h*. (L. P.)

³ *Silvan mata ti wen*, ou Les voyelles et les consonnes sanscrites expliquées par le samanéen indien *Gen soô Rôzin*. Miyaco, 1695. (Hoffm.)

Aussi longtemps qu'un examen approfondi des différents dialectes n'aura pas démontré que dans le japonais, à côté du son labial indigène *f*, il existe une pure *h*[1], et que seulement l'*Irova* ne possède point de signe corrélatif de ce son, il est désirable que l'orthographe par *f* et *v* conserve son ancien droit, ou que l'on considère au moins *f*, *v* et *h* comme identiques, par la raison que nous ne pouvons apprécier par nous-mêmes le système des sons japonais.

R. L. — Ce que l'on a dit de *f* et *h* s'applique également au son lingual *r* de la série ラ, レ, リ, ロ, ル. Ce son lingual se trouve entre *r* et *l*, et incline suivant la prononciation de quelques-uns vers l'*l*, suivant celle du plus grand nombre vers l'*r*. « L'oreille japonaise, dit Meylan, ne perçoit pas la différence entre les sons *r* et *l*[2]. »

Puisque les Européens durant des siècles ont exprimé ce son par *r* et dans de rares occasions par *l*, dans l'intérêt de l'unité d'orthographe, nous donnons la préférence à l'*r* sur l'*l*, et nous coordonnons l'*l* et l'*r* ensemble, comme deux sons identiques. L'impuissance des Japonais à discerner *r* et *l* compromet pour eux l'étude des langues étrangères et rend leur écriture *cana* impropre à la transcription des mots de ces langues. Dans leur intérêt donc un signe particulier devrait caractériser l'*l*[3].

Les sons *re* レ et *ri* リ ont quelquefois aussi le son de *de* et *dji*, pour répondre, selon toute apparence, aux sons chinois *lië* et *li*. Ainsi E. Kaempfer[4], pour le mot chinois *liën* 棟[5], admet comme pronon-

---

[1] L'échange d'*f* et d'*h*, appelé par les grammairiens néerlandais *le saut du son* (klankverspringing), s'opère également dans le hollandais, dans les mots tels que *hecht* pour *heft* (manche d'un couteau), *gracht* pour *graft* (canal), et dans l'espagnol *hidalgo* pour *fidalgo*. (Hoffm.)

[2] Meylan, p. 123. Spalding a fait également observer que les Japonais *pur-sang* d'Yédo qui se trouvaient en contact avec lui ne pouvaient absolument répéter son nom. « Ils ne peuvent prononcer l'*l*, ajoute-t-il, et l'expriment par *r*. Le mot *glove* dépasse leurs facultés, et ils le rendent par *grove*. » J. W. Spalding, *The Japanese expedition*. Redfield, 1855, p. 233. (Hoffm.)

[3] Tandis que les Japonais possèdent l'*r* et manquent de l'*l*, les Chinois ont l'*l* et n'ont pas l'*r*. (L. P.)

[4] E. Kaempfer, *Amœnitates*, p. 778. (Hoffm.)

[5] *Melia azedarach*. (Hoffm.)

ciation japonaise *den* au lieu de *ren*, et propose comme prononciation japonaise du mot chinois *loung ngan* ou *liong gan* 龍眼[1], les variantes *riou gan* et *diou gan*, le plus ordinairement *diou gan*[2]. Nous trouvons encore dans le manuscrit de Nagasaki la forme *dsj'jori nin* pour *riŏ ri nin* リヤウリニン (cuisinier), ce mot devant répondre au chinois *liao li jin* 料理人[3].

Sur la réduplication des consonnes.

ムマ, ンナ, ルレ se lisent *mma*, *nna*, *rre*. La réduplication des autres consonnes est exprimée par ツ *tsou* ou *tou*, placé devant la consonne à redoubler. On écrit ニツポン *Nitsoupon*, et l'on prononce *Nippon*; on écrit カツパ *catsoupa*, et l'on prononce *cappa* (manteau de pluie); enfin on lit モツテ et イタツテ *motte* et *itatte*; mais on laisse à ツ sa valeur dans *Matsou daira* マツダイラ, *Matsou maye* マツマエ, et l'on dit *Mâtsᵒᵘ daira*, *Matsᵒᵘ maï*. La règle servant à déterminer quand dans les mots japonais ツ conserve sa valeur, et quand il sert simplement comme indice de la réduplication de la consonne qui le suit immédiatement, doit être enseignée par un professeur japonais. Il est certain que la syllabe qui précède une double consonne est brève, et la réduplication de la consonne est tout à fait spéciale aux mots composés d'origine chinoise dont la première syllabe renferme une voyelle brève, laquelle se trouve confirmée par un *t*. Or dans le japonais cette sorte de complément est exprimée par un ツ muet, et il en résulte

---

[1] OEil de dragon (sorte de prune ou plutôt de *litchi*). (Hoffm.)

[2] Kaempf., *Amœnit.*, p. 817. (Hoffm.)

[3] Nous ajouterons, d'après Rodriguez et Collado, quelques observations sur les consonnes :

L'*s*, dans les écrits des missionnaires, se prononce comme *sç* espagnol, c'est-à-dire très-forte et comme double. (Collado.)

Les Portugais expriment par leur *j* consonne, répondant au *j* consonne des Français, le son que les Hollandais rendent par un *z*. (Rodriguez.)

Les Portugais expriment par leur *x* équivalant au *ch* français, le son que les Hollandais rendent par une *s*. (Rodriguez.)

Le *g* devant l'*i* est prononcé par les Espagnols et les Portugais comme l'italien *gi*, en français *dgi*. (Collado.)

Nh des Portugais et des Espagnols (*gn* français) n'a pas d'équivalent en hollandais. (L. P.)

naturellement par assimilation le redoublement de la consonne suivante. De *Fotkin* ホツキン vient *Fokking* (*Péking*); de *Bouttaou* ブッタウ, *Bouttŏ* (la voie de Bouddha); de *itssen* イッセン, *issen* (un centième). On exprime, d'après le même principe, dans l'écriture japonaise, les doubles consonnes des mots de langues étrangères (quelques-uns dans ce cas placent le ッ un peu à droite en dehors de la ligne); on écrit *riddor* リッドル pour *ridder* (chevalier), *ver'dosouteyoukk* ヘルドステユック pour *veldstuk* (pièce de terre), *sikipp bouriyourfou* シキップブリユルフ pour *schipbrug* (les lettrés japonais ont l'intention d'exprimer ainsi *schipbrug* (pont de bateaux)), et ils font du *Lion néerlandais* (*Nederlandschen Leeuw*) *Needor*ᵒᵘ*ranssen Reeou* 子ードルランッセレーウ. Ils sont persuadés que c'est bien ainsi [1].

[1] Nous donnerons encore, d'après Rodriguez, quelques règles essentielles :

Toutes les syllabes et tous les mots se terminent par une des cinq voyelles brèves *a, e, i, o, ou*, par une des diphthongues *ŏ, eô, ô, oû, ioû*, ou par une des consonnes *n* et *t*.

Les diphthongues sont affectées des signes v ou ᴧ. Ce sont *ŏ* long (ou double), *ô* circonflexe (ou plein), et *oû* long.

U après *q* devient toujours liquide, c'est-à-dire qu'il n'est plus ni consonne ni voyelle, mais un son intermédiaire, comme dans le latin. On ne le trouve du reste que dans les syllabes suivantes : *qua*, p. ex. *quafan*; *quai*, p. ex. *sanquai*; *quan, quannen*; *quat, xiquat*; *quŏ, quŏmiŏ*; *gua, guachirin*; *guai, guaibun*; *guan, ninguan*; *guat, xŏguat*; *guŏ, quŏguŏ*.

I devant *a, i, o, ŏ, ô, û*, dans le même mot, devient liquide. Ainsi *Biacourem, anghia, gia, kiara*; — *Mochij, xij, foxij*, etc. (On doit excepter les suivants et d'autres encore, quand ce sont deux éléments ou mots différents : *Fochiy, kiy, buy*, et alors le dernier *i* s'écrit par *y*.) — *Bio, ghio, ghioriki, chughio; fio, fionna; giô, tchigiŏ; biŏ, biŏnin; fiŏ, fiŏran; ghiŏ, ghiŏtai; giŏ, giŏnichi; kiŏ, kiŏki; miŏ, dai-miŏ.* — *Kioû, chokioû; ghioû, ghioûba; rioû, tenrioû; gioû, gioûnin*. Il en est ainsi dans les futurs de l'indicatif des verbes de la 2ᵉ conjugaison qui suivent la formation de la 1ʳᵉ : ainsi *abioû, mioû, forabioû, sabioû*.

E devant *o* dans un même mot devient toujours liquide. Ainsi *Gheô, beô, meô, neô, deô, tcô, majeô, atayeô*. Il en est de même pour toutes les formes du futur indicatif de la 1ʳᵉ conjugaison. Ainsi *Agheô, motomeô, idekeô, ranjeô, courcô*, etc.

Y après *ou* dans le même mot se prononce séparément. Ainsi *Tagouy, rouy, canrouy, xinrouy*. — En effet, quand il forme diphthongue, on l'écrit par *i : ai, ei, ii, oi, oui*. Ainsi *Amai, xighei, vomoi, ataraxii, fouroui, nouroui*, etc.

I et *u* devant des voyelles deviennent consonnes : *Jin, jama, jôgo.* — *U* consonne se trouve seulement devant les voyelles *a, e, o*. Il est alors légèrement liquide et comme entre consonne et voyelle. Ainsi *Vŏmoura, Vŏzaca, vaṭacouchi, coreva*.

INTRODUCTION.

Sur le ton ferme ou l'accent.

On distingue dans les mots japonais les syllabes sonores et les muettes. — La voyelle sonore est longue ou brève (littéralement, tranchée net). — La consonne qui suit une voyelle brève est souvent redoublée.

L'écriture japonaise n'accompagne pas d'un pas égal la prononciation européenne. E. Kaempfer est le seul qui ait fait attention au ton ferme des mots japonais, et qui, surtout dans sa description des productions japonaises, l'ait exprimé d'après des principes solides. On peut déduire de son orthographe que l'on prononce *tâts* タツ, dragon, et *mâts* マツ, pin, *fimétatsbanna* ヒメタチバナ, *nássoubi* ナスビ゜, *jamma* ヤマ, *jamatto* ヤマト, *sakke* サケ, *mináto* ミナト [1].

Si l'on était en mesure de marquer le ton ferme des mots d'après la prononciation des Japonais, on apporterait une addition intéressante à la connaissance de la langue japonaise.

Les syllabes *ti, di, tou, dou, ci, se, si, ve, vi, vou, ze, zi*, n'existent pas en japonais et sont remplacées par *tchi (tsi), gi (dgi, dzi), tçou, dzou, xe, xi, be, bi, bou, xe, xi.*

Tçu (tsou) se prononce à peu près comme le *ciu* italien (*tchiou*); *dzu (dzou)* comme le *ziu* italien (*dziou*); *gi* comme le *gi* italien (*dgi*).

Les Portugais, au lieu de *sa, se, su (sou)*, écrivent quelquefois *ça, ço, çu (çou)*, qui sont comme des syllabes doublées dont les formes affaiblies sont *za, zo, zu (zou)*, qui sont aussi des lettres doubles. Cependant elles ne doivent pas être prononcées avec affectation et avoir une double valeur : aussi Rodriguez écrit indifféremment *sa, se, su (sou)* ou *ça, ço, çu (çou)*.

Quand après une *n* se trouve dans la parole suivante, particulièrement dans les mots du *coye*, l'une des syllabes *a, va, e, y, i, vo, ou*, ces syllabes se prononcent *na, ne, ny, ni, no, nou*. Ainsi *Von arouji* se prononce *von narouji*; *yn yen* = *yn nen*; *kenrei monin* = *kenrei monnin*; *xin yno fonovo* = *xinnyno fonovo*. *Tenvô* devient *tennô*; p. ex. *jimmon tennô*; *nin ounjizai* se prononce *nin nounjizai*.

Quand également après une *n* vient l'une des syllabes *ya, ye, yo, you*, elle se prononce comme *nha, nhe, nho, nhou*. Ainsi *Anya, ghenya, conya*, se prononcent *annha, ghennha, connha*; *ghenye, fanyei, rinye*, se prononcent *ghennhe, fannhei, rinnhe*; mais *ynyen* se prononce *ynnen*, et *xorenindono, xorennindono. Canyô, xenyô* se prononcent *cannhô, fixennhô*, et *ynyoú, ynnhoú*.

Quand après un *t* vient l'une des syllabes *a, va, ye, y, vo, ou*, on prononce cette syllabe *ta, te, tchi, to* ou *tçou*. Ainsi, *Connitva, fimit araba, chenjitva*, se prononcent *connitta, mittaraba, xenjitta*. (L. P.)

En général, aucune syllabe ne se termine par une voyelle longue, si ce n'est par une des trois diphthongues *o, ô, oû*, et toutes les brèves se prononcent nettes et d'un ton égal (*direitas e igualmente*), sans accentuer. (Rodriguez.) (L. P.)

Si nous jetons un dernier regard en arrière sur ce que nous avons proposé touchant la série des sons japonais, l'écriture et la prononciation, nous pouvons résumer ainsi nos observations :

La série des sons japonais est imparfaite. Elle ne satisfait pas au besoin de l'esprit, de manière à permettre d'écrire la langue japonaise comme elle est parlée, et elle se trouve absolument impropre à la transcription des mots de langues étrangères. Aussi tous les efforts mis en œuvre pour écrire l'anglais et le hollandais d'après la série *cana* (les derniers ont eu lieu, nous le croyons du moins, dans la publication impériale de 1854, intitulée : *Faible aperçu des trois langues*), n'ont pu aboutir qu'à un insuccès. Cela nous paraît un fait démontré. Par leur écriture syllabique les Japonais sont restés en arrière des autres peuples de la haute Asie, et se trouvent pour ainsi dire cantonnés à peu de distance de la nation coréenne, qui est en possession d'une écriture littérale à la fois originale et tout à fait simple.

Le système de l'écriture japonaise, emprunté aux Chinois [1], est infiniment embarrassé et embrouillé, et en réalité plus imparfait qu'aucun autre. Le caractère de la langue n'a pas été la seule cause qui ait rendu leur littérature si longtemps inaccessible ; l'écriture elle-même, dépourvue d'une base scientifique, confuse et souvent à double sens, a été jusqu'aux derniers vingt-cinq ans la porte de fer qui a fermé l'accès de la littérature japonaise, et où sont venus se heurter tous ceux qui ont tenté d'y pénétrer, jusqu'à ce que les clefs qui devaient ouvrir cette porte eussent été forgées en Hollande et mises à la disposition du monde entier.

A l'égard de l'orthographe japonaise, pendant plus de deux mille ans elle n'a subi presque aucun changement : et nous en avons pour preuve

---

[1] Le fait, que l'écriture japonaise a le chinois pour base, est contredit par feu Hendrik Doeff qui, dans un mémoire sur l'alphabet japonais déposé par lui en 1834 dans la bibliothèque de l'Institut (alors royal) néerlandais, affirme ce qui suit : « Avec les 47 caractères ou syllabes (de l'*Irova*), les Japonais savent écrire ou prononcer leur langue, et ils le faisaient bien avant que l'écriture figurative des Chinois fût connue chez eux, ou plutôt y eût passé dans l'usage. »

N. B. L'autorité grammaticale de M. Doeff était confirmée par un séjour de dix-neuf ans au Japon ! (Hoffm.)

la littérature. Ainsi qu'en anglais et en français l'orthographe une fois admise se trouve confirmée et fait loi, de même une réforme générale pour mettre l'orthographe japonaise plus en harmonie avec la langue moderne est aussi peu vraisemblable, qu'une modification de l'orthographe anglaise ou française. Les interprètes japonais ont bien de temps en temps introduit de légères variantes dans l'orthographe de leur langue, mais ces changements ne sauraient être envisagés comme un progrès général et le présage d'une révolution complète.

Si nous admettons pour l'expression de la série des sons japonais l'orthographe proposée dans cette Introduction, comme étant la plus juste, alors on pourra concilier ensemble les divers systèmes qui se sont produits dans la science du langage et de la littérature du Japon; mais si chacun écrit comme il s'imagine pouvoir écrire d'après la prononciation irrégulière de tels ou de tels indigènes, alors toute harmonie disparaît, et le résultat final anéantit les bases naturelles d'une étude savante de la langue et de la littérature.

Coup d'œil sur la construction des mots en japonais.

La langue japonaise, d'après son caractère général, est parente du mongol et du mandchou, mais elle est absolument originale au point de vue de son développement, et elle le demeure nonobstant l'immixtion des mots chinois, qu'elle gouverne comme un élément étranger, et qu'elle plie à sa construction.

Comme dans la langue japonaise la construction se présente comme un fondement invariable sur laquelle repose tout l'édifice de la formation des mots, il doit être utile, avant de traiter de la formation des mots, de donner une esquisse générale des principes de la construction.

Les deux lois de l'application desquelles dérive toute la science de l'association des mots, sont:

I. Au premier rang se place le sujet, et l'expression (*prédicat*) est mise au second rang.

II. Tout déterminatif direct précède le mot auquel il se rapporte.

D'après ces deux lois sont coordonnés non-seulement les mots de sens simple, mais encore les sens complets qui sont en relation respective.

1. Le prédicat se met par conséquent devant le lien, parce qu'il attribue une limitation à ce terme abstrait.

2. L'objet direct ou indirect précède son verbe; les substantifs adjectifs précèdent le sens principal qui les régit.

3. Le verbe se met avant le verbe auxiliaire, lequel ou confirme le sens, ou, par l'effet d'une fusion avec un élément négatif, est devenu négatif, et produit une classe distincte de verbes négatifs.

4. Le verbe se met avant le mot de relation (conjonction) parce que ce mot en est réellement régi.

5. L'adverbe précède le verbe, et le sens subordonné ou dépendant, en sa qualité de limitation adverbiale, précède le sens principal.

6. Les interrogations et interjections suivent le mot ou le sens complet qu'ils affectent.

7. S'il se trouve dans une expression des déterminations différentes, indépendantes l'une de l'autre, alors la moins essentielle précède la plus essentielle; le qualificatif de temps précède le qualificatif de lieu; l'objet indirect (datif, locatif, instrumental, ablatif) précède l'objet direct (accusatif).

La construction japonaise s'accorde bien avec le chinois à l'égard des déterminatifs attributifs qui précèdent le mot auquel ils se rapportent, mais elle en diffère diamétralement, en ce qu'elle place le complément avant le verbe, tandis que le verbe chinois est toujours suivi de son complément.

Sur la langue des livres et le style.

Les livres des Japonais sont écrits ou en langue chinoise ou en langue japonaise. Le pur chinois, sans aucun mélange de la langue nationale, sert principalement dans les œuvres de science sublime. On y trouve quelquefois jointe une traduction japonaise interlinéaire dans laquelle tous les mots, ou seulement les plus importants et les moins usités, sont écrits à côté des signes chinois en langue japonaise avec les caractères *catacana* ou *firacana*. Si le texte chinois est en écriture

INTRODUCTION. 31

cursive, alors on emploie pour le japonais l'écriture cursive, c'est-à-dire le *firacana,* pendant que l'écriture typique chinoise se trouve accompagnée du *catacana* japonais. Comme exemples d'un texte chinois avec la traduction japonaise complète ou partielle, nous donnerons un passage tiré du livre des Entretiens (*Lün yü*), déjà cité dans notre *Introductio in Dictionarium Wa Kan won-seki Sjo-gen zi-ko,* p. XXXI. On place, ainsi qu'il paraît en cet exemple, la traduction en ligne adjacente à chaque caractère chinois; on indique l'ordre des mots, précaution nécessaire à cause de la différence de construction, par des chiffres chinois, 一 二 三, etc., ou par les signes, également chinois, 上, 中, 下, indiquant le rang antérieur, moyen ou postérieur; enfin, l'on note l'inversion à faire de deux caractères consécutifs par le signe ㇾ.

I. Texte chinois avec traduction japonaise complète.

II. Texte chinois avec traduction japonaise partielle.

LECTURE DU TEXTE CHINOIS.

Tzè youe : hio eul chi si tchi, pou y yô hoù?
Yeòu pong tsé youèn fâng lái, pou y yô hoù?

LECTURE DE LA TRADUCTION JAPONAISE.

Si no notamavacou : Manande toki ni corevô narô mata yorocobasicara ya?
Tomo ari, yen-fô yori kitarou (ou, suivant les signes de construction de la seconde traduction : *Tomo yen-fô kitarou ari*), *mata tanosicara ya?*

TRADUCTION.

Parole de Kong tze : Apprendre et étudier chaque jour (ce qu'on a appris) ne procure-t-il pas un double avantage?

Quand il existe un ami, et que (cet ami) vient d'une contrée lointaine (ou, suivant la seconde traduction : Quand il arrive qu'un ami vienne d'une contrée lointaine), n'est-ce pas un double bonheur?

Dans les livres écrits en langue japonaise, la langue nationale, écrite soit en *firacana*, soit en *catacana*, forme comme la trame sur laquelle se trouve introduit un plus ou moins grand nombre de caractères chinois. On trouvera des exemples de ce style dans le cours de la grammaire. Pour concevoir que les caractères chinois puissent être convertis en ce style, on admet que le lecteur japonais, si le caractère chinois n'est pas déjà traduit latéralement en *cana* japonais, substitue de lui-même les mots japonais et les unit au moyen des formes de flexion que l'écrivain a mises à la suite du caractère chinois. Là encore le *catacana* s'appareille avec l'écriture typique chinoise, et le *firacana* avec l'écriture cursive chinoise. Dans ce style sont écrits la plupart des ouvrages de la littérature japonaise; et nous n'avons jamais rencontré jusqu'à ce jour un seul texte japonais sans immixtion de signes chinois. L'étudiant en langue japonaise ne peut donc comprendre un texte de cette langue sans la connaissance du chinois, et d'un autre côté il est presque impossible à celui qui connaît le style chinois de comprendre le même texte, s'il ne possède pas aussi la langue japonaise [1]. Celui qui

---

[1] On ne présume pas que Kaempfer, Thunberg, Klaproth et le créateur du vaste *Nippon-Archief*, desquels on ne saurait estimer trop haut les mérites au point de vue de l'extension des connaissances relatives au Japon, fussent en état de traduire eux mêmes seu-

veut apprendre le japonais, de manière à pouvoir lire un livre japonais ou une lettre, doit préalablement étudier le chinois, et s'il est assez avancé pour comprendre un texte de cette langue, il peut associer à l'étude du chinois celle du japonais, et s'initier dans le style ; puis, dans le commerce avec les indigènes, apprendre la langue orale et discerner les expressions nobles des vulgaires. C'est évidemment la seule voie qui conduise au but. Cette voie nous affranchira de l'éducation que les interprètes japonais ne nous ont donnée jusqu'ici que très-imparfaitement, et nous permettra d'apprécier la suprême autorité du style dans la littérature japonaise, et en même temps nous fera parvenir au point capital, qui est la philosophie du langage. Ou notre proposition est une vérité, ou elle n'est qu'une illusion : la solution de ce problème démontrera virtuellement comment l'auteur de ce livre, qui n'a joui d'aucun enseignement oral de la part des interprètes japonais, et qui, pour demeurer indépendant dans ses études, n'a rien voulu puiser dans leurs écrits, a pu pénétrer dans l'essence de la langue japonaise, et s'est rendu maître des textes originaux.

lement une ligne de texte japonais. Cela n'est point absolument facile. Tout ce que nous Européens avons en notre possession d'ouvrages de littérature japonaise a été emprunté de traductions hollandaises provenant elles-mêmes d'interprètes japonais. Les premiers écrivains que nous avons cités ne l'ont pas méconnu ; seulement Titsingh et Klaproth ont voulu faire passer pour leur œuvre personnelle ce que d'autres avaient fait et dont eux-mêmes avaient hérité. Klaproth, qui savait le chinois, avait bien appris les 47 signes du *catacana* japonais ; mais avec cette notion seule pouvait-il prétendre à la connaissance intime de la langue japonaise ? Il était en effet absolument étranger à cette langue et ignorant de ses formes. Les preuves de ce fait sont faciles à vérifier dans son édition du *San kok tsou ran* et du *Nippon o dai itsi ran*, et elles seront démontrées surabondamment dans l'occasion pour la confirmation de notre jugement. (Hoffm.)

PREMIER CHAPITRE.

NOMS SUBSTANTIFS [1].

§ I.

Les noms substantifs n'ont point de genre.

Exception : en parlant des animaux, le genre s'exprime quelquefois en plaçant devant le nom *o* ヲ (chef, particule honorifique) pour le masculin, et *me* メ (femelle), pour le féminin.

M'ma ム マ, un cheval. *O m'ma* ヲ ム マ, un étalon. *Me m'ma* メ ム マ, une jument.

Inou イ ヌ, un chien. *O inou* ヲ イ ヌ, un chien mâle. *Me inou* メ イ ヌ, une chienne.

Tori ト リ, une poule (un oiseau en général). *O dori* ヲ ド リ (le mâle d'un oiseau), un coq. *Me dori* メ ド リ (la femelle d'un oiseau), une poule. *Men dori* メ ン ド リ une poule [2].

Niwadori ニ ワ ド リ, volatile. *O niwa-*

---

[1] D'après le manuscrit de Nagasaki.

[2] Ici, pour l'euphonie, *tori* se change en *dori*, et la finale *n* est venue s'ajouter à *me*. Cette finale *n*, au lieu de laquelle M. Donker Curtius a adopté l'orthographe par *ng*, est une abréviation de la particule déclinative *no*, qui caractérise le génitif et qui sert en même temps à la formation des noms adjectifs dérivés des noms substantifs. (Hoffm.) — D'après Rodriguez, cette *n* est simplement euphonique. (L. P.)

Il est de règle que les sons *c* (*k*), *s*, *t* et *f*, lorsqu'ils sont précédés d'une *m* ou d'une *n*, se changent en *g*, *z*, *d* et *b*, lesquels sons plus doux (*g*, *z*, *d* et *b*) font souvent l'effet de l'émission d'une *n* ou *m* précédente ; mais l'*n* disparait dans l'écriture. Ainsi, *foude* (instrument pour écrire, pinceau ou plume), composé de *foumi* (écrire) et de *te* (main, instrument), est comme une abréviation de *foumde, founde*. Aujourd'hui cette règle est le plus souvent négligée. (Hoffm.)

CH. I. — NOMS SUBSTANTIFS. 35

dori ヲニヲトリ, un coq. Me niwa-dori メニヲトリ, une poule.   Neco子コ, un chat. O neco ヲ子コ, un matou [1].

§ II.

Les noms substantifs n'ont point de forme numérale.

Foude フデ, un pinceau, une plume. *Foude*, des pinceaux, des plumes.
M'ma ムマ, un cheval. *M'ma*, des chevaux.
Tori トリ, un oiseau. *Tori*, des oiseaux.

Exception : quelques noms substantifs admettent une forme du pluriel caractérisée par l'une des terminaisons *domo* トモ, *ra* ou *la* ラ, *nado* ナド ou *gata* カタ [2], ou bien cette forme est la réduplication du nom, comme en un grand nombre de langues.

Hito ヒト, homme. *Hito domo* ヒトモ, *hito bito* ヒトビ, les hommes.
Co コ, enfant. *Co domo* コドモ, les enfants.
N. B. *Hito bito* a la même valeur que *hito hito*. Le changement du deuxième *hito* en *bito* n'est que pour l'euphonie. — *Co domo*, pluriel de *co*, enfant, s'emploie aussi pour le singulier, dans la classe élevée, et l'on dit *co domo*, un enfant. Alors le pluriel est *co domo domo*, les enfants. — On dit aussi *hito bito domo*, les hommes.
Yac'nin ヤクニン, fonctionnaire. *O yac'nin gata*, les membres du gouvernement.
Hotoke ホトケ, une divinité [3]. *Fotoke gata*, des divinités.
Camisama カミサマ, idole. *Camisama gata*, les idoles.
Sam'rai サムライ, un soldat. *Sam'rai nado*, les soldats.

Gata est plus civil que *nado*, et celui-ci l'est plus que *domo*.

Le pluriel est, au surplus, autant que possible, indiqué par un

---

[1] D'autres mots ayant le sens implicite d'un des sexes étant ajoutés à un substantif lui attribuent ce sexe ; ainsi, *co*, fils, caractérise le genre masculin, etc.
　　Cotoi コトイ, taureau ; *me ouchi* メウシ, vache.
　　Coma コマ, cheval ; *zoyacou* ゾヤク, jument.
　　　　　　　　　　　　　　　　(D'après Collado.) (L. P.)
[2] *Domo* signifie « compagnie »; *nado* « et le surplus (e o de mais, ou outras cousas); » *gata* « partie ». (L. P.)
[3] *Hotoke* ou *Fotoke* est une forme japonaise du nom de *Bouddha*, et désigne la personne du fondateur du bouddhisme, ainsi que ses images. (Hoffm.)

nom de nombre, et quelquefois encore par l'adjonction de s'cosi スコシ, peu, tac'san タクサン ou yahe ヤヘ, beaucoup, tai sei タイセイ une quantité [1].

§ III.

Tous les noms substantifs admettent o ヲ comme préfixe; ainsi couni, pays, devient ocouni.

Cela se fait par civilité. Quand on adresse la parole à ses supérieurs, on place O devant les noms de tous les objets qui leur appartiennent. Les supérieurs, au contraire, omettent O quand ils parlent de leurs propres choses ou de celles de leurs inférieurs.

Dans la classe élevée, les personnes d'un rang égal font respectivement usage de O devant les noms des objets appartenant à ceux à qui ils parlent, et l'omettent pour les objets qui leur appartiennent.

O s'emploie encore devant le nom de la cité d'Yédo, et en parlant à un habitant de cette capitale, on dit par civilité : Oo Yedo.

Les fonctionnaires entre eux disent généralement aussi, en parlant de la capitale : Oo Yedo [2].

Devant les noms propres de toutes les femmes, on dit O par civilité.

Les enfants de la classe élevée emploient aussi O quand ils nomment

---

[1] Rodriguez propose quatre indices du pluriel : tatchi タチ, chou ス (tout le monde), domo ドモ, ra ラ. Tatchi, le plus noble : Tono tatchi « les seigneurs »; chou, noble, mais dans un degré moindre : Samourai chou « les nobles qui ne sont pas seigneurs »; domo, les choses inférieures, à savoir les êtres raisonnables et les autres créatures vivantes ou inanimées : Fiacoucho domo « les laboureurs », ichi domo « les pierres », mma domo « les chevaux »; ra, les choses les plus viles.
Certains autres mots ayant en eux-mêmes l'idée de pluralité servent encore comme coefficients désignant le pluriel. — Tels sont, d'ailleurs, les indices proposés par le P. Collado et par M. Donker Curtius. (L. P.)

[2] Éclaircissement. O, on ou go (forme japonaise du chinois yú 御), signifie princier, et vient se placer comme un nom adjectif devant les appellations d'objets et de choses que l'on veut désigner comme princiers, appartenant au prince ou seigneur, ou qui en proviennent. Si nous parlons, en Hollande, d'un la Haye princier, les Japonais mentionnent également leur Yedo princier, O Yedo ou Won Yedo. (Hoffm.)

CH. I. — NOMS SUBSTANTIFS.

leurs anciens ou supérieurs dans la famille, ou qu'ils leur adressent la parole.

Toto[1], père; l'enfant dit : *O toto sama.*
Caca[2], mère; l'enfant dit : *O caca sama.*
Dzidzi, grand-père; l'enfant dit : *O dzidzi sama.*
Baba, grand'mère; l'enfant dit : *O baba sama.*

Ces radicaux, *toto, caca, dzidzi* et *baba*, sont employés seuls par les paysans. *Sama* est un titre donné par déférence.

Quelquefois *O* donne l'idée d'éminence; par ex.:

Yac'nin ヤクニン, employé. *O yac'nin*, employé supérieur.
Sam'rai サムライ, soldat. *O sam'rai*, officier.

Tsoŭzi ツウジ, interprète. *O tsoŭzi*, principal interprète.
Mets'ke メツケ, espion. *O mets'ke*, principal espion[3]. [4].

---

[1] *Tsitsi* ou *caso*, père. (Hoffm.) — *Toto*, père. Parole enfantine. (Dict.)

[2] *Fava* ou *haha*, mère. (Hoffm.) — *Caca*, mère. Parole enfantine. (Dict.)

[3] La langue écrite fait une différence entre *O*, princier, et *oho* (prononcez *oo*), grand. Le *mets'ké* est quelqu'un qui fixe *(ts'ké)* l'œil *(mé)* sur une chose, par conséquent un inspecteur, un surveillant, un espion. Il en résulte que *O* ou *On mets'ké* est un espion princier ou impérial : tel est le titre officiel des membres de la police secrète instituée à Yédo. Leur chef, qui exerce à Méaco la principale surveillance sur la cour du Micado, porte le titre de *Oo Gobito mets'ké*, c'est-à-dire espion supérieur des personnes princières. *Oo mets'ké* est donc un espion en chef. *O tsoŭzi* signifie l'interprète princier, l'interprète du gouvernement. *Oo tsoŭzi* est le titre du principal interprète. Les autres grades du collège des interprètes à Nagasaki sont : *Co tsoŭzi*, sous-interprète; *co tsoŭzi siki*, sous-interprète provisoire; *co tsoŭzi nami*, vice-sous-interprète; *co tsoŭzi batsou seki*, sous-interprète provisoire; *nai tsoŭzi co casira*, sous-interprète particulier. (Hoffm.)

[4] Collado compte quatre particules honorifiques, *vo* et *von*, qui se joignent aux mots *yomi*, *go* ゴ et *mi* ミ qui accompagnent les mots *coye*. *Mi* est le plus honorable, et les missionnaires l'ont employé pour qualifier les choses divines. Exemples : *Go focò*, service ; *von fourou mai*, festin ; *von cotoba*, parole ou discours ; *von mono gatari*, conversation; *von natçoucachii* ou *von nocori vo voi*, éprouver du regret de quelqu'un ; *von tori avache*, intercession ; *von mi mai*, visite ; *von cha*, thé ; *go dancò*, conseil, assemblée ; *von rei*, action de grâces ; *von bousata*, incivilité ; *vo motenachi*, accueillir avec hospitalité ; *go tchisô*, considération ; *go iken*, conseil, avis.

Rodriguez énumère un plus grand nombre de particules honorifiques : *ouye* ウエ, *mi*, *von*, pour les noms *yomi*; *go* ゴ, *son* ソン, *ki* キ, *sama* サマ, *ghio* ギョ pour les noms *coye*. Ces particules tiennent lieu pour la plupart des pronoms possessifs de la deuxième et de la troisième personne : *Mite, miachi*, ses ou vos mains, ses ou vos pieds ; *ouye sama*, son Altesse. (L. P.)

§ IV. L'HOMME ET SES CONDITIONS D'EXISTENCE

(caractérisées par la finale *nin* ou *hito*, homme)¹.

Jin ジン; *nin* ニン; *ninjin*; *Hito* ヒト, homme. *Hito bito*, chacun, tout le monde. *Hito*, quelqu'un.

Ki キ, noblesse. *Ki nin*, noble.

Yacou ヤク, emploi. *Yacou nin*, employé.

Saicou サイク, art. *Saicou nin*, artisan.

Syocou シヨク, artisan. *Syocou nin*, artisan.

Syòbai シヤウバイ, commerce. *Syòbai nin*, marchand.

Tovoi, éloigné, distant. *Tovoi nin* トヲイニン, exilé.

Nippon ニッポン, Japon. *Nippon nin*, Japonais.

Nagasaki ナガサキ, Nagasaki. *Nagasaki nin*, habitant de Nagasaki.

Tsyŏ チヤウ, rue, ville (quartier). *Tsyŏ nin*, bourgeois, habitant.

Kyò キヤウ, forme, figure. *Nin ghyò*, poupée.

Naca ire sour' ナカイレスル, s'interposer. *Naca ire sour' hito*, médiateur².

Manabou マナブ, apprendre. *Manabou hito*, professeur.

Syo tsoŭ, instruit. *Syo tsoŭ na-hito*, homme de science.

Riyŏri リヤウリ, cuire, apprêter. *Riyŏri nin*, cuisinier.

Mewo ts'cour' メヲツクル, épier. *Mewo ts'cour' hito*, espion.

Mimŏ ミマウ, visiter. *Mimŏ hito*, visiteur.

Youmi ir' ユミイル, tirer de l'arc. *Youmi ir' hito*, archer.

Ts'kébi sour' ツケビスル, incendier. *Ts'kébi sour' hito*, incendiaire.

Bacou yeki sour' バクエキスル, jouer. *Bacou yeki sour' hito*, joueur.

Bacoutsi sour' バクチスル, jouer. *Bacoutsi sour' hito*, joueur.

Mourini sour' ムリニスル, opprimer. *Mourini sour' hito*, tyran.

Sima シマ, île. *Sima bito*, insulaire.

§ V. COMMERCE, INDUSTRIE, ARTISANS.

Ya ヤ, maison, et *mise* ミセ, boutique, forment des mots composés qui signifient tantôt une boutique, fabrique ou lieu de commerce, et tantôt la personne qui fait un négoce ou exerce une profession.

---

[1] M. Donker Curtius a inséré dans son manuscrit une assez longue nomenclature de substantifs. Nous en avons coordonné les éléments d'après une série plus régulière, dans l'intérêt de la clarté; nous avons seulement omis quelques exemples, considérés par M. Hoffmann lui-même comme étrangers aux paragraphes dans lesquels ils se trouvaient compris. (L. P.)

[2] Dans la langue écrite, un médiateur s'appelle *nacai* ou *nacòdo*. (Hoffm.)

CH. I. — NOMS SUBSTANTIFS.

Come ya コメヤ, boutique où l'on vend du riz.
Siwo ya シヲヤ, boutique où l'on vend du sel.
Saca ya サカヤ, maison où l'on vend du saki.
Sake mise, boutique où l'on vend du *saki*.
Tsya ya チヤ丶, boutique de thé.
Tabaco ya タバコヤ, boutique de tabac.
Ts'kemono ya ツゲモノヤ, boutique où l'on vend des provisions de bouche. (*Ts'kemono*, provisions de bouche qui sont rangées en ordre ou entassées confusément. Conserves, saumure. Dict.)
Kwasimise クハシミセ, boutique où l'on vend des pâtisseries.
Satŏ ya サタウヤ, magasin de sucre.
Coma mana ya, Comamono mise, boutique de poterie et d'ustensiles en fer.
Go foucou ya ゴフクヤ, boutique où l'on vend des habits de soie.
Wata ya ワタヤ, boutique où l'on vend de la ouate.
Four'ki ya フルキヤ, boutique de friperie.
Four te ya フルテヤ, boutique de vieux habits; (boutique de vieille porcelaine).
Tsoudzi mise, boutique de revendeur.
Sitsi ya シチヤ, maison de prêt sur gages, lombard (en français l'on dirait Mont-de-piété).
Ori ya ヲリヤ, atelier de tisserand.
Cŏ ya, atelier de teinture. (Dict.)
— *Yadoya* ヤドヤ, auberge.
Sacana ya サカナヤ, marchand de poisson. (*Sacana*, aliment, soit chair, soit poisson. Dict.)
Yasai ya ヤサイヤ, marchand d'herbages, de verdure.

Syŏyou ya シヤウユヤ, marchand de soya.
Sou ya スヤ, marchand de vinaigre.
Ki ya, marchand de bois.
Zai mok ya ザイモクヤ, marchand de bois.
Soumi ya スミヤ, marchand de charbon de bois.
Aboura ya アブラヤ, fabricant d'huile.
Cousouri ya クスリヤ, apothicaire.
Tatami ya タヽミヤ, marchand de nattes.
Tŏsin ya トウシンヤ, marchand de mèches.
Ourousi ya ウルシヤ, marchand d'objets en laque.
Syomen ya シヨメンヤ, libraire.
Cami ya カミヤ, papetier. *Camisŏuki* カミスキ, fabricant de papier.
Casa ya カサヤ, marchand de parapluies.
Noui ya ヌイヤ, passementier.
Hasami ya (*Hasami si*), fabricant de ciseaux.
Hari ya ハリヤ, fabricant d'aiguilles.
Megane ya メガチヤ, polisseur de lunettes.
Awogai saicou ya, ouvrier en nacre de perle et laque.
Himono ya ヒモノヤ, fabricant de meubles.
Ghin saicou ya, orfèvre.
Sara tsyawan ya, marchand de porcelaines.
Cadzi ya カヂヤ, forgeron.
Toghi ya トギヤ, rémouleur.
Ryŏ gae ya リヤウガヘヤ, changeur.
Arai hari ya, blanchisseur, blanchisserie.
Rŏsok'ya ラウソクヤ, fabricant de chandelles.
Tori ya トリヤ, oiselier.

Yacousya ヤクシヤ, acteur. (Ouvrier chargé d'un travail. Dict.)

Isia[1], médecin.
Ouranai sia ou *Ouranai fito*, devin.
Sakwan サクハン, maçon.
Ouri nin, marchand ambulant, colporteur.
Ioumewo handan sour fito, interprète de songes.
Si syŏ シヽヤウ, professeur.
Odori sisyŏ, maître de danse.
Outa sisyŏ ウタシヽヤウ, maître de chant.
Akindo アキンド, marchand, commerçant.
Daicou ダイク, charpentier.
Hiyac' syŏ ヒヤクシヤウ, paysan, paysanne, laboureur.
Soui zyou, hommes d'eau, matelots.
Hyó casira, chef des *coulis*.
Hyótori, porteur, *couli* (proprement: journalier).
Tei syou テイシユ, aubergiste. (Maître de la maison. Dict.)
Sen tó センドウ, batelier.
Tó ryŏ トウリヤウ, patron ou maître ouvrier. (principalement dans l'état de charpentier. Dict.)

*Cods*ᵒᵘ*cai* コシカイ, messager, coureur. *Ots*ᵒᵘ*cai*, commissionnaire. *Co-ots*ᵒᵘ*cai*, sous-commissionnaire.
Tsoubo hori, fossoyeur.
*Car*ᵒᵘ*waza si*, artiste.
Tsouna watari ツナワタリ, danseur de corde.
Yeta エタ, écorcheur, bourreau, maître des hautes-œuvres, fabricant de pantoufles. (Hommes de condition vile qui ont parmi leurs offices d'écorcher les chevaux et les bœufs morts, et de faire différents ouvrages avec les peaux. Dict.)
Ito ts'couri, fileuse. (*Ito*, fil; *ts'couri*, fabriquer avec les mains. Dict.)
Cotori baba, sage-femme.
Merŏ メラウ, servante.
Ghe dsio ゲヂヨ, *Cosimoto* コシモト, *Otsoubone san*, servante.
Ban badon, bonne d'enfants.
Iwono tana イヲノタナ, marché au poisson.
Mitsedas, marché. (*Mise wo das'*, dresser une boutique.) *Itsi*, marché.
Yasai mitse das, marché aux herbes.
Cami idoco, boutique de coiffeur, de barbier.
Hon dsin ホンヂン, logement.
Sibai シバ井, salle de spectacle.
M'ma sibai ムマシバ井, carrousel.

§ VI. NOMS DE CHOSES ET D'AFFAIRES (EN GÉNÉRAL), ET QUELQUEFOIS D'INDIVIDUS (AUSSI EN GÉNÉRAL).

Mono モノ, chose, affaire, est souvent employé comme terminaison, ainsi qu'en néerlandais *goed*, bien, chose, *goederen*, biens, *werk*, ou-

---

[1] *Isia* est la prononciation japonaise de l'expression chinoise *i tchè*, celui qui guérit. (Hoffm.)

CH. I. — NOMS SUBSTANTIFS.

vrage, *raad*, meuble, *tuig*, instrument, etc., dans les mots *aardewerk*, vaisselle de terre, *koperwerk*, vaisselle de cuivre, batterie de cuisine, *lakwerk*, ouvrage en laque, *ellegoederen*, aunage, marchandise à l'aune, *huisraad*, mobilier, *speelgoed*, jouet d'enfant, *speeltuig*, jouets.

Il se trouve encore employé pour désigner un individu, un être, soit en parlant des hommes, soit en parlant des animaux.

Kir' キル, se vêtir. *Kiri mono*[1], vêtement.
Yac' ヤク, cuire, *Yakita* ou *Yaki*, cuit. *Yaki mono*, porcelaine[2].
Asobi アソビ, jeu. *Asobi mono*, jouets.
Nour' ヌル, vernir à la laque. *Nouri mono*, ouvrages de laque.
Waroui ワルイ, mauvais. *War'mono*, un méchant homme.
Ke ケ, poil. *Keda mono*, quadrupède.
Wacai ワカイ, jeune, adolescent. *Wacai mono*, un jeune homme.
Ougocas' ウゴカス, mettre en mouvement. *Ougocas' mono*, moyen de transport, locomotive.

Wacour' ワカル, diviser. *Waketa* ワケタ, divisé. *Waketa mono*, portion, part.
Awoi アオイ, vert. *Awoca mono*, feuille.
I sya イシャ, médecin. *Yama* ヤマ, montagne. *I sya yama mono*, charlatan, littéralement : médecin de montagne.
Cazari カザリ, parure. *Cazari mono*, collier, bijoux.
M'maki ムマキ ou *ouwaki* ウマキ, délicat. *M'maki mono*, friandise.
Hoo rats' ホヲラツ, joyeux. *Hoo rats' mono*, Chandeleur.

Coto コト, qui s'écrit aussi コ, quelquefois à cause de l'harmonie *goto* (ゴト ou コ°), affaire, circonstance.

Ce mot s'emploie souvent comme finale après les verbes et les noms adjectifs, pour exprimer les noms substantifs qui en sont dérivés, précisément comme les terminaisons *heid* et *ing* dans le néerlandais.

Hodo to sour' ホドトスル, évaluer. *Hodo to sour' coto*, évaluation.
Hari ts'cour' ハリツクル, atteler, revêtir. *Hari ts'cour' coto*, action de revêtir.
Tori midasou トリミダス, embarrasser (mettre en guerre). *Tori midas' coto*, embarras (trouble).
Hen rei sour' ヘンレイスル, récom-

penser. *Hen rei sour' coto*, récompense.
Harǒ ハラウ, dépenser, mettre hors. *Harǒ coto*, payement.
Fousighini omǒ フレギニオモウ, admirer. *Fousighini omǒ coto*, admiration.
Baca バカ, stupide. (*Baca, bacana*,

---

[1] Dans la langue écrite, *kirou mono* ou *ki mono*. (Hoffm.)
[2] Comme on dit en français *terre cuite*. (L. P.)

sot.) *Bacana coto*, stupidité, sottise.
Oo オホ, grand. *Oo coto*, grandeur.
Casicomar' カシコマル, obéir, (littéralement, être assis sur ses talons. Dict.) *Casicomar' coto*, obéissance.
Mimotsi tadas'ki ミモチタダシキ, brave. *Mimotsi tadas'ki coto*, bravoure.

§ VII. PARENTÉ.

Tsi tsoudsoughi, les parents (consanguins).

Otoco ヲトコ, homme. *Onago* ヲナゴ ou *l'onna* ヲナ, femme.

Arouzi アルジ, *Danasan*, *Mouco* ムコ, homme, époux.

Ocadsousan, *Tsouma* ツマ, *Sai* サイ, *Oc'sama* ヲクサマ, *Nyobŏ* ニョバウ, femme, épouse.

Co コ, *Codomo* コドモ, quelquefois pour l'euphonie *go* ゴ, enfant.

Mous'co ムスコ, fils.

Mous'me ムスメ, fille.

Mago マゴ, petit enfant, petit-fils ou petite-fille.

Himago ヒマゴ, arrière-petit enfant.

Yasimago ヤシマゴ, arrière-arrière-petit enfant.

F'tuts' フタツ, deux. *F'tago* フタゴ, jumeaux.

Mits' ミツ, trois. *Migo*, trois enfants nés ensemble.

Kiyŏ dai キャウダイ, frère. *Ane imoto* アネイモト, sœur.

Aniki アニキ, frère aîné. *Anesan*, *anego*, sœur aînée.

Otŏto ヲトウト ou *oto to* ヲトヽ, frère cadet. *Imoto* イモト ou *imŏto* イモウト, sœur cadette.

O dzi ヲヂ (c'est-à-dire honorable père), oncle. *O ba* ヲバ, tante.

O dzidzi ヲヂヽ ou *o otsi* ヲホチ, grand-père. *O baba* ヲバヽ, grand'mère.

Itoco イドコ, neveu. *Itoco*, nièce.

Ohi ヲヒ, neveu. *Mehi* メヒ, nièce.

Ane mouco アヂムコ, beau-frère, époux d'une sœur aînée.

Imoto mouco イモトムコ, beau-frère, époux d'une sœur cadette.

Aniki yome アニキヨメ, belle-sœur, épouse d'un frère aîné.

Otŏto yome ヲトウトヨメ, belle-sœur, épouse d'un frère cadet.

Tecake テカゲ, concubine.

Yŏsigo, enfant adoptif, fils ou fille. *Yŏ zi* ヤウジ, fils adoptif. *Yŏ zyo* ヤウジョ, fille adoptive.

Inats'ke, fiancée. *Inats'ke*, fiancé. (*Hana yome* ハナヨメ, fiancée. *Hana mouco* ハナムコ, *iri mouco* イリムコ, fiancé.

Coutsi syanzou (?), amant. *Coutsi syanzou*, amante.

§ VIII. LE CORPS ET SES PARTIES.

Carada カラダ, corps.
Atama アタマ, tête.

Bono coubo (?), la nuque [1].
Natsoughi ナツギ, le cerveau.

---

[1] *Bonno cubo*: Toutiço ou cova do toutiço — occiput ou creux de l'occiput. Dict.

CH. I. — NOMS SUBSTANTIFS. 43

Siro manaco シロマナコ, blanc de l'œil.
Mayoughe マユゲ, le sourcil.
Mats'ghe マツゲ, cils.
Mimi ミヽ, oreille.
Hana ハナ, nez.
Coutsi クチ, bouche.
Tsouba ツバ, lèvre.
Ouwa tsouba, lèvre supérieure.
Sita tsouba シタツバ, lèvre inférieure.
Sta (sita シタ), langue.
Ouwa aki ウワアキ, le palais.
Bira bira, luette.
Ha ハ, les dents.
Aghi アギ, menton.
Highe ヒゲ, barbe.
Coubi クビ, cou.
Nodo ノド, la gorge.
Cata カタ, épaule.
Oude ウデ, le bras.
Hidzi ヒヂ, coude, arrière-bras.
Te テ, la main.
Youbi ユビ, doigt.
Oo youbi オホユビ, le pouce.
Hito sas' youbi, l'index. Hito, homme; sas', indiquer.
Take taca youbi, le doigt médial. Take, long, taca, haut.
Isya youbi イシヤユビ, le doigt de la fille, le doigt annulaire.
Beni youbi ベニユビ, le doigt annulaire. Beni, pommade rose pour les lèvres.
Coyoubi コユビ, le petit doigt.
Moune ムチ, la poitrine.
Tsitsi チヽ, les mamelles.
Tsitsi mame, le mamelon. Mame, fève.
Cami ガミ, chevelure.
Ke ケ, chevelure.
Me メ, œil.
Meno tama メノタマ, le globe de l'œil.

Tsitsi bousa, le mamelon. Fousa, grappe, touffe.
Waki ワキ, le côté.
Mouna saki ムナサキ, l'estomac, le sternum.
Abaraboune アバラボネ, la côte.
Senaca セナカ, le dos.
Sebone セボネ, l'épine du dos.
Dooghi ドヲギ, le cœur.
Tsi チ, le sang.
Tsi soudzi チスヂ, la veine.
Nic' ニク, la chair.
Hara ハラ, le ventre.
Heso ヘソ, le nombril.
Zōfou ゾウフ, les entrailles.
Kimo キモ, le foie.
Yocobone ヨコボネ, la hanche.
Yoco ヨコ, la hanche (en travers).
Cosi コシ, les reins.
Honne ホネ, l'os.
Poinos, le derrière.
Soune スネ, l'os sacrum.
Siri シリ, la fesse.
Bòcouŏ バウクハウ, la vessie.
Hone ホネ, la jambe, les jambes.
Momo モヽ, la cuisse.
Cara soune, ムナサキ l'os de la jambe.
Hisa ヒサ, le genou.
Hisano cawara, la rotule.
Comoura コムラ, le mollet.
Asi アシ, le pied.
Fousi フシ (courou fousi), la cheville du pied.
Ato アト, le talon.
Cawa カワ, la peau.
Kic' キク, l'ouïe.
Ambai アンバイ, le goût.
Mir' ミル, la vue.
Niwoi ニホヒ, l'odorat.
Foure フレ, le toucher.
Tama sii タマシイ, l'âme.

§ IX. MAISONS, MEUBLES, VÊTEMENTS.

Iye イエ, maison.
O siro ヲシロ, château. (*Onsiro*, le château d'Yédo.)
Coya コヤ, hangar, écurie.
Ous coya ウシコヤ, étable ou toit à vaches.
Coura クラ, magasin, gare.
Acacane coura, magasin pour le cuivre. *Aca*, rouge; *cane*, métal.
Ana, fosse, trou. *Anagoura*, cellier, cave.
S'ta シタ, premier étage, litt. (étage) inférieur.
Nicai ニカイ, second étage.
Ten zyŏ テンジヤウ, plafond, comble, grenier.
Mon モン, porte principale, porte de la rue.
Oura mon ウラモノ, porte intérieure, porte de derrière.
To ト, porte.
Mado マド, volet, fenêtre.
On yas'ki ヲンヤシキ, palais.
Caya ya カヤヽ, hutte, chaumière.
M'ma coya ムマコヤ, écurie.
Tori coya トリコヤ, loge à poule.
Yane ヤネ, toit.
Cawara ke カワラケ, tuile, écuelle de terre, tesson. *Cawara*, seuil, tuile, carreau.
Heya ヘヤ, chambre.
Hiro ma ヒロマ, salon.
Nema ネマ, chambre à coucher.
Cabe カベ, mur de terre.
Neda ネダ, sol, plancher.
Kemouri dasi ケムリダシ, cheminée.
Dai docoro ダイドコロ, cuisine.
You dono ユドノ, chambre de bain.

Toco, tocoro, par euphonie *doco, docoro,* place.
Kitsoune mado, persienne, jalousie. [*Qitçounedo* (Dict.), espèce de grille au-dessus d'un portail.]
Syŏ zi シヤウジ, croisée, fenêtre.
Hi doco, foyer, âtre (*hi,* feu).
Daiyo docoro, tsi yaz' docoro, tsen tsin, lieux d'aisances.

Dŏgou ドハウ, outils, instruments.
Tatami タヽミ, natte en paille.
Biŏboŭ ビヤウブウ, paravent.
Tansou タンス, cabinet (espèce de boîte ou d'armoire où l'on met les pièces de *chanoyou*. Dict.)
Bout dan ブツダン, autel domestique (autel du *Fotoke*. Dict.).
Hiki das' ヒキダシ, tiroir.
Zen tana ゼンタナ (*zen dana* Dict.), petite table à manger.
Andŏ アンドウ (*andon* Dict), lampe, lanterne.
Te andŏ, chandelier.
Tabaco bon, ustensiles à tabac ou appareil pour fumer.
Tchya チヤ ou *otchya,* thé. *Tchya wan,* tasse à thé. *Tchya dasi pin,* théière.
Sara サラ, petit plat, soucoupe (bassin ou saucière. Dict.).
F'ton フトン, paillasse, coussin. (Dict.)
Cama カマ, chaudron en fer pour faire cuire le riz.
Nabe ナベ, poêle à faire cuire les herbes.
Yaccouan ヤクハン, chaudron à faire chauffer l'eau.

CH. I. — NOMS SUBSTANTIFS. 45

Dombouri, écuelle.
Cazai カザイ, meubles, objets précieux de la maison.
Cagami カヾミ, miroir.
Todana (?) cassette.
Tana タナ, caisse à porcelaine, armoire, buffet.
Ami, filet. *Amitodana*, boîte à papillons.
Ami, gril.
Haco ハコ, coffre, boîte.
Te baco テバコ, boite à chapeau (*te*, main).
Syoc dai ショクダイ, chandelier.
Sin kiri シンキリ, mouchettes. (*Sin*, mèche ; *kiri*, moucher.)
Has ハシ, bâtonnet pour manger. *Hibas* ヒバシ, pinces (pincettes pour le feu).
Hatsi ハチ, assiette.
Yagou ヤグ, literie.
Oki caki ヲキカキ, pelle à cendre, pelle à feu.
Tarai タライ, baquet.
Hóki ホウキ, balai. (Le Dict. écrit *fóqi* ハウキ.)
Cous クシ, peigne.
Fouro フロ, baignoire.
Aboura アブラ, huile.
Rŏsoc' ラフソク, chandelle de cire. (Le Dict. traduit *rôsocou* par « vieillard qui peut à peine marcher ».)
Sin シン, lumignon, mèche de chandelle.
Andô アンドウ, lampe.
Rŏ ラフ, cire.
Dzimi, mèche, mèche de lampe.
Tsyŏ tsin チヤウチン, lanterne.

Kiri mono キリモノ, vêtements.
Ouyeno kinou, vêtement de dessus.
Hacama ハカマ, haut-de-chausses, pantalons.
Hawori ハヲリ, manteau.
Mino ミノ, manteau en paille, manteau pour la pluie. (Dict.)
Hanten, manteau de femme.
Tabi タビ, chausses, bas (chaussons [1]).
Gheta ゲタ, sabots, mules (pantoufles), [chaussures très-basses à la mode du Japon. Dict.]
Sode ソデ, manches.
Cata bira カタビラ, habit simple ouvert par le milieu, qui sert durant l'été. (Dict.)
Yeri エリ, fraise, collet, bande d'étoffe que les Japonais placent sur leurs habits depuis le collet jusqu'à la partie antérieure. (Dict.)
Wata ワタ, ouate.
Hadaghi ハダギ, chemise, vêtement qui touche la chair, ordinairement l'*a vaxe*, habit doublé sans être ouaté. (Dict.)
Patsi, pantalon de dessus (*sitahacama*).
Capa (*cappa* カッパ), manteau. *Ama capa* (*ama yappa*), manteau pour la pluie.
Hanyapa, demi-manteau.
Cami simo, manteau de cérémonie [2].
Obi ヲビ, ceinture.
Tsekita (?) soulier, mule.
Bósi ボウシ, chapeau, bonnet, et tout ce qui sert à ceindre ou à couvrir la tête. (Dict.)

---

[1] Comp. Meylan. *Japan*, p. 92, l. 13. (Hoffm.) — Le Dict. port. traduit *tabi* par « chaussure de cuir à l'usage des Japonais ».

[2] L'habit japonais de cérémonie, le *cami simo*, consiste en un haut-de-chausses, *hacama*, et une camisole fine plissée et empesée, *cata kinou*. (Hoffm.)

Nounoco ヌノコ, vêtement ouaté, de chanvre ou de coton; habit d'hiver.

Oura ウラ, doublure ou envers. (Dict.)

§ X. VÉGÉTAUX.

Ki キ, arbre, bois.
Boc' ボツ, tronc.
Ne ネ, racine.
Yeda ヱダ, branche.
Ha ハ, feuille.
Soughi スギ, cèdre.
Yanaghi ヤナギ, saule.
Mats', sapin (pin. Dict.). *Mats' casa*, cime d'un pin.
Hana ハナ, fleur.
Hana batake, jardin de fleurs.
Yasai ヤサイ, herbes potagères.
Yasai batake, jardin potager.
Ta タ, champ de riz.
Fatake ハタゲ, champ où l'on sème toutes choses à l'exception du riz. (Dict.)
Daicon ダイコン, rave, navet.
Ninzin ニンジン, carotte (*Daucus carota*, Linn.)[1].
Wazabi ワザビ, racine de mirik[2].
Youri ユリ, artichaut, lis; oignon.
Beni daicon ベニダイコン, radis rose.
Imo イモ, (igname. Dict.), pommes de terre.
Yama imo ヤマイモ, pommes de terre douces.
Na ナ, chou, (navet. Dict.).
Mame マメ, fève, pois, légumes féculents.
Bizin mame, haricot.
Sora mame ソラマメ, grosses fèves.

Yendô mame ヱンドウマメ, pois à cosses.
Fito mozi ヒトモジ, oignon.
Ninnic' ニンニク, ail.
Nira ニラ, ail chinois (employé dans le *xirou* et dans d'autres mets. Dict.)
Tsisa チサ, endive.
Take タケ, bambou.
Take タケ, champignon.
Moso ou *takeno co* タケノコ, jeunes pousses de bambous [*Hana take* ハナタケ, polype nasal (excroissance de chair).]
Mats' take マヅタケ, champignon des pins.
Sii take シヰタケ, champignon monstre.
Hats' take ハヅタケ, champignon ordinaire.
Ki couraghe キクラゲ, oreilles de souris (espèce de concombre. Dict.).
Nasoubi, Solanum esculentum, *terong* (aubergine. Dict.).
Seri セリ, persil.
Mi ミ, fruit.
Mican ミカン, pomme de Chine, orange.
Zabon ザボン, pamplemousse.
Sacoura mi サクラミ, cerise.
Ans' アンス, abricot.
Zacou ro ザクロ, grenade.
Ringo リンゴ, pomme.
Momo モヽ, pêche.

[1] Le Dict. dit : « Plante médicinale dont la racine ressemble à celle de la carotte ou de la rave ».

[2] Espèce de fruit sauvage qui sert pour le *xirou* froid et pour d'autres mets. (Dict.)

CH. I. — NOMS SUBSTANTIFS. 47

Yama momo, pêche. (Fruit sauvage qui ressemble à l'arbouse. Dict.)
Itsigo, framboise.
Soui coua スイクワ, melon d'eau.
Kiouri キウリ, concombre. (Melon. Dict.)
Bóboura ボウブラ, citrouille.
Couri クリ, châtaigne.
Narimono ナリモノ, fruits des arbres.
Daidai タイト, citron.
Kincan キンカン, petits citrons. (Petites oranges que l'on offre sur des orangers nains. Dict.)
Moume ウメ, prune. (*Oume,* d'après le Dict.)
Nasi ナシ, poire.
Itsigo イチゴ, fraises (*hebi itsigo, coutsinava itsigo,* fraises).
Caki カキ, figue du Japon (espèce de *Diospyros*).
Couwasiouri, melon.
Hanakiouri, melon.
Tógouwa トウガワ, le *labou poutie* des Malais (*Lagenaria idoltatrica,* Linn.).
Boudô ブドウ, raisin.

§ XI. ANIMAUX.

Hitsouzi ヒツジ, mouton mâle ou brebis.
O hitsouzi, mouton mâle.
Yaghi ヤギ (*yaghiou,* Dict.), bouc, chèvre. *O yaghi* ヲヤギ, bouc.
Nezoumi ネズミ, rat, souris.
Zyacò ジャカウ, musc. *Zyacò neco,* chat musqué. *Zyacò nezoumi,* rat musqué.
Ousayhi ウサギ, lièvre.
Mcousaghi メウサギ, lièvre ou lapin femelle.
S¹ca シカ, cerf. *Me s¹ca* メシカ, biche.
Sar' サル, singe.
Hihi ヒヒ, babouin, espèce de singe.
Cavats' カハズ, grenouille. *Doncoú* ドンクウ, grenouille.
Awo hiki アヲヒキ ou *aca hiki* アカヒキ, grenouille des arbres, rainette.
Vacoudŏ ワクダウ, crapaud.
Bouta ブタ, goret, porc domestique.
Mogouro モグロ, taupe.
Tora トラ, tigre.
Sisi シシ, lion. (Cerf, sanglier. Dict.)
Y ヰ, sanglier [1].
Couma クマ, ours.
Came カメ, tortue.
Tori トリ, oiseau, poulet, poule.
Nivatori ニハトリ, poulet, poule, coq.
Tsyabo チャボ, poule.
O kyaco, poule chinoise.
Souzoume スズメ, moineau.
Tobi トビ, milan.
Hato ハト, pigeon, colombe.
Yama bato ヤマバト, pigeon ramier.
Ahir' アヒル, canard domestique.
Camo カモ, canard sauvage, macreuse.
Canarya カナリヤ, oiseau des Canaries, serin.
Hototokisou ホトヽキス (*Fototaghisou,* Dict.), coucou [2].

---

[1] Ne s'emploie qu'en composition : *Inoco,* marcassin, *inoki,* défenses de sanglier. (Dict.)
[2] Oiseau dont le chant est triste et plaintif. (Dict.) — La mélopée de cet oiseau, qui n'est point le coucou, se compose de sept notes, et n'a pas d'équivalent dans les chants des oiseaux d'Europe. (L. P.)

Couzyac' ク ジ ヤ ク, paon.
Sighi レ キ゛, bécassine.
Coutsi ク チ, bouche. *Coutsi hasi* ク チ ハ レ, bec.
Hane ハ子, aile.
Siriwo レ リ ラ, queue.
Tori kera, oiseaux, volatiles, plumage.
Couro tsoucoumi, espèce de grive.
Caras' カ ラ ス, corbeau, corneille.
Tsour' ヅ ル, grue.
Taca タ カ, faucon.
Ketori, chevalier (oiseau de rivière), grande poule.
Kizi キ ジ, faisan ou perdrix du Japon. (Dict.)
Tsoubame ヅ バ メ, hirondelle.
Mesiro tori メ レ ロ ト リ, mésange.
Sira saghi レ ラ サ キ゛, héron blanc.
Camo me, mouette, hirondelle de mer. (Poule d'eau. Dict.)
Inco イ ン コ [1]), perroquet.
Ke ゲ, poil, plumes?
Tsoume ヅ メ griffes, ongles.
Iwo イ ヲ, poisson.
Sacana ハ カ ナ, poisson (poisson séché ou mariné). (Aliment, chair ou poisson; aliment de haut goût qui excite à boire. Dict.)
Ounaghi ウ ナ キ゛, anguille.
Ara ア ラ, cabillaud.
Okigaki, huître.
Yebi エ ビ, crevette. (Langouste. Dict.)
Hamo ハ モ, anguille de mer.
Tai タ イ, brême de mer.
Acoyagai ア コ ヤ ガ イ huître perlière (huître d'*Acoya*, lieu en *Owari*).
Conosiro コ ノ レ ロ, hareng.
Taiwan gari, chabot, poisson.

Tara タ ラ, merluche. (Poisson de rivière très-estimé. Dict.)
Coudsira ク ヂ ラ (*coujira*, Dict.), baleine.
Masou マ ス, saumon.
Torago ト ラ ゴ゛, tripang.
Mina ミ ナ, limaçon de mer.
Founa フ ナ, perche.
Hamagouri ハ マ グ゛ リ, moule, pétoncle.
Hone ホ子, os, arête.
Obatsi, queue.
Siraco レ ラ コ, laitance.
Cani; gani (Bizen), *gane* ガ子 (Sanouki), crabe.
Yebigane, langouste ou écrevisse.
Iwasi イ ヲ レ, sardine.
Sita garei, sita birame, sole.
Magari, carrelet.
Sibi レ ビ゛, marsouin. (Thon. Dict.)
Awabi ア ハ ビ゛, sangsue de roches (*Haliotis*).
Irico イ リ コ, limace de mer ou tripang (séché).
Ouroco ウ ロ コ, écailles.
Aghito ou *Yera*, ouïes.
Osa, ouïe.
Hire ヒ レ, nageoire.
Tate hire タ テ ヒ レ, nageoire dorsale.
Cara soumi, œufs de poisson, caviar.
Wono co, œufs de poisson.
Mousi ム レ, ver, insecte. (Vers d'estomac ou d'intestins. Dict.)
• *Mouskera*, vermine.
Tsyô チ ヤ ウ, papillon.
Hai ハ イ, mouche.
Couso hai, bourdon. (Mouche à excréments. Dict.)
Hatsi ハ チ, abeille.

---

[1] *Inco* répond au chinois *ying co*, et n'est pas, ainsi qu'il est allégué dans le manuscrit, formé de *in*, voix d'homme, et *coo*, voix d'oiseau. (Hoffm.)

CH. I. — NOMS SUBSTANTIFS.

Cosi kire hatsi, guêpe. *Cosi*, reins; *kire*, couper.
Couma ク マ, ours. *Couma hatsi*, frelon, guêpe.
Nomi ノ ミ, puce (littéralement le buveur).
Sirami シ ラ ミ, pou (abréviation de *siranomi*, le buveur blanc).

*Tats*ou ツ ヅ, lézard. (Dict.)
Ryô リ ヤ ウ, dragon.
Ama ryô ア マ リ ヤ ウ, dragon céleste.
San syó iwo サ ン シ ヨ ウ イ ウ, salamandre [1].
Mi ミ, serpent, vipère.
Yamori ヤ モ リ, lézard (littéralement le gardien de la maison).

§ XII. LE CIEL.

Ten テ ン, ciel.
Ten テ ン, temps, état de l'air.
Cocoü, air.
Hi ヒ, soleil, feu.
Hi sama, soleil considéré comme idole.
Hosi ホ シ, quelquefois par euphonie *bosi*, étoile.
Syouc ヘ ユ ク, spectre des étoiles.
Nis-syoc ニ ッ シ ヨ ク, éclipse de soleil.
Gwas-syoc グ ワ ッ シ ヨ ク, éclipse de lune.
Hideri ヒ デ リ, rayon de soleil. [Sécheresse causée par le soleil (Dict.), probablement coup de soleil?]
Sora ソ ラ, cercle de vapeurs, halo. (Air ou ciel. Dict.)
Ama ア マ, firmament. (Air ou ciel. Ne s'emploie qu'en composition. Dict.)
Ts'ki ツ キ, lune, mois.
Ots'ki sama, lune, comme idole.
Hoki hosi (*fôqiboxi*, mieux *qiacuxei*, Dict.), étoile à balai, étoile à queue (comète).
Amana gawa, voie lactée, proprement rivière céleste.
Ts'kiyo ツ キ ヨ, clair de lune.
Nizi ニ ジ, arc-en-ciel, iris.
Yamiyo ヤ ミ ヨ (*yami*, Dict.), ténèbres.
Niwaca ame ニ ワ カ ア メ, orage, ondée.
Youki ユ キ, neige.
Cami nari カ ミ ナ リ, tonnerre.
Nami ナ ミ, flot, vague.
Oonami, grande vague.
Simoyo, gelée.
Caghe カ ゲ, ombre.
Acari ア カ リ, lumière.
*Akemots*i ア ケ モ チ, lever du soleil.
Yor' ヨ ル, nuit. (De nuit. Dict.-*Yo*, nuit.)
Yo-hi, c'est-à-dire nuit-jour, soir.
Coure cata ク レ カ タ, crépuscule du soir. (Le soir, c'est-à-dire, le temps après le soleil couché. Dict.)

---

[1] Le nom *san-syó-iwo* (*sanxó ivo*, Dict.) signifie *poisson de poivre de montagne*, et est donné à la salamandre, parce qu'elle « *hanahada san-syô no ki ari, mata san syô no ki ni nobori, kino cawa wo tori couravou* », c'est-à-dire, « elle flaire fortement vers le poivrier des montagnes (*Zanthoxilon piperitum*, Dec.), et montant sur les branches du poivrier des montagnes, elle en ronge l'écorce ». Ainsi s'exprime l'auteur du livre, écrit en langue japonaise et imprimé au Japon, sur les produits terrestres et marins du Japon, intitulé : *San cai mei san dzou e*, part. II, p. ● r°, l. 8-9. L'explication proposée par certains auteurs : *poisson né sur les montagnes*, n'est pas exacte. (Hoffm.)

Zi có ジコウ, saison. (*Jicocou*, heure. Dict.)
Har' ハル, printemps.
Nats' ナツ, été.
Aki アキ, automne.
Fouyou フユ, hiver.
Ame アメ, pluie.
Kiri ame キリアメ, pluie d'orage, grande pluie.
Arare アラレ, grêle.
Caze カゼ, vent.
Dai foù, ouragan.
Samousa can ki, froid.

Atsoui coto, chaleur.
Caghe bósi カゲボウレ, bonze d'ombre, fantôme.
Couremotsi, coucher du soleil.
Hir' ヒル, de jour.
Yo ake ヨアケ, crépuscule du matin.
Coumo クモ, nuage.
Cas'mi カスミ, nuée, vapeur.
Kiri キリ, brouillard, rosée.
Kita キタ, nord.
Minami ミナミ, sud.
Higas ヒガシ, est.
Nis ニシ, ouest.

§ XIII. LA TERRE.

Se cai セカイ, le monde.
Tsi チ, la terre.
Tsighio, terre de rentes. (Dict.)
Couni クニ, royaume.
Hei men, plaine.
Soco ソコ, champ.
Mori モリ, bois.
Sacai サカヒ, limite, frontière.
Ta reó タレウ, domaine étranger.
Oumi ウミ, mer.
Coori oumi コホリウミ, mer glaciale.
Nada ナダ, bord de la mer.
Hama ハマ, rivage, plage.
Kiri, côte.
Oura ウラ, gorge de mer, golfe (coude). (Plage, port, lieu maritime avec des habitations. Dict.)
Minato ミナト, baie, hâvre.(Dict.)
San サン, montagne. *Dô san*, montagne de cuivre, mine de cuivre.

Yama ヤマ, montagne. *Yama yama*, chaîne de montagnes.
Coyama コヤマ, colline.
Coori コホリ *yama*, montagne de glace.
Ounzen ou *wounzen* ウンゼン, source chaude. *Ounzen ga take*, pic des sources chaudes, volcan en *Fizen*.
Sima シマ, île.
Sima sima, archipel.
Iwa イワ, écueil.
Tsiyó チヤウ, rue.
Mitsi ミチ, chemin.
Moura ムラ, village.
Tani タニ, vallée.
Cawa ou *gawa*, rivière.
Cogawa コガワ, ruisseau [1].
Saki サキ, (pointe d'une chose. Dict.), ou *misaki* ミサキ, cap, promontoire.
Se セ, rocher. (Ecueil ou récif. Dict.)
Miyaco ミヤコ, nom de la Capitale de l'empire.

[1] *De-midsou* ou *de-mids* « eau qui parait », c'est-à-dire une source. Les Japonais appellent encore une source *idsou-mi*, c'est-à-dire « eau douce qui se produit », ils désignent un lac par le nom de *midsou-oumi*, « mer d'eau douce ». (Hoffm.)

CH. I. — NOMS SUBSTANTIFS..   51

§ XIV. NOMS GÉOGRAPHIQUES [1].

Nous donnerons ici quelques noms de contrées et d'empires étrangers consacrés depuis longtemps dans les livres et les cartes géographiques. Nous suivrons l'orthographe du nouveau Vocabulaire comparé japonais-hollandais, composé par le prince de Nacats, orthographe identique avec celle des cartes japonaises.

ヨウロッパ *Eóroppa*, Europe.
アシヤ *Azya*, Asie.
アメリカ *America*, Amérique.
カラフト *Caraf'to*.
リウキウ *Rioú kioú*, *Lieou kieou*, Loo choo (des Anglais).
ニッポン *Nippon*, Japon.
ヲランダ *Oranda*, Hollande. ヲランダクニ *Oranda couni*, Hollande.
ロシヤ *Rosya*, リウスランド *Rioús' rando*, モスコビヤ *Mos'cobia*, Russie, Moscovie.

フランス *Frans'*, France.
イギリス *Igiris'*, Angleterre.
ポルトガル *Bor'togar'*, Portugal.
イスパニア *Is'pania*, Espagne.
トウゴク *Tógoc'*, Chine.
ジヤガタラ *Zyagatara*, Batavia [2].
タイワン *Taiwan*, Formose.
チヤウゼン *Tsyŏ zen* (chinois : *Tchao sién*), nom officiel actuel de la presqu'île de Corée.
カウライ *Cŏrai* (chinois : *Cao li*), ancien nom de la même contrée.

§ XV. TITRES DE DIGNITÉS ET D'EMPLOIS.

Dairi ダイリ ,empereur ecclésiastique [3].
Con tei sama, empereur ecclésiastique [4].

Siyŏ goun シヤウグン empereur temporel [5].

---

[1] Ce § est de M. Hoffmann.
[2] Voir la note insérée par M. Jacquet dans le *Journal asiatique*, IIe série, t. VIII. (L. P.)
[3] *Dai ri* est une forme japonaise du chinois *nui li* ou *nai li*, et signifie *le lieu le plus intérieur, l'angle intérieur*. Les Japonais entendent par cette expression la cour de l'ancien palais héréditaire impérial, situé à Méaco, et les Européens s'en servent pour désigner l'empereur lui-même. Dans les Annales de l'empire, l'empereur ecclésiastique porte le titre de *Cwô tei* (en chinois, *Hoàng ti* , c'est-à-dire souverain très-illustre, et pendant la durée de son règne, il est appelé *Con tei* (en chinois, *Kin ti*), c'est-à-dire le souverain actuel. Les synonymes sont *Mi cado*, la porte élevée, et *Ten si*, le fils du Ciel. (Hoffm.)
[4] *Sama*, qui a le sens propre d'inspecter, prévenir, est employé comme un appendice honorifique du titre. (Hoffm.)
[5] Le nom de *Siyŏ goun* (en chinois, *Tsiang kiun*), c'est-à-dire le Seigneur nourricier, désigne l'empereur temporel généralissime du souverain ecclésiastique. Cette qualité lui

Tenca sama, l'empereur temporel. *Tenca* (en chinois *T'ien hià*) signifie l'empire.
Kimi キミ, prince, seigneur[1].
Nisino mar' sama, prince héréditaire.
Go rŏ tsiŏ ゴラウチウ, conseiller de l'empire.
Hyŏ ghi yac, conseil de l'empire.
O dai miyŏ ヲダイミヤウ, c'est-à-dire illustration princière, titre des seigneurs.
Go boughyŏ ゴブギヤウ. *Dono sama* ドノサマ, gouverneur.
Go carŏ ゴカラウ, secrétaire.
Go can zyŏ ゴカンジヤウ, maître des comptes.
O mets' ke, inspecteur en chef de police.
Onacama, bourguemestre, maire.
Ottona ヲトナ, chef de quartier.
Coumi gasira クミガシラ, caissier.
O tai kwan ヲタイクハン, intendant.
Ghin miyac, chambre du trésor.
Ken si ゲンシ, *Go ken si*, *Banyŏ* principal.
Riyŏ coumi, *Banyŏ* inférieur.
Tsoú zi ツウジ, interprète.
Oo tsoú zi オホツウジ, interprète principal.
Co tsoú zi コツウジ, sous-interprète.
Minarai, élève interprète.
Mets'ke メツゲ, espion, surveillant.
Nacasima, maître arquebusier.
Me kiki メキヽ, homme de science.
Kwai syo カハイシヨ, corporation, corps.
Fousin cata プシンカタ et *Go fousin yac*, maître des réparations, ingénieur.
Con-poura, *Comprador*, commissionnaire.
Hato bayac, maître de port.
Sagouri ban, pourvoyeur, visiteur.
Hikesi, maître pompier.
Toomi ban, espion.
Banya ou *Ya ban*, qui bat avec le marteau, garde de nuit.
Rŏya ロウヤ, prison. *Rŏ ban*, geôlier.
Mon ban モンバン, garde de la porte.

§ XVI[2].

DÉCLINAISON.

[Le manuscrit ne contient que les formes de déclinaisons spéciales à l'idiome de Nagasaki. Nous donnons ici les formes appartenant au style général des livres, dont nous devons, dans le courant de la grammaire, rencontrer de nombreux exemples.

confère la dignité de prince, *cou* (en chinois, 公 *coung*). Son palais s'appelle le *cou bŏ* (en chinois, *coun fang*), c'est-à-dire *côté princier*, et lui-même s'appelle ordinairement le *Coubŏ sama*. (Hoffm.)

[1] Comme princes feudataires du *Siyŏ goun*, ils portent le titre de *cami*, c'est-à-dire supérieur, joint au nom de leur domaine. *Fizen no cami*, prince de *Fizen*; *Sourougano cami*, prince de *Sourouga*. *Cami*, *cam'* ou *can* répond au tartare *khan*. (Hoffm.)

[2] Tout le § est de M. Hoffmann.

CH. I. — NOMS SUBSTANTIFS.

Le style écrit exprime les cas des substantifs par les postpositions suivantes :

Nominatif (sujet). . . . . ハ *va*, ordinairement ワ *wa*.
Accusatif (objet direct). . . . . ヲ *wo*.
Génitif. . . . . カ *ca*, plus communément ガ *ga*.
Génitif qualificatif. . . . . ノ *no*, et aussi dans l'ancien japonais ナ *na* et ツ *tsou*, primitivement *tou*.
Datif et terminatif. . . . . ニ *ni*, ヘ *ve*, (*he*), ou エ *ye*.
Locatif, modal et instrumental. ニ *ni*, テ *te*, デ *de*, ニテ *nite*.
Ablatif. . . . . ヨリ *yori*, カラ *cara*.

Les formes (*Caractéristiques*. L. P.) réelles de déclinaison sont seulement *wo* qui sert à la désignation de l'objet direct (*accusatif*), et la finale génitive *ca* ou *ga*. Les autres finales des cas sont des postpositions qui, à l'exception de *va* ou *wa*, ont une signification presque substantive. Elles ne sont pas alors, dans un sens rigoureux, des formes de déclinaison.

Va (suivant la prononciation de quelques-uns *ha*) ou *wa*, sans signification en soi-même, sert uniquement à donner de la consistance au mot qui précède, et à le distinguer à l'oreille et à la vue d'avec le mot qui suit. Par ce motif, il sert en premier lieu comme indice du sujet, lequel se trouve ainsi distinct du prédicat. Par ex : *Irova nivove to tsirinourou wo*, la couleur et l'odeur sont passées.

Ca, et plus ordinairement *ga* remplit souvent, comme postposition du génitif, la fonction d'article déterminatif, et fait précéder l'objet comme une chose prise dans un sens déterminé : — *Cai mon ga dake*, le pic de *Cai mon*. (*Cai mon*, ou Porte de la mer, est l'entrée de la baie qui se trouve entre les provinces d'*Oosoumi* et de *Satsouma*). — *Sagami no Mioura ga saki*, le cap de *Mioura* de *Sagami*, c'est-à-dire le cap de *Mioura* en *Sagami*.

No est proche parent de *ni*, être. (Voir la physiologie du verbe *nasi*, être, au ch. II.)

Ni, l'*in* hollandais, indique la place où est une chose, la direction vers l'intérieur, la portée ou distance : il répond de même à l'anglais *in* et *into*, ainsi qu'au haut allemand *in*, qui pour la distinction des deux déterminations est employé tantôt avec le locatif, tantôt avec l'accusatif.

Ve (*he*) ou *ye* est proprement un substantif, et comme tel signifie le côté ou la direction d'une chose. *Yama no ve*, le côté de la montagne, la direction de (vers) la montagne. *Youcou ve*, le côté par où l'on sort. *Mave* ou *maye*, dans la direction du regard ; c'est-à-dire, en face, devant. *Morino maye ni*, devant le bois. *Matsoumaye*, devant les pins, nom bien connu de la capitale d'*Yezo*. *Ato ve*, le côté de l'éperon, derrière, par-derrière. — Comme postposition, *ve* ou *ye* répond à tous égards au hollandais *waarts*, et donne à connaître la direction où l'on tend. *Yedove* ou *Yedoye*, vers *Yedo*, à distinguer de *Yedo ni*, dans ou à *Yedo*. *Yedo ve no mitsi*, la route ou la direction d'*Yedo*, la route qui conduit à *Yedo*.

Yori, verbe continuatif, dérivé de *y* (exprimé par 弓) « tirer », d'où sont dérivés, entre autres mots, *ya* flèche, et *youmi* arc. *Yori* exprime le fait de sortir d'un lieu et répond aux mots hollandais *van*, *uit*, à l'anglais *from*, et est ainsi la contre-partie de *ve*, par ex : *Firato yori Nagasaki made san ziyou fats ri ari*, de *Firato* à *Nagasaki* il y a 38 *ris*. — Les dérivations formées au moyen d'*yori* peuvent être employées attributivement, par ex : *Cono misaki opi yori no meate nari*, ce cap est un point de mire hors de la mer.

Cara, « provenant de, » qui répond au haut allemand *her*, et à l'anglais *from*, se rencontre plus rarement ; on ne le trouve d'ordinaire que dans d'anciennes expressions composées, par ex : *oki cara*, hors de la mer ; *core cara*, c'est de là ; *yen foo cara kita*, venu des contrées lointaines.

Nous ajouterons que l'accusatif, terminé en *wo*, et les cas exprimés par *ni*, *te*, *de*, *nite*, peuvent être suivis de *va*, quand on veut faire ressortir ces déterminations, et les isoler en quelque sorte de ce qui suit immédiatement. On emploie ainsi les formes *ni va*, *te va*, *de va*, *nite va*, et pour l'accusatif *wo ba*, (l'*f*, le *v*, ou suivant quelques-uns l'*h*, de la postposition *va*, étant par euphonie modifiée en *b* (*ba*).

§ XVII.

Les noms substantifs dans la langue japonaise se présentent non-déclinés ou déclinés. Ils existent non-déclinés, quand ils sont entièrement isolés, par exemple quand on dit : Quel animal est-ce ? *Réponse* : Un cheval ; alors *cheval*, *m'ma*, se trouve non-décliné, et n'est effectivement à aucun cas.

Les noms substantifs sont déclinés par la postposition de : *ga* 方, ou *va* ヷ pour le nominatif ; *no*) pour le génitif, avec la signification de *de*, *du* (*van*, *des*, *der* des Hollandais) ; *ni* ニ pour le datif, avec la signification de *à*, *en*, *sur*, *vers*, *à* (*aan*, *in*, *op*, *naar*, *te* des Hollandais) ; *wo* ヲ pour l'accusatif.

Le vocatif demeure non-décliné, et l'ablatif est formé par l'une des postpositions *yori* ヨリ, *de*, *par*, *issu de* (*door*, *van*, *uitgaande* des Hollandais, *from* des Anglais), *to* ト avec, ou quelque autre régissant l'ablatif.

CH. 1. — NOMS SUBSTANTIFS.

Ga ou *wa* pour le nominatif et *wo* pour l'accusatif ne peuvent se traduire.

Nominatif.	{ *Otoco ga* *Otoco wa* }	l'homme.
Génitif.	*Otoco no*, de l'homme.	
Datif.	*Otoco ni*, à l'homme.	
Accusatif.	*Otoco wo*, l'homme.	
Vocatif.	*Otoco*, homme.	
Ablatif.	{ *Otoco yori*, par, ou de l'homme. *Otoco to*, avec l'homme. }	

O Yedo ni, à Yedo ou vers Yedo. *O Yedo yori*, de Yedo.

No, de, signe du génitif. — [*Co*, quelquefois par euphonie *go*, un enfant, un adolescent (aussi : farine, poudre, petits grains).]

M'ma, cheval ; — *no co*, poulain.
Ousi, bœuf ; — *no co*, veau. (*Ousou, ous'*, veut dire : mortier à piler.)
Hi, feu ; — *no co*, étincelle.
Yasouri, lime ; — *no co*, limaille.
Moughi, blé ou orge ; — *no co*, farine.
Imo, igname, pomme de terre ; — *no co*, farine d'igname.
Fiyo[1], poule ; — *no co*, poussin.
Sirami, pou ; — *no co*, lente.
Cosió, poivre ; — *no co*, poivre pilé.
Iwo, poisson ; — *no co*, frai de poisson.
Isi soumi, charbon de terre ; — *no co*, poussière de charbon de terre.
Ki, bois ; — *no co*, sciure de bois.
Fari, aiguille ; — *no co*, éclats d'aiguilles.
Biidoro, verre ; — *no co*, fragments, grains, poudre de verre.

Osiroi, fard ; — *no co*, poudre blanche.
Kin, or ; — *no co*, poudre d'or[2].
Tets, fer ; — *no co*, limaille de fer.

Tama, balle. — *Metama*, globe de l'œil. — *Mabouta*, contracté de *mana fouta*, couvercle de l'œil, paupière. — *Meno maboutsi*, bord de la paupière.
Waki, dessous du bras ; *sita*, sous. — *Wakino sita*, aisselle.
Teno fara (dans la langue écrite *tana gocoro*, *tana soco*), paume de la main.
Amo fara (dans la langue écrite *asi no oura*), plante du pied. *Asino youbi*, orteil.
Iwo meno tama, (littéralement, globe de l'œil de poisson), cor au pied, œil de perdrix.

---

[1] *Fiyo*, mot imitatif, désigne le piaillement de certains oiseaux, comme les moineaux, les poulets, etc. *Fiyo go* répond donc au mot hollandais *een piepertie*, et n'appartient pas à ce §. (Hoffm.)

[2] On distingue, en hollandais, la poudre d'or (*stofgoud*) qui est agglomérée en pépites et qui, d'après sa ressemblance avec le sable, est nommée *sa kin*, sable d'or, d'avec la poudre d'or (*goudstof*), *kinno co*, c'est-à-dire la limaille d'or, qui est employée dans la préparation des ouvrages de laque. (Hoffm.)

Syôben no foucouro, vessie de l'homme ou des animaux [1].
Natsouchi no sara, crâne. (Natsoughi ou nadsouki, cerveau ; sara, bassin.)
Atama, tête ; atama no sara, ou seulement sara, crâne.
Dai docoro no dôg', batterie de cuisine. (Mi, fruit.— Ki, arbre.)
Couwano-ki, mûrier ; — mi, mûre.
Sacourano-ki, cerisier ; — mi, cerise.
Dai dai, citron ; — no ki, citronnier.
Mican, orange ; — no ki, oranger.
Moume, prune ; — no ki, prunier.

Anz', ansou ou ans', abricot ; — no ki, abricotier.
Nasi, poire ; — no ki, poirier.
Boudôno ki [2], vigne.
Tsiya (tchia), thé ; — no ki, arbuste à thé.
Ototono iye, maison du père.
Yu, maison. — Ne, faîte. — Yaneno moune, le faîte, litt. la poitrine d'une maison.
Yaneno cavara ke, toit couvert en tuiles [3].
Otocono na, le nom de l'homme.
Imotono cami ire (cami papier, ire sac), le sac à lettres du jeune frère.

Lorsque différents noms substantifs, qui sont au génitif, se suivent, on peut quelquefois omettre le signe *no*, par ex. : *Iwo me-no tama*, globe de l'œil de poisson, cor au pied.

Dans quelques mots composés, *no* peut encore être négligé, par ex. : *sou*, vinaigre ; *dai dai zou*, jus de citron.

Ni, à, en, sur, à, vers (*aan, in, op, te, naar* des Hollandais), signe du datif (et du locatif).

Otoconi, à l'homme.
Haco ni, dans la boîte.
Yaneni, sur le toit [4].

Nagasaki ni, à Nagasaki.
O Yedo ni, vers Yedo.

NOTE DU TRADUCTEUR. Le deuxième chapitre de la Grammaire, intitulé : *Article*, contient ces seules paroles : La langue japonaise n'a point d'articles. — Mais les signes des cas, finales pures ou postpositions, ne peuvent-ils être considérés comme des articles ?

[1] Syôben, en chinois, siaò pién « petit nécessaire » ; foucouro « sac ». Le nom indigène est *youbari*, et le nom scientifique *bô kwô*. (Hoffm.)

[2] Le vrai nom japonais du cep de vigne est *boudô no tsour'*. *Tsour'* signifie sarment, et *boudô* est la prononciation japonaise de *p'ôc t'do*, le nom chinois du cep de vigne. En Chine comme au Japon, le cep de vigne est mis au nombre des plantes exotiques. Le raisin s'appelle *boudô no mi*, ou même en abrégeant *bou dô*. (Hoffm.)

[3] *Cavara ke* seul veut dire un ouvrage en terre, de la poterie. (Hoffm.)

[4] *In* (holl.) peut être exprimé par *naca* ou *outsi*, et *op* (holl.) par *youe*. On dit : *Mizono nocani iwowo tor'*. prendre des poissons dans un fossé ; *midsouno ouyeni oucamou*, flotter sur l'eau. (Hoffm.)

DEUXIÈME CHAPITRE.

NOMS ADJECTIFS.

§ I.

Quelques paroles d'éclaircissement préliminaire[1] :

a. C'est une loi constante dans la langue japonaise, aussi bien que dans la chinoise, que toute détermination attributive,— génitif, adjectif ou adverbe,— précède le mot auquel elle se rapporte.

b. Cette loi régit les mots composés de substantifs :

Yamabato, pigeon ramier. *Iyebato*, pigeon domestique.
Hatoiye ou *hatoya*, pigeonnier.
Yamamori, forêt de la montagne[2]. *Mori yama*, montagne boisée.

Cawaouso, loutre de rivière. *Ousogawa*, rivière des loutres, ruisseau des loutres, rivière ou ruisseau fréquenté par les loutres.
Midsougane, minéral-eau, vif-argent.

c. Dans les mots composés d'un adjectif et d'un substantif, l'adjectif se trouve en sa forme radicale, qui, dans un bon dictionnaire, doit se trouver en premier lieu[3]. Au nombre de ces formes sont : *naga*, long; *taca*, haut; *aca*, rouge ; *siro*, blanc; *couro*, noir ; *ama*, doux. Nous citerons parmi les composés :

---

[1] Ce paragraphe est de M. Hoffmann.

[2] *Yama mori* veut aussi dire : « gardien de la montagne ». (Dict.)

[3] La forme radicale des adjectifs n'étant pas un mot de la langue peut ne point se trouver dans un dictionnaire : il est toujours facile de dégager la racine des formes substantive, adjective et verbale.— Quant aux verbes, le Dictionnaire portugais les donne tous en leur forme radicale, au présent et au passé. (L. P.)

Nagasaki, long cap.
Tacayama, haute montagne
Acatsoutsi, terre rouge.
Acagane, minéral rouge (cuivre).
Sirogane, minéral blanc (argent).

Courotsouki, terre noire.
Amazake, bière douce (moût ou vin doux. Dict.).
Fouroutosi, année ancienne.
Ohokimi, grand prince.

d. Si la propriété déjà connue d'un objet lui est associée sous la forme d'un mot attributif, cette attribution, pour un certain nombre d'adjectifs, est exprimée par la postposition *ki*, dont la voyelle radicale *i* est le verbe substantif *être*. *Ki* a le sens de : « étant ainsi (que l'exprime le mot radical)[1] ».

Pendant que *Naga saki* répond à cette expression « long cap », *Nagaki saki* signifie « un cap qui est long, un cap existant long ».
Tacaki yama, une haute montagne.
Acaki tsoutsi, une terre rouge.
Siroki gane, minéral qui est blanc.

Couroki tsoutsi, terre noire.
Amaki sake, bière qui est douce.
Amaki tsouyou, rosée douce.
Fourouki ato, vieux débris, ruines.
Fourouki yamai, maladie qui est ancienne.

e. Les adjectifs de ce genre peuvent être employés comme substantifs concrets, et comme tels sont déclinables. Par ex. :

Fourouki wo soutete, atarasiki ni tsouk', abandonnant l'ancien s'attacher au nouveau.

Nezoumino siroki wa sironezoumi to ioû, blanc parmi les souris, s'appelle « souris blanche ».

f. Le langage oral omet le *k* de la finale *ki*, et remplace les formes :

nagaki, tacaki, acaki, siroki, couroki, fouroki,

par *naga*[i], *tacai*[2], *acai, siroi, couroi, fouroi*.

g. Cette omission du *k* est également permise dans les écrits de peu d'importance.

h. Les adjectifs de cette classe deviennent des adverbes, quand la terminaison adjective *ki* est remplacée par la muette *y cou* (*c'*). Alors s'opère un affaiblissement de voyelle : *Cariga tacacou*[3] *tobou*, l'oie vole haut.

---

[1] Rodriguez appelle ces formes *verbes adjectifs*. Par un procédé inverse à celui de M. Hoffmann, il en fait dériver les adjectifs simples par le retranchement de la finale.
Collado ajoute, en parlant des mêmes formes : « Devant les noms ce sont des adjectifs, après les noms ce sont des verbes. » (L. P.)

[2] Tel est aussi le mot du haut allemand *getraide* (blé, grains), syncopé de *kitrakida*. (Hoffm.)

[3] L'adverbe précède constamment son verbe. (Hoffm.)

CH. II. — NOMS ADJECTIFS.

i. Le langage oral omet aussi le *c* de la finale adverbiale *y cou*, et obtient ainsi au lieu de

nagacou, tacacou, acacou, sirocou, courocou, fourocou,

les formes syncopées

nagaou, tacaou, acaou, siroou, couroou, fouroou,

formes qui sont également en usage dans la littérature légère.

k. Le langage oral va plus loin encore et applique à ces formes adverbiales le principe que le double son (diphtongue) *aou* se contracte en un *ó* long, *oou* en *ó* (*au*) et *oou* en *oŭ* L.P.). Les mots *nagaou, tacaou, acaou, siroou, couroou, fouroou,* sont prononcés comme *nagŏ, tacŏ, acŏ, sirŏ, courŏ, fouroŭ* [1].

l. Quelques interprètes de Nagasaki commettent la faute pernicieuse de transporter dans la langue écrite ces formes orales, et au lieu de

ナガウ, タカウ, アカウ, レロウ, ケロウ,

ils écrivent ナゴ丨, タコ丨, アカ丨, レロ丨, ケロ丨 [2].

m. Quand les adjectifs de cette classe doivent servir comme *prédicats*, par ex.: « ce cap est long, la montagne est haute »; alors *être* est exprimé par le verbe invariable *si*, qui s'attache comme postposition à la forme radicale de ces mots de propriété. Le rapport dans lequel ces formes radicales sont à l'égard du verbe *si*, est celui de l'adverbe avec le verbe :

Cono misáki wa hanahada nagasi, ce cap est très-long.

Ano yama wa tacasi, cette montagne est élevée.

Cari ga tobou coto tacasi, le vol des oies (canards sauvages. Dict.) est élevé.

Ne no adsi amasi, la saveur de la racine est douce.

Dans le langage oral, l's de *si* disparaît : *Founé no hobasira hanahada nagai*, le mât du navire est très-haut.

n. Par le changement de *si* en *sa* ces verbes deviennent des substantifs abtraits. (Sa peut être regardé comme une syncope de *si + va*):

Cono misaki no nagása san-si ri bacari nari, la longueur (*nagása*) de ce cap est seulement de 3 à 4 ris.

Les règles que nous venons d'émettre touchant la dérivation peuvent se résumer ainsi :

---

[1] Nous avons écrit ces exemples d'après les règles de transcription données par les missionnaires. (L. P.)

[2] Cette orthographe confirme d'une manière évidente la prononciation des missionnaires. (L. P.)

Du mot radical, par ex.: *naga*, long, sont dérivés :

L'adjectif attributif *nagaki*, ordinairement *nagai* ;

L'adverbe *nagacou* (*nagac'*), ordinairement *nagaou*, prononcé comme *nagô* (*nagŏ*. L.P.).

Le prédicatif *nagasi*, ordinairement *nagai*, est « long » ;

Le substantif abstrait *nagasa*, « longueur ».

Ces conclusions dont on doit vérifier la justesse à chaque page d'un livre japonais, auront pour effet, dans notre opinion, de répandre la lumière nécessaire sur le paragraphe du manuscrit, et mettre chaque étudiant de la langue japonaise en état d'opérer lui-même les dérivations [1]. — Hoffm.

§ II.

Les noms adjectifs japonais ne sont sujets, de même que les noms substantifs auxquels ils se rapportent, à aucun changement dans le nombre ni dans le genre.

Ils n'éprouvent de même aucun changement par déclinaison, et se trouvent en général placés devant le nom.

[*F'to* フ ト, gros [2]]. *F'to)ca* [3], — *sa*, — *i*, — *ki*.

[*Co*, petit [4]. *Coma* コ マ, menu, mince]. *Coma)ca*, — *sa*, — *i*, — *ki*.

[*Naga* ナ ガ, prononciation ordinaire *nanga*, long], *naga)ca*, *nagasa*, *nagai*, *nagaki*.

[*Mizica* ミ ジ カ, court]. *Miz'ca)ca*, — *sa*, — *i*, — *ki*.

[*Cawa*, sec]. *Cawaki*, *cawai*.

---

[1] Rodriguez propose deux autres classes d'adjectifs. La première consiste en quelques mots invariables, et ce Père indique les seuls qu'il ait rencontrés; ce sont : *Go*, petit : *gobounè*, petite barque ; *vŏ*, grand : *vŏtono*, éminent seigneur ou vieillard ; *mina*, tous. L'autre classe, ainsi que le dit l'auteur, n'est point composée d'adjectifs, mais de quelques radicaux de verbes servant à rendre l'idée adjective. Tels sont : *Fi*, sécher : *fiywo*, poisson sec ; *foi*, faire sécher : *foiywo*, poisson sec ; *acari*, éclairer : *acaribi*, lumière ou flambeau. (L. P.)

[2] Nous avons mis entre des crochets la forme radicale de chaque adjectif (Hoffm.)

[3] Nous laissons à des Japonais à décider si la finale *ca* est spéciale au dialecte de Nagasaki, ou si elle est employée par abus. (Hoffm.) — Le dictionnaire ne mentionne pas cette forme. (L. P.)

[4] *Co*, enfant, est un substantif, et sert en composition pour la formation des diminutifs : p. ex., *cobŏsi*, petit bonze ; *coya*, *coiye*, petite maison ; *coyama*, colline ; *cŏdsi*, petit chemin, sentier ; *coxiro*, petit château, forteresse ; *cobito*, petit homme, valet ; *comero*, servante ; *conousoubito*, petit voleur. (Hoffm.)

CH. II. — NOMS ADJECTIFS.

[*Hiro* ヒ ロ, large, spacieux]. *Hiro)ca,
— sa, — i, — ki.*

[*Sema* セ マ, étroit]. *Sema(ca, — sa,
— i, — ki.*

[*Yo* ヨ, bon, beau]. *Yo(ca, — sa, — i,
— ki, — c'.*

[*Warou* ワ ル, mauvais, laid]. *War(ca,
— sa; warou(i, — ki, — c'.*

[*Waca*, nouveau, jeune]. *Waca(ki, — i,
— c', — sa,* jeune, juvénile, etc.

[*Fourou* フ ル, vieux, ancien]. *Four',
four')ca, — sa; fourou)i; four')si, —
ki, — cou.*

[*Yuwa*, faible]. *Yowa)i, — ki, — ca, —
sa, — c'.*

[*Cowa* コ ワ, dur, ferme]. *Cowa)ca, —
sa, — i, — ki, — c'.*

[*Yawara* ヤ ワ ラ, mou, faible]. *Yawara)
ca, — sa, — i, — ki, — c'.*

[*Atsou* ア ツ, chaud en général)]. *Atsou-
(ki, — i, — si, — sa. Atatacana* ア タ
カ ナ, chose chaude (entre tiède et
ardente).

[*Samou* サ ム, froid]. *Samouca, — sa;
i — ki, — cou,* froid, frais, etc.

Fouto(i, gros, épais; *foutosa, — ki;
foutó.*

[*Atsou* ア ツ, épais]. *Atsou(ca, — sa, — i,
— ki; atsoú.*

[*Ousou* ウ ス, mince, délicat, fragile].
Ousou(ca, — sa, — i, — ki; ousoú.

[*Aca* ア カ, rouge]. *Aca)ca, — sa, — i,
ki; acó.*

Acà, rouge; *acài, acàsà.*

[*Coura* ク ラ, obscur]. *Coura)ca, — sa,
— i, — ki; couró.*

[*Omo* オ モ, lourd de poids]. *Omo)ca, —
sa, — i, — ki; omó.*

[*Caro* カ ロ et *carou* カ ル, léger]. *Carou)ca, — sa, — i, — ki; caroú.*

[*Coubo* ク ボ, creux; *nàcàcoubo,* creux
dans le milieu, concave; *me-couboki
fito,* un homme creux des yeux, dont
les yeux sont caves]. *Couboi, coubosa,
coubó.*

Càrà カ ラ, brûlant, piquant comme
le poivre. (*Càrà,* (nom substantif),
coquille, coque; donne, en composition, le sens de vide: *càrà iye,* une
maison vide; *càrà i,* un puits vide.)
(Hoffm.)

[*Tàcà* タ カ, haut]. *Tàcà(sà, — i, — ki;
tàcó.*

Fira(i, plat; *firasa, firó.*

Tovo(i, éloigné; *tovosa, tovó.*

[*Tsicà* チ カ, prochain, contigu]. *Tsica)
cà, — sà, — i, — ki; tsicó.*

[*Siro* シ ロ, blanc]. *Siro,cà, — i, — ki;
siró.*

[*Couro* ク ロ, noir]. *Couro)cà, — ki, —
sà, — si; couró.*

[*Awo* ア ヲ. vert]. *Awo)cà, àwoi, àwó*[1].

Rò, vieux, avancé en âge (prononciation
japonaise du chinois *laò,* vieillard).

Sin, nouveau, récent (chinois, *sín*).

[*Goto* ゴ ト, semblable]. *Tamano goto,
tamano gotosi,* boule, qui a la forme
d'une boule.

Les diverses terminaisons de ces adjectifs de qualité peuvent être

---

[1] Le manuscrit contient quelques autres mots qui n'appartiennent pas à la classe des adjectifs purement japonais. M. Hoffmann les signale comme étrangers à la substance du chapitre. Nous avons cru pouvoir les éliminer, et nous en avons seulement conservé trois exemples. (L. P.)

employées indifféremment, à l'exception de *sa*, qui caractérise l'isolement et l'indépendance du nom adjectif[1].

Ainsi, *siro nezoumi* signifie une souris blanche, et l'on peut dire aussi bien *siroi nezoumi, siroki nezoumi, siroca nezoumi*, etc.; mais non pas *sirosa nezoumi*. Mais quand on voit une souris blanche, on peut s'écrier : *Sirosa!* « blanc! tout blanc! »

§ III.

Les noms adjectifs désignant la matière n'existent pas en japonais; on y substitue les noms de matière mis au génitif avec la suffixe *no* (de même qu'en français. L. P.)

Kin no, d'or.
Ghin no, d'argent.
Tets no, de fer.
Acacane no, de cuivre.
Namari no, de plomb.

Souzou no, d'étain.
Caracane no, de bronze (litt. d'alliage de cuivre et d'étain).
Rasya no kiri mono, un vêtement de drap.

On dit encore :

Kitano caze, vent du nord.
Minami no caze, vent du sud.

Figasi no caze, vent d'est.
Nisi no caze, vent d'ouest.

Il en est de même à l'égard des noms adjectifs dérivés des noms propres de pays ou de localité :

Nippon no, Japonais.
Jedo no mono, marchandises d'Iédo.

Oranda no, Hollandais.
Orosiya no foune, navire russe.

ÉCLAIRCISSEMENT. La postposition *no*, formée, par renforcement de son, de *ni* « être, exister », étant le signe constant de l'adjectivité, tout nom substantif, quelle que soit la classe à laquelle il appartient, est qualifié comme adjectif par cette postposition. Mais la langue japonaise ne fait point usage de la finale adjective, quand pour l'expression de l'idée il existe déjà des mots composés [2]. (Hoffm.)

---

[1] L'étudiant fera bien de substituer à cette proposition les règles contenues dans l'éclaircissement préliminaire. La doctrine de dérivation que nous avons présentée est sans doute absolument nouvelle, mais elle est évidemment aussi ancienne que la langue japonaise. (Hoffm.)

[2] *No* est simplement un indice du génitif, et le § nous semble appartenir au premier chapitre. (L. P.)

§ IV.

Les noms adjectifs dérivés néerlandais se terminant en *loos* sont formés en japonais par la postposition au mot radical de *nas* (lisez *naki*, Hoffm.) « pas, aucun, sans ».

ÉCLAIRCISSEMENT. Du radical *na*, qui signifie *pas*, sont dérivés :
a. L'adjectif attributif *naki*, et dans le langage oral *nai* (non-étant).
b. L'adverbe *nacou* (sans), et dans le langage oral (*naou*) *nŏ*.
c. Le verbe prédicat *nasi*, et dans le langage oral *nai*, ayant le sens de « n'être pas à la main, à portée ».

La forme radicale *na* se rencontre en composition; ainsi, *na-yami* « non-repos, inquiétude ».

L'adjectif *naki* ou *nai*, dérivé de *na*, étant employé comme substantif, signifie « quelque chose de nul, rien, le néant », et se décline comme substantif; p. ex.: *Fito wo nai ga siro ni sou*, estimer, litt. évaluer à néant quelqu'un. (*Nai ga* est un génitif.)

Placé en qualité d'adjectif devant un substantif, *naki* ou *nai* signifie « nul », dans le sens originaire de « non-existant ». *Naki fito* est un homme qui n'existe pas, un défunt. *Arou fito no naki cotowo kicou* signifie « considérer quelqu'un comme n'existant pas (comme étant mort) », litt. « considérer la non-existence de quelqu'un. » *Nai mono* est une chose nulle, c'est-à-dire, qui n'existe pas, un néant.

Naki ou *nai* a en lui-même le sens prochain de « ce qui n'existe pas, ou n'est pas apparent », et alors il répond à la postposition hollandaise *loos*. *Tsicara naki youmi* est « un arc sans puissance »; *tsicara naki mono*, « une chose qui est sans puissance »; *tsicara naki coto*, « l'impuissance ».

Le verbe prédicat *nasi*, dans le langage oral *nai*, signifie « le fait d'être hors de portée (que ce soit une chose matérielle ou une qualité). » *Cono youmi wa tsicara nasi* « cet arc est sans force »; *iwo ga sima fito nasi* « l'île sulfureuse est sans habitants ».

Par ces motifs on doit, dans les six exemples du manuscrit proposés comme des adjectifs, transformer la forme verbale *nas* (*nasi*) en la forme adjective *naki* ou *nai*. (Hoffm.)

Oya nas, sans aïeux.
Toto nas, sans père.
Haha nas, sans mère.

Codomo nas, sans enfant.
Soco nas, sans fond.
Zeni nas, sans frais.

§ V.

Une autre terminaison japonaise pour les noms attributifs dérivés est *rasca*, quelquefois par euphonie *basca*, qui ne peut se traduire, et qui répond ordinairement aux terminaisons *achtig* ou *lijk* du hollandais.

Codomo rasca, enfantin.
Otoco rasca, viril.
Onago rasca, féminin, efféminé.
Daimyŏ rasca, princier.

Syŏ dziki rasca, débonnaire.
Kin rasca, de la nature de l'or.
Ghin rasca, de la nature de l'argent.
Yoroco basca, joyeux, satisfait.

ÉCLAIRCISSEMENT. La forme dérivative *rasca*, en admettant qu'elle soit effectivement propre au dialecte japonais vulgaire de Nagasaki, répond à l'attributif *rasiki*, originairement *arasiki*, de la langue littéraire, et elle se démembre en ses parties constitutives ainsi qu'il suit : *ara*, forme confirmée d'*ari*, être à la main, exister, et *siki*, tel. — *Rasiki* veut donc dire : « tel que ce serait, ainsi qu'il serait. »

La racine de l'attributif *siki*, qui est *si*, répond au hollandais *zoo* (de la sorte, ainsi), en latin *sic*.

Les dérivations de cette racine, suivant l'introduction (§ I de ce chapitre), sont :

a. L'adjectif attributif *siki*, ordinairement *sii*, tel.

b. L'adverbe *sicou*, ordinairement *siou*.

c. Le verbe prédicat *sisi*, cela est tel.

d. Le nom substantif abstrait *sisa*, dérivé de *sisi*, (contracté de *sisi—va*, qui s'échange la plupart du temps contre .... *siki coto*..., « la qualité de » (achtigheid, Holl.).)

Une forme adverbiale confirmée de *sicou* est *sica* ; on dit par ex.: *carega sica ioŭ*, « il dit ainsi ».

Les adjectifs, adverbes et noms formés par l'annexion de *siki, sicou, sisa*, ont pour racine, soit 1º un nom substantif ; soit 2º des interjections ou des adverbes ; soit 3º un verbe.

1. Sont dérivés de noms (dénominatifs), par ex.:

Kimisiki, princier.
Fitorasiki, humain, à distinguer de *fito siki* « qui est un », dans le sens d'unanime.

Macotorasiki, capable de vérité, vraisemblable. *Macoto rasisa*, extérieur, apparence.
Ousorasiki, nul, frivole.

CH. II. — NOMS ADJECTIFS.

Awa siki, mousseux, léger (dans le sens de faible de goût).(Inusité. Dict.)

Bacarasiki, fol, insensé. *Bacarasiki coto*, folie, extravagance.

Les mots d'origine chinoise sont aussi employés pour ces formes dérivées, par ex..

Zitsi rasiki, véritable.
Binbó rasiki, pauvre, misérable. *Binbó rasisa*, indigence.

Ricô rasiki, spirituel, ingénieux, de *ricô*, une bouche véridique.

2. Sont dérivés d'interjections et d'adverbes, par ex.:

Aya siki, étonnant, de *aya*, ah !
Ai rasiki, caressant, de *ai* (*aai*, holl.). (caresser un enfant).

Cana siki, plaintif, de *cana*, hélas !
Tsyoro (*chôrô*. Dict.) *rasiki*, grotesque, plaisant, de *tsyoro*, se moquer.

3. Sont dérivés de verbes (ou verbaux) par ex.:

Conomasiki, aimable, agréable, de *conomasi*, faire chérir, exciter l'amour de quelqu'un, l'attirer vers soi; et ce dernier de *conomi*, avoir quelqu'un en gré, le chérir.

Itamasiki ou *itawasiki*, douloureux, pénible, d'*itamasi*, affliger; et ce dernier d'*itami*, éprouver de la peine.

Yawasiki, pacifique, de *yawasi*, apaiser, mettre en repos, et ce dernier de *yavi* ou *yami*, venir au repos.

Ourouwasiki, charmant (ainsi que les fleurs et les personnes du sexe), d'*ourouwasi*, charmer, et celui-ci d'*ourovi* ou *ourouvi*, être réjoui. *Ourovasira*, le don de plaire.

Yadorosiki, hospitalier, de *yadorasi*, faire habiter, recevoir quelqu'un; et ce dernier de *yadori*, loger quelque part.

Yorocobasiki, agréable, plaisant, de *yorocobasi*, réjouir quelqu'un; et celui-ci de *yorocobi*, se réjouir, être aise.

Par ces dérivations, formées dans un harmonieux accord, et d'après une règle unique, il devient évident que la postposition *basca* (*basiki*) du mot *yorocobasca*, agréable, n'est pas une variante purement euphonique de *rasca*, *rasiki*, ainsi qu'il est énoncé dans le manuscrit; mais qu'elle est composée d'autres éléments.

Nous avons démontré plus haut que *rasiki*, originairement *arasiki*, a la signification de « être ainsi » (*lijk*, holl.), c'est-à-dire, « tel que ce serait » : soit donc, *có-arouwaza*, « un acte-étant-mérite »,c'est-à-dire un acte qui est un mérite, qui a du mérite, alors *córasiki waza* désigne un acte (*waza*), qui est comme (*siki*), s'il était mérite (*có-ar*). Le mot hollandais *verdienstelijk* répond très-exactement à *có-rasiki*, sans néanmoins en rendre la signification dans toute son étendue. Dans la même relation avec *ricô*, éloquence, génie, sont les dérivations *ricô nar^(ou)fito* ou *ricô ar^(ou)fito*, un homme éloquent, habile, et *ricô rasiki fito*, un homme qui est doué d'éloquence[1]. (Hoffm.)

---

[1] Quand la particule *xii* ou *raxii* se compose avec les verbes personnels, elle exprime

Les noms adjectifs japonais qui ont la terminaison *rasca* sont souvent encore exprimés en périphrase par le mot primitif au génitif, suivi de *gotocou* ou *gotoki*[1] « apparence, ressemblance ».

Codomo no goto cou ou *goto ki*, enfantin.
Onago no » » » » » efféminé.
Kin no » » » » » qui a la ressemblance de l'or.
Ghin no » » » » » qui a la ressemblance de l'argent.

Il existe néanmoins une différence entre l'usage de la terminaison *rasca* et celui de la périphrase en *gotocou* ou *gotoki*. Quand on dit, par exemple, *ghinrasca*, « qui a la ressemblance de l'argent », il est incertain si l'objet est tout argent, ou non ; mais quand on dit *ghin no gotocou*, « apparence de l'argent », il est certain qu'il n'y a point d'argent, mais simplement que la chose ressemble à l'argent.

ÉCLAIRCISSEMENT. En conformité avec l'éclaircissement préliminaire, sont dérivés du mot primitif *goto*, qui signifie « pareil, de même que » :

a. L'adjectif attributif *gotoki*, étant comme.

b. L'adverbe *gotocou*, ainsi que. *Cacou no gotocou*, ainsi que cela, de la sorte.

c. Le prédicatif *gotosi*, « c'est semblable, ressemblant à », par ex.: *Souzoume va casira va nira no tsoubo no gotocou, me va sansó no gotosi*. Le moineau : sa tête ressemble à une gousse d'ail, ses yeux ressemblent au poivre de montagne.

§ VI.

Un grand nombre de noms adjectifs japonais dérivés de verbes se terminent en *beki* (ベキ).

Beki est, à proprement parler, un signe distinctif du mode impératif des verbes. Assez souvent en effet, dans un nom adjectif dérivé d'un verbe, l'idée repose sur le fondement de l'idée de contrainte, néces-

---

une chose que l'on doit désirer, craindre, éviter. Quand elle se compose avec les verbes adjectifs, elle donne plus d'énergie à leur signification. Quand elle est jointe aux noms, elle signifie « être semblable, ou se montrer tel ». (Rodriguez.) (L. P.)

[1] *Cotocou* et *cotoki* dans le manuscrit. La langue écrite veut l'orthographe *gotocou* et *gotoki*. (Hoffm.)

CH. II. — NOMS ADJECTIFS.

sité, obligation, disposition ou possibilité. La terminaison *beki* a la valeur du hollandais *zaam, bar, lijk, sch*.

Tattom' (尤 ゆ ト ム), honorer (apprécier, mettre du prix à). *Tat'om' beki*, honorable (appréciable, devant être apprécié)[1].

Omowarour', penser, considérer. (*Omovou* ou *omô*, penser; *omowarourou* ou *omowarou*^{rou}, être pensé.) *Omowarour beki*, présumable, imaginable.

Wakerarour', partager. (*Wakerou*, partager, verbe actif, *wakerarour*, être partagé.) *Wakerarour beki*, divisible.

Warawou (*warò*, Dict.), rire (verbe neutre et actif, railler); *warawou beki*, risible.

Moyourou, brûler (verbe neutre); *moyourou beki*, combustible.

Soucou, aimer. *Soucou beki*, aimable.

Noucoumour', couver. *Noucoumour' beki*, couvable.

ÉCLAIRCISSEMENT. La racine ベ *be*, d'où sont dérivés l'adjectif attributif *beki*, l'adverbe *becou*, et le prédicat *besi* (voyez l'éclaircissement préliminaire de ce chapitre) est une contraction de *moubé* (*m'bé*) qui signifie proprement « autorisé, qualifié, destiné à » (avec raison, en vérité. Dict.) *Besi* répond à l'anglais *may* et *ought*, et au hollandais *mogen, kunnen* — *moeten, zullen* :

Moube nari, il (se) peut.

Moube nazarou, il ne se peut pas.

Sou be, le pouvoir faire, la possibilité. — *Soubeki coto ari*, il est possible de faire. — *Soubeki coto wo nogasanou*, ne pas négliger les choses faisables, ne pas omettre ce que l'on peut faire. — *Onna cono tewaza wo soubesi*, les femmes sont employées pour faire cet ouvrage. — *Core wa onna no soubeki tewaza nari*, c'est un ouvrage que les femmes peuvent ou doivent accomplir, un ouvrage de femmes. — *Soubeki*, « *pouvant ou devant faire* », est pris ici dans le sens actif, pendant que le génitif *onna no* précède comme détermination prochaine. La forme passive est *serarourou beki*, devant être fait. — Le manuscrit de Nagasaki ne fait pas ressortir assez la différence entre l'actif et le passif. — Hoffm.

§ VII.

Quand dans le nom adjectif se trouve l'idée d'une certaine situation présente, cette idée est exprimée en japonais par le mot primitif, suivi de la 3e personne du temps présent du verbe « être », *ar*.

---

[1] *Farou aki wa caghé wo tattomi, fouyou wa finata wo tattom*^{ou} ,« dans le printemps et l'automne (dans le temps comprenant le printemps, l'été et l'automne), on apprécie l'ombre, et dans l'hiver on préfère la place exposée au soleil. » (Hoffm.)

68   GRAMMAIRE JAPONAISE.

[ÉCLAIRCISSEMENT. Physiologie du verbe substantif *ari* (ア リ), « être » ou « exister », et de quelques autres verbes. (C'est encore une chose absolument neuve, mais aussi ancienne que la langue japonaise.)

Ari est un verbe continuatif, formé de イ *i*, qui originairement exprime « l'expiration », pendant que キ *ki* signifie « l'aspiration ». Le mot *iki*, formé des deux racines, signifie en premier lieu « respiration, respirer », et sert souvent à exprimer l'idée de « vivre ». Une des premières formes de cette racine I est le verbe *ini*, s'en aller, passer ; de là *inisi*, qui s'en est allé, qui est passé, par ex.: *inisi tosi*, l'an passé, *inisi ve* ou *isini ye*, le côté ou la direction (*ve* comp., ch. I, § XVI) de l'être accompli, le passé. *Inotsi*, — la voie (*tsi*) du (*no*) passé (*i*), — c'est-à-dire l'existence, le cours ou la durée de la vie. *Fito no inotsi midsicasi*, la vie humaine est courte.

Le verbe continuatif *ari*, formé d'*i* « expirer, passer », signifie « être continuellement en un mouvement transitif », et a pour détermination prochaine *où?* au locatif, précédé de la finale *ni*. Cependant si cette détermination prochaine est une action exprimée par un verbe, elle se trouve encore au locatif, avec la terminaison *te*. Nous reviendrons bientôt sur cette dernière forme.

Si l'on étudie la proposition exprimée dans les premières lignes de ce paragraphe, on y distingue une relation double, dans laquelle peut se rencontrer le verbe *ari*.

Ou bien *a*. Il est appelé à compléter un sens en qualité de verbe prédicat (ou adjectif), et alors on emploie la forme *ari*[1] ア リ.

Ou *b*. Il se trouve dans la fonction de substantif, ou d'adjectif attributif, et alors on se sert d' *arou* ア ル. — Et comme l'*ou* s'entend à peine dans la prononciation, les Européens écrivent *ar'* ou même *ar*.

Exemples : *a*. Comme verbe adjectif, on emploie *ari* dans des sens comme :

Ware mata ari. Je suis aussi.

Sai no misaki yori Matsoumai Siracami no minato made sitsi ri ari. Du cap de Sai au port de *Siracami*, près Matsoumai il y a sept ris.

Sono moura no ziyouts (jut. Dict.) cŏ-ni ooi narou gawa ari, A la sortie de ce village est un grand ruisseau. (Dans ce dernier exemple on doit remarquer le locatif *ziyouts cŏ-ni*, comme déterminatif de la place, où le grand ruisseau se trouve exister.)

Kin kwa san cai-tsiou (chu. Dict.) ni ari. Sima-yama nari. Yamano mine itsoutsou ari. San fŏ yori mirouni yamano sougata onazi coto nari. Le *kin kwa san* (montagne des fleurs d'or[2]) est situé

---

[1] La règle générale exige la forme *arou*; mais ce verbe est le seul qui fasse exception. (Hoffm.)

[2] L'île des Tortues, à 38° 27' lat. N. et 5° 58' long. E. de Miyaco. (Hoffm.)

CH. II. — NOMS ADJECTIFS.

⁵⁶ ⁴ ³ ² ¹
dans la mer. C'est une montagne-île
(c'est-à-dire, une montagne formant
⁸ ⁷
¹ ² ⁴ ³ ³ ⁴
une île).De sommets il y a cinq. Aperçue
⁵ ¹ ² ⁶ ⁵
de trois côtés [1], la forme de la montagne
⁸ ⁷
est la même.

b. Dans les expressions comme *arou fito*, un homme quelconque, quelqu'un ; *arou tocoro*, un endroit quelconque, quelque part : *arou* se trouve employé comme adjectif attributif, et fait réellement l'office d'un participe. Ex. :

¹ ² ³ ⁴ ⁵ ⁶
Oun va fi tsouki no cata varano ki nari ;
⁷ ⁸ ⁹ ¹ ² ³ ⁴
casa to ivou. Fino casa arou toki va,
⁵ ⁶ ⁷ ⁸ ⁹
fiderisi ; tsouki no casa arou toki va,
¹⁰ ¹¹ ¹² ¹³ ¹⁴
san nitsi no outsi ni ame fourou to
¹⁵ ¹ ⁶ ⁵ ⁴
iveri. Oun est la vapeur qui existe au-
² ³ ⁸ ⁹
près du soleil et de la lune ; elle s'appelle
⁷ ¹⁵ ¹⁴
casa (c'est-à-dire chapeau). On dit que
⁵ ⁴ ³
la sécheresse revient, quand il existe un
² ¹
chapeau-solaire (anneau autour du so-
¹² ¹³ ¹¹ ¹⁰
leil), et qu'il pleut durant trois jours,
⁹ ⁸ ⁷ ⁶
quand il existe un chapeau lunaire.

Ici donc ce n'est pas, ainsi qu'il est avancé dans la 3ᵉ ligne de ce paragraphe, la 3ᵉ personne du temps présent du verbe *ari*, qui se trouve employée pour la formation des noms adjectifs, mais la forme adjective ou attributive *arou*. L'étudiant doit se garder d'attribuer au verbe japonais notre distinction des personnes. Ce verbe ne représente pas en sa forme la personne grammaticale du sujet ; on n'a pas à se préoccuper de distinguer les 1ʳᵉ, 2ᵉ et 3ᵉ personnes ; et l'on doit demeurer étranger à la personnalité.

Si *arou* se trouve employé comme adjectif attributif, avec proposition antécédente d'une chose qui est présente, cette proposition demeure le sujet de *ari*, et, se trouve, quand c'est un substantif, subordonnée à *arou* comme détermination prochaine, au moyen de la finale génitive *no*.

Iro no arou coumo signifie « des nuages où se trouvent des couleurs », en d'autres termes, « des nuages ayant des couleurs ». Cette construction japonaise est si originale [1], que nous pensons pouvoir nous arrêter encore sur ce point. *Iro ari* signifie : il y a couleur, ou des couleurs existent. Si ce qualificatif devient attributif, alors *ari* se change en *arou*, et le sujet *iro* devient une détermination attributive d'*arou*, et admet la forme attributive, c'est-à-dire la terminaison génitive *no*. Un examen plus approfondi de la nature de cette association verbale fera comprendre aisément chacun de ces sens, et permettra, sans danger d'erreur, une traduction plus libre. Fai-

---

[1] *Mirouni* est le locatif de *mirou* « le fait de voir », et celui-ci la forme substantive du verbe radical *mi* « voir ». *Mirouni* signifie « à la vue ». (Hoffm.)

[1] On dit en français : Être d'une couleur ou de couleur. Et aussi : Des nuages d'une couleur, des nuages de couleur. (L. P.)

sant nous-même usage de cette liberté, nous traduirons *iro no arou coumo* par « nuages colorés ».

L'indice du génitif *no* est souvent omis dans le cas précédent, surtout quand la détermination prochaine annexée à *arou* est un verbe, qui se trouve alors en sa forme radicale. Par ex.: *Asiki nifoi arou ki tacou becarazou,* le bois, qui a une mauvaise odeur, ne peut être brûlé. *Nifoi,* sentir, odeur. Hoffm.]

Dans le manuscrit, sont donnés pour l'éclaircissement de la règle placée en tête du paragraphe, les trois exemples suivants :

Sin roui no ar, il est alliance de sang, c'est-à-dire parent, apparenté.
Omo no f'taats' ar, il y a deux sens, c'est-à-dire un double sens.
Nomitacou ar, il est soif, c'est-à-dire altéré.

[Ici se place la remarque suivante :

Sin roui, de *sin,* « allié par le sang », et *roui,* « sorte, espèce », signifie « sorte alliée par le sang, parenté par alliance. » — *Sin roui ari,* signifie : être allié. *Sinroui no arou fito,* est quelqu'un qui a des parents; *sinroui narou fito,* quelqu'un qui est un parent. *Carewa kimino sinroui nari,* signifie « il est parent du prince. »

Omoi signifie « sens ». *Omoi f'tats' ari,* de significations il existe deux, il y a deux sens. *Omoi f'tats'arou cotoba,* un mot qui a deux sens. — Un homme équivoque est appelé *f'ta cocoro no arou fito.* — Hoffm.]

§ VIII.

[TE ARI テ ア リ, TARI タ リ, TAROU (TAR') タ ル, TA タ.]

[Si la détermination par laquelle une chose est apparente ou altérée, que ce soit une manière d'agir ou une manière d'être, est exprimée par un verbe, ce verbe en sa forme radicale, qui se termine d'ordinaire en *i* ou en *e,* suivi de la postposition *te* comme indice du locatif, précède *ari.* (Comparez § VII, ligne 15.) Nous obtenons ainsi la forme *te ari* ou *de ari,* qui se change ensuite en *tari. Tari* exprime donc, étant après un verbe, la permanence dans l'être ou dans l'action, qui, par la forme radicale du verbe précédent, est exprimée comme un fait accompli; en d'autres termes, *tari* forme un prétérit présent.

Pour ce qui regarde la conjugaison de *tari,* elle est naturellement conforme à celle d'*ari*; タ リ *tari* est la forme prédicative verbale, タ ル *tarou* (tar'), la forme du substantif et de l'adjectif attributif. Le langage oral abrège *tari* et *tarou* en *ta,* lequel est employé dans la langue écrite ordinaire, et sert comme terminaison du parfait. Exemples :

CH. II. — NOMS ADJECTIFS.

Ta ya sono va fouroubi tari; dans le langage oral : *ta ya sono ga fouroubita,* le champ et le jardin sont devenus vieux. *Fouroubi,* anciens. *Fouroubitarou* (communément *fouroubita*) *taya sono,* ont vieilli le champ et le jardin.

Le sens actif ou passif du prétérit présent formé par *tari* ne dépend pas de *tari*, mais du mot radical précédent ;

Founé kisi ni tsouc^{ou}, le navire va au rivage, le navire prend terre. *Founé kisi ni tsouki tari,* le navire est arrivé au rivage, a pris terre. *Founéwo kisini tsoukétari,* on a fait aborder le navire.

Tori no sou wo mitari, on a vu le nid d'oiseau. *Tori no sou ga miyete ari,* le nid d'oiseau a été vu.

Anofito tôki couni yori kitari (ou *kita*), il est venu des pays lointains. *Còrai yori kitarou fito,* personnes qui sont venues de la Corée.

Sei sin wa sono fôsiki wo nasi okitari, des hommes sages ont institué ces règles. *Nasi,* faire, *oki,* dresser. — *Sei zin no ocare tarou* (communément *ocareta*) *fôsiqi,* règles instituées par les hommes sages. *Ocare* est ce que nous appellerons le passif d'*oki,* instituer.

Coye ou *cohe,* être épais, gras, replet. *M'me ame ari coyou,* la prune devient grosse par la pluie. *M'me coyetari,* la prune est devenue grosse. *Ameni coyerou* (ou *coherou*) *m'mé,* prunes qui sont devenues grosses par la pluie. *Coyetarou m'mé,* prunes devenues grosses.

Coumo, nuage. *Coumori,* contracté de *coumo* et *ori,* être apparent, signifie : il y a des nuages, le temps est couvert ; ou (conçu comme substantif), l'état nébuleux du temps. — *Coumori,* ou plus exactement *coumorou sora,* un ciel nébuleux. *Coumori tarou sora,* un ciel devenu nuageux [1].

Cette exposition de la nature et de l'emploi du verbe auxiliaire TARI doit mettre l'étudiant en mesure de se rendre compte des propositions qui suivent dans le manuscrit. (Hoffm.)

Le participe passif ou passé est formé par le mode indéfini des verbes avec certaines modifications dans leur terminaison, suivi du participe passé de *nar,* « exister (être) », ou de *tar,* « devenir ».

Ori, orou, tisser; *oritar',* tissé.
Nouri, nourou, vernir; *nouritar,* verni.
Kiki, kicou, prononcés comme *kik'; kiitar'* [2], vu.

Mi, mirou, mir', voir; *mitar,* vu.
Moye, moyourou, croître, pousser comme le grain; *moyetar',* qui a poussé, qui a crû.

---

[1] Rodriguez dit : Presque tous les prétérits des verbes ont une signification adjective : *yomareta kio,* livre lu. (L. P.)

[2] Proprement *kikitar'.* Le langage oral omet cependant le *k* de la terminaison *ki.* Comp. § 1, rem. *f.* (Hoffm.)

Quand le nom adjectif renferme en soi l'idée d'une opération ou d'un changement qui doit être subi, il se forme en japonais par l'addition, à la suite du mot primitif, du participe passé de *nar*, « devenir », *tar*, « devenu ».

Coumoritar, devenu embrumé, c'est-à-dire, brumeux.

Coyetar, devenu gras, c'est-à-dire, gras.

§ IX.

Quand le nom adjectif exprime une action soufferte ou éprouvée, cette action est rendue en japonais au moyen du mot primitif, suivi du mode indéfini de *nar*, « être, souffrir ».

Sai wai nar, éprouver du bonheur, c'est-à-dire, heureux.

Fou sai wai nar', éprouver du malheur, c'est-à-dire, malheureux.

Con kiou nar, souffrir la misère, c'est-à-dire, misérable.

Homare nar, éprouvant de la gloire, c'est-à-dire, illustre.

[ÉCLAIRCISSEMENT. Physiologie du mot composé NARI ナリ , « ÊTRE ».

Le verbe *nari, narou*, dérivé du verbe *ni*, qui lui-même est formé de la terminaison locative *ni* (dans) et de la racine verbale *i* (être), et qui doit avoir ainsi la signification de *être dans* — et il l'a véritablement —: Le verbe *nari* signifie l'*être en permanence dans*, et a toujours devant soi la détermination de l'état ou de la qualité, dans lesquels une chose se trouve, et que l'on exprime toujours par un substantif, un adjectif ou un verbe.

Nari ナリ est la forme du verbe prédicatif (comp. *ari*, § VIII), et comme tel il termine le sens. Par ex.:

Ou ten nari, il fait pluvieux.
Tabino mitsi farouca nari, la route à parcourir est éloignée (longue).
Ki ooi nari, l'arbre est grand.
Fino ficari akiraca nari, la lumière du soleil est éclatante.

Nin va coudamono no sane no outsi ni arou mono nari, c'est-à-dire littéralement, l'amande est le dans l'intérieur du noyau de fruit existant encore.

Narou ナル (ou *narou*, prononcé comme *nar'*) est la forme substantive de ce verbe, et répond à l'anglais *being*, et, ainsi que lui, se trouve encore employé adjectivement.

CH. II. — NOMS ADJECTIFS.

Narou est substantif dans les sens complets, par ex. :

1 2 3 4 5 6 7
Catatsi no madoca narou wa ten ni atari
8 9 10 11 12 13 14 15
ana no keta narou wa tsi ni narŏ.
L'écrivain, parlant de la monnaie de cuivre chinoise et japonaise, dit : La
3 4 2 1 7 6 5
rondeur de forme correspond au ciel ;
11 10 9 8
la forme carrée de l'ouverture est une
15 14 13
imitation de la terre ; en d'autres termes, si elles (les monnaies de cuivre) sont rondes de forme, c'est une relation avec le ciel, tandis que la forme carrée imite l'intérieur (le fonds, la cavité) de la terre.

Narou est attributif dans des sens relatifs comme :

Farouca narou tabi no mitsi, une longue route.
Ooi narou ki, un grand arbre.
Mata ki narou mayou wo ts⁰ucourou cai-co ari, c'est-à-dire littéralement : Il y a encore des vers à soie faisant des cocons jaunes.

Il résulte de ces données que *nari, narou,* cités dans ce paragraphe, ont, non pas la signification d'*exister, souffrir,* mais plutôt celle d'*est, être, étant.*

§ X.

[NARE ナレ, NAROU ナル, NAROUROU ナルヽ, « DEVENIR ».]

De *nari,* « être », est résultée une forme jumelle, qui dans l'origine était *nare, narourou* (ou *narerou*) et *narou,* mais qui se trouve généralement remplacée par son frère *nari, narou.*

Ce *nare, narourou, narou* dont il est fait mention, est le passif régulier (des grammairiens ordinaires), « exister », du verbe *ni,* « être », de même que *tor are,* « être pris », est le passif de *tori,* « prendre ». Nous réprouvons ici l'expression vulgaire de passif. En effet, les verbes que l'on appellerait passifs dans la langue japonaise, d'après leur nature et leur forme de dérivation, sont réellement actifs, et expriment le fait de s'approprier une action provenant du dehors.

Ainsi *nare* est le fait « d'acquérir l'être », c'est-à-dire « de devenir », de même que *torare* est le fait « d'acquérir le prendre », c'est-à-dire « devenir pris ». La détermination appositive : « quoi, à quoi, comment une chose existe, », précède également le verbe *nare,* mais est caractérisée comme qualification appositive par la postposition *to* ou *ni,* ou par la forme adverbiale, finissant en *cou* (ク). (Comp. § 1, h.)

To (ト) qui a la même signification que le hollandais *tot,* le haut allemand *zu,* l'anglais *to,* sert comme indice du terminatif et de l'apposition.

La postposition *ni* (ニ), qui a la même signification que le hollandais *in* et le latin *in*, sert également comme indice du locatif *où?* et aussi du terminatif et du datif (répondant alors à l'anglais *into*), selon que le verbe d'où dépend la dernière qualification caractérisée par la terminaison *ni*, exprime le fait « d'être en une chose », ou « de passer dans une chose, ou par-dessus une chose et dans une autre ».

Carewa iye ni ari, il est à la maison : et par contre, *iye ni irou*, aller dans la maison, entrer dans la maison, différent de *iye ve youcou*, aller vers la maison (s'approcher de la maison).

Quelques écrivains distinguent, et avec raison, *nare, narourou, narou*, devenir, de *nari, narou*, être ; mais le plus grand nombre confond la racine *nare* avec *nari*, la forme substantive et attributive *narourou* ou *narerou*, « devenir et devenant », avec *narou*, et la forme finale prédicative *narou*, « devient », avec *nari*, et laissent à la détermination de sens qui précède immédiatement de faire voir si l'*être* ou bien le *devenir* est l'idée en vue. *Nari*, « être — dans, » a, par exemple, ainsi que nous l'avons vu, la détermination prochaine de « où, en quoi ? » sans être précédé d'aucune déclinaison, tandis que *nare* (ordinairement *nari*), dans le sens de *devenir*, a devant soi la détermination appositive « vers *quoi* (*où*) une chose arrive » ? caractérisée comme telle par les postpositions *to* ou *ni*, ou par la forme adverbiale.

Nous donnons quelques exemples pour éclaircissement :

Ten ki sitsouca(*Xizzoucana*, chose calme. Dict.) *nari*, le temps est calme. *Ten ki sitsouca ni narou* (ordinairement *nari*), le temps devient calme.

Yoki (ou *yoi*) *fiyori nari*, il fait beau temps. *Yoki fiyori ni narou*, ordinairement *nari*), il se fait beau temps.

Notsi ni iro iro no yamai to narou, à la suite naissent diverses maladies, litt., il devient à diverses maladies.

Coumo va san-sen no ki nari. Tsi ki noborite coumo to nari ; ten ki coudarite ame to narou nari, les nuages sont l'exhalaison des montagnes et des rivières. La vapeur de la terre remontant devient en nuages ; l'exhalaison du ciel descendant devient en pluie. — La forme finale *narou nari* signifie : « est devenant ». Comme les deux derniers sens sont corrélatifs, le verbe prédicatif du premier sens *nari* se trouve en la forme indéfinie, c'est-à-dire comme racine, et le *nari* final a sa valeur commune avec le premier.

Ame corite youki to narou, la pluie se congelant devient neige.

Osocou (*vosó*. Dict.) *narou*, il devient tard (*osocou* est adverbe). *Ocoute ine no osocou minorou nari*, le riz tardif est le dernier mûrissant du riz, c'est-à-dire, le riz qui le dernier devient mûr. — *Osoki mouna*, un cheval lent. — *Ocoute no minorou coto ososi*, le devenir mûr du dernier riz est tardif.

Le *nare* (ordinairement *nari*), devenir, que nous venons d'éclaircir, est le sujet du § suivant du manuscrit. (Hoffm.)

Quelques noms adjectifs sont encore formés par l'addition de *nar*, « devenir » après le mot primitif : ce qui a lieu quand la propriété ou la qualité qui est exprimée par le nom adjectif n'est pas présente dans le nom, mais en dérive ou en naît.

Ainsi le sucre, *satŏ*, est doux en lui-même, *amo* (?), *amaca* (?) (*amai*, *amasa*, *amŏ*. Dict.); mais quand on a mis du sucre dans le thé, alors le thé devient doux, et l'on dit en japonais *amŏ nar'*.

ÉCLAIRCISSEMENT. « Le sucre est doux de saveur » est exprimé en japonais par *satŏ wa adsiwai ama-si* (ordinairement *ama-i*). Voyez l'éclaircissement § I.

Ama, doux, appartient à la série de mots de qualité dont la forme attributive est caractérisée par la postposition *ki* (ordinairement *i*), tandis que la forme adverbiale est spécifiée par la postposition *ƴ cou* (*k'*), ordinairement *ou*, et la forme du verbe prédicat par *si* (ordinairement *i*). *Ama zake*, bière douce ; *ama mono*, douceurs, friandises ; *ama ghi*, canne à sucre (roseau de sucre); *amacousa* (prononcé comme *amaksa*), herbe douce, sont des composés connus du mot primitif *ama*, doux. Dans *amaki idsoumi*, source douce (bière qui est douce), *amaki tsouyou*, rosée douce, *ama* se trouve affecté de la postposition *ki* et devient adjectif attributif. La question de savoir si l'on dit actuellement, à Nagasaki, *amaca* au lieu d'*amaki*, est écartée par les Japonais eux-mêmes avant tout examen. Suivant notre assertion (V^r § I, *n*.) *ama* a pour forme adverbiale *amacou*, prononcé *amak'*, et devient lui-même, par la suppression du *k*, *amaou* ; ce dernier se transforme dans l'expression en *amŏ*.

Cette phrase, « Par l'addition du sucre le thé devient doux de saveur, » se rend ainsi dans le japonais : *Satŏ wo mazeba, tsiya (tcha) you a lsiwai amacou narou* (ordinairement *amak' nari*); « le thé est doux de saveur » est exprimé par *tsiya you adsiwai amasi* (ordinairement *amai*).

Cet éclaircissement était nécessaire pour apprécier la théorie proposée dans le manuscrit, au sujet de *narou*, devenir, et déterminer la différence grammaticale entre « être » et « devenir ». Le manuscrit donne comme exemples quelques mots japonais qui ne paraissent pas être à leur véritable place. Ainsi *akiraca*, qui signifie en réalité, comme on le trouve proposé, lumineux (lucide, ou éclatant), y devient par l'addition de *nari, narou*, être, étant, le verbe prédicat *akiracanari*, est clair, et l'adjectif attributif *akiracanarou*, étant clair (traduit exactement dans le manuscrit par « brillant, distinct ».— « Il devient clair », et « devenant clair »: tandis que ces dérivations doivent être exprimées par *akiraca ni narou* (ordinairement *nari*), et *akiraca ni narourou* (ordinairement *narou*). Les mots *ocou biŏ* (suivant le manuscrit), craintif, timide, et *acou sin*, méchant, pervers, sont des composés chinois qui désignent la peur, le cœur timide ou mauvais, la méchanceté. *Ocou biŏ narou fito* est donc un homme pusillanime, *acou sin narou fito*, un homme qui est d'un cœur mauvais.

Nasi (ナシ), faire être.

Par les dérivations premières de la racine *ni*, être, outre le verbe continuatif *nari* et ce que l'on appelle le passif *nare* (c'est-à-dire le « obtenir être », le « devenir »), existe encore le causatif *nasi*, faire être. *Si* a le sens de faire, et, dans ce sens, est susceptible d'être conjugué comme tout autre verbe.

Comme il est de règle, dans la langue japonaise, que la terminaison verbale *i*, quand un verbe causatif est formé par l'adjonction du verbe *si*, *sou*, « faire », se transforme dans le son plus fort *a* (ouo), il résulte de la réunion des deux racines verbales *ni* et *si* le composé *nasi*, forme verbale causative qui signifie « faire être[1] ».

L'objet direct, que l'on « fait être » ou que l'on « appelle en présence », précède immédiatement le verbe *nasi* dans ladite qualité, avec la terminaison accusative *wo* :

Zin sai wo nasou, faire paraître les capacités des hommes, c'est-à-dire rendre capables les autres hommes.

Core wo nasou besi, on doit faire résulter cela.

En relation avec la formation des verbes causatifs en général, nous ferons observer qu'il existe des verbes en *i* dans lesquels ce changement de son, — la transition d'*i* au son plus fort *a*, — n'a pas lieu; et aussi que cet échange de son est inutile à l'égard des verbes terminés en *e*. On trouve des exemples de ces verbes causatifs dans l'éclaircissement du § V. Ce *nasi*, formé de *ni* et *si*, sert de racine à une série considérable de dérivations ultérieures dont la production et l'explication sont réservées pour une occasion plus favorable

A propos! de même que *nari* peut être considéré comme la forme verbale continuative, et *nasi* comme la forme verbale causative de *nari*, et qu'*ari* est désigné par nous comme la forme verbale continuative d'*i*, s'en aller, se mouvoir, quelques lecteurs pourront concevoir un doute et voudront savoir s'il n'existe pas, à côté d'*ari*, un verbe causatif *asi* ayant la signification de « faire aller vers ». Nous répondrons que le verbe *asi* n'est pas en usage : mais les pieds sont appelés *asi* アシ; or sont-ils,

[1] Nous ferons remarquer incidemment que le latin *facio* est dans la même relation avec *fio* que le japonais *nasi* avec *ni*. Le sanscrit présente le même phénomène. (Hoffm.)

CH. II. — NOMS ADJECTIFS.

demanderons-nous à notre tour, autre chose que « ce qui fait marcher, la cause de l'action »?' Hoffm.)

§ XI.

Quand dans un nom adjectif l'idée de continuité se trouve implicite, elle est exprimée en japonais par le mot primitif, suivi du mode indéfini du verbe or' (オル orou, or') « demeurer ».

Monosi or', demeurer, faire une chose, c'est-à-dire occupé.
Nani gotomo sirite or', demeurer sachant toutes choses, c'est-à-dire ayant toute science.
Ki ni canawoute or' キ ニ カ ナ フ テ オ ル, demeurer plaisant, c'est-à-dire agréable.

Sirewatarite or', demeurer approuvant, c'est-à-dire approuvé.
Sirite or', demeurer sachant, c'est-à-dire connu.
Cocono ts'caite or', demeurer soignant, c'est-à-dire soigné.
Kino oudsousite or', demeurer attristé, c'est-à-dire mélancolique.

(Physiologie du verbe oni オ リ « demeurer ».)

Un pendant de ari « exister, subsister, être présent », est ori ou wori (car la double prononciation est en usage, et l'orthographe est tantôt オ リ (ori), tantôt ヲ リ (wori). Nous avons appris à connaître ari comme la forme verbale continuative d'i « s'en aller ». Ori est de même une forme verbale continuative, mais issue d'une autre racine, à savoir d'i (イ) ou wi (ヰ) « place, siége, siéger », et signifie par ce motif « la permanence, le fait de demeurer, de résider ».

Nous trouvons cette racine en composition ; ainsi :

Tori wi ou tori i, c'est-à-dire siége d'oiseau, est le nom de certaines portes[1] qui se trouvent à l'entrée des temples japonais ; — coura wi ou courai, de coura, selle, et wi ou i, place ; place en forme de selle, siége, trône.
Nawi ナヰ ou nai, ordinairement nai, de na, non, point, et wi ou i, siége, l'ancienne expression japonaise pour un tremblement de terre.

Isou, un nid-siége, c'est-à-dire une chaise où l'on se niche.
Isiki, une place où l'on s'assied. Iziri, un camp.
Ive ou iye, chambre où l'on siége, logis ; — dans le japonais oriental iva, place où l'on s'assied ; de là par contraction ya, logis, maison.
Ima, l'espace où l'on s'assied, la place où l'on réside, — le présent, conçu comme

[1] Ces portes dont M. Hoffmann donne la figure 🔳, étaient placées, dit le Dictionnaire, au devant des chapelles consacrées aux Camis. (L. P.)

un espace de temps où l'on est ou dans lequel on passe;—de sorte qu'*ima* dans sa double signification peut être ramené à la racine *i*, passer, vivre.
Itsi, le marché, est proprement le chemin où l'on siége. — Par contre on a formé de *i*, s'en aller, le mot *i no tsi*, la voie de s'en aller, du vivre, c'est-à-dire le cours de la vie, la vie, etc., etc.
$\overset{1}{i}\ \overset{2}{no}\ \overset{3}{tsi}$, $\overset{2}{\text{s'en aller}}\ \overset{1}{\text{voie}}$

Sont dérivés de cette racine, par ex.:

Yasouki, qui se repose. *Yasoumi*, repos; *yami*, passer à l'état de repos, se reposer d'une chose; de là cesser avec une chose, se désister d'une chose.
Yamou wo, yamou me, un homme se reposant, une femme se reposant, c'est-à-dire un veuf, une veuve, ou des individus avancés en âge.

Yamou ma, contracté de *yamou m'mà*, un cheval hors de service.
Yame, faire reposer, mettre au repos.
De *yami*, reposer, est ensuite dérivé *yamavi* ou *yamai*, s'aliter, l'état d'être alité : c'est l'expression japonaise pour « devenir malade, maladie. »

Nous avons proposé ces dérivations pour faire voir comment d'un germe unique se dégage une abondance infinie de nouvelles formes et conceptions, et comment en suivant cette voie on peut connaître à fond l'esprit de la langue et faire pénétrer partout la lumière et la vie, tandis que l'autre méthode, entièrement mécanique, suivie jusqu'ici dans les grammaires et vocabulaires japonais, retient l'étudiant en dehors de la science.

Un précédent à propos (§ X) a résolu cette question, si de la racine *ji* ou *i* (s'en aller), outre *ari* (s'en aller en continuant, c'est-à-dire subsister, exister), il n'existe pas encore un verbe causatif *asi, asou*, avec la signification de « faire s'en aller, faire exister; » on pourrait proposer une question pareille à l'égard de *i* (siége), et *ori, orou* (s'asseoir); et nous avons recherché s'il n'existait pas encore un verbe causatif *osi, osou*, signifiant « faire s'asseoir, faire demeurer ». La réponse est : Il existe un verbe *osi, osou*, que l'on traduit par *imprimer*,, en hollandais *drukken*, en anglais *to press*; par ex.: *Cami nì catatsi wo osou*, imprimer une figure sur le papier; *mok'ní in wo osou*, imprimer une marque sur le bois. Il doit être évident pour nos lecteurs que cette expression d'« imprimer » se rapproche de l'idée de « faire s'asseoir ». — Or nous avons fait observer que le mot japonais qui signifie pied, c'est-à-dire *asi*, désigne originairement une chose qui « fait marcher »;— *osì* ne signifie-t-il pas la chose « qui fait demeurer, qui imprime et qui fixe en une place »? La réponse est donc identique. *Osi* est le mot japonais pour une chute; *nezoumi osi* est la souricière qui fait demeurer et retient, tandis que le pied (*asi*) fait marcher !

Courai wo osou, que l'on traduit par « se tenir assis sur le trône », signifie, donc originairement, « faire demeurer ou se tenant occuper le trône ».

CH. II. — NOMS ADJECTIFS.

Le verbe continuatif *ori*, siéger constamment, par conséquent, être résident, a la même forme de conjugaison que son pendant *ari*. 在 り *ori* est la racine verbale ; 在 ル *orou* (*orou*, *or'*) est la forme du verbe prédicat (il réside), comme aussi celle du substantif (la résidence), et de l'adjectif attributif ou du participe (résidant).

Ori a, aussi bien qu'*ari* (comp. § VII), la détermination prochaine de la place où une chose réside, comme aussi de l'état ou de l'action dans lesquels une chose se trouve, au locatif précédé de la terminaison *ni* ou *de* (*te*).

Si la détermination prochaine est une détermination de place, on emploie indifféremment dans le langage oral les particules *ni* ou *de*, par ex. :

Coun si coreni worou, le noble demeure en ce point (dans la vertu, comme dans son élément).

Fi no soba ni worou, on attend à côté du feu.

Care ga outsi ni orou, il est dedans, c'est-à-dire dans la maison.

Si cependant la détermination prochaine est celle d'un état ou d'une action dans lesquels on se trouve, et est exprimée par un verbe, alors on emploie ce verbe au *cas modal* ou au locatif, qui se forme par l'annexion à la racine verbale (au verbe non conjugué) se terminant toujours en *e* ou en *i*, de la marque du *cas modal*, c'est-à-dire de *te*.

Par ce moyen l'on obtient avec la racine verbale し *si*, faire, le cas modal し テ *site*, dans le faire, et par suite し テ 在 ル *site orou* (prononcé sté ór'), demeurer dans le faire, c'est-à-dire être faisant.

Tabe, manger ; — *tabete*, dans (pendant) le manger ; — *tabete orou*, être occupé à manger.

Tabesi, faire manger, alimenter ; — *tabesite orou* (prononcé *tabeste ór'*), être occupé à alimenter.

Nomi, boire ; — *nomite* (prononcé *nomde*, ou *nonde*), dans le boire ; — *nomite-* (*nomde-* ou *nonde-*) *orou*, être occupé à boire.

Siri, savoir ; — *sirite orou*, être sachant.

Mais nous devons, quand nous traiterons du verbe, revenir sur ce sujet.

Si, après cette explication de la nature et de l'usage du verbe *ori*, nous entrons dans la considération des exemples proposés au commencement du § XI, nous découvrirons, dans le premier *monosi orou*, « faire demeurant », une association d'*ori* avec la racine verbale *si*, et nous serons fondé à mettre en doute la justesse de cette forme, attendu qu'*ori* a devant soi le verbe qui sert à la détermination prochaine, non pas dans sa forme non conjuguée, mais au locatif ou modal se terminant en *te*, particularité qui, dans les six exemples à la suite de *monosi or'*, doit être prise également en considération.

Afin de traiter simultanément et à fond les choses qui vont ensemble, nous ferons suivre ici ce qui précède *ori* dans le manuscrit. (Hoffm.)

Les noms adjectifs qui sont en même temps participes, divisés en actifs ou présents, et passifs ou passés, se forment en japonais, les premiers par la forme indéfinie du verbe avec un certain changement dans la terminaison, et la postposition de *or'* « demeurer », *te or'* ou *ste or'* « demeurer présentement ou être occupé avec » ; par ex. :

Tabour' manger ; *tabe or* (?), *tabete or* (?), mangeant, proprement demeurer manger, occupé à manger.
Monosi, faire ; *monosi or* (?), demeurer faire, c'est-à-dire faisant ; *monosite or* (?) demeurer faire présentement, c'est-à-dire faisant présentement.
Nomi, boire ; *nomite or* (?) buvant.

(Le manuscrit propose, au sujet de la formation de dérivative au moyen d'*ari*, deux différents modes. Dans le premier, *ori* doit être précédé du mot primitif ; mais il n'est point fait mention de la terminaison *te*, qui dans les exemples se présente comme intermédiaire entre *ori* et le mot primitif : dans l'autre mode, *ori* doit être précédé du mode indéfini du verbe avec un changement dans la terminaison.— Dans quelle voie doit entrer l'étudiant ? Nous lui prescrirons la voie que nous avons proposée dans l'éclaircissement sur la nature et l'usage du verbe *ori*, et qui conduit certainement au but, en ligne droite et comme du premier bond.

Suivant cet éclaircissement, la forme *site orou*, qui dans l'usage se prononce *ste or*, a pour racine le verbe *si*, « faire », et signifie par ce motif « être dans le faire, ou faisant » ; le même *si* sert à la formation des verbes causatifs, et fait ainsi, de *tabe*, *tabou*, « manger », le verbe dérivé *tabesi*, « faire manger », c'est-à-dire alimenter. Il en résulte que les formes *tabete or'* et *tabeste* (*tabesite*) *or'* ne sauraient avoir toutes deux également, ainsi qu'il est proposé dans le manuscrit, la signification de « mangeant. » Hoffm.)

Le manuscrit donne à la suite la détermination prochaine concernant le participe passif ou passé *tari*. Nous l'avons déjà transcrit au § VIII. (Hoffm.)

§ XII.

Quand un nom adjectif ou substantif néerlandais est affecté de la préposition *on*, pour indiquer l'absence d'une propriété ou son con-

CH. II. — NOMS ADJECTIFS.

traire, on doit en japonais adjoindre la préposition フ *fou*, ou l'une des postpositions ズ° *zou*, ヌ *nou*, ナキ *naki*[1].

Saiwai, bonheur; *fou saiwai*, infortune.
Akiraca nar', clair; *akiraca narazou*, obscur.

Casari, parure; *casari naki* (sans parure), simple.

(Nous avons déjà traité (§ IV), de l'origine, du sens et de l'usage du privatif *naki* et nous devons revenir sur les postpositions *zou* et *nou* à l'occasion des verbes négatifs. Nous ferons seulement observer ici que la préposition フ *fou*, qui n'est autre que le chinois 不 *fou*, et qui répond aux particules hollandaises *niet* et *on*, se trouve ordinairement associé aux mots chinois, et ne l'est que dans des cas très-rares aux mots japonais, et aussi qu'elle précède le mot comme négation absolue du sens primitif, ainsi qu'on le voit dans *fou saiwai*. Afin de bien comprendre et d'employer justement les mots d'origine chinoise combinés avec *fou*, il est nécessaire d'être bien initié dans la langue chinoise. Hoffm.)

§ XIII.

DEGRÉS DE COMPARAISON.

[ÉCLAIRCISSEMENT. La langue japonaise exprime l'existence d'une qualité dans un objet en une mesure complète, égale, supérieure ou inférieure, par des « mots de forme » (adverbes), ou des déterminations adverbiales analogues.

D'après la règle générale que toute détermination (attributive) prochaine doit se placer avant le mot auquel elle se rapporte, ces accidents précèdent immédiatement l'adjectif qu'ils modifient.

Ces déterminations adverbiales sont :

Ou *a*. des adverbes réels;

Ou *b*. des substantifs et des verbes employés comme adverbes.

A. La détermination adverbiale prochaine : évidemment, effectivement, tout,

---

[1] Après *naki* se trouvent dans le manuscrit les formes *nacou, naca, nas*, que nous n'avons pas relevées dans le texte, parce que *nacou* est la forme adverbiale, et *nas* (*nasi*) la forme verbale prédicate. Nous hésitons toujours à envisager comme correcte la forme *naca*. (Hoffm.)

totalement, entièrement, complétement, est exprimée par マ ma[1] et モ mo[2].

Ma, effectivement, est le mot primitif qui se trouve dans *ma-coto*[3], réalité, vérité, et dans *masa* (contracté de *ma-si-va*[4]), c'est-à-dire l'être réellement, la réalité.

A cette catégorie appartiennent :

Ma couroki, entièrement noir, noir (comme la) poix.
Ma-siroki, entièrement blanc, blanc (comme la) neige.
Mo-sotto tout à fait peu.

Ma-yasouki ou *mo-yasouki*, tout à fait aisé, tout à fait facile.
Mo-naca, le juste milieu, précisément au milieu.
Mŏ-faya, tout de suite, déjà.

Le mot primitif se retrouve encore dans la forme redoublée *mo mo*, tout tout[5], c'est-à-dire absolument tout, qui était aussi l'expression du vieux japonais pour le nombre cent, par lequel on entendait souvent le nombre total.

B. L'égalité absolue, rendue en hollandais par *zoo - als*, en latin par *tam - quam*, est exprimée par ホド *fodo*. *Fodo* est substantif et signifie « quantité » (*tantum quantum*)[6]. Ex.:

Icou fodo, combien? *quantum*?
Itsi ri fodo, la quantité d'un mille.
Itsi ri fodo nari, c'est la quantité d'un mille ; il y a un mille.
San ri fodo towosi, il y a la distance de trois milles.

Fodo yosi, c'est relativement bon, c'est-à-dire aussi bon qu'il est nécessaire, suffisamment ou raisonnablement bon ou bien.
$\overset{1}{Nami}\ \overset{2}{va}\ \overset{3}{yama}\ \overset{4}{fodo}\ \overset{5}{tacasi}$, les $\overset{1}{vagues}$ $\overset{5}{sont}\ \overset{3}{aussi}\ \overset{4}{hautes}\ \overset{3}{que\ des}\ \overset{2}{montagnes}$.

L'assimilation non absolue, mais cependant prochaine, peut être exprimée par *gotoki*, *gotosi* (comp. § II). Par ex.: *Sono tsouyou no adsi amaki coto mitsou no*

---

[1] *Ma*, d'après le Dictionnaire, « espace, de plus », — en composition, donne de la force et de la propriété au mot devant lequel il se met ; — on le trouve traduit par : beaucoup, très, tout, entièrement. (L. P.)

[2] *Mo*, d'après le Dictionnaire, adv., « déjà ou assez, — aussi bien, etc. » (se met toujours après les noms et les participes). — M. Hoffmann cite un exemple où *mo* est remplacé par マゥ *mŏ*. *Mŏ* est la contraction de *maou* (en chinois 孟 *meng*), qui signifie fort, véhément. (L. P.)

[3] Comp. ch. I, § VI. (Hoffm.)

[4] Comp. ch. II, § 1, n. (Hoffm.)

[5] Assez, assez. (Dict.)

[6] On emploie toujours *fodo* quand la phrase est négative. (Rodriguez.) (L. P.)

CH. II. — NOMS ADJECTIFS.

gotosi, une telle rosée est douce comme le miel, litt. la douceur (*amaki coto*) de saveur (*adsi*) d'une pareille rosée (*sono tsouyou no*) est (*si*) miel (*mitsou*) -ifique (*goto*)[1].

C. Les mots qui caractérisent une mesure supérieure ou inférieure dans la qualité sont :

Mata, le double, une seconde fois ; ancien japonais *fata*, *hata*.

Mata mata, double-double, beaucoup ; *hanahada*, beaucoup, infiniment.

Navo, le plus souvent *nawo*, le double, encore une fois.

Navo navo, infiniment plus.

Iya, actuellement *ya*, plus tôt, plus au delà, encore plus. De là, *iya itoco* ou *ya itoco*, l'ultérieur neveu, c'est-à-dire le petit-neveu.

Iya-iya ou *yaya*, *iyo-iyo* ou *yoyo*, et aussi ヤゥく *yŏyŏ*, etc., de plus en plus, encore plus (*yŏyŏ*, difficilement, à peine. Dict.)

Ito, *ito ito*, beaucoup. (*Ito*, avec raison, ou beaucoup. Dict.) *Ito yasouki*, très-facilement. *Itowosiki fime nari*, c'est une belle jeune fille.

Itsi, proprement *outsi*, coup. *Itsi fayaki*, subit comme un coup. *Itsi fayacou towo dete sarinou*, avec un coup ils sont mis hors de la porte.

Mottomo モットモ (proprement *motomo* モトモ, ainsi qu'on le trouve dans d'anciens livres, par exemple dans le *Nipponki* XIX, 25 v°), litt. tout et tout, c'est-à-dire dans la mesure la plus élevée. (*Mottomo*, avec beaucoup de raison. Dict.)

Itatte イタッテ, pour *itarite* イタリテ, extrême, suprême. (*Itatte*, profondément. Dict.) *Acacane no nari mottomo yorosicou*, *itatte mare nari*, à l'égard de la valeur intrinsèque du cuivre (il s'agit d'une monnaie), elle est excellente, (mais la monnaie) est infiniment rare.

Amari, rester, être en excès ; — le surplus, l'excès. De là : *Amari fayaki*, trop hâtivement, trop tôt, en d'autres termes, aussi vivement ou de bonne heure que possible. (Comme le mot « relatif » a une signification précise, on emploie à Nagasaki *zou boun fayak'*, pour « de très-bonne heure ».) — *Amari osoki*, trop tard. — *Amari samousi*, il fait trop froid.

Zoui boun (chin. *sui fun*), c'est-à-dire relativement *Zoui boun fayacou*, relativement vite ou tôt.

Soucosi, prononcé comme *s'cossi*, peu, simplement en un degré inférieur. *S'cossi tacai tocoro*, un endroit vraiment peu plus haut, une place de très-peu plus élevée.

N. B. Il faut prendre garde d'entendre par *soucossi tacai tocoro* un lieu moins élevé.

D. Comparatif réel. — Pour la comparaison réelle de deux objets au point de vue d'une qualité déterminée (comparatif relatif), la langue japonaise attribue à un objet

---

[1] *Gotocou* et *yòna*, qui expriment la qualité, c'est-à-dire « tel, quel, comme », servent à exprimer la relation de qualité. (Rodriguez.) (L. P.)

unique, sans l'exalter, la qualité dont il s'agit, et fait observer que cette qualité existe en relation avec un autre objet, auquel le premier est comparé. Le second objet est donc le point de départ pour l'attribution de la qualité. Ce point de départ est caractérisé par *yori* ヨ リ, c'est-à-dire « sortant de ». (*Yori* est étudié en lui-même comme terminaison de l'ablatif. Ch. I, §§ XVI et XVII.)

Cette proposition : Le mont *Fousi* est plus élevé que le *Woun zen ga take*, s'exprime ainsi : *Fousi yama va Wounzen ga take yori tacari*, c'est-à-dire, le mont Fousi est procédant de (ou bien encore, en relation avec) le pic des sources chaudes élevé.

$\overset{1}{Oo}$ $\overset{2}{cami}$ $\overset{}{va}$ $\overset{3}{yama}$ $\overset{4}{inou}$-$\overset{5}{yori}$ $\overset{6}{takesi}$, le loup est plus hardi que le chien sauvage.
Olandafound va Too-sen yori saki ni tsiyak' gansou [1], le vaisseau hollandais atterrit plus tôt que le chinois.

La langue mongole et la mandchoue forment absolument de même leur comparatif relatif. Le mongol *mòrin anò chònin étse seke* répond de tous points au japonais ムマ ハ ヒ ツ シ ヨ リ オ ホ ヒ ナ リ *mouma va fitsouzi yori ooi nari*, c'est-à-dire, le cheval est plus grand que la brebis.

L'on nous saura gré d'avoir donné cet exemple tiré d'une autre langue de la haute Asie; car l'assimilation qui en résulte fait ressortir la justesse de notre théorie du comparatif japonais. Ailleurs nous aurons occasion d'entreprendre une comparaison plus intime de la langue japonaise avec la tartare, tâche que nous a rendue facile l'excellent mémoire du professeur Schott sur les langues tartares [2]. Il nous reste encore à exposer rapidement la manière chinoise de former le comparatif relatif, qui repose sur la même base, quoique plusieurs auteurs n'aient point voulu le voir.

馬 大 於 羊 也 *mà ta yú yáng yě* signifie : Le cheval est grand en comparaison de la brebis, c'est-à-dire plus grand que la brebis.

L'objet avec lequel se fait la comparaison se place comme détermination prochaine immédiatement avant le mot attributif, avec la terminaison casuelle *yori*, précisément de même que les mots de forme proposés au commencement de ce §, sous les lettres *a, b, c*, « entièrement, beaucoup, encore, extrêmement, relativement ».

Il va de soi que le mot de qualité peut être amplifié, non-seulement par la détermination prochaine du point précis d'où la qualité tire son origine, mais encore par

---

[1] *Too sen*, en chinois *táng tchouen*, jonque chinoise. *Saki*, cime, tout ce qui est éminent (d'où « un cap »), « devant ». *Tsyak gan* (mot bâtard dérivé du chinois), atterrir, venir à la côte; *sou* (verbe japonais), faire. (Hoffm.)

[2] *Versuch über die Tatarischen Sprachen von Dr W. Schott*. Berlin, 1836. (Hoffm.)

CH. II. — NOMS ADJECTIFS. 85

d'autres déterminations adverbiales, telles que *mata* « double », *navo* « encore »,etc. Ici la logique est la loi suprême [1]. Ex.:

Wasi va coumataca yori matamata ooi nari, l'aigle [2] est deux fois aussi grand que le faucon-ours (le faucon cornu [3]); en d'autres termes, il est deux fois plus grand que..., etc.

On doit, après avoir étudié les exemples précités, reconnaître que, dans une phrase telle que : *Mei va cômô yori carosi*, c'est-à-dire, la vie est plus légère que le duvet, le sujet *mei* (vie) peut de façon ou d'autre être séparé du substantif qui le suit immédiatement *cômô* (duvet), afin de déterminer la limite logique et nécessaire qui sépare le sujet d'avec le prédicat. On conçoit qu'en pareil cas la postposition *va* ou *wa*, marque du sujet, ne peut faire défaut; par la même raison la langue mongole, qui observe une règle identique, attache au sujet la finale *ano*.

Nous mentionnerons encore ici deux formules de comparaison. — Dans *cacouretarou yori akiraca narou va nasi*, c'est-à-dire, il n'y a rien de plus évident que l'accompli, *akiraca narou va* (l'évident) est le sujet, dont la présence est niée par le prédicat *nasi* (il n'y a pas), tandis que *cacouretarou yori* dépend de *akiraca nairou* comme détermination prochaine servant à la comparaison. — Les verbes qui expriment l'excès ou le défaut servent aussi à exprimer la comparaison, ainsi :

Ware ni masareri, il me surpasse.
Siro mayou cavico ni masarerou mono nasi, il n'y a rien qui surpasse les vers à soie aux cocons blancs.
Fito ni otori, être moindre qu'un autre, etc., etc.

E. Superlatif. — De même que la comparaison d'un objet avec un autre au point de vue d'une qualité, la comparaison d'un objet avec plus qu'un autre est une simple évolution de syntaxe procédant d'un principe unique. Ex.:

Sasaki va catatsi itatte tsiisacou site ohoi nari, le roitelet [4] est, de forme, très-petit, et, de voix, très-fort.
Tsourouga kitacouni itsino yoki minato nari, Tsourouga est le meilleur port des contrées du Nord.
Nippon itsino takeki mono nari, il est le plus savant du Japon.
Ten ca dai-itsi no gacou-sya nari, il est le premier savant de l'empire.

L'objet choisi pour comparaison est, comme détermination prochaine, subordonné au mot de qualité et mis au cas génitif ou locatif; par ex.:

---

[1] On forme le comparatif, dit Rodriguez, en plaçant l'adverbe *navo* devant l'adjectif positif, et la particule *yori* (*yorimo, yoriva*) devant la chose comparée. On omet aussi quelquefois *navo*. (L. P.)

[2] *Aquila pelagica*. Pallas. (Hoffm.)

[3] *Spizaidos orientalis*. (Hoffm.)

[4] *Troglodites fumigatus*. (Hoffm.)

Couma taca va taca no ohoinisite takeki mono nari, le faucon cornu est le plus grand et le plus fort parmi les faucons.

Care va moromoro no kimi no nacani motomo sougourete imasou, il est le plus excellent de tous les princes [1].

Ces observations étaient nécessaires pour éclaircir le passage suivant du manuscrit. (Hoffm.)]

Les noms adjectifs n'ont point en japonais de forme précise de comparaison, et quand on examine lequel de deux objets possède une qualité ou propriété dans une mesure plus ou moins grande, on doit employer pour chaque objet un nom adjectif contraire.

Si deux choses ne sont pas également grandes, longues, profondes, grosses, jolies, etc., on doit l'exprimer en japonais en disant : Celle-ci est grande, longue, profonde, grosse, jolie, etc., et celle-là est petite, courte, exiguë, mince, vilaine, etc.

De trois objets qui tous possèdent la même qualité ou propriété dans des proportions différentes, on peut dire : Le grand, le petit et le moyen, le long, le court et le moyen, etc.

Pour remédier en partie à la confusion qui pourrait exister, on peut dire, pour le degré suprême, *hanahada*, beaucoup, ou *itsi ban*, numéro un, première sorte :

Hanahada ftoki [2], très ou le plus grand.   *Itsiban comaca*, très ou le plus petit.

Le degré qui exprime l'amplification peut être caractérisé par la postposition *yori*, que : *Core yori ftoki* [3], plus grand que celui-ci. (*Core*, celui-ci ; *yori*, que.)

---

[1] Le superlatif se forme en ajoutant au positif une particule, par ex.: *ychi, daiichi, tenca ichi, chöjö, saijö, jö, jöjö*, etc. (Rodriguez.)

Collado cite comme adverbes superlatifs *vie* (prononcez *ouye*), pour le degré suprême, et *chita* pour le degré infime. Parmi les adverbes d'intensité et d'amplification absolue, il énonce *ichidan, chicangoro, icco*, qui signifient beaucoup ; *bexxite*, principalement ; *tori vaqe*, particulièrement ou spécialement ; *coto no foca*, rarement et extraordinairement ; *icanimo*, infiniment ; *amari ni*, trop, excessivement. (L. P.)

[2] Dans le ms. *ftoca*. (Hoffm.)

[3] On lit dans le ms. *cono*, celui-ci, et *cono yori ftoca*. *Cono*, celui-ci, est le génitif attributif de l'adverbe de lieu *co* ; or l'indice de l'ablatif, *yori*, ne pouvant avoir devant soi aucun génitif attributif, de même que l'on dit *Yedo yori*, de Yédo, mais non *Yedo no yori*, ainsi l'expression *cono yori* ne saurait être exacte, et doit faire place à *co yori*, pour lequel on emploie d'ordinaire *core yori*. Voy. plus bas le chapitre des Pronoms. (Hoffm.)

CH. II. — NOMS ADJECTIFS.

Quand, dans le hollandais, la préposition *te* ou *al te* est placée devant le nom adjectif, afin de faire connaître qu'un objet possède la qualité ou propriété dans son intégrité ou dans un degré considérable, cette idée se traduit en japonais en plaçant *amari* devant le nom adjectif; par ex.: *Amari coulaki*, tout à fait obscur; *amari hayaki*[1], tout à fait promptement, au plus tôt.

§ XIV[2].

NOMS DE NOMBRE.

La langue japonaise a ses propres noms de nombre; mais avec le système de poids et mesures et la numération temporaire des Chinois sont entrés dans la langue japonaise les termes et les signes chinois de numération. On est donc en présence d'une double série de noms de nombre, en japonais pur et en chinois. On emploie les nombres japonais en relation avec les expressions japonaises, et les nombres chinois avec les mots d'origine chinoise. C'est une loi du style.

A. Nombres originaux japonais.

Les nombres typiques de l'ancien japonais sont des mots-racines qui servent comme tels à la formation de mots composés. Lorsqu'ils sont employés comme adjectifs attributifs, ces nombres, depuis *un* jusqu'à *neuf*, sont accompagnés de l'ancienne postposition ツ *tsou*, prononcée *ts'* (Voyez ch. I, § XVI); dans les nombres au delà de *neuf*, la finale *tsou* est remplacée par チ *tsi*, modifiée elle-même pour l'euphonie en チ゛ *dsi*, et souvent, mais à tort, échangée contre ジ *zi*[3].

Les nombres radicaux de l'ancien japonais sont :

			Prononciation ordinaire.
1.	ヒトツ	*fito-tsou*	*fitots'*
2.	フタツ	*fouta-tsou*	*f'tats'*
3.	ミツ	*mi-tsou*	*mits'*

---

[1] Dans le ms. *coulaca* et *cayaca*. (Hoffm.)

[2] Ce § et les suivants jusqu'à la fin du chapitre sont de M. Hoffmann.

[3] D'après le *Fourou coto no basi*.(Scala ad linguam antiquam), à l'art. *Miso dsi*.(Hoffm.)

			Prononciation ordinaire.
4.	ヨツ	yo-tsou	yôts'
5.	{ イツ	i-tsou	its'
	イツト	i-tsou-ts'	itsouts'
6.	ムツ	mou-tsou	mouts'
7.	ナゝツ	nana-tsou	nanats'
8.	ヤツ	ya-tsou	yats'
9.	コゝノツ	cocono-tsou	coconots'[1]

10. ト *to*[2]; トヲチ *too-tsi*; ツゝ *tsou-ds'*.

11. トヲチマリヅヒト *too tsi mari fito*, contracté de *too tsi amari fito*, c'est-à-dire dix plus un, = dix et un.
12. トヲチマリフタ *too tsi mari f"ta*, c'est-à-dire dix et deux.
20. ハタヂ *fata dsi* ou ハタチ *fata tsi*.
30. ミソヂ *miso dsi*.
40. ヨソヂ *yoso dsi*.
50. イソヂ *iso dsi* (!).
60. ムソヂ *mouso dsi*.
70. ナゝソヂ *nanaso dsi*.
80. ヤソヂ *yaso dsi*.
90. コゝノソヂ *coconoso dsi*.
100. モ *mo*[3], モゝ *momo*, モゝノ *momo no*, モゝヂ *momo dsi*, モゝコ *momo co*, モゝコノ *momoco no*.
1,000. チ *tsi*, チゝ *tsi tsi*.
10,000. ヨロ *y°yorodsou, yorodsouno*[4].

REMARQUE. Le savant Japonais qui a donné les matériaux pour le manuscrit paraît avoir méconnu la nature de ces mots numériques, quand il a communiqué la règle suivante : « De ces nombres sont encore formés les radicaux numériques abrégés qui suivent :

Hi, un. *Itsi*, cinq. *Ya*, huit.
Fou, deux. *Mo*, six. *Coconots*, neuf.
Mi, trois. *Nana*, sept. *Too*, dix.
Yo, quatre.

ヒト *fito*, フタ *fouta* et コゝノ *cocono* (et non *fi, fou* et *coconots'*) sont les mots primitifs japonais pour *un, deux* et *neuf*.

---

[1] En général on se sert jusqu'à 10 des nombres *yomi*, et à partir de 10 des nombres *coye*. (Oyanguren.) (L. P.)

[2] *Tovo* (Dict., et Collado).

[3] Omis par le Dict. et par Collado. (L. P.)

[4] *Fitotsou*, un, s'emploie pour exprimer « un peu »; « *sake fitotsou*, un peu de vin. — *Yorozzou*, dix mille, pour « tous ».— *Icoutsou*, combien, pour les objets dont le nombre n'est pas indiqué (Collado). (L. P.)

CH. II. — NOMS ADJECTIFS.

B. Nombres chinois appelés *cazouzi* **ou signes de nombre.**

	SIGNES DE NOMBRE.	PRONONCIATION dans la langue officielle chinoise.	PRONONCIATION dans le dialecte de Canton.		PRONONCIATION JAPONAISE.
1 un,	一	yi	yat	{ イ チ イ ツ	itsi itsou (its').
2 deux,	二	ñi, ri	i	ニ	ni
3 trois,	三	sán	sam	サン	san
4 quatre,	四	ssi	sz	シ	si
5 cinq,	五	n'g, où	'ng	ゴ	go
6 six,	六	luk	luk	{ ロク リク	lok', rok' lik', rik
7 sept,	七	ts'i'	ts'at	シチ	sitsi, sits^i
8 huit,	八	pa'	pat	ハチ	fatsi, fats^i hatsi, hats^i
9 neuf,	九	kieoù	kaou	キウ。ク	kioú, kou
10 dix,	十	schip	schap	{ ジユ(ジウ[1]) ジフ	ziyou (joú.Dict.) ziv'
100 cent,	百	pek	pak	{ ヒヤク ハク	fiyak, hiyak fak, hak
1,000 mille,	千	ts'ién	ts'ién	セン	sen
10,000 dix mille,	萬 } 万	wán	wan	{ マン バン	man ban
10,000,000? 100,000,000²?	億	yi	yik wik	オク。ヲク	ok'

Le nombre de dizaines, centaines, mille, dizaines de mille, est déterminé par les unités précédentes, ainsi :

---

[1] D'après le Dict. et Collado. (L. P.)

[2] Anciennement *ok* donnait l'idée de $10 \times 10,000 = 100,000$; plus tard ce fut $10,000 \times 10,000 = 100,000,000$. Dans le *Nieuw Verzameld Japansch Hollandsch Woordenboek* (Nouveau Vocabulaire japonais-hollandais) du prince de Nakats, on trouve (11, 8) *ok* ayant le sens de dix millions, mais avec apposition du nombre 100,000,000. On n'est pas unanime au sujet de sa valeur. (Hoffm.)

10. イツジユ *is ziyou*.	20,000. ニマン *ni man*.
20. ニジユ *ni ziyou*.	30,000. サンマン *san man*.
30. サンジユ *san ziyou*.	100,000. ジユマン *ziyou man*.
40. シジユ *si ziyou*.	200,000. ニジユマン *ni ziyou man*.
50. ゴジユ *go ziyou*.	300,000. サンジユマン *san ziyou man*.
60. ロクジユ *rok' ziyou*.	400,000. シジユマン *si ziyou man*.
70. シチジユ *sitsi ziyou*.	900,000. クジユマン *cou ziyou man*.
80. ハチジユ *fatsi ziyou*.	1,000,000. ヒヤクマン *fiyak man*.
90. キウジユ *kiou ziyou*.	2,000,000. ニヒヤクマン *ni fiyak man*.
Un cent. イツビヤク *ippiyak*.	
400. シヒヤク *si fiyak*.	3,000,000. サンビヤクマン *san fiyak man*.
Un mille. イツセン *issen*.	
2,000. ニサン *ni sen*.	9,000,000. クビヤクマン *cou fiyak man*.
3,000. サンセン *san sen*.	
10,000. イチマン *itsi man*.	10,000,000 (?). イチオク *itsi ok'*.

Par la postposition de nombres additionnels, on exprime un nombre quelconque, ainsi :

100,004, *ziyou man itsi*.   1856, *issen fappiyak go-ziyou rok'* [1].

§ XV.

C. Noms ordinaux de nombre.

On emploie comme tels :

a. Les nombres chinois suivis de バン *ban* (chin. 番 *fan*, troupe, garde), ainsi :

イチバン *itsi ban*, premier.	ハチバン *fatsi ban*, huitième.
ニバン *ni ban*, second.	クバン *cou ban*, neuvième.
サンバン *san ban*, troisième.	ジユバン *ziyou (jou.* Dict.) *ban*, dixième.
シバン *si ban*, quatrième.	ジユイチバン *ziyou itsi ban*, onzième.
ゴバン *go ban*, cinquième.	ニジユバン *ni ziyou ban*, vingtième.
ロクバン *rok' ban*, sixième.	ヒヤクバン *fiyak' ban*, centième.
シチバン *sitsi ban*, septième.	センバン *sen ban* (*semban*), millième.

b. Les nombres chinois précédés de ダイ *dai* (chin. 第 *ti*, *tei*, ordre. (*Dai itsi*, en chinois *ti yi*, premier, signifie *un en rang*).

---

[1] Pour exprimer un ou deux, trois ou quatre, six ou sept, etc., les Japonais joignent ensemble les deux nombres, sans conjonction, et disent : *nisanin*, deux ou trois hommes ; *siganin*, quatre ou cinq hommes (Oyanguren). (L. P.)

CH. II. — NOMS ADJECTIFS.

ダイイチ *dai itsi*, le premier, ou premièrement.
ダイニ *dai ni*, le second, ou secondement.
ダイサン *dai san*, le troisième, ou troisièmement.

La phrase : La vingt-$\overset{3}{\text{sep}}\overset{2}{\text{tiè}}\overset{1}{\text{me}}$ $\overset{4}{\text{partie de}}$ $\overset{}{\text{la}}$ $\overset{6}{\text{chro}}\overset{5}{\text{nique du Japon}}$, s'exprime en japonais-chinois par : $\overset{6}{Nip}\overset{5}{pon}$ $ziyo$-ki

$\overset{4}{ken}$ $\overset{3}{dai}$ $\overset{—}{ni}$ $\overset{2-1}{ziyou\text{-}sitsi}$, et en ancien japonais par : $\overset{4}{Ya}\overset{5}{mato}$ $\overset{6}{bou}\overset{7}{mi\text{-}no}$ $\overset{8}{ma}\overset{9}{ki}$ no $tsouite$ $\overset{11}{fa}\overset{12}{ta}tsi$ $a\overset{}{mu}ri$ $na\overset{}{na}$ $maki$ ni $\overset{11}{ata}\overset{10}{rou}\overset{9}{ma}\overset{4}{ki}$, c'est-à-dire littéralement, la $\overset{11}{par}\overset{10}{tie}$ $\overset{9}{ré}\overset{4}{pon}\overset{}{dant}$ à la suivant le rang $\overset{5-6-7}{\text{vingt-septième}}$ $\overset{8}{\text{partie}}$ $\overset{3}{\text{des parties de la}}$ $\overset{2}{\text{chro}}\overset{1}{\text{nique japonaise}}$.

Si l'attribution du rang est limitée à trois degrés, on emploie d'ordinaire les substantifs *cami* (chin. 上 *chang*), au-dessus, le plus haut, supérieur ; — *naca* (chin. 中 *tchong*), milieu, moyen ; — *simo* (chin. 下 *hia*), sous, inférieur.

On se sert encore de *saki*, cime, supérieur, éminent ; au delà, — *tsoughi*, ultérieur, suivant, — et *ousiro*, dernier, postérieur. Ces substantifs reçoivent la finale attributive *no* :

Sakéwo coumou coto darega saki? Pour être servi de *saké*, qui est le premier?
Saki datsi, celui qui marche devant, le guide.
Saki no tosi, l'année précédente.

Saki no fi, le jour précédent.
Tsoughi no tosi, l'année suivante, l'année prochaine.
Tsoughi no fi, le jour suivant.
Tsoughi no asa, le matin suivant.

Le premier, au point de vue du temps, est exprimé par ハツ *fatsou* et ハジメノ *fazime no* ou ハジマリノ *fazimari no*, commençant :

Fatsou mono, prémices, premiers fruits.
Fazimari no fito, le premier homme.
Fazime no tosi, la première année d'un cycle.

D. Nombres itératifs.

Les nombres de réitération sont ou japonais ou chinois. Les japonais sont formés par la composition avec タビ *tabi*, les chinois par celle avec ド *do* (chin. 度 *t'ou*). *Tabi* et *do* répondent aux mots hollandais *reis* (voyage), *keer* (révolution), *maal* (fois)[1]. Les nombres de

---

[1] De là *tabi bito*, un voyageur ; *tabi tabi*, souvent ; *icou tabi*, combien de fois ? (Hoffm.)

réitération, sŏit japonais, soit chinois, sont substantifs de leur nature et reçoivent, quand ils sont employés comme attributifs, la finale génitive *no*. (Comp. ch. I, § XVI.)

	Japonais.	Chinois.
Une fois,	f'to tabi,	itsi do.
Deux fois,	f'uta tabi [1],	ni do.
Trois fois,	mi tabi,	san do.
Quatre fois,	yo tabi,	si do.
Dix fois,	to tabi,	ziyou (joŭ. Dict.) do.

REMARQUE. Les règles du langage japonais, au jugement d'éminents écrivains, exigent que l'on emploie les nombres de réitération japonais ou chinois, sans confondre les parties élémentaires d'une des séries avec celles de l'autre. Aussi des formes telles que *ziyou itsi tabi*, onze fois, *ziyou ni tabi*, douze fois, ne seraient point correctes, *tabi* devant être remplacé par *do*. Il est possible que la langue du peuple ne s'astreigne pas à cette règle, mais il convenait d'exposer les nombres de réitération tels que les emploie la nation en général.

Par l'adjonction de ﾒ *me* (目), les nombres de réitération deviennent ordinaux. Ce sont encore des substantifs qui deviennent attributifs par la postposition de *no* :

	Japonais.	Chinois.
La première fois,	fito tabi me,	itsi do me.
La deuxième fois,	f'ta tabi me,	ni do me.
La troisième fois,	mi tabi me,	san do me.
La quatrième fois,	yo tabi me,	si do me.
La dixième fois,	to tabi me,	ziyou (joŭ. Dict.) do me.

E. Nombres réduplicatifs ou multiplicatifs.

Les nombres réduplicatifs ou multiplicatifs consistent dans les nombres primitifs japonais suivis du nom japonais ヘ *ve* ou *he*, communément エ *ye*, qui signifie maison, espace (haut allemand *fach*). ヘ *ve* ou エ *ye* répond au caractère chinois 重 *tchoŭng* (suivant la prononciation japonaise チヨウ *tchô* ou チ゚ウ *dsioŭ* (*joŭ*, Dict.).

---

[1] Le manuscrit propose *hitots tabi*, *f'tats tabi*, qui ne sont point corrects. C'est la racine inflexible des noms de nombre japonais qui se compose avec *tabi*. (Hoffm.)

CH. II. — NOMS ADJECTIFS.

ヒ ト 〜 *fito ve*, singulier, simple.
フ タ 〜 *fouta ve*, double.
ミ 〜 *mi ve*, triple.
ヨ 〜 *yo ve*, quadruple.
ム ハ *mou va* (et non *mou ve*), sextuple.
ヤ 〜 *ya ve*, octuple.
コ ヽ ノ 〜 *cocono ve*, nonuple.
ト エ *to ye*, décuple.
ハ タ エ *fata ye*, vingtuple, multiple.

Ces nombres de réduplication sont des noms substantifs; étant employés comme attributifs, ils reçoivent la finale ノ *no*, qui répond à la finale hollandaise *ig* (en français *uple*[1]).

F. Nombres de sorte.

Pour les nombres de sorte, ainsi d'une, de deux sortes, etc., on emploie les nombres primitifs chinois associés au substantif chinois 種 *tchoung*, suivant la prononciation japonaise シユ *siyou* (*chou*. Dict.), qui, de même que le hollandais *lei*, signifie sorte, espèce.

イ ツ シ ユ *its' siyou*, prononcez *issiyou*, d'une sorte, d'une espèce.
ニ シ ユ *ni siyou*, de deux sortes.
サ ン シ ユ *san siyou*, de trois sortes, etc.

Ren ziyak' va, wo no nayaki to mizicaki to no ni-siyou ari, de l'oiseau *Renziyak*[2] il y a deux espèces, aussi bien une à longue queue, comme une à courte queue. — Le sujet de la phrase est *Ren-ziyak*; comme tel il est placé en tête et isolé par la particule ハ *va*; le prédicat est *ni siyou ari*, il y en a deux sortes; la détermination attributive prochaine de *ni-siyou* est *wo no nayaki*, long de queue, et *mizicaki*, court. La postposition *to, to*, répond au latin *que*, au hollandais *en, en*, au français *et, et*.

Ces substantifs reçoivent aussi, dans la fonction d'attributs, la finale *no*; par ex.: *San siyou no sin-too*, la triple religion des esprits[3].

G. Nombres distributifs.

Les nombres distributifs exprimant « combien à la fois » sont formés par l'adjonction d'un réduplicatif, tel que: ヅ ヽ *dsou dsou*, à la fois, suppléé souvent par ツ ヽ *tsou tsou*, mis après la racine des mots de nombre japonais.

---

[1] Une autre forme consiste dans l'addition aux nombres *coye* de *bai* ou *zobai* : *Itsibai, nibai, sanbai, youbai, fiacoubai* (Oyanguren). (L. P.)

[2] *Bombyciphora*. (Hoffm.)

[3] *Sama* ou *sima*, manière, façon, mis après un nombre *yomi*, indique le nombre de sortes, de manières, etc. (Oyanguren). (L. P.)

イクヅゝ *icou dsoudsou*, combien à la fois?
ヒドヅゝ *fito dsoudsou*, un à la fois.
フタヅゝ *fouta dsoudsou*, deux à la fois.
ミヅゝ *mi dsoudsou*, trois à la fois.
ヨヅゝ *yo dsoudsou*, quatre à la fois.
イヅゝ *i dsoudsou*, cinq à la fois.

Au lieu de *fito dsoudsou*, un à la fois, *fouta dsoudsou*, deux à la fois, on se sert encore de *fitori dsoudsou*, *foutari dsoudsou*, quand il est parlé de personnes ou de choses qui vont seules ou par paires. Par exemple : $\overset{1}{Co}\text{-}\overset{2}{foun\acute{e}}\text{-}\overset{3}{ni}\ \overset{4}{fitori}\ \overset{5}{dsoudsou}\ \overset{9}{noritarou}$ $\overset{7}{founacata}\ \overset{8}{rok}\text{-}\overset{9}{ziyou}\ \overset{10}{fodo}\ \overset{11}{coghi}\ \overset{8-9}{kitari}$, une soixantaine de $\overset{7}{\text{matelots}}\ \overset{6}{\text{assis}}\ \overset{5-4}{\text{ensemble}}$ $\overset{3}{\text{dans}}\ \overset{1}{\text{un}}\ \overset{2}{\text{petit bateau}}\ \overset{11}{\text{commencèrent}}\ \overset{10}{\text{à ramer}}$. — Le sujet de cette phrase est *fodo*, la quantité, le nombre (comp. § XIII). La détermination prochaine est donc *rok ziyou*, soixante, et la détermination attributive prochaine de ce nombre est *founacata*, matelots, avec la détermination adjective *nori tarou*, assis. *Nori tarou* est le prétérit présent de *nori* (voy. § VIII). *Nori* lui-même est la forme continuative verbale de *ni*, charge, cargaison, signifiant demeurer en état de charge ou de cargaison. (Comparez la dérivation de *ori*, demeurer, § XI.)

Nori contient en soi, de même qu'*ori*, la détermination prochaine du lieu où une chose se trouve comme charge, au locatif, avec la terminaison *ni*. Cette détermination prochaine est ici *co founé ni*, dans un petit bateau. *Fitori dsoudsou*, un à la fois, appartient comme détermination adverbiale à *nori tarou*, étant assis ou naviguant. *Nori* répond aux verbes « naviguer » et « se mouvoir », et par suite à ce sur quoi l'on demeure comme charge, c'est un instrument de transport (*courouma*, un chariot, *founé*, un bateau), ou le dos d'un animal. Ainsi, *m'mani nori*, aller à cheval. *Nori momo*, le nom de la chaise à porteur japonaise, signifie originairement un instrument pour porter. De cette racine *ni* résulte encore une forme causative verbale *nose*, *nosou*, avec la signification de *faire être fardeau*. (Comp. § X, *nasi*, faire être, et § XI, *osi*, faire demeurer.) Par ex.: *Foune ni ine wo tsouni nosetari*, on a chargé du riz sur le navire ; *fitowo m'ma ni outsi nosetari*, on a placé les personnes sur des chevaux.

Si les nombres fractionnaires ont un nom mis après eux, alors *dsou dsou* est mis après ce nom ; par ex.:

Ni-san do dsoudsou, deux ou trois tours à la fois[1].

---

[1] Les nombres distributifs, un à un, deux à deux, de deux en deux, etc., s'expriment en ajoutant *dzoutsou* et *ate* aux nombres *yomi* :

Fitotsoudzoutsou, de un en un.
Foutatsoudzoutsou, de deux en deux.
Mitsoudzoutsou, de trois en trois.
Yotsoudzoutsou, de quatre en quatre.
Fitotsouate, un à un.

Foutatsouate, deux à deux.
Mitsouate, trois à trois.
Yotsouate, quatre à quatre.

(Oyanguren.) (L. P.)

CH. II. — NOMS ADJECTIFS.

§ XVI.

II. Nombres fractionnaires.

a. En chinois :

$\frac{1}{2}$ ハンブン *han boun*, prononcé *hang boun* (chin. 半分 *pouan foun*), c'est-à-dire la demi-partie, la moitié.

$\frac{1}{3}$ サンブイチ *san bou itsi* (三分 一), c'est-à-dire, de trois parties l'une, *bou* étant mis pour *boun*.

$\frac{1}{4}$ シブイチ *si bou itsi*.

$\frac{2}{4}$ シブニ *si bou ni*.

$\frac{1}{5}$ ゴブイチ *go bou itsi*.

$\frac{1}{6}$ ロクブイチ *rok bou itsi*.

$\frac{1}{7}$ シチブイチ *cou bou itsi*.

$\frac{1}{8}$ ハチブイチ *fatsi bou itsi*.

$\frac{1}{9}$ クブイチ *cou bou itsi*.

$\frac{1}{10}$ ジュブイチ *ziyou bou itsi*.

$\frac{1}{11}$ ジュイチブイチ *ziyou (jou.* Dict.) *itsi bou itsi*.

$\frac{1}{100}$ ヒヤクブイチ *fiyak bou itsi*.

$\frac{1}{1000}$ センブイチ *sen bou itsi*.

$\frac{1}{10000}$ イチマンブイチ *itsi man bou itsi*.

$\frac{3}{10000}$ イチマンブサン *itsi man bou san*.

b. Nombres composés de japonais et de chinois. Le dénominateur précède le numérateur en fonction de génitif [1].

$\frac{1}{3}$ *mits' itsi*, un de trois.　$\frac{1}{7}$ *nanats' itsi*.　$\frac{1}{8}$ *yáts' itsi*.

$\frac{1}{4}$ *yots' itsi*.　$\frac{2}{7}$ *nanats' ni*.　$\frac{1}{9}$ *cocomots' itsi*.

$\frac{1}{5}$ *itsouts' itsi*.　$\frac{3}{7}$ *nanats' san*.　$\frac{1}{10}$ *too itsi*.

$\frac{1}{6}$ *mouts' itsi*.

REMARQUE. Pour les mesures et les poids japonais, qui, à quelques exceptions près, sont divisés d'après le système décimal, la 10e, la 100e et la 1000e partie de l'unité, comme parmi nous, ont leurs noms particuliers. La 10e partie d'un pied (尺), シヤク *siyak* (*chak.* Dict.), s'appelle (寸) スン *soun*, pouce; et la 100e (分), ブン *boun*, ligne. La 10e partie de la mesure de capacité (升) マス *mas'*, s'appelle (合) ゴウ ou ゴウ *gó*, la 100e (勺 ou 夕) シヤク *siyak* (*chak.* Dict.), et la 1000e (撮) サイ *sai*. Ainsi, quand le manuscrit propose cette règle : Dans le système décimal, les noms des dénominateurs diffèrent légèrement, et les numérateurs sont exprimés en premier lieu, les dénominateurs en dernier ; par exemple : *itsi go*, 0,1 ; — *ni go*, 0,2 ; — *san go*, 0,3 ; — *issiyak'* イシヤク,

---

[1] Ces fractions mixtes sont mentionnées pour la première fois dans le manuscrit; afin d'en vérifier l'usage il faudrait être à Nagasaki même. (Hoffm.)

0,01; — *is'ai* イ ヤ サ イ , 0,001; — *nisai*, 0,002, ces exemples se rapportent seulement aux mesures de capacité, mais non au système décimal en général. *San biyak' fatsi ziyou si sai* signifie exclusivement, ainsi qu'il est énoncé dans le manuscrit, 384 *sai*; mais dans l'usage ordinaire on dit サンガウハチレヤリレサイ *san gó fatsi siyak' si sai*, c'est-à-dire 3 *gó*, 8 *siyak'*, 4 *sai*. — Ainsi du moins sont exprimées ces valeurs dans nos vocabulaires. Voyez plus bas, Poids et mesures.

§ XVII.

J. Nombres indéterminés.

Comme noms de nombre généraux et indéterminés créés pour embrasser toute unité ou l'ensemble d'une quantité, pour attribuer un supplément ou déterminer la quantité d'une matière ou la mesure d'une qualité, on emploie en japonais :

ミナ *mina* (adv.), ensemble, en général.

Exemples : *Cono mi fasira no cami va mina fitorigami nari masite, mi mi wo cacousi tamavi ki*, ces trois *Camis* étaient seuls existants et se sont tenus cachés [1]. — Dans des phrases de ce genre, *mina* désigne simplement le pluriel; ainsi qu'il est évident d'après la traduction en hollandais de la forme japonaise du pluriel.

Fito mina ware tsi to ivou, les hommes disent généralement : Je (le) sais [2].

Fitoga mina sakeni yevou, les gens sont tous sans exception ivres de *sake* [3].

Siyo zoo-bok no fa ni mina cavico ari, aux feuilles (*fa ni*) de tous (*siyo*) les arbres et de toutes les plantes en général s'attachent des chenilles [4].

De ces exemples puisés à des sources originales dignes de foi, il ressort évidemment que *mina* ne se trouve aucunement comme modification attributive mise devant le nom, mais appartient comme adverbe au verbe prédicat. Ainsi, quand, dans l'*Epitome linguæ japonicæ* de Von Siebold (voir *Mémoires de la Société des arts et des sciences de Batavia*, xie partie (1826), p. 111, la phrase : « Tous les hommes sont mortels », est traduite par *mina no hitoha sinourou mono nari*, et que l'on

---

[1] *Cosi kei dsu* (Tabula genealogiæ antiquæ), 1815, 1. vol. 3, p. 1 v°, l. 1. (Hoffm.)
[2] *Tchong yong* de Confucius, ch. vii, traduction japonaise. (Hoffm.)
[3] Proverbe japonais. (Hoffm.)
[4] *Yo san fi rok*, ou l'art d'élever les vers à soie au Japon, traduit du texte japonais par J. Hoffman, annoté et publié par Mathieu Bonafous. 1848. (Hoffm.)

CH. II. — NOMS ADJECTIFS.

déduit de cette traduction la règle que *mina* doit constamment se trouver comme génitif attributif avec la terminaison *no*, cette assertion est nécessairement inexacte. Nous n'avons jamais rencontré *mina* en qualité de détermination attributive, et la pensée : « Tous les hommes sont mortels », doit être traduite par *fito mina sinourou mono nari*.

ノコラズ *nocorazou*, sans exception, rien n'étant excepté, en général, tout.

Cavico (caico, Dict.) *nocorazou sougacourou tocorowo tadsoune ayoumou*, les vers à soie vont sans exception (tous) chercher soigneusement une place pour faire leur nid.
San cok' *nocorazou mitsoukimono wo tatematsouri*, les trois royaumes sans exception portent des présents au souverain (le tribut). — La traduction littérale de *nocorazou* devient superflue, dès que nous mettons au pluriel le nom et le verbe. San cok' *nocorazou* = les trois royaumes (Inde, Chine et Japon).

ゴトニ *goto ni* ou コト〈ニ *coto goto ni*, chaque fois, toutes les fois (en chaque chose. Dict.).

Ya no tobou goto ni coye wo tatsourou, à chaque fois que vole une flèche élever la voix, appeler aussi souvent qu'il vole une flèche.

コト〈ク *coto gotocou*, en général, entièrement (tout, absolument. Dict.).

$\overset{1}{Tane}$ $\overset{2}{co}\overset{3}{to}\overset{4}{go}\overset{5}{tocou}$ $\overset{1}{me}$ $\overset{5}{wo}$ $\overset{2}{idasou}$ $\overset{4}{nari}$, la $\overset{3}{semence}$ fait universellement épanouir ses fleurs.

イチ *itsi*, un, entier, total.

Itsi ya, toute la nuit.
Itsi nitsi sincou sour', travailler tout le jour.
Itsi mai gami, une feuille entière[1] de papier; *fan mai gami*, une demi-feuille de papier.

イチ〈 *itsi itsi*, un pour un, chacun pour soi, chacun.

大木キ *ohoki*, *ooki*, ordinairement 木|イ *ooi* (*wowoi*, Dict.), beaucoup, en grand nombre.

ヲ|キニ *ohoki ni*, fréquent, nombreux.

---

[1] Ce sens est évident d'après les caractères chinois 全葉, une entière feuille. (Hoffm.)

オホキウ三 *ohoki oumi*, la pleine mer. — *Couva no ki ohoki ni itami sonzourou ni yotte nâts'co* (*natsougo*, Dict.) *wo kinzou to nari*, si le mûrier commence à beaucoup languir et se flétrir, cela est dans le cas[1] d'empêcher (l'assemblage des) petits d'été (c'est-à-dire une seconde récolte de vers à soie dans la même année).

オホク *ohocou*, *oocou* (adv.), fréquemment, en grand nombre (*wowô*, adj., fréquent. Dict.).

オホクノヒト *ohocouno fito*, un grand nombre de personnes.

タイセイノヒト *tai sei no fito*, des hommes en multitude.

タクサン *tak'san*, abondamment, en grand nombre.

Nanghi no fito tak'san ari, il y a une abondance de gens qui sont affectés de maladies.

Couva wo tak'san ni ataveyo, donnez (au ver à soie) des feuilles de mûrier en abondance.

スコシ *soucosi* (prononcez *scochi*), peu.

Soucosino cane, peu d'argent.

スクナキ *soucounaki* (adjectif) (*soucounai*, Dict.), peu nombreux, rare.

Soucounaki coto nari, c'est une chose de peu de valeur.
Cono mousi va samouki (*samoui*, Dict.) *tosi ni va soucounasi, danki narou tosi ni ohosi*, cette vermine est rare dans les années froides, elle est abondante dans les années chaudes.

Soucounacou no cane, peu d'argent.

チト *tsito*, チット *tsitto*, quelque, un peu, peu.

Tsittono aida, un peu d'espace. *Tsittono fanasi*, un court entretien.

アル *arou*, présent, qui est à la portée. (Comp. § VII, b.)

Arou toki ni, à une heure quelconque. *Arou fito*, quelqu'un.

Le négatif *aucun* ou *rien* est exprimé par *qui de plus* ou *quoi encore*, suivi d'un verbe négatif.

Dare¹ mo² sorewo³ siranou⁴, litt.: qui encore ne le sait pas, c'est-à-dire aucun ou nul ne le sait. (Comp. les pronoms interrogatifs, au ch. III.)

REMARQUE. Le manuscrit propose comme nombres généraux, sans éclaircissement sur leur usage, les nombres suivants :

---

[1] *Nâts'co-wo kinzou to nari*, littéralement : c'est venu à la défense de la semence d'été. Voyez, à l'égard de *to nari*, le § X. (Hoffm.)

CH. II. — NOMS ADJECTIFS. 99

Mina, tout.
Itsi (vraisemblabl. *itsi itsi*), chaque, chacun.
Ts'cosi (*soucosi*), peu.
Ts'cou nak' (*soucounak'*), peu.
Tsiito, un peu.
Tak' san, beaucoup.

Tai so (?) (*tai sei*), beaucoup, maint, une multitude.
Yoke (?), beaucoup.
Oocou, beaucoup.
Nuca (lisez *naki* ou *nai*. — Voir. § IV), aucun.

§ XVIII.

K. Usage des noms de nombre.

1. La règle générale du langage qui exige que les composés soient formés de mots d'un même idiome, s'applique aux noms de nombre, et est constamment observée par les Japonais qui possèdent réellement leur langue[1].

Ainsi l'on emploie pour exprimer :

« Une année », ou le japonais	*fito tosi*,	ou le chinois	*itsi nen*.
« Un mois »,	—	*fito ts⁰ᵘki*,	—	*itsi ghets*.
« Un jour »,	—	*fito fi*,	—	*itsi zits'*.
« Une nuit »,	—	*fito yo*,	—	*itsi ya*.
« Un village »,	—	*fito moura*,	—	*itsou son*.

Pour les sept dynasties des souverains célestes et les cinq dynasties des souverains terrestres, formant l'ère mythologique des Japonais, on emploie ou le chinois *Ten zin sitsi tai*, *Dsi zin go tai*. ou le japonais *Ama tsou cami yo nana yo*, *couni tsou cami yo itsou yo*.

2. Les noms de nombre tant chinois que japonais se trouvent employés ou comme substantifs, ou comme adjectifs attributifs, avec énonciation subséquente de l'objet dont le nombre est proposé. Ici encore s'applique la règle générale, que toute détermination attributive précède le sujet auquel elle se rapporte. — *San ken* (chin. 三卷 *sân k'iouén*) signifie trois chapitres ou parties de livre ; *ken san* ou *ken no*

---

[1] Il est des exceptions à cette règle qui ont acquis un droit historique et qui sont sanctionnées par l'usage; on les trouve recueillies dans les vocabulaires édités par les Japonais (Hoffm.)

san (chin. 卷三 k'iouén sân ou 卷三之 k'iouén tchî sân) est la troisième partie, c'est-à-dire le troisième des chapitres.

San cok', les trois royaumes, à savoir, l'Inde, la Chine et le Japon.
Si cok', les quatre provinces, à savoir, Awa, Sanoughi, Iyo et Tosa, en lesquelles l'île Si cok' est divisée.
Go too, les cinq îles.
Kiou siou (qiŭxŭ, Dict.), les neuf provinces (du Ximo. Dict.).
Si zi, les quatre saisons.
Si dai ten wŏ, les quatre grands souverains célestes.
Iyo no fouta na no sima, — Iyo l'île à deux noms.
Cono sima va mi fitotsou ni site, omo yotsou ari, cette île (l'île Iyo, plus connue sous le nom de Si cok', c'est-à-dire les quatre provinces) étant unique de corps, a quatre aspects.
Omo goto ni na ari, pour chaque aspect il existe un nom.
Iyo no couni wo Iyeme to ivi, Sanoughi no couni wo Ifi yori fiki to ivi, Ava no couni wo Ohoghe tsou fime to ivi, Tosa no couni wo Fayayoriwake to ivou, on appelle Iyeme la contrée d'Iyo; on appelle Ifi yori fiki la contrée de Sanoughi; on appelle Ohoghe tsou fime la contrée d'Ava, et on appelle Fayayoriwake la contrée de Tosa.

3. Nombres collatéraux (tegenhangers)[1], ou éléments auxiliaires pour la numération.

La langue japonaise emploie, pour la numération des objets concrets, certains éléments auxiliaires spéciaux qui font partie de l'expression numérique de ces objets. Par ces mots auxiliaires, que l'on a appelés *numérales*, les objets sont divisés en classes et séries d'après leur apparence extérieure. Quelques numérales sont usitées seulement pour tel ou tel objet, d'autres sont employées pour un plus grand nombre. A cet égard l'usage est le seul arbitre et ne permet d'établir aucune règle positive.

Les Japonais ont l'emploi de ces mots auxiliaires en commun avec d'autres peuples asiatiques, spécialement avec les Chinois, et ils les expriment d'ordinaire par les signes chinois. A la lecture on conserve la prononciation chinoise, ou bien l'on rend l'idée par un mot japonais. Ainsi l'on se sert, pour désigner une tige de bois, ou de l'expression chinoise *itsou pon ki*, ou de la japonaise *fito moto no ki*. La détermination *itsou pon* ou *fito motono*, c'est-à-dire « une tige », est attributive

---

[1] 對 (ツイ) 名 (ミヤゥ) *toui myŏ*, noms assistant contre. (Hoffm.)

CH. II. — NOMS ADJECTIFS.

et se trouve précéder en cette qualité l'objet à déterminer. Cette manière de parler répond exactement à la hollandaise, quand, en parlant d'une pièce de gibier ou d'un verre de vin, on dit *éen stuk, éen glas* (*une pièce, un verre*) comme détermination prochaine attributive de « gibier » ou de « vin ».

Au contraire, pour le calcul des marchandises, dans les factures, etc., on met d'abord le nom de l'objet et ensuite le mot auxiliaire de classification ; par ex. :

Gibier. . . . . 6 pièces.
Vin. . . . . 2 flacons, etc.

On trouve les numérales énoncées dans les vocabulaires japonais-chinois aussi bien sous le mot numérique chinois *itsou, itsi*, que sous le japonais *fito*, un [1]. Les mots composés avec *itsi* ou *itsou* sont chinois pour la plupart et sont associés aux nombres chinois ; ceux composés avec *fito* sont ordinairement japonais et sont associés aux nombres japonais.

La plus usitée des numérales est le mot chinois 箇 *co*, suivant la prononciation japonaise *ca*, qui dans l'écriture est souvent représenté par les formes abrégées 个 et 亇.

一 (イツ) 个 所 (ショ) *icca syo* (*cho*, Dict.), un quartier [2].

三 (サン) 个 日 (ニチ) ノ 間 (アイダ) *san ca nitsi no aida*, dans trois jours.

四 (シ) 箇 (カ) ノ 大 (ダイ) 寺 (ジ) *si ca no dai zi*, les quatre grands temples.

Les plus usitées des autres numérales sont :

人 (ニン) *nin*, homme, personne.

Itsi nin, une personne.　　　　*Bózi* (*bôzu*, Dict.) *ni nin*, deux bonzes [3].

---

[1] L'Encyclopédie populaire 都會節用百家通 *To-couai sets-yô fyak-ca toû* contient, aux p. 232-237, une abondante collection de ces numérales. (Hoffm.)

[2] Pour « un jour » on dit *fi fitoi*, parce que *itchi nichi* signifie « un jour solaire entier ». — *Foutsouca*, deux jours. (Collado). (L. P.)

[3] On exprime « quatre hommes » par *iottari*, parce que *chi nin* signifie « un mort, un cadavre ». (Collado). (L. P.)

ハシラ *fasira*, pilier, pour les dieux de la mythologie japonaise.

Fito fasira no cami, un dieu ou *Cami*. (Comp. § XVII, au nombre indéfini *mina*.)

カシラ *casira*, tête, pour les cerfs et les porcs.

Sica mi casira ou *mi casira ni sica*, trois cerfs.

匹 ou 疋 (ヒキ) *fiki*, et aussi *biki* et *piki*, pour les animaux sauvages (chevaux, bœufs, oiseaux et poissons), comme aussi pour les étoffes de soie. On dit :

イツビキ *ippiki*, une pièce.
ニヒキ *nifiki* ou *nihiki*, 2 pièces.
サンビキ *sanbiki*, 3 pièces.
シヒキ *sifiki*, 4 pièces.
ゴヒキ *gofiki*, 5 pièces.
ロクビキ *roppiki*, 6 pièces.
レチヒキ *sitsifiki*, 7 pièces
ハチヒキ *fatsifiki*, 8 pièces.
クビキ *cou fiki*, 9 pièces.
ジユビキ *zyou biki*, 10 pièces.
ジユイツビキ *zyou ippiki*, 11 pièces.
ジユニビキ *zyou ni fiki*, 12 pièces.
ハクビキ *fappiki*, 100 pièces.
センビキ *sembiki*, 1000 pièces.
M'ma no itsou piki, (prononcez *ippiki*), un cheval.
San biki ousi, trois bœufs.

Tsiou-cou youmi-iroumono tori wo motte cake-mono to sou. Tori ippiki wo [1] *zyou mon ni atarou. Fyak-mon wo syoupiki to si, sen mon wo fyak piki to sou. Cono youeni kin itsi pou wo fyak'-biki to ivou*, les archers du moyen âge employaient des poules comme but pour suspendre en l'air (c'est-à-dire pour récompenser dans le concours). Une poule était équivalente à 10 mon (monnaie de cuivre). On évaluait à 100 mon, dix pièces (de poules), et à 1000 mon, cent pièces. Aussi a-t-on donné à un *pou* d'or (¼ *coban*) le nom de 100 pièces (de poules) [2].

Nouno ippiki, une pièce de coton.

クチ *koutsi*, bouche, *moune*, poitrine, pour « tête », dans l'énoncé numérique de la population.

ハミ *fami*, mors, pour les chevaux de selle.

M'mano mitsou fami, trois chevaux de selle.

ハ *fa* (*va* ou *wa*), paire d'ailes, pour les oiseaux.

Kisi no fito fa, et aussi *kisi no itsi fa*, un faisan.

尾 (ビ) *bi*, en japonais ヲ *wo*, queue, pour les poissons.

Ouwo fito wo, f'to wo ou *itsibi, ni bi*, une, deux pièces de poisson.

---

[1] L'accusatif *ippiki wo* peut être échangé contre le nominatif *ippiki wa*, une pièce; il devient alors le sujet d'*atarou*, répondre à, équivaloir à. (Hoffm.)

[2] *Fac boutzen*, p. 338 r°. (Hoffm.)

本 (ボン) *bon* (aussi *fon, hon*), tige, pour les arbres, les plantes [les roseaux, les aiguilles (Coll.)], en général pour les objets qui ont la longueur pour principale propriété; de même pour les livres.

Itsi bon, ni bon, une pièce, deux pièces.

モト *moto. Fito moto*, une tige, pour les arbres, les plantes.
  »   »   »   perchoir, pour les faucons de chasse.

ト *to*, porte, pour les maisons.

Iye rok' to, six maisons.

枚 (マイ) *mai. Itsi mai*, un plat, pour les objets qui sont plats, comme les feuilles de thé, le papier, [les rubans (Coll.)], les estampes, les tableaux, etc.

Gin san mai, trois pièces de plats d'argent.

間 (ケン) *ken. Ikken, niken*, un morceau, deux morceaux, pour les maisons.

トマイ *tomai. Fito tomai*, pour les magasins.

艘 (ソウ) *sô*, pour les navires.

Oranda foune itsou sô (prononcez *issô*), un navire hollandais.   *Couro foune ni sô*, deux vaisseaux noirs (européens).

ナガレ *nagare. Fito nagare*, une étendue d'eau, pour les rivières et les eaux dormantes.

A ces numérales se joignent divers autres mots qui désignent plus spécialement la manière dont les objets sont comptés ou possédés. A cet ordre appartiennent :

テ *te*, main, pour une couple de flèches.

Ya fito te, une couple de flèches.

タバネ *tabane*, faisceau.

Cami, wara nado fito tabane, un paquet de papier, de paille, et de choses semblables.

ムレ *moure*, bande, troupe (quantité).

Fito mi moure, trois troupes de gens.

ツガヒ *tsougai*, couple, paire.

Tori fito tsougai, une couple d'oiseaux.   *Yano fito tsougai*, une couple de flèches.

ツレ *tsoure.*

Tami fito tsoure, une file de peuple.

ツラナリ *tsouranari*, tissu (de filet), volée, troupe.

Sica, tori, iwo nado fito tsouranari, une troupe de cerfs, une volée d'oiseaux, une multitude de poissons, et autres semblables.

把 (ハ) *fa,* ou *wa,* paquet.

Boudo itsi wa, une grappe de raisins.   *Cari cousa itsi wa,* une botte de foin.
Dai con san ba, trois bottes de radis.   *Wara itsi wa,* une botte de paille.

束 (ソク) *soc,* paquet, paire.

Zŏcai issoc, une paire de chaussures de paille.

カセ *case,* cordon, ligature.

Ito fito case, un écheveau de fil.

雙 ou 双 (サウ) *sŏ,* paire [pour les fardeaux et charges, par exemple, d'un cheval de somme, et pour les paravents ou cloisons mobiles. (Collado)].

Biŏbou issŏ, une paire de paravents.

樽 (ソン) *son.*

Sake itsou son (isson), une baille de *sake.*

タル *tarou, tar'.*

Sake fito tar', une baille de *sake.*

俵 (ヒ°ヤウ) *byŏ.*

Ine ippyŏ, une balle de riz.

San biyŏ wo motte m'ma no itsi-da to sou, on évalue trois balles de riz comme une charge pour les chevaux.

タヲラ *tawara,* balle, sac.

Ine fito tawara, une balle de riz.

マキ *maki,* rouleau.

Tabaco fito maki, un rouleau de tabac [1].

[1] Nous avons vu *co* employé pour les jours; — pour les nuits on ajoute *ia* après les nombres *coie,* et *io* qui signifie « nuit », en japonais, après les nombres *iomi.* Pour les mois, on ajoute *gouat* aux nombres *coie,* et *tsouki* aux nombres *iomi.* Pour les années, on ajoute *nen* aux nombres *coie,* et *tochi* aux nombres *iomi.* Les années de l'âge des hommes et des

CH. II. — NOMS ADJECTIFS.

§ XIX.

MESURES, POIDS ET ESPÈCES MONÉTAIRES DE L'EMPIRE JAPONAIS [1].

Les mesures et les poids japonais, ainsi que les valeurs monétaires, sont fondés principalement sur le système décimal chinois; c'est pourquoi, dans la règle, on fait usage de dénominations composées de noms de nombre chinois, en les modifiant légèrement dans la prononciation.

1. Mesures de longueur.

L'étalon de la mesure de longueur est le 尺 (シャク) *syak'*, que l'on prononce *chak'*; c'est le pied japonais, connu à Nagasaki sous le nom de *waaijer* (éventail).

Le pied de fer, *cane sasi*, ou le pied en forme d'équerre, *kyok syak'*

---

animaux, tels que les bœufs, les chevaux, se complètent en ajoutant *sai* aux nombres *coic*.

Nous citerons encore :

Ren, pour les lignes, séries ou chapelets de perles, de figues, etc.
Fen, pour les discours, les traités, ou la répétition d'une chose.
Chô, pour les rames, arquebuses, pièces de bois, et en général les choses longues.
Con, pour les poissons et le bois à brûler.
Cai, pour les parquets ou les étages des maisons.
Fai, pour les vases et les gobelets à boire.
Tan ou *mai*, pour les étoffes de soie.
Foucou, pour les images, les peintures, et aussi les médecines.
Couan, pour les livres (volumes).
Kin, pour les livres (poids).
Za, pour les réunions d'hommes.

Fiô, pour les sacs de riz ou de blé.
Dgiô, pour les cahiers de papier (jusqu'au nombre dix); et *socou* (après dix).
Socou, pour les paires de souliers.
Tai, pour les substances.
Cadgiô, pour les chapitres.
Tsoui, pour les bâtonnets qui servent à manger, et en général les objets qui vont par paires.
Teki, pour les gouttes.
Cacocou, pour les royaumes.
Goun, pour les provinces ou districts.
Dan, pour les discours ou prédications.
Gon ou *guen*, pour les paroles.

(Collado.) (L. P.)

[2] Comme une connaissance approfondie de la matière intéresse essentiellement notre commerce avec le Japon et est, pour ainsi dire, d'une absolue nécessité, nous avons cru devoir la traiter à fond, en prenant pour base le mémoire inséré au *Nippon Archief*, IV° section. Le système japonais des poids et mesures et celui des monnaies y sont étudiés d'une manière tout à fait complète. Les caractères chinois ont été ajoutés par nous, parce que sans leur connaissance on ne peut se former des idées précises. (Hoffm.)

(*kiok chak*, L. P.) a de longueur 0,303 aune (hollandaise [1]), ou 0,11',11" pied anglais, et se divise en 10 寸 (スン) *soun*, pouce (holl.), 100 分 (ブン) *boun*, et 100 厘 (リン) *rin*.

Ni chak' go soun si boun = 2,54 pieds japonais.

6,3 pieds japonais font un *ken*, 一 (イツ) 間 (ケン) *itsou ken* (*ikken*, ordinairement *ikye*).

60 *ken* = une rue, マチ *matsi* ou 町 (チヨウ) *tsyô* (*tchô*. Dict.).

36 rues = un mille japonais, 一 (イチ) 里 (リ) *itsi ri*.

II. Mesures de superficie.

L'étalon des mesures de superficie est le carré décrit sur le 間 (ケン) *ken*, ou 3,644281 aunes carrées. Ce carré s'appelle 步 (プ°) *pou* « pas », ou *tsoubo* 坪 (ツボ).

畝, 畝 ou 畝 (セ) *se*, comme unité (ヒトセ) *fito se* ou *hito se*, est le rectangle long de 6 *pou* et large de 5, contenant 30 *pou* carrés.

段 (タン) ou 端 (タン) *tan*, comme unité イツタン *ittan*, est une superficie de 20 *pou* de longueur sur 15 de largeur, contenant 300 *pou* carrés. L'*ittan* est la mesure légale de surface d'un champ de riz.

町 (チヨウ) *tsiyoo* (*chô*. Dict.), comme unité イツチヨウ *itsiyoo* (*icchô*, Dict.) mesure superficielle de 60 *pou* de longueur et 50 de largeur, contenant 3000 *pou* carrés.

III. Mesures de capacité.

L'étalon des mesures de capacité est le マス *mas'*, ou le 升 (シヨウ) *syô* (*chô*. Coll.). Un *mas'* (イチマス *itsi mas'*) ou un *syô* (*chô*. Dict.), (イツシヨウ *its' syô*, prononcez *issyô* (*icchô*, Dict.) contient $\frac{1}{16}$ pied cubique japonais = 0,01738645 aune cubique (hollandaise). Les Néerlandais l'appellent ordinairement du nom malais de *gantang*. Sa forme et sa grandeur se connaissent en subdivisant le pied cubique japonais en 16 parties égales, dont chacune a un $\frac{1}{2}$ pied dans les trois dimensions.

Le *mas'* est, d'après le système décimal, partagé en 10 *gô* (十 (シ°ユ)

---

[1] L'aune hollandaise répond au mètre français. (L. P.)

合 (ガウ) zyou gŏ), 100 syak' (chak. Dict.) (龠 (シヤフ) ou 勺), et 1000 sai (撮 (サイ)). On a des mesures de 5 gŏ et de 5 chak, ainsi que d'un demi et d'un quart de chô ou gantang. Le demi-chô, ou 5 gŏ (伍 (ゴ) go, 合 (ガウ) gŏ), est la quantité de riz concassé attribuée pour l'entretien d'un homme.

Au moyen du chô sont mesurés les liquides, l'huile, le *sake*, le *soya*, le vinaigre, de même que le riz, le sel et le charbon.

Aboura no san-chô si-gŏ go-icchak = 3 chô 4 gŏ 5 chak (ou 3,45 chô) d'huile.

斗 (ト) to, appelé comme unité イツト itto, et comme tonneau トマス tomas', est le décuple d'un chô.

斛 (コク) ou 石 (コク) cok'. comme unité イチコク itsi cok', contient 10 to ou 6¼ pieds cubiques japonais.

俵 (ヒ°ヤウ) pyŏ, ou タワラ, tawara comme unité イツヒ°ヤウ ippyŏ ou fito tawara, un sac ou balle (de riz) contient à présent, dans la règle, 35 chô.

§ XX.

IV. Poids.

La division des poids se trouve, à l'exception de la livre 斤 (キン) kin, basée sur l'échelle décimale. Indépendamment de la fixation de la pesanteur des solides en général, les poids sont d'un usage continuel pour l'appréciation de la pesanteur de l'argent, et exprime dans ses subdivisions les poids en relation avec ce métal. Le *mon me* (夂) répond exactement à 1,750 grammes, poids français. Il se divise en 10 poun 分 (フン), 100 rin 厘 (リン) et 1000 mŏ 毛 (マウ).

Dix *mon me* (en japonais 十 (ジュ) 夂 (モンメ) zyou mon me) forment le poids dont la pesanteur en argent constitue une monnaie fictive que l'on appelle un *taël* (tail[1]) dans le comptoir néerlandais de

---

[1] Le tail (argent japonais), denier d'affaires de la Compagnie dans l'empire du Japon, pèse 10 $\frac{9}{13}$ anges (monnaie hollandaise) d'argent fin, et se divise en 10 maas; un maas (*mon me*)=10 condrins (*poun*), et sa valeur en argent néerlandais est de 33 *stuivers*. Il a le même cours dans les livres de la Compagnie aux Pays-Bas. (*Verhandelingen van het Bataviaasch genootschap van kunsten en wetenschappen*, part. IV, p. 449.) (Hoffm.)

Nagasaki. Le *mon me* a reçu le nom de « maas », le *poun* celui de « condrin », le *rin* et le *mŏ* ceux de *mokye* et *fokye*, mots corrompus qui remplacent les dénominations japonaises.

Les quantités décimales formées du *mon me*, pour évaluer dans le commerce les sommes à payer en cuivre et en argent, sont :

十 (ジユ) 匁 (モンメ) *zyou mon me*, 10 *mon me* ou 1 taël.

百 (ビヤク) 目 (メ) *fyak' me*, 100 *me* ou 10 taëls.

貫 (クワン) 目 (メ) *couan me*, イツクワンメ *iccouan me*, 100 taëls.

拾 (ジユ) 貫 (クワン) 目 メ *zyou couan me*, 10 *couan me* ou 1,000 taëls.

百 (ヒヤク) 貫 (クワン) 目 (メ) *fyak' couan me*, 100 *couan me* ou 10,000 taëls.

千 (セン) 貫目 *sen couan me*, ou 100,000 taëls.

萬 (ムン) 貫目 *man couan me*, ou 1,000,000 taëls.

億 (オク) 貫目 *ok couan me*, ou 10,000,000 taëls.

La livre japonaise, 斤 (キン) *kin*, appelée ordinairement *cattie* par les Hollandais, pèse 16 *mon me*, ou 6 onces néerlandaises.

§ XXI.

V. Monnaies de fer et de cuivre.

L'unité est le 文 (モン) *mon* : *itsi mon* « un *mon* ». C'est la plus petite monnaie de change ; on l'appelle communément 錢 (セン) *sen* (le *tsiên* chinois), et aussi *zeni* en japonais, et *pitje* ou *duit* en hollandais. Elle vaut 1 *rin* d'argent fin. 10 *mon* (*jou mon*) = 1 *poun*, et 100 *mon* (*fyak' mon*) = 1 *mon me* 一 (イチ) 匁 (モンメ) *itsi mon me* d'argent fin. Le nombre de *mon* qui compose un *mon me* n'est pas constamment le même. Dans les cités du *Syôgoun* c'est 96 *mon*, et dans les terres des princes la valeur est tantôt plus grande, tantôt moindre.

CH. II. — NOMS ADJECTIFS.

Le décuple du *fyak mon* est 一 (イツ) 貫 (クワン) 文 (モン) *iccouan mon*, c'est-à-dire un faisceau de *mon* = 10 *mon me* (*zyou mon me*) d'argent.

Les *sen* sont tous percés d'un trou carré dans le milieu et sont enfilés dans des brins de paille jusqu'à la valeur équivalente à un *mon me* d'argent. Dix de ces ligatures réunies en un groupe reçoivent le nom d'*iccouan mon*, ou une série de *mon*, équivalant à 10 *mon me* (*jou mon me*) d'argent.

La valeur en argent de cinq 毛 (マウ) *mó* et au-dessous n'est pas comptée dans le marché; par contre, une valeur de 6 à 10 *mó* est comptée comme un *mon* (*itsou mon*) et = 1 *rin* d'argent.

Les monnaies de cuivre ont ordinairement la valeur d'un *mon*; elles en ont quelquefois une plus grande, jusqu'à celle de 4 et 5 *mon*, *si mon sen*, *go mon sen*. *Issi mon sen* est une monnaie de cuivre de 4 *mon*; *nisi mon sen*, une monnaie de cuivre de 2×4, ou 8 *mon*.

VI. Monnaies d'argent.

L'unité des monnaies d'argent est le 兩 (*ryó*, en chinois *liang*) : 銀 (ギン) 壹 (イチ) 兩 (リヤウ) *ghin itsi ryó*, un *ryó* d'argent.

Les monnaies d'argent qui sont émises au poids, consistent en lingots d'argent de forme simple, et de grandeur irrégulière. Les lingots petits et ronds sont appelés *codamas*, ou billes (*balledjes*); les plus grands sont ovales et sont nommés *ita cane*, ou métal plat. Nous ferons observer que ces derniers ont, comme les lingots estampillés, une valeur un peu plus certaine : toutefois un *mai* 一 (イチ) 枚 (マイ) *itsi mai*, qui pèse ordinairement 43 *mon me*, peut encore varier de 35 à 55; ce qui manque est parfait par des billes d'argent ou des monnaies de cuivre.

Un *ryó*, 一 (イチ) 兩 (リヤウ) *itsi ryó*, monnaie d'argent, pèse 4 *mon me* 3 *poun*; 10 *ryó* 拾 (ジュ) 兩 (リヤウ) *zyou ryó*, ou 43 *mon me* pesant d'argent, font un *mai* 一 (イチ) 枚 (マイ) *itsi mai*. L'*itacane* ou métal plat est la plus grande monnaie d'argent. *Zyou mai* (10 *mai*) et *fyak mai* (100 *mai*) sont d'une grandeur arbitraire qui ne saurait être représentée par aucune monnaie d'argent.

Les poids de l'*itsi ryŏ* et de l'*itsi mai* servent aussi comme poids de pharmacie.

VII. Monnaies d'or.

L'unité des monnaies d'or est le 兩 (リ ヤウ) *ryŏ*, en chinois *liàng*, qui se trouve représentée par la monnaie d'or appelée *coban* 小 (コ) 判 (バ\`ン), ordinairement *cobang*, avec l'inscription 壹兩 *itsi ryŏ*. *Coban* signifie un petit morceau. Un *ryŏ* d'or : 金 (キ ン) 一 (イチ) 兩 (リ ヤウ) *kin itsi ryŏ*, vaut 60 *mon me* d'argent[1]. Le cours de l'or est également variable, et en dehors d'Yédo le *coban* vaut de 58 à 65 *mon me* en argent. Le *coban* se divise en demi, quart, huitième et seizième. Le quart de *coban* est une monnaie d'or carrée oblongue, avec l'inscription 一 (イチ) 分 (プ°) *itsi pou*, c'est-à-dire «une partie», ou 一 (イチ) 步 (プ°) *itsi pou*, quelquefois prnoncé comme *itsip'*, c'est-à-dire un quart. 二 (ニ) 步 (プ°) *ni pou* ou *nip'*, c'est-à-dire deux quarts, font un demi *coban*. Le seizième est une petite monnaie d'or ou d'argent avec l'inscription 一 (イツ) 朱 (シユ) *icchou*, c'est-à-dire un *chou*, et pèse 3 分 (プ°ン) *boun*, ou $\frac{1}{16}$ *coban*[2] ; deux *chou* 二 (ニ) 朱 (シユ) *ni chou*, sont $\frac{1}{8}$ *coban*.

Ces monnaies ont cours en vertu de leur estampille sans être pesées. Leur poids et leur valeur intrinsèque dépendent de la décision du *Siyŏ-goun* dont elles portent les armes. Depuis 1707 la valeur des *cobans* (*oho yei coban*) a diminué, et on distingue les anciens d'avec les nouveaux[3].

---

[1] D'après le manuscrit, 65 *mas* (ou *mon me*). (Hoffm.)

[2] Dans le manuscrit, au contraire, l'*icchou*, la 16ᵉ partie d'un *coban*, est pris comme $\frac{1}{8}$ de *coban*, et le *sanchou* ou $\frac{3}{16}$ *coban* comme $\frac{3}{8}$. Or, si l'on évalue le *coban* à 65 *mon me* ou *maas*, et le *mon me* à 96 *mon*, alors l'*itsipou* monte à 1,560 *mon* (*cash*), et 3 *itsipou* font 4,680 *mon*. Pendant le séjour de l'expédition américaine commandée par le commodore Perry à Hacodate, 3 *itsipou*, ou, comme l'éditeur les nomme, 3 *itchabou* avaient la valeur de 4,800 *cash* (*mon*) de cuivre, ce poids équivalant à un dollar. (*American expedition to Japan*, p. 535.) (Hoffm.)

[3] *Verhandelingen van het Batav. genootschap*, part. IV. — Les anciens *cobang* japonais sont très-différents en valeur intrinsèque : l'un est à 20 carats, un autre à 13 carats 8 grains, au poids commun de 11 anges 19 as (grains-poids), de sorte que l'on ne peut faire aucun état

CH. II. — NOMS ADJECTIFS. 111

Le 大 (オホ) 判 (バン) *oho ban*, ou *oo ban* (vulgairement *obang*), c'est-à-dire le grand morceau, ayant la valeur de 20 *ryô* d'or (*kin nizyou ryô*), et, avec addition, 24 à 26 *ryô* ou *cobans*, sert à des présents. La manière de compter pour 1, 2, 3 *ohoban* est : *ohoban itsi mai, ohoban ni mai, ohoban san mai.* Des sommes de 10 à 10,000 *ryô* (ou *cobans*), empaquetées dans des papiers ou des corbeilles et scellées par la chambre du trésor impérial, servent aussi comme parmi nous les sacs d'écus scellés et les rouleaux d'argent.

§ XXII.

CHRONOLOGIE.

Comme tout ce qui a rapport à la chronologie des Japonais a été traité d'une manière complète dans le *Nippon-Archiv*, partie III, p. 103 à 254, nous avertissons le lecteur qui voudra s'instruire à fond sur la matière qu'il lui suffira d'étudier ce mémoire qui est le travail commun de Von Siebold et de nous-même, et nous nous bornerons ici à exposer ce dont la connaissance est le plus essentiel dans l'usage ordinaire.

A. Énonciation de l'année.

L'année s'appelle en japonais トシ *tosi*, ou トセ *tose*, et en chinois 年 *niên*, suivant la prononciation japonaise, *nen*. On répond à la question : *icou tose* ou *nan nen*, combien d'années? par :

Fito tose,   ou   *itsi nen,* une année entière.
Fouta tose, »   *ni nen,* deux ans.
Mi tose,   »   *san nen* ou *san-ga nen,* trois ans.
Yo tose,   »   *yo nen* (par exception, pour *si nen*), quatre ans.
Itsou tose, »   *go nen,* cinq ans.
Mou tose,   »   *rok nen,* six ans.
Nana tose,   »   *sitsi nen,* sept ans.

de leur valeur, qui elle-même varie au Japon de 6 à 10 taëls. Le nouveau *cobang* japonais est l'unique denier d'affaires qui ait cours dans le pays; son titre est de 15 carats 5 grains; il pèse 8 anges 16 as; il est admis dans les livres de la Compagnie pour florins 13 : 13$\frac{3}{4}$. (Le poids se compte par livres de 2 marcs, qui se divisent chacun en 8 onces, et chaque once en 20 anges, l'ange en 32 as.) La valeur du *coban* de circulation est de florins 12,50. (Hoffm.)

Ya tose,	»	*fatsi nen,*	huit ans.
Cocono tose,	»	*kiou nen,*	neuf ans.
To tose,	»	*zyou nen,*	dix ans.
Momo tose,	»	*fyak' nen,*	cent ans.
Tsi tose,	»	*sen nen,*	mille ans.

L'ancienne numération japonaise est infiniment compliquée.

La phrase : « Il y a déjà 1,792,470 ans que les ancêtres célestes sont descendus du ciel » se trouve exprimée, dans l'ancienne chronique *Nipponki* III, 2 v°, par ces paroles : *Amatsou mi-oya no ama coudari masite yori cono cata momo yorodsou tose amari nanaso tose amari cocono-yorodsou tose amari foutatsi tose amari yovo tose amari nana tose amari tosi ari.*

La phrase : « Dans la quinzième de ses années il monta au rang de prince héritier, » est exprimée dans le style moderne par : *Won tosi zyou-go ni site, dai-si to tatsi tamŏ.*

La chronique *Nipponki*, employant les nombres purement japonais, rend la même phrase par : *Mi tosi to tose amari itsou tose ni site, tatsi te fitsoukino micoto to nari tamŏ.*

La question : combien âgé? en japonais, *icou tose,* c'est-à-dire, combien d'années? reçoit ordinairement sa réponse d'après la manière de compter chinoise : 20, 30, 40 ans sont exprimés par *ni zyou nen, san zyou nen, si zyou nen.* Pour « dans la 20ᵉ année », on dit encore *ni zyou no tosi ni* ou *tosi ni zyou ni.*

§ XXIII.

B. Chronologie des années.

La chronologie des années chez les Japonais est une imitation exacte de celle des Chinois, introduite au Japon par un missionnaire bouddhiste dès l'année 602 après Jésus-Christ. Suivant cette méthode, qui est savante, les années sont comptées par périodes de soixante, et dénommées d'après un cycle sexagésimal.

Le cycle sexagésimal consiste en un cycle dénaire et un cycle duodénaire combinés ensemble.

Le cycle dénaire est formé des cinq éléments, dont chacun est compté deux fois, étant divisé en « mâle » et « femelle », ou selon les Japonais, en « frère aîné » et « frère plus jeune ». Les noms de ce cycle sont :

CH. II. — NOMS ADJECTIFS.

	En chinois.		En japonais.			
1.	甲	kia,	キノエ	ki no ye,	bois,	frère aîné.
2.	乙	yi,	キノト	ki no to,	»	frère plus jeune.
3.	丙	ping,	ヒノエ	fi no ye,	feu,	frère aîné.
4.	丁	ting,	ヒノト	fi no to,	»	frère plus jeune.
5.	戊	wou,	ヲチノエ	tsoutsi no ye,	terre,	frère aîné.
6.	己	ki,	ヲチノト	tsoutsi no to,	»	frère plus jeune.
7.	庚	kéng,	カンノエ	can no ye,	métal,	frère aîné.
8.	辛	sin,	カンノト	can no to,	»	frère plus jeune.
9.	壬	yin,	ミヅノエ	midsou no ye,	eau,	frère aîné.
10.	癸	couei,	ミヅノト	midsou no to,	»	frère plus jeune.

Le cycle duodénaire est en relation avec la division du zodiaque en douze parties égales, et porte les noms de la série chinoise des animaux servant de signes; mais les Japonais emploient les noms japonais. Les noms du cycle duodécimal sont :

	En chinois.		En japonais.		
1.	子	tz,	子	ne,	rat.
2.	丑	tch'eou,	ウシ	ousi,	taureau.
3.	寅	yin,	トラ	tora,	tigre.
4.	卯	maò,	ウ	ou,	lièvre.
5.	長	chin,	タツ	tats',	dragon.
6.	巳	ssé,	ミ	mi,	serpent.
7.	午	woù,	ムマ	m'ma,	cheval.
8.	未	wei,	ヒツジ	fitsouzi,	bélier.
9.	申	chin,	サル	sar',	singe.
10.	酉	yeoù,	トリ	tori,	coq.
11.	戌	su,	イヌ	inou,	chien.
12.	亥	hai,	イ	i,	sanglier.

GRAMMAIRE JAPONAISE.

Si l'on associe les noms du cycle dénaire avec ceux du cycle duodénaire, il en résulte, quand on les fait progresser en séries successives jusqu'à ce que les deux ordres de série soient épuisés, un cycle sexagésimal, que l'on trouve développé dans la table suivante :

Le cycle sexagésimal.

	甲 キノエ	乙 キノト	丙 ヒノエ	丁 ヒノト	戊 ツチノエ	己 ツチノト	庚 カノエ	辛 カノト	壬 ミヅノエ	癸 ミヅノト
子 ネ	1		13		25		37		49	
丑 ウシ		2		14		26		38		50
寅 トラ	51		3		15		27		39	
卯 ウ		52		4		16		28		40
辰 タツ	41		53		5		17		29	
巳 ミ		42		54		6		18		30
午 ウマ	31		43		55		7		19	
未 ヒツジ		32		44		56		8		20
申 サル	21		33		45		57		9	
酉 トリ		22		34		46		58		10
戌 イヌ	11		23		35		47		59	
亥 イ		12		24		36		48		60

CH. II. — NOMS ADJECTIFS. 115

La première année de ce cycle est donc 甲子年 *kia tzè niên*, ou en japonais *kino ye ne no tosi*; la seconde 乙丑年 *yi tch'eòu niên*, ou *kino to ousi no tosi*, et suivant quelques-uns, *ki no to no ousi no tosi*; la dernière 癸亥年 *couei haï niên*, ou en japonais *midsou no to i no tosi*, ou *midsou no to no ino tosi*. Le cycle sexagésimal actuel a commencé avec notre année 1804, et l'année 1857 est la 54ᵉ année, ou l'année *Fino to mi no tosi* de ce cycle.

Numération des années d'après les années du règne.

Pour cette détermination cyclique des années, on a recueilli depuis les temps les plus anciens, par manière de contrôle, toute la série des années de règne des souverains japonais, connus sous le nom de *Micado*, et aussi dans l'origine sous celui de ニン ワウ *nin wó*, ou *nin ô* (人王), c'est-à-dire « les hommes rois. » Cette chronologie commence au jour de l'avénement de *Zin mou* (神武), fondateur de la dynastie *Micado*; ce jour, qui était en même temps le nouvel an japonais, correspond au 19 février (d'après l'ère Julienne) de l'année 660 avant Jésus-Christ[1]. En l'année 1817, le 123ᵉ Micado[2] est monté sur le trône.

Suivant la règle admise, la première année du règne d'un Micado n'est comptée qu'à partir du nouvel an après la mort du prédécesseur.

Chronologie d'après les noms des années.

En 645 après Jésus-Christ, la numération d'après les années du règne a été changée contre la numération d'après les noms spéciaux des années. Le nom d'année 年 (ネン) 号, abrégé de 號 (ガウ), chin. *niên hâo*, jap. *nen gô*, est une devise que le Micado crée arbitrairement, et qu'il échange contre une nouvelle après un certain temps[3].

[1] Suivant un calcul du professeur F. Kaiser, le 18 février au soir, à 8 heures, il y avait nouvelle lune à Méaco. (Hoffm.)

[2] Nous ignorons la date d'avénement d'un Micado plus récent. (Hoffm.) — En août 1858, est mort un Micado; mais il a dû en exister plusieurs dans l'intervalle d'années entre 1817 et 1858. (L. P.)

[3] On trouve un tableau des noms d'années japonais dans le *Nippon Archief* de Von Siebold, partie *Wa nen kei*, ou tableaux historiques du Japon. 1842. (Hoffm.)

Les noms japonais d'années dans le siècle actuel sont :

享和	Kiô wa, Possession de la paix	1801—1803.
文化	Boun coua, Développement scientifique . .	1804—1817.
文政	Boun sei, Gouvernement de la science. . .	1818—1829.
天保	Ten fô, Protection céleste.	1836—1845 [1].
弘化	Cô coua, Vaste développement.	1844—18..)
安政	An sei, Paix et ordre.	1854—.....

Ainsi, l'année 1844 est désignée au Japon par l'expression 天保十五甲辰年. *Ten fô zyou go, ki no ye tatsou tosi*, c'est-à-dire, la 15ᵉ année *Ten fô*, 41ᵉ du cycle sexagésimal, ou encore, *Ten fô zyou go nen, kino ye tatsou*, c'est-à-dire, *Ten fô* 15ᵉ année, 41ᵉ du cycle.

Le nom d'année *Cô coua* est suivi, dans le calendrier de 1848, du nom 嘉永 *ca yei*, « bon et durable ». C'est la date du Traité conclu à *Canagawa*, entre les États-Unis de l'Amérique du nord et le Japon : le 31 mars 1854 s'y trouve identifié avec le 3ᵉ jour du 3ᵉ mois de la VIIᵉ année *ca-yei* [2].

La date *Ca-yei*, VIIᵉ année, 1ᵉʳ mois, s'exprime en japonais par *ca yei sitsi nen siô gwats* [3].

---

[1] La détermination de cette période résulte de deux almanachs japonais imprimés pour les 15ᵉ et 16ᵉ années *Ten fô*, répondant l'une à la 41ᵉ année et l'autre à la 42ᵉ du cycle, c'est-à-dire à 1844 et 1845. Néanmoins des lettres d'Yédo de l'année 1845, sont datées de 弘化二年, c'est-à-dire de la 2ᵉ année *Cô coua*, ou la 42ᵉ année du cycle, répondant précisément à 1845 : il en résulte que le nom d'année *Cô coua* a été introduit en 1844, pendant qu'en même temps le nom d'année *Ten fô* demeurait en usage. Comment cela peut-il avoir eu lieu, c'est ce que nous apprendrons par les communications ultérieures de nos compatriotes résidant au Japon. (Hoffm.)

[2] Voy. *Narrative of the expedition of an American squadron to the China seas and Japan performed in the years 1852, 1853 and 1854, under the command of commodore M. C. Perry. Compiled from the original notes and journals of commodore Perry and his officers at his request and under his supervision, by Francis L. Hawks.* New-Yorck, 1856. (Par inadvertance de l'auteur américain, est écrit *Ke yei* au lieu de *Ca yei*). (Hoffm.)

[3] C'est la même expression que l'on trouve à la p. 197 de la Narration américaine, sous la forme altérée « *Sivo goots. - Ka ei sitsi neu,* » et qui est proposée comme le nom de l'empereur japonais, ou *Siògoun*. (Hoffm.)

CH. II. — NOMS ADJECTIFS.   117

§ XXIV.

C. Numération des mois.

De même que les années sont dénommées, dans les livres chronologiques et dans les almanachs, d'après le cycle sexagésimal, ainsi le sont les mois et même les jours; cependant dans l'usage ordinaire on se sert des nombres simples.

Le mot japonais pour « lune » et « mois » est ツキ *tsouki*, le mot chinois 月 *youe*, dans le dialecte du *Fokiën*, *goët* et *goat*, et selon la prononciation japonaise ゲツ *ghets* et グヮツ *gwats*.

A la question *icou tsouki*, combien de mois? répondent les expressions:

Fito tsouki,	ou イツカゲツ	*icca*[1] *ghets,*	un mois.
Fouta tsouki,	» ニカゲツ	*ni ca ghets,*	deux mois.
Mi tsouki,	» サンカゲツ	*san ca ghets,*	trois »
Yo tsouki,	» シカゲツ	*si ca ghets,*	quatre »
Itsou tsouki,	» ゴカゲツ	*go ca ghets,*	cinq »
Mou tsouki,	» ロクカゲツ	*roc ca ghets,*	six »
Nana tsouki,	» シチカゲツ	*sitsi ca ghets,*	sept »
Ya tsouki,	» ハチカゲツ	*fatsi ca ghets,*	huit »
Cocono tsouki,	» クカゲツ	*cou ca ghets,*	neuf »
To tsouki,	» ジユカゲツ	*zyou ca ghets,*	dix »
	ジユイチカゲツ	*zyou itsi ca ghets,*	onze »
	ジユニカゲツ	*zyou ni ca ghets,*	douze »

A la question ナングヮツ *nan gwats*, quel mois, répondent les expressions:

シヤウグヮツ	*syô*[2] *gwats,*	premier mois.
ニグヮツ	*ni gwats,*	deuxième »
サングヮツ	*san gwats,*	troisième »
シグヮツ	*si gwats,*	quatrième »

[1] La particule numérale *ca* (Voy. p.101), propre au style écrit, est omise dans le langage ordinaire. (Hoffm.)

[2] Le nom *Syô gwats*, en chinois 正月, autrefois 政月 *tching youe*, c'est-à-dire mois du gouvernement, est employé au lieu de *itsi gwats* ou *itsi ghets*, parce qu'il exprime un mois complet. (Hoffm.)

ゴグヮツ	go gwats,	cinquième mois	
ロクグヮツ	rok gwats,	sixième	»
シチグヮツ	sitsi gwats,	septième	»
ハチグヮツ	fatsi gwats,	huitième	»
クグヮツ	cou gwats,	neuvième	»
ジユグヮツ	zyou gwats,	dixième	»
ジユイチグヮツ	zyou itsi gwats,	onzième	»
ジユニグヮツ	zyou ni gwats,	douzième	»

Comme l'année civile des Japonais est une « année lunaire » en relation avec l'année solaire, les mois commencent avec la nouvelle lune et ont alternativement 29 et 30 jours ; l'année lunaire ordinaire est donc de 354 ou 355 jours. Néanmoins, afin de se trouver d'accord pour les saisons du printemps, de l'été, de l'automne et de l'hiver, avec le cours du soleil, on introduit de temps à autre un mois intercalaire, qui produit une année fastique de 13 mois ou de 383-384 jours. Le mois intercalaire, qui se reconnaît en ce que dans ce mois le soleil n'entre point dans un nouveau signe, reçoit le nom du mois qu'il suit immédiatement, avec la préfixe ウルフ *ouroû*, excédant ; le mois intercalaire, qui suit le deuxième mois, est donc appelé *ouroû ni gwats* (閏二月), c'est-à-dire, l'excédant deuxième mois.

Les mois de l'année ont encore divers noms particuliers, qui sont en relation, soit avec le caractère du mois, soit avec son usage ou ses propriétés spéciales. On les trouve énoncés et expliqués dans l'almanach japonais *Couats rei fac bouts zen* : nous donnerons ici les plus usités.

1ᵉʳ mois. ムツキ *mou tsouki*, ou le mois de l'amitié, parce que, à l'occasion des visites accoutumées du nouvel an, les liens d'amitié sont renouvelés.

2ᵉ mois. キサラギ *kisaraghi*, le fait de redoubler son vêtement, ce qui devient nécessaire à cause des gelées tardives.

3ᵉ mois. ヤヨヒ *ya yovi* (*yayoi*. Dict.), le développement de la nature.

4ᵉ mois. ウツキ *ou tsouki*, le mois du lièvre, parce que dans ce mois fleurit la fleur du lièvre *Ou no fana*. (La *Deutzia scabra*.)

5ᵉ mois. サツキ *sa tsouki*, originairement サナヘツキ *sanave tsouki*, le mois des plantes précoces, サナヘ *sanave*, que l'on sème alors.

6ᵉ mois. ミナヅキ *mina dsouki*, le mois sans eau.

7ᵉ mois. フミヅキ *foumi dsouki*, le mois de la lettre. Suivant une ancienne coutume, dans la septième soirée de ce mois on s'adresse mutuellement des billets.

CH. II. — NOMS ADJECTIFS.

8ᵉ mois. ハ ヅ キ *fa dsouki,* abrégé de ハ オ チ ヅ キ *fa otsi dsouki* ou ハ ヲ ツ ル ヅ キ *fa otsour' tsouki,* le mois où tombent les feuilles.

9ᵉ mois. ナ ガ ヅ キ *naga dsouki,* le long (brillant) mois.

10ᵉ mois. カ ミ ナ ヅ キ *cami na tsouki,* le mois sans *cami.* Quelques-uns entendent par *Cami* le dieu du tonnerre, d'autres *Izanaghi,* suivant la mythologie japonaise, le principe créateur ou producteur, qui meurt en ce mois.

11ᵉ mois. シ モ ヅ キ *simo tsouki,* le mois du givre ou du verglas.

12ᵉ mois. シ ハ ス *si vasou,* le concours des maîtres, qui dans les derniers jours de l'année demeurent peu dans la maison. Ce nom est une dérivation subtile de l'expression ト シ ハ ヅ *tosi vazou,* la fin de l'année.

§ XXV.

D. Numération des jours.

Les jours de l'année se nomment en japonais *ca,* en chinois 日 *ji* ou *nit,* selon la prononciation japonaise ニチ *nitsi* ou *nits.* Le japonais *ca* est employé en relation avec les nombres japonais, le chinois *nitsi* avec les nombres chinois. Dans l'écriture on se sert, pour les deux séries, des signes numériques chinois.

Si un espace de temps est compté par jours, alors on emploie, au moins dans l'écriture, la numération chinoise, et l'on associe encore aux nombres chinois la particule numérale *ca,* ainsi qu'il paraît à la page 101, où on lit *san ca nitsi no aida,* dans trois jours. — *San zyou san si can itsi,* 33 à 34 jours.

Si au contraire on veut exprimer le jour précis d'un mois, alors à la question イクカ *ic'ca,* ou イカホドノヒヅ *ica fodono fizo,* et イカハクヒカ *icou bacou fica,* quel jour (quantième)? ou イヅレノヒカ *idsoure no fica,* quel jour (en général)? On fait les réponses suivantes, dont la première dizaine est purement japonaise, tandis que le reste, à quelques exceptions près, appartient à la langue chinoise.

1ᵉʳ jour. ツキガシラ *tsouki gasira,* c'est-à-dire tête, commencement du mois [1].

ツイタチ *tsouitatsi,* origin. *tsoukitatsi,* c'est-à-dire lever de la lune.

ツイタチニチ *tsouitatsi nitsi,* c'est-à-dire jour du lever de la lune.

---

[1] Le premier jour de l'année s'appelle *gouan zitsou* (元日) ou *fazimeno fi.* (Hoffm.)

2ᵉ jour フツカ *foutsᵒᵘca*.
3ᵉ » 三カ *mica*.
4ᵉ » ヨツカ *yocca*.
5ᵉ » イツカ *itsouca*.
6ᵉ » ムユカ *mouyouca*, ordinairem. *mouica*.
7ᵉ » ナヌカ *nanouca*.
8ᵉ » ヤフカºヤウカºヤヲカ *yôca*.
9ᵉ » コヽノカ *coconoca*.
10ᵉ » トウカºトツカ *tô ca*. Anciennement « le jour du repos ». Les mois de 30 jours ont trois jours de repos qui s'appellent *camino tôca*, *nacano tôca* et *simono tôca*, c'est-à-dire le 1ᵉʳ, le 2ᵉ et le 3ᵉ dixième jour.
11ᵉ » ジユイチニチ *zyou itsi nitsi*.
12ᵉ » ジユニヽチ » *ni* »
13ᵉ » ジユサンニチ » *san* »
14ᵉ » ジユヨツカ » *yocca* (!).
15ᵉ » ジユゴニチ » *go nitsi*.
16ᵉ » ジユロクニチ » *rok* »
17ᵉ » ジユヘチニチ » *sitsi* »
18ᵉ » ジユハチニチ » *fatsi* »
19ᵉ » ジユクニチ » *cou* »
20ᵉ » ハツカ *fatsᵒᵘca* ou *nacano tôca*.
21ᵉ » ニジユイチニチ *ni zyou itsi nitsi*.
22ᵉ » ニジユニニチ » » *ni* »
23ᵉ » ニジユサンニチ » » *san* »
24ᵉ » ニジユヽニチ » » *si* » ou *ni zyou yocca*.
25ᵉ » ニジユゴニチ » » *go* »
26ᵉ » ニジユロクニチ » » *rok* »
27ᵉ » ニジユヘチニチ » » *sitsi* »
28ᵉ » ニジユハチニチ » » *fatsi* »
29ᵉ » ニジユクニチ » » *cou* »
30ᵉ » ミソカ *misoca*.

三トヲカ *mitôca*, le troisième dixième jour.
ジモノトヲカ *simono tôca*, le dernier dixième jour.
ツコモリ *tsou comori*, la disparition de la lune.
ツケズエ *tsouki zouve*, la fin du mois.

En général on emploie ces dénominations des jours pour énoncer par le nombre de jours un espace de temps.

CH. II. — NOMS ADJECTIFS.   121

Les mots numériques proposés ci-dessus pour la détermination des jours du mois, sont convertis en nombres ordinaux par l'adjonction de 日 (メ) *me* (comp. § XV, D.); par ex.: *Yedo moucasi yocca me gotoni itsi tatsisi nari*, à Yédo on a anciennement tenu marché chaque quatrième jour (du mois). — *San zyou san si ca nitsi me ni*, le 33ᵉ ou 34ᵉ jour, à distinguer de 三十三四个日 *san zyou san si ca nitsi*, 33 à 34 jours.

§ XXVI.

E. **Numération horaire.**

Le jour naturel s'appelle 匕 *fi*, la nuit ㄅ *yo*, le midi *firou*, le minuit *yorou*; le mot composé *firou-yorou* exprime le jour civil, ou l'espace de vingt-quatre heures. On emploie encore dans le même sens les mots originaires chinois 晝 (チウ) 夜 (ヤ) *tsiou* (*tchoú*, Dict.) *ya*, c'est-à-dire « jour et nuit ».

Les expressions pour la détermination des époques du jour, sont :

L'aurore, *yo-aké, ake-bono, fonobono fouke*.
Lever du soleil, *fino iri*.
Le matin, *asa, ake*.
Avant midi, *firou maye*.
Midi, *firou, firou naca, matsou pirou (mappirou), nittsiou*, etc.
Après-midi, *firou soughi*.
Avant le coucher du soleil, *fino idsou maye*.

Le coucher du soleil, *fino de*.
Crépuscule du soir, *ficoure, coure ai, courecata, iri ai, dazo care*(?)
Soir, *youvou, youvoube, yoi, yoinomu, ban*.
Nuit, *yo*.
Avant minuit, *yorou maye*.
Minuit, *yorou, yo-no ca, ya-fan*.
Après minuit, *yorou-soughi*.
Avant dans la nuit, *yo fouké*.

Pour la détermination des heures du jour civil trois méthodes sont en usage.

1. La division astronomique du jour civil, introduite aussi en Chine, en douze intervalles égaux 時 (トキ) *toki*, qui sont dénommés d'après les douze signes du zodiaque, par ex.: *neno-toki*, l'heure du rat, *ousino-toki*, l'heure du taureau, *torano-toki*, l'heure du tigre, etc., et dont chacun coïncide exactement en durée avec deux de nos heures. Ces *tokis* de deux heures sont premièrement divisés en deux moitiés, l'initiale 初

(シヨ) *syo*, et la véritable 正 (セイ) *sei*; ils sont ensuite partagés en 8 刻 (コク) *cok* ou entailles ¹, l'entaille en 15 分 (ブン) *boun* ou minutes, le *boun* en 60 秒 (メウ) *meŏ* ou secondes.

Le milieu du premier *toki* du jour civil équivaut à minuit; son commencement est 60 minutes avant, et sa fin 60 minutes après minuit.

Veut-on, d'après cette série, déterminer un instant quelconque du jour, à une minute près : on énonce d'abord le nom cyclique du *toki* actuel, puis le *cok* écoulé, précédé de la détermination indiquant s'il appartient à la moitié initiale (*syo*), ou à la véritable (*sei*), et l'on exprime ensuite la minute (*boun*); par exemple : *ne no syo san cok san boun*, heure du rat, première moitié, 3 *cok*, 3 *boun*, c'est-à-dire 11 heures 48 minutes de la nuit.

2. La division analogue du jour civil, dans laquelle on échange les noms du zodiaque contre les nombres des heures, *toki no cazou*, pour pouvoir annoncer l'heure aux habitants par le son de la cloche ou du tambour. Le *toki*, d'après cette numération horaire, est divisé en 10 *kok* (entailles) ou *boun* (parties), chacune de douze minutes.

Les noms cycliques et les nombres des *toki*'s sont :

Yorou, de la nuit.

Ne no toki,	*coconots*ᵒᵘ *no toki*,				
Heure du rat,	ou ɪxᵉ *toki*,	de 11 h. du soir à 1 h. du matin.			
Ousi no toki,	*yats*ᵒᵘ *no toki*,				
Heure du taureau,	ou vɪɪɪᵉ *toki*,	de 1 h. du matin à 3 h.	»		
Tora no toki,	*nanats*ᵒᵘ *no toki*,				
Heure du tigre,	ou vɪɪᵉ *toki*,	de 3	»	à 5	»

Asa ou ake, du matin.

Ou no toki,	*mouts*ᵒᵘ *no toki*,				
Heure du lièvre,	ou vɪᵉ *toki*,	de 5	»	à 7	»
Tatsou no toki,	*itsouts*ᵒᵘ *no toki*,				
Heure du dragon,	ou vᵉ *toki*,	de 7	»	à 9	»
Mi no toki,	*yots*ᵒᵘ *no toki*,				
Heure du serpent,	ou ɪvᵉ *toki*,	de 9	»	à 11	»

---

¹ Dans la vie ordinaire on emploie aussi *cok* pour *toki*, et on appelle les heures du rat et du taureau *neno-cok*, *ousino-cok*, en sous-entendant les entailles de ces heures. (Hoffm.)

CH. II. — NOMS ADJECTIFS.

Firou, du milieu du jour.

M'*ma no toki*,	*coconots*ᵒᵘ *no toki*,	de 11 h du matin à 1 h. après midi.
Heure du cheval,	ou ɪxᵉ *toki*,	
*Fits*ᵒᵘ *no toki*,	*yáts*ᵒᵘ *no toki*,	de 1 h. ap. m. à 3 »
Heure du bélier,	ou vɪɪɪᵉ *toki*,	
*Sar*ᵒᵘ *no toki*,	*nanats*ᵒᵘ *no toki*,	de 3 » à 5 h. du soir.
Heure du singe,	ou vɪɪᵉ *toki*,	

Youroube ou *ban*, du soir.

Tori no toki,	*mouts*ᵒᵘ *no toki*,	de 5 h. du soir à 7 »
Heure du coq,	ou vɪᵉ *toki*,	
Inou no toki,	*itsouts*ᵒᵘ *no toki*,	de 7 » à 9 »
Heure du chien,	ou vᵉ *toki*,	
I no toki,	*yots*ᵒᵘ *no toki*,	de 9 » à 11 »
Heure du sanglier,	ou ɪvᵉ *toki*,	

Pour l'éclaircissement des deux méthodes de numération horaire, on peut faire usage du tableau suivant :

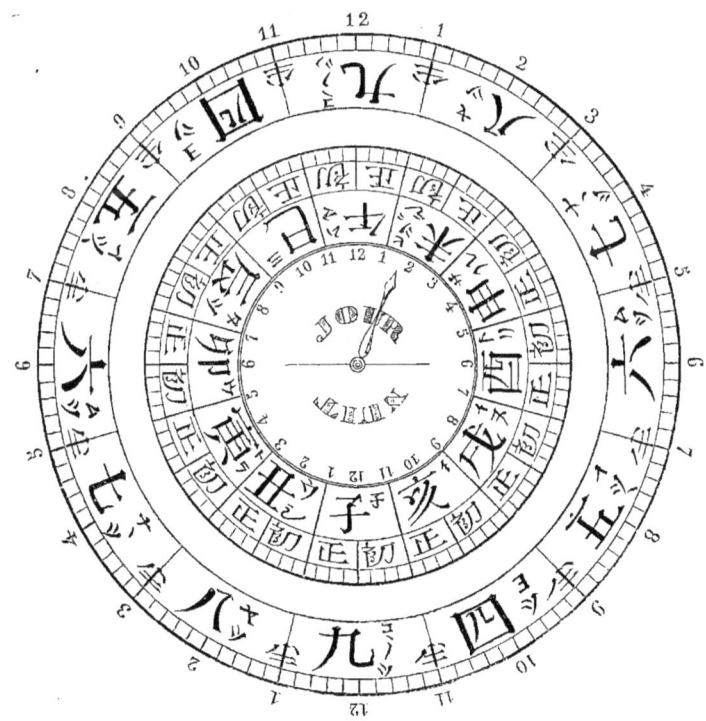

GRAMMAIRE JAPONAISE.

La série étrangère des nombres horaires japonais est dérivée, d'après les savants japonais, d'un système très-compliqué qui se trouve exposé dans la Dissertation sur le calcul temporaire des Japonais, au *Nippon archief*, section 3, p. 114. — Meylan aussi, dans son *Japon* (p. 114), a donné quelques éclaircissements sur la matière. Néanmoins, comme les nombres de 1, 2 et 3 coups de tambour ou de cloche appartiennent aux signaux du service militaire ou religieux (des Bonzes), on a écarté ces nombres de la série horaire, sans doute par la crainte d'une confusion entre les signaux et les nombres horaires. On a donc attribué à chaque heure le nombre que l'on obtient en déduisant de 10 le nombre afférent à l'heure prochaine, par exemple 1 ou 2.

Pour la numération horaire par nombres, le juste milieu, *mannaca*, est annoncé par des coups de cloche ou de tambour : neuf coups font connaître *firou*, ou *yorou coconots*ou *no mannaca*, c'est-à-dire 12 heures, midi ou minuit. La fin d'un *toki* est caractérisée par le mot 半 *fan* ou *han*, demi, moitié; ainsi 九半 ou *coconotsou han*, c'est-à-dire 9 ½ *toki*, répond à une heure (européenne).

Les subdivisions d'un *toki* se trouvent indiquées dans le tableau suivant, et l'on peut se demander si les Japonais, en nommant une subdivision, n'en ont pas présente à l'esprit toute la durée, de même que nous, par l'énonciation d'une heure et de ses subdivisions, nous concevons l'idée de l'intervalle entier entre l'heure elle-même et le moment présent.

Subdivisions d'un toki.

Asa moutsouno toki itsi boun = (du matin) 5 h. 12 m. suiv. la num. europ.
» » » *ni boun* = » » 24 —
» » » *san boun* = » » 36 —
» . » » *si boun* = » » 48 —
» » » *go boun* = » 6 h. —
» » » *rok boun* = » » 12 —
» » » *sitsi boun* = » » 24 —
» » » *fatsi boun* = » » 36 —
» » » *cou boun* = » » 48 —
» » » *zyou boun* = » 7 h. —

C'est d'après cette numération horaire que l'on trouve énoncés, dans les almanachs japonais, le coucher de la lune (*tsouki no de*) et la marée

CH. II. — NOMS ADJECTIFS.

(*siwo toki*)[1]. Pour la détermination des divisions du temps, on employait, avant l'introduction de nos horloges, les clepsydres, dont on commença à faire usage en l'année 671.

La manière dont on indique l'heure par la percussion des cloches, ou des tambours, est décrite ainsi par Meylan : « D'abord, on entend un coup : une minute environ après, un second coup, et immédiatement ensuite un troisième ; c'est un avertissement pour les habitants de faire attention à la percussion de l'heure. Une autre minute après ces trois coups, vient un nombre égal au chiffre de l'heure, chaque coup se trouvant séparé du précédent par une pause de 10 à 12 secondes, excepté les deux derniers, qui se suivent rapidement, et font connaître que le battement va finir. »

3. Outre les deux méthodes ci-dessus énoncées, il en est une troisième, ayant des heures variables, en rapport avec la longueur décroissante ou croissante du jour et de la nuit, dans les différentes saisons de l'année. Le jour naturel ou la nuit naturelle sont tous deux partagés en 6 *toki's*, qui, à proportion de la longueur inégale du jour et de la nuit dans les différentes saisons, sont inégaux dans leur durée. Cette numération horaire, pour laquelle on se sert des nombres horaires déjà proposés, est acceptée dans la vie civile, avec ses espaces mesurés d'après les temps du jour. L'intervalle de 24 heures demeure divisé en 100 parties égales que l'on appelle 刻 (コク) *cok* ou fragments, et le *cok* en 100 分 (ブン) *boun*. Le *cok* renferme donc 14 minutes 24 secondes, le *boun* $8\frac{1}{2}$ secondes, selon la numération horaire européenne. Le *toki*, qui vers le crépuscule du soir contient $8\frac{1}{3}$ *cok* au temps moyen, est, dans le plus long jour, dont la durée est de $65\frac{1}{2}$ *cok* ou 15 h. 43 m. 12 s., prolongé jusqu'à 2 h. 37 m. 12 s., et comme l'on con-

---

[1] On distingue :

レホトキ *siwo toki*, la marée.
レホノミチ *siwo no mitsi*, le flux.
レホノヒ *siwo no fi*, le reflux.
レホノミチヒ *siwo no mitsi fi*, le flux et le reflux.

オホレホ *oho siwo*, le flux du printemps.
ナカレホ *naca siwo*, la demi-marée.
コレホ *co siwo*, la marée morte.
ナガレホ *naga siwo*, le long flux.
(Hoffm.)

serve la subdivision du *toki* en 10 parties, la dixième division du *toki* du plus long jour contient ainsi 15 m. 43 s. ⅕.

Les Japonais attribuent encore au jour naturel le crépuscule du matin et celui du soir (*aké-couré*), et placent dans la règle le commencement du crépuscule du matin, et la fin du crépuscule du jour, au moment où le soleil est à 18 degrés au-dessus de l'horizon, c'est-à-dire à 5 *koks* (1 h. 12 m.) avant le lever et après le coucher du soleil. Avec la première subdivision commence le vɪᵉ *toki* du matin, nommé *asa* ou *ake moutsouno toki* ou, par abréviation, *asa moutsou* ; à la fin du crépuscule du soir commence le vɪᵉ *toki* du soir, appelé *youvou moutsouno toki*, ou *youvou moutsou*. Les noms ordinaires des deux *toki*'s sont アケモチ *akémotsi*, c'est-à-dire apportant la lumière, et クレモチ *couré motsi*, apportant les ténèbres.

Dans les almanachs d'Yédo, on trouve la durée d'un crépuscule fixée quelquefois à 2 ½, à 2 ⅔, ou même à 3 *kok* ; déterminations arbitraires qui ne sont nullement en rapport avec ce fait que la durée des crépuscules augmente et diminue en proportion de la longueur variable des jours. Voyez à cet égard les déterminations de la longueur variable du jour naturel, ainsi qu'elles sont proposées dans les almanachs d'Yédo pour l'année 1825 (vɪɪɪᵉ année *Boun sei*). La seconde colonne contient les noms chinois-japonais des 24 divisions de l'année solaire, d'après lesquelles sont déterminées les heures variables[1]. Ces 24 espaces de temps égaux, connus sous le nom de «modifications» (*setsᵒᵘki*), 節氣, se trouvent en divisant une seconde fois par moitié les douze sections du cours du soleil : chacun de ces espaces est de 15 jours 5 heures 14 minutes. La troisième colonne contient le tableau de la longueur des jours naturels depuis le lever du soleil jusqu'à son coucher, *Fino idsou yori fino irou made*; la quatrième colonne détermine la longueur du jour, en comptant à partir du vɪᵉ *toki* du matin jusqu'au vɪᵉ *toki* du soir, suivant l'expression de l'almanach : *Asa moutsou yori, youvou moutsou mado*. La détermination de la longueur de la nuit, qui est proposée en même temps dans l'almanach, se déduit naturellement de celle du jour.

[1] Par inadvertance, dans le *Japon* de Meylan, p. 112, le commencement de chacune de ces modifications est placé alternativement aux 1ᵉʳ et 15ᵉ jours des mois lunaires japonais. (Hoffm.)

Détermination de la longueur variable du jour naturel pour les 24 sections de l'année solaire.

			Asa moutsou yori-yoŭ moutsou made.		*Fino idsou yori-fino irou made.*	
6 janv.	セウカン	*seo (chó) can*, petite gelée.	$40\frac{1}{2}$	*cok*	46	*cok*
20 »	ダイカン	*dai can*, grande gelée.	$41\frac{1}{2}$	»	$47\frac{1}{2}$	»
3 févr.	リツシユン	*rissyoun* (*richchoun*), com. du print. .	$43\frac{1}{2}$	»	$48\frac{1}{2}$	»
19 »	ウスイ	*ou soui*, eau de pluie.	$45\frac{1}{2}$	»	$50\frac{1}{2}$	»
5 mars	キヤウチツ	*kiŏ* (ou *kei*) *tsits*, réveil des insectes. .	48	»	53	»
20 »	シユンブン	*syoun* (*choun*) *boun*, milieu du print. .	$50\frac{1}{2}$	»	$55\frac{1}{2}$	»
5 avril	セイメイ	*sei mei*, atmosphère lumineuse.	$52\frac{1}{2}$	»	$57\frac{1}{2}$	»
20 »	コクウ	*cok ou* (*cocoŭ*, Dict.), pluie de semence, (air transparent. Dict.).	$54\frac{1}{2}$	»	60	»
5 mai	リツカ	*ricca*, com. de l'été.	$56\frac{1}{2}$	»	$62\frac{1}{2}$	»
20 »	セウマン	*seo* (*chó*) *man*, petite inondation. . . .	$58\frac{1}{2}$	»	64	»
5 juin	バウシウ	*bŏ syou* (*choŭ*), transplantation du riz.	$59\frac{1}{2}$	»	$65\frac{1}{2}$	»
21 »	ゲジ	*ghe zi* (*ghe chi*, Dict.), point culminant de l'été.	$59\frac{1}{2}$	»	$65\frac{1}{2}$	»
6 juillet	シヤウシヨ	*syŏ* (*chŏ*) *syo* (*cho*), petite chaleur. . .	$59\frac{1}{2}$	»	$65\frac{1}{2}$	»
23 »	ダイシヨ	*dai syo* (*cho*), grande chaleur.	$58\frac{1}{3}$	»	64	»
7 août	リツシウ	*rissiou* (*richchoŭ*), com. de l'automne.	$56\frac{1}{2}$	»	$62\frac{1}{2}$	»
23 »	シヨ〱	*siyo* (*cho*) *siyo* (*cho*), chaleur locale. . .	$54\frac{1}{2}$	»	60	»
8 sept.	ハクロ	*fak ro*, rosée blanche.	$52\frac{1}{2}$	»	$57\frac{1}{2}$	»
23 »	シウブン	*syo* (*chŏ*) *boun*, milieu de l'automne. .	$49\frac{1}{2}$	»	$55\frac{1}{2}$	»
8 oct.	カンロ	*can ro*, rosée froide.	48	»	53	»
23 »	セウカウ	*seo* (*chó*) *cŏ*, chute de verglas, de neige qui se congèle.	$45\frac{1}{2}$	»	$50\frac{1}{2}$	»
7 nov.	リツトウ	*rittó*, com. de l'hiver.	$43\frac{1}{2}$	»	$48\frac{1}{2}$	»
22 »	シヤウセツ	*syo* (*chŏ*) *sets*, petites neiges.	$41\frac{1}{2}$	»	$47\frac{1}{2}$	»
7 déc.	ダイセツ	*dai sets*, grandes neiges.	$40\frac{1}{2}$	»	46	»
22 »	トウジ	*tó zi*, point culminant de l'hiver. . . .	$40\frac{1}{2}$	»	$45\frac{1}{2}$	»

Enfin, sur le cadran des horloges, pour indiquer la longueur variable des heures, et la déterminer après la division cyclique fixe en 12 *tokis* égaux, les nombres des heures sont écrits sur des écussons mobiles, et le « déplacement des heures » (*toki wo outsousou*) s'opère à volonté.

TROISIÈME CHAPITRE.

PRONOMS [1].

§ I.

Les pronoms personnels sont :

Pour le singulier.	Pour le pluriel.
[*Ware*, Rodr.], *watacousi*, je.	*Ware ware*, nous.
[*Sonata*, Rodr.], *sonomoto* ou *socomoto*, tu.	*Sonomoto tatsi* ou *socomoto tatsi*, vous.
[*Are*, Rodr.], *care*, il.	*Carera*, ils.
Cano onna, elle.	*Cano onna nado*, elles.

Ils se déclinent exactement comme les noms substantifs :

Watacousi, je. *Ware ware*, nous.

Nom.	*Watacousi,*	je.	*Ware ware,*	nous.
»	*Watacousi ga,*	»	*Ware ware ga,*	».
»	*Watacousi wa,*	»	*Ware ware wa,*	»
Gén.	*Watacousi no,*	de moi.	*Ware ware no,*	de nous.
Dat.	*Watacousi ni,*	à moi.	*Ware ware ni,*	à nous.
Acc.	*Watacousi wo,*	moi.	*Ware ware wo,*	nous.
Voc.	*Watacousi,*	je.	*Ware ware,*	nous
Abl.	*Watacousi to,*	avec moi.	*Ware ware to,*	avec nous.
»	*Watacousi yori,*	par ou de moi.	*Ware ware yori,*	de ou par nous.

[1] D'après le manuscrit de M. Donker Curtius.

CH. III. — PRONOMS.

Sono (ou *soco*) *moto*, tu. *Sono moto tatsi*, vous.

Nom. *Sono moto ga,* tu.   *Sono moto tatsi ga,* vous.
» » » *wa,* »   » » » *wa,* »
Gén. » » *no,* de toi.   » » » *no,* de vous.
Dat. » » *ni,* à toi.   » » » *ni,* à vous.
Acc. » » *wo,* toi.   » » » *wo,* vous.
Voc. *Sono moto,* toi.   *Sono moto tatsi,* vous.
Abl. » » *to,* avec toi.   » » » *to,* avec vous.
» » » *yori,* par ou de toi.   » » » *yori,* par ou de vous.

Pour la seconde personne du singulier et du pluriel on entend dire généralement *anata* et *anata gata*, ce qui réellement est une troisième personne, employée par civilité pour la seconde.

Care, il.   *Care ra,* ils.

Nom. *Care ga,* il.   *Care ra ga,* ils.
» » *wa,* »   » » *wa,* »
Gén. » *no,* de lui.   » » *no,* d'eux.
Dat. » *ni,* à lui.   » » *ni,* à eux.
Acc. » *wo,* lui.   » » *wo,* eux.
Voc. *Care,* lui.   *Care ra,* eux.
Abl. » *to,* avec lui.   » » *to,* avec eux.
» » *yori,* par ou de lui.   » » *yori,* par ou d'eux.

Cono onna, ils.   *Cono onna nado,* elles.

Nom. *Çono onna ga,* ils.   *Cono onna nado ga,* elles.
» » » *wa,* »   » » » *wa,* »
Gén. » » *no,* d'eux.   » » » *no,* d'elles, leur.
Dat. » » *ni,* à eux.   » » » *ni,* à elles.
Acc. » » *wo,* eux.   » » » *wo,* elles.
Voc. *Cono onna,* eux.   *Cono onda nado,* elles.
Abl. » » *to,* avec eux.   » » » *to,* avec elles.
» » » *yori,* par eux.   » » » *yori,* par ou d'elles.

ジシン *zi-sin* et ジブン *zi-boun* « même » peuvent se décliner comme les pronoms personnels après lesquels ils sont placés; mais, à vrai dire, ils ne sont employés qu'au datif : les deux mots signifient encore *soi, se.*

Watacousi wa zi-sin ni, je (moi) en personne, moi-même.
Sono moto ya zi boun ni, tu (toi), en personne, toi-même.

§ II.

Les pronoms possessifs sont exprimés en japonais par le génitif du pronom personnel :

Watacousi no, mon.	*Ware ware no*, notre.
Sono moto no, ton.	*Sono moto tatsi no*, votre.
Care no, son (masc.).	*Carera no*, leur (masc.).
Cano onna no, son (fém.).	*Cano onna nado no*, leur (fém.).

Les pronoms substantifs possessifs hollandais sont exprimés en japonais par le génitif du pronom personnel, suivi de la postposition japonaise *to*, avec.

Watacousino to, le mien.	*Ware ware no to*, le nôtre.
Sono moto no to, le tien.	
Care no to, le sien (masc.).	*Carera no to*, le leur (masc.).
Cano onna no to, le sien (fém.).	*Cano onna nadono to*, le leur (fém.).

REMARQUE. L'association, proposée ici, de la terminaison génitive *no* avec la postposition *to* (avec) est à nos yeux un phénomène grammatical si étrange, que nous le condamnons comme une forme populaire tout à fait en dehors des règles. A moins peut-être que dans ce cas *noto* ne soit écrit pour *nado*, l'une des formes caractéristiques du pluriel ? Nous laissons la question à résoudre à ceux qui seront dans le cas d'étudier de plus près l'idiome populaire. La langue écrite japonaise exprime par une itération la personne, la relation ou l'objet que nous sous-entendons avec nos pronoms substantifs possessifs, et oppose à notre expression : « ce prince est le nôtre » (*deze vorst is de onze*, holl.), la phrase : *co no kimi va wagakimi nari*. Ils rendent notre expression : « les miens (mes parents) » par *waga sin roui*, ma parenté, ou *wagaya*, ma famille, ma maison — et « le mien » par *wagamono*, ma propriété. (Hoffmann.)

§ III.

Les pronoms démonstratifs sont :

Cono, core, celui-ci, ceci.
Ano, are, sono, sore, celui-là, cela.

CH. III. — PRONOMS.

Cono, ano et *sono* ne sont employés qu'adjectivement et ne se déclinent pas ; p. ex. : *Cono hito no*, de cet homme ; *sono coto ni*, dans ce cas.

Core, are et *sore* sont employés substantivement et peuvent être déclinés[1].

Nom.	*Sore wa*, celui.	*Sorera wa*, eux.
Gén.	*Sore no*, de celui.	*Sorera no*, de ceux.
Dat.	*Sore ni*, à celui.	*Sorera ni*, à ceux.
Acc.	*Sore wo*, celui.	*Sorera wo*, ceux.
Voc.	*Sore*, celui.	*Sorera*, ceux.
Abl.	*Sore to*, avec celui.	*Sorera to*, avec ceux.
»	*Sore yori*, par, ou de celui.	*Sorera yori*, par, ou de ceux.

Are devient au pluriel *are nado*, et aussi, devant des mâles seulement, *are domo*.

§ IV.

Les pronoms interrogatifs sont :

    Tare (dare), qui ?
    Dono, dore, do, quel ?
    Nani, quoi.

Tare, dore et *nani* sont employés comme substantifs et peuvent se décliner :

Nom.	*Tare ga*, qui ?	*Dore ga*, quel ?	*Nani ga*, quoi ?
Gén.	*Tare no*, de qui ?	*Dore no*, duquel ?	*Nani no*, de quoi ?
Dat.	*Tare ni*, à qui ?	*Dore ni*, auquel ?	*Nani ni*, à quoi ?
Acc.	*Tare wo*, qui ?	*Dore mo*, quel ?	*Nani mo*, quoi ?
Voc.	*Tare*, qui ?	*Dore*, quel ?	*Nani*, quoi ?
Abl.	*Tare to*, avec qui ?	*Dore to*, avec lequel ?	*Nani to*, avec quoi ?
»	*Tare yori*, par, ou de qui ?	*Dore yori*, par le-, ou duquel ?	*Nani yori*, par, ou de quoi ?

Dono et *do* sont seulement employés comme adjectifs et ne se déclinent pas.

---

[1] Les pronoms dans la composition desquels entre *no* sont réellement des génitifs, et comme tels doivent précéder les substantifs. Les autres sont des espèces de relatifs, et peuvent s'employer seuls. (Rodr.) (L. P.)

§ V.

Les pronoms relatifs « qui » et « que » sont exprimés en japonais par une périphrase.

Quand le pronom relatif opère une section absolue du sens, et peut se rendre par « telle chose » ou « cela », avec une légère modification dans la structure de la phrase, on emploie en japonais *coto* (chose, cas), dans la forme requise de déclinaison, par exemple :

« Que les enfants à l'école lisent bien est admis par moi. »

Les enfants à l'école lisent bien, { la chose / le cas / cela } est admis par moi.

« Cela » est exprimé par *coto* « chose, cas », au nominatif : *coto ga*.

— « J'ai appris que le navire a péri. »

Le navire a péri, { la chose / le cas / cela } j'ai appris.

« Cela » est traduit par *coto* « chose, cas », à l'accusatif : *coto wo*.

Quand le pronom relatif dépend uniquement d'un nom substantif, il est exprimé en japonais par *tocoro*, place, au génitif ; par ex. :

« Le maître qui a beaucoup d'enfants à son école. »

De la place, où beaucoup d'enfants sont à l'école, le maître.

« Cela » est traduit par le génitif de *tocoro*, place : *tocoro-no*.

Mais cet emploi de *tocoro no* n'a pas pénétré dans la langue parlée, où l'on omet le pronom relatif, et où l'on dit simplement :

Le maître à son école a beaucoup d'enfants.

ADDITION AU TROISIÈME CHAPITRE.

Origine, signification et emploi des pronoms japonais les plus usités[1].

§ VI.

La distinction des trois personnes grammaticales, strictement observée dans les langues occidentales, à ce point même que le verbe doit y être associé par ses terminaisons conjugatives, cette distinction de la personne qui parle, de celle à qui l'on parle et de celle de qui l'on parle, «Je-Tu-Il», est demeurée tout à fait étrangère à la langue japonaise, et pour ce motif le verbe n'y admet aucune terminaison conjugative, pouvant servir à l'expression de la personne grammaticale.

Toutes les personnes, celle de l'orateur aussi bien que celles à —, et de qui il parle, sont conçues comme faisant partie de la proposition, c'est-à-dire à la troisième personne, selon notre système grammatical[2], et sont exprimées, soit 1° en relation avec telle ou telle manière d'être, par des substantifs propres, ou plus généralement, par des noms exprimant la manière d'être; soit 2° d'après leur relation avec l'orateur, par des pronoms démonstratifs, ou des mots composés avec ces pronoms.

L'attribution des différents substantifs propres, et des adjectifs de qualité, à telle ou telle personne, pour la désigner, a été dès l'origine ce qu'elle est de nos jours, une affaire d'étiquette, soumise, en raison du temps et du lieu, à des modifications diverses, et qui maintenant encore a pour arbitre unique la fantaisie de la mode. Or, il existe des vocabulaires de la langue populaire du Japon, ainsi que des différents dialectes ayant cours dans l'empire depuis *Nagasaki* jusqu'à *Matsoumaë*, de même qu'il existe un vocabulaire japonais des sciences naturelles,

---

[1] Théorie originale et inédite, par M. Hoffmann.

[2] Nous verrons de nombreux exemples de formes pronominales, attribuées à la fois à la 1re, la 2e ou la 3e personne : la confusion n'est qu'apparente, et la raison logique se trouve expliquée par la théorie de M. Hoffmann. (L. P.)

dans lequel, outre le nom systématique des objets, on trouve leurs noms vulgaires en usage dans les différentes contrées de l'empire[1] : nous pourrions donc apprendre à connaître un nombre considérable de pronoms, non moins intéressants que ceux que l'on rencontre dans les langues écrite et parlée de la Chine. Mais à défaut des études savantes qu'exigerait cette connaissance, nous nous restreindrons aux pronoms de la langue écrite générale, et aux formes enseignées par les interprètes japonais à nos amis Néerlandais, comme appartenant en propre au langage oral de Nagasaki.

§_VII.

I. Noms qualificatifs.

Parmi les noms qualificatifs faisant l'office de pronoms personnels dans la langue écrite et dans la langue parlée, les plus usités sont :

a. Pour la première personne grammaticale ou le « Je »[2] :

ヤツコ *yatsouco*, de *ya*, maison, avec l'ancienne terminaison génitive *tsou* (voyez ch. I, § XVI) et *co*, garçon ; le garçon de la maison, en français le domestique (serviteur, esclave, ou méchant valet. Dict.). — C'est un pronom très-ancien et très-humble, par lequel celui qui parle fait profession d'infériorité ; il ne peut donc s'employer entre les personnes égales par le rang. Il répond au mot chinois *tch'in* (臣).

ヤツカレ *yatsoucare*, Je, votre serviteur. — ヤツバラ *yatsoubara*, Nous, vos serviteurs. (*Yatsou, yatsoubare, yatsoume*, celui-là, en parlant avec mépris. Dict.).

b. Pour la seconde personne grammaticale « Tu, Vous », on emploie :

ナンチ゚ *nandsi* (et non *nanzi*), suivant l'ancienne orthographe ナムチ゚ *nam'dsi*, originairement ナモチ *na-motsi*, c'est-à-dire « qui a un

---

[1] C'est le *Hon-zô kei-mô mei-sou* de *Wono Lansan*, 1809, VIII parties. (Hoffm.)
[2] *Gousô* « je » ou « moi », le vil religieux, forme polie employée par les bonzes. — *Gourô* « je » ou « moi », le vil vieillard, forme polie employée par les vieillards.
(Rodr.) (L. P.)

nom[1] honoré ou considérable ». (*Nandgi*, « Tu », terme du style écrit. Dict.) *Nandsi* répond dans l'usage aux expressions hollandaises *achtbaar* (considérable) ou *weledelgeboren* (de naissance illustre), et appartient au style élevé. Les gens de condition noble et les savants s'adressent la parole par *nandsi*. (Synonymes chinois : 爾。尒。尓。你。汝)[2].

Le nom *nandsi* est déclinable comme tout autre nom, par ex.: *Nandsi ga tame ni* ナンチ゚ガタメニ, « pour le besoin ou le service de Votre Noblesse », et il prend au pluriel les formes ナンチ゚ラ *nandsi ra*, et ナンチ゚ガトモカラ *nandsi ga tomo cara*, c'est-à-dire, l'union de vos Noblesses,— vous Messieurs.

*Tami tomoni nandsi wo mir*ou, tout le peuple à la fois a les yeux sur vous, ou chacun a les yeux sur vous.

*Nandsi fito ga me wo tsoukete or*ou, vous avez attiré (sur vous) les regards des hommes.

イマシ *imasi*, c'est-à-dire, « apparent, présent », s'emploie indifféremment et laisse dans l'indécision si l'on parle à des supérieurs ou à des inférieurs.

キミ *kimi*, キミサマ *kimi sama*, Monsieur, Votre honneur (chin. 君), (Seigneur. Dict.) — (*Kicho*, *kifô*, en s'adressant à un supérieur, ou à un égal que l'on respecte. Coll.)

オマエ *omaye* ou *omaë* (御前), et dans l'usage ordinaire *omai*, de *o* (voyez ch. I, § III, note 2) et マエ *maye* ou *maë* (en anglais *before*) désigne quelqu'un que l'on a devant soi et auquel on attribue le prédicat *o* (御) princier, c'est-à-dire appartenant à un prince. L'usage d'*omaë* paraît limité spécialement à la classe des fonctionnaires japonais; on dit même qu'en dehors de Nagasaki, dans les autres provinces de l'empire, ce titre s'adresse exclusivement aux fonctionnaires inférieurs, tandis qu'*anata* est spécial aux supérieurs. — L'expression composée オマエサマ *omaë sama*, équivalent au hollandais UWE, c'est-à-dire, Votre Noblesse, est proposée comme une forme très-civile[3].

---

[1] *Nandsi* est un mot purement japonais, et n'est pas, ainsi qu'il est allégué dans l'*Epitome linguæ japonicæ*, p. 114, dérivé du chinois. (Hoffm.)

[2] *Epitome ling. jap.*, *ibid.* (Hoffm.)

[3] Pour marquer le respect, on fait généralement usage, en parlant à la 2ᵉ et à la 3ᵉ per-

スシ *nousi* (non スシ゚ *nouzi*) (répondant aux mots chinois 主.主君), le maître, le seigneur, en anglais *master*, est le titre dont se servent la femme et les serviteurs pour parler à — et du maître de la maison. Il n'équivaut donc pas au hollandais *mijnheer*, et à l'anglais *mister*, et ne peut être employé dans cette acception sans offenser l'étiquette. (*Nouchi*, maître, seigneur. — *Nouchi*, « Vous » ou « Tu », en parlant à des inférieurs. Dict.)

Il se rencontre dans les composés suivants de la langue japonaise pure : チスシ *tsi nousi*, le seigneur de la terre, le propriétaire du sol. — タスシ *ta nousi*, le propriétaire du champ. — スシナシノダ *nousi nasi no da*, terre sans maître, non possédée. — タナスシ *tana nousi*, ou ミセノテイシュ *mise no tei syou (chou)*, boutiquier. — イヌシ *inou nousi*, le maître du chien, etc., etc.[1].

§ VIII.

II. Pronoms proprement dits.

Les pronoms qui désignent les objets, avec indication précise du sonne, des particules honorifiques *vo, von, go, ghio, mi, sou, ki*, que l'on place devant les substantifs.

Les pronoms, tant dérivés que primitifs, sont en eux-mêmes nobles ou vils. Les pronoms nobles appartiennent aux personnes éminentes ou de rang moyen, les pronoms humbles sont employés par les inférieurs et à leur égard, ou pour rabaisser les personnes.

Womi « votre grâce » est commun aux deux idiomes. — *Wonowono, wocatagata*, signifient « vos grâces », ou, à la 3ᵉ personne, « leurs grâces ». (Rodr.)

Kifô, kifen, kicho, kiden, sont des formes honorifiques exprimant la 2ᵉ personne; elles répondent à « votre grâce » et sont spéciales à la langue écrite. On ajoute quelquefois *sama* pour exprimer « votre grandeur », en parlant aux bonzes et aux vieillards. (Coll.)

Les particules honorifiques suppléent naturellement les pronoms. Si je dis : *Von foumi*, en parlant à autrui, il est entendu que je parle de la lettre d'autrui, et non de la mienne. Il en est de même en parlant d'autrui, dont la personne est désignée suffisamment par les formes honorifiques. (D'après Collado.)

En s'adressant à des personnes constituées en dignité, le nom de la dignité, avec l'addition de *sama*, supplée le pronom de la 2ᵉ pers. (Collado.) (L. P.)

[1] *Nandgi* et *nouchi* sont employés par les personnes inférieures, les esclaves, les serviteurs et les enfants. La particule *me* est quelquefois ajoutée aux cinq derniers mots, avec ou sans la finale *ga*. (Les formes en *me* expriment en général le dédain; *ga* est la marque d'un plus grand mépris ou d'une plus grande humilité.)

Nouchi supplée aussi le pronom de la 3ᵉ personne; il est employé dans ce sens par les inférieurs. (Rodr.) — Il a parfois le sens de « même » (lat. *ipse*). (Collado.) (L. P.)

CH. III. — PRONOMS.

lieu qu'ils occupent dans l'espace[1], sont dérivés des adverbes de lieu. Les principaux de ces adverbes sont :

Wa (ワ), désigne le « point central de l'espace », c'est-à-dire la « personne elle-même qui parle », conçue comme objectif : « Je » (holl. *IK*).

A (ア) « quelque part, ailleurs » (racine du pronom indéfini), désigne une place imparfaitement connue.

Ca (カ) « là », en anglais *there*, indique un lieu déterminé et éloigné.

Co (コ) « ici », en anglais *here*, indique un lieu déterminé et prochain.

Yo (ヨ) « là-bas », en anglais *yonder*, indique une place extérieure à une autre déjà déterminée, et donne l'idée d'une différence, en haut-allemand *der andere, äussere.* (*Yo*, « Je », mot du style écrit. Dict.)

So (ソ) racine du pronom réfléchi, détermine une place déjà désignée, ou conçue comme désignée.

Da (ダ°), *do* (ド°), (racine des pronoms interrogatifs), répondant à l'indice *w* des pronoms interrogatifs hollandais : *wie, wat, welke, waar* (qui, quel, quoi, où). Au lieu de *da* et *do* on écrit plus généralement, mais improprement タ *ta* et ト *to*.

Nani ナニ, *nan* ナン, l'interrogatif hollandais *wat* (quoi) ?

Nani, nan sont proposés ici afin d'être étudiés conjointement avec les mots interrogatifs *da* et *do*. *Nani* est proprement un nom substantif, et comme tel il est déclinable, par ex.:

Nandsi nani wo ivou zo? Que dit votre noblesse ?

Nani wo motte ca? avec quoi, par quoi ?

Nani yori? d'où, par où ?

(*Nani*, quoi, en parlant à un inférieur. Dict.)

Nani naritomo, quel que soit. (Oyanguren.)

Ces déterminations de place servent :

A. A la formation de mots composés.

B. A la détermination attributive adjective, pourvue de la terminaison génitive *ga* ou *no*.

C. A la formation de pronoms substantifs personnels, terminés en *re*.

---

[1] Dr W. G. Brill, *Nederlandsche Spraakleer*, 2e éd., Leyde, 1854, p. 212. (Hoffm.)

§ IX.

A. Les mots primitifs ci-dessus s'assemblent en composition binaire avec des mots tels que コ *co,* place, ou チ *tsi*, canton, contrée, voie, — plur. チラ *tsira*, cantons, contrées, voies —, qui désignent une place ou des places, et sont déclinables comme noms. Les plus usités de ces composés sont :

Doco ド°コ, où ? en quel canton ? (D'où, où. Dict.)
Dotsi ド°チ, où ? en quelle contrée ? (Où, vers où. Dict.)
Dotsira ド°チラ, en quelles contrées ?

Doco ve, ou *doco ye youcouca?* où cela va-t-il vers ? vers où cela va-t-il ?
Doco ni, où ? comment ?
Doco no tsouroughi zo? d'où vient cette épée ?
Dotsi ve, vers quel endroit, où, dans quel canton ?
Dotsira ve ド°チラヘ, ou *dotsira ye* ド°チラエ, vers quelles places ?
Dotsira ye mo toriŏ, vers quelques places que ce puisse être avoir relation, c'est-à-dire avoir relation dans tous les sens en général.
Dotsi ra cara no moucŏ, de quelque place que ce soit venir à la rencontre l'un de l'autre, c'est-à-dire se rencontrer en venant de tous les côtés, de toutes les directions.
Nandoki de arou? Quelle heure est-il ? Combien tard est-il ?
Nanyŏ ナンヤウ, ou *nanisama,* de quelle manière ?
Nan gwaats, quel mois ?
Nannen no aki ni narou zo? littéralement : Jusqu'à quelles années le printemps est-il ? c'est-à-dire, au printemps de quelle année est-ce ?
Nan ben? Combien de fois ?
Nando ca kyak wo totomerou? Combien de fois retenez-vous les convives ?

Dans le langage populaire, *tsi* s'échange quelquefois contre *tsoutsi* ツチ, canton, contrée :

Dotsoutsi ve, où. *Dotsoutsi cara,* d'où ?

Atsi アチ, quelque part, ailleurs (ici ou là, Dict.).

Coco コゝ, ici, en ce canton ? (*Coco catchico,* d'ici là, ou ici et là. Dict.) [1].

Coco ni, ou *coco de wacarou,* ici réside la différence.
Coco ni oite, ici. (*Voite,* proposition de l'ablatif dans la langue écrite. Dict.)

---

[1] *Coto* constitue le pronom ou signe distributif *tout,* lat. *omnis.* Il se place dans ce sens après les substantifs *iomi. Mai* a la même valeur devant les substantifs *coie.* (Coll.) (L. P.)

CH. III. — PRONOMS. 139

Cotsi コチ, cette place, ici (supplée le pronom de la 1ʳᵉ personne. Coll. — *Cotchi, cotchiga* sont bas. Rodr.)

Atsi cotsi ou *otsi cotsi*, ailleurs et ici, ici et là : au pluriel *atsira cotsira*. (*Atchi cotchi*, d'ici là ; — *votchi cotchi*, loin et près. Dict.).

Soco ソコ, prononcez *sco*, une telle place, ou sa contrée (en cet endroit, là. Dict.).

De là *asoco*, quelque part ailleurs, litt. ailleurs sa place, *a* étant une détermination attributive de *soco* (*asoco*, ici ou là ; — *asoco coco*, d'ici là ou en divers endroits. Dict.).
Soco moto, pour *asoco moto*, c'est-à-dire « la racine d'où », sert comme pronom de la personne à qui l'on s'adresse, « Tu, Vous » : *Soco moto nani wo courasi zo ?* Comment allez-vous ? proprement : que laissez-vous se faire, que décidez-vous ou que faites-vous ?
Casoco カソコ, *casico* カシコ (prononcez *cascoy*, la place d'où (彼處), telle ou telle place. (*Cachico*, en cet endroit-ci, ou en cet endroit-là. Dict.).
Coco casico ni, ici et à cette place.
Cono yama yori casicono yama ye, de cette montagne à celle là-bas.

So tsi ソチ, une telle place, la place dont on parlait. [Tu (en parlant à une personne vile). Dict. — *Sotchi* : du supérieur à l'inférieur. Coll. — *Sotchi* et *sotchiga* sont employés par les inférieurs pour suppléer le pronom de la 2ᵉ personne. Rodr.]

Au lieu de *yoco*, qui signifie « de travers », on emploie *yoso* ヨソ, ailleurs, une autre place, en latin *alibi*. (Dehors ou autre part. Dict.)

Yoso ye outsourou, se déplacer vers ailleurs.
Yoso ye ougocanou, ne pas se tourner vers ailleurs, c'est-à-dire demeurer fixe à sa place.

Aux expressions composées avec la racine *wa*, et qui sont déclinables comme noms, appartiennent :

Wa dono ワドノ, ou *wanousi* ワヌシ, le propre maître, mon ou notre maître.

[*Warawa*, « Je » ou « moi », à l'usage des femmes. Coll.]

[*Wara, worara*, « Je » ou « moi », à l'usage des gens du peuple, quand ils conversent entre eux. Coll.]

Wa nami ワナミ, la propre série, notre série, « Nous ».

Watacousi ワタクシ (qui se prononce ordinairement *watacsi* ou *watacs*) est le pronom de la première personne le plus usité dans la langue vulgaire (spécial à la langue parlée, Rodr. — Indice de supériorité dans celui qui en fait usage, Coll.), le « Je ». — ワタクシハ est le nominatif isolé par l'addition de ハ *fa, ha*, ou ワ *wa*, que l'on prononce *wataksa*; au pluriel : ワタクシドモ, *watacousidomo*, « Nous ».

La forme dérivée *watacousi siki*, littéralement « (personnel au) Je » (Ich-achtig, holl.), signifie « propre, personnel, particulier ». (Comp. C. II, § V).

Watacousi no waroui mono ni makerou, éprouver du dommage par sa propre faute.

Watacousi oya, mon père (on dit encore *oya dsi*).

Nous ignorons encore à cette heure quelle est la signification du second membre dans le composé *wa tacousi*: on peut supposer qu'il exprime l'infériorité, d'après la nature des synonymes chinois *tchin* 臣, sujet, serviteur, — *ti* 弟, jeune frère, — *siào ti* 小弟, insignifiant jeune frère, — *siào jin* 小人, homme insignifiant, en japonais : *iyasi ki mono*.

§ X.

B. Des mots racines indicatifs de place sont dérivés *wa* et l'interrogatif *da* avec la terminaison génitive, indicative de possession, *ca* ou *ga*. (*Vaga*, « Je ». — Quelquefois, avec moins de propriété, « Tu ». Dict.)

Les composés avec la forme génitive indicative de possession *waca* ou *waga* « personnel, propre » (spécial aux personnes inférieures pour la 2ᵉ personne, Rodr.; - pour la 3ᵉ personne avec le sens de « même », *ipse*. Coll.), sont :

Waga couni, ma, ou notre terre, la patrie.

Waga teô ワ ザ テ ウ, mon, ou le propre royaume, notre état.

Waghive ワ ギ ヘ ou *waghiye* ワ ギ ユ, contracté de *waga + iye*, la propre maison, en relation avec le sujet du discours. *Watacousiva waghiye ni caverou*, je retourne à la maison. *Care-wa waghiye ni caverou*, il retourne à la maison (à sa maison).

Waga mi, le propre corps, la propre personne (« moi-même », ou avec moins de propriété, « toi-même ». Dict.), le pronom par lequel une femme se désigne elle-même. (*Vaga checo*, mon mari. Dict.).

Waga tsouma, la propre femme, ma moitié.

Waga tatsi, la propre place, nous.

Waga tomo, les nôtres.

Waga tomo de nai, il n'est pas des nôtres.

Waga tomo gara, la propre parenté, ou famille, nous.

CH. III. — PRONOMS.

Comme exemples de la forme génitive indiquant la possession : *daga?* de qui? de quoi? on peut citer :

Daga iye ga? De (à) qui est cette maison?
Daga awaremou coto aran (ou *arou*)?

De quelle compassion peut-il être, comment aura-t-il compassion?

Les mots racines, proposés comme désignant une place, deviennent des noms adjectifs attributifs par la postposition de la terminaison adjective *no*, et équivalent aux pronoms possessifs hollandais (et français). Si l'on dit : *Yama no idsou midsou*, la fontaine de la montagne, ou *co no idsou midsou*, cette fontaine ; *yama no* et *co no* ont tous deux une égale valeur grammaticale, celle de génitifs attributifs, l'un de *yama*, montagne, l'autre de *co*, cette place, ici. — Nous citerons encore quelques-uns des composés les plus usités [1].

Ano. (Celui-là, celle-là, Dict. — répondant à *ille, illa, illud.* Rodr.)

Ano fito ア ノ ヒ ト, un homme d'ailleurs, quelqu'un. *Ano fito* sert de pronom personnel démonstratif ordinaire de la troisième personne, « lui »; *ano onna*, une femme d'ailleurs, elle. — Pluriel, *ano fito tatsi* ア ノ ヒ ト タ チ, *ano fito gata*, ア ノ ヒ ト ガ タ, ces hommes là, eux.

Anata ア ナ タ, contracté de *ano + cata*,

le côté d'ailleurs. *Anata-conata*, ailleurs et ici. *Anata* sert comme pronom de la seconde personne, « Tu »; au pluriel *anata gata* ア ナ タ ガ タ. — Une abréviation d'*anata* est *ada* ア ダ, répondant au chinois *t'á* (他), un autre, en opposition avec *Ware*, le « Je »; *Ware mino*, propre ; *Ware midsoucara*, même, en personne.

Cano (signifie la chose dont on a fait mention. Coll.).

Ca no kisi カ ノ キ シ, la rive de là-bas, l'autre monde.
Ca no cata カ ノ カ タ, celui de ce côté.

Ca no fito カ ノ ヒ ト, cet homme.
(*Catagata* ou *vocatagata*, Vos grâces. Rodr.)

Cono (répond à : *Hic, hæc, hoc.* Rodr.)

Co no yo コ ノ ヨ, ce monde, cette vie.
(*Co no vo* supplée le pronom de la 1re personne. Coll.)
Co no cata コ ノ カ タ, ce côté, (et par rapport au temps) depuis.

Co no toki, ce temps, cette heure.
Co no youëni コ ノ ユ エ ニ, pour ce motif, pour cela.
Co no aida コ ノ ア イ ダ, cependant, en attendant.

---

[1] Il faut observer qu'on réunit très-souvent ensemble deux pronoms ou formes pronominales, afin de confirmer ou amplifier le sens. (L. P.)

Yo no ヨノ, dehors, autre, en relation avec une chose extérieure à celui qui parle.

Yo no fito ヨノヒト, un autre homme, quelqu'un autre (他人), le même que *foca no fito*, ou *bes-zin* ベツジン (*pie jin* 別人)[1].

Sono.

So no toki ソノトキ, son temps, une telle époque, l'époque de l'action qui vient d'être mentionnée, alors, ainsi.
(*Sono tŏza*, alors, présentement. Dict.)
(*Sonocami*, anciennement. Dict.)
(*Sonogotocou*, de cette manière. Dict.)
So no mama ソノママ, alors. (De cette manière. Dict.).
So no notsi, après cela.
So no ouye, outre cela, en dehors de cela, encore.
So no ato, après cela, sur cela, ensuite.
(*Sono mighiri*, sur ces entrefaites. Dict.)
So no youeni ソノユエニ, pour ce motif, avec cela, pour cette cause.
(*Sono yŏni*, de cette manière. Dict.)
(*Sono tsoure*, de cette espèce. Dict.)
Coun-si sono courai ni so-site oconŏ. Sono foca wo negavazou. Le noble agit selon sa condition. Ce qui est au delà, il ne le désire pas.
Sono mi, son corps, soi-même.

Yo no kyak ヨノキャク, un autre repas.
Yo no isya (*icha*, Dict.) ヨノイシャ, une autre manière que celle dont il est parlé. — *Soba no isya*, une manière analogue.

Ayamatsi wo sono mi ni motomou, il cherche la faute sur, ou en lui-même.
Sono cata ソノカタ (contracté : *sonaca* ソナカ), son côté ou coin, le coin, (forme usitée pour *nandsi*) : « Vos noblesses, Vous, Tu »; communément encore *sonofŏ* ソノホウ (其方 *ki fang*). — *Sono fŏ tori-tsoucouroye*, observez-le bien ! = *Nandsi canaveyo*. (*Sonofŏ*, Vous. || Cette chose. Dict.)
Ono ono sono boun wo ou, chacun obtient sa part.
(*Sonoboun*, de cette manière. Dict.)
Fito bito sono sasidsoume wo fadsousanou, chacun ne manque pas son but, c'est-à-dire personne ne manque son but. — *Anofito sono tocoro made youki-tsoucou*, il arrive à sa place, il atteint son but.
(*Sonocoto*, il en est ainsi || cette chose Dict.)[2].

Da no ou *do no*, et *nan no* ou *nani no*, formes attributives des mots

---

[1] *Betchi, betchino*, autre. (Oyanguren.) (L. P.)

[2] *Conata, sonofŏ, sonata*, sont des formes honorifiques exprimant la 2ᵉ personne; elles répondent à « Votre grâce ». *Ano, sono, sonomi, anata, cano, cono, conomi, conata*, sont des formes polies suppléant le pronom de la 3ᵉ personne. (Rodr.)

Conata, conatasama, sonata sama, sont employés pour la 2ᵉ personne en parlant à un supérieur, ou à un égal que l'on respecte. *Conata* supplée aussi la 1ʳᵉ personne. *Conata* ou *conofŏ* répondent encore au latin *hic*, *sonata* ou *sonofŏ* au latin *isthic*, *anata* ou *anofŏ* au latin *illic*. (Collado.) (L. P.)

CH. III. — PRONOMS. 143

interrogatifs *da* ou *do, et nan* ou *nani*. [*Dono*, quel, ou quelque. *Nanno*, quel. *Nani*, quel (en parlant à un inférieur). Dict.]

Dono tocoro ni, où ?
Yorou dono yŏ na ヨルドノヤウナ, en quelle nuit ?
Donata (contracté de *dono cata*), quel côté, où ?
Nanno tocoro ni, à quelle place ?

Donata ye youcou zo, de quel côté allons-nous ?
Nanno yeki zo, de quelle utilité, de quel profit est-ce ?
Core va nanno cocoro zo ya, quel cœur est-ce ?

Le langage ordinaire du peuple échange *nan no* avec *dô sita* ドウシタ, quel pour un ? quel ?

Dô sita yŏni, ドウシタヤウニ, de quelle manière ?
Dô sita ri ni narou, ドウシタリニナル, de quelle utilité est-ce ?

Dô sita coto to tadsounourou, demander comment une chose est.
Dô sita coto zo, qu'y a-t-il ? quelque chose diffère-t-il ?

---

¹ *To* sert comme démonstratif.

Tano, joint aux verbes affirmatifs, signifie quelqu'un ; et aux verbes négatifs, personne.
Tomocacoumo, de quelque manière que ce soit.
Idsoutotemo, en quelque temps que ce soit.
Ta ou *tano*, autre.
Tarezo ou *taso*, quelqu'un.
Nanigachi équivaut au *quidam* des Latins et désigne honorifiquement une personne, sans la nommer (Oyang.).
Nanzo, nanica, « quelque chose » ; au neutre, *aliquid*.
Nanitaroucotonaritomo, quoi qu'il en soit, ou quoi que ce soit.
Vonaji, le même, *idem*.
Dôjen, le même, dans le sens neutre. (Coll.)
Dono fito naritomo, quel que soit. Mieux : *Izzoureno fitonari tomo*.
Nanicawa, pourquoi ou comment (en doutant) ?
Nanifodono, combien grand.
Nanifen, tout, ou par toutes les voies.
Nanigachi, un tel, ou « Je ».

Nanigoto, quelle chose.
Nanigotomo, rien ou aucune chose (s'emploie au négatif).
Nanigotomocagotomo, tout, ou quelque chose.
Nanino cano ou *nanito chite cato chite*. Manière de s'excuser et d'alléguer différentes raisons.
Nanisama, expression qui sert à louer ou exalter une chose.
Nanitarou, quelque chose ou rien, selon le verbe auquel il se joint.
Nanito, comment ou de quelle manière.
Nanitomo, de toutes les manières ou par toutes les voies.
Nanitomo chite, de quelle manière ?
Nanitote, pourquoi ou comment ?
Nanito chitacotoni, pour quelle raison ?
Nanichini, pourquoi ou comment ?
Nanno, quel, quoi ?
Nanto, comment, quoi ?
Nantochite, comment ? de quelle manière ?
Nanzo, quelque chose ; quelle chose ?

(Dict.) (L. P.)

§ XI.

C. Les mots racines, proposés comme indiquant une place, deviennent, par la postposition de *re*, des pronoms substantifs, qui désignent une chose (une personne, un objet ou une affaire) demeurant indéterminée, qui se trouve à portée dans une place. Les pronoms ainsi formés sont déclinables comme tout nom, et servent avec la terminaison génitive *no*, comme adjectifs attributifs ; ils équivalent en cette forme aux pronoms possessifs hollandais.

Ces pronoms substantifs possessifs sont :

Ware ワレ, le « Je », conçu comme ce qui est à portée, au centre de l'espace. (Il s'emploie improprement en s'adressant à une personne vile, ou en dépréciant quelqu'un. Dict. — *Warera* et *waremi* sont des indices de supériorité dans la personne qui parle. — *Waresama* sert comme forme pronominale honorifique de la 2ᵉ personne. — *Waretomi* a le sens de « soi-même », *ipsemet*. Coll. — *Ware* et le pluriel *warera* sont communs à la langue écrite et à la langue parlée. Rodr.)

Ware ware wo wasourou, j'oublie le moi, je m'oublie moi-même.
Fouk'-ki va ware ni oite oucaberou coumono yotosi, richesse et honneurs sont pour moi comme des nuages fugitifs.
キツケウワレニアリ *kitsou-keó ware ni ari*, heur et malheur habitent dans le « moi », c'est-à-dire je leur suis soumis.
Ware wa ware ni ari, le « Je » habite dans le « Je », c'est-à-dire, je demeure en moi-même, je subsiste par moi-même.
Ware fito, moi (je) et un autre.
Ware care wo yonda, je l'ai appelé.

Are アレ, quelque chose qui est « ailleurs », tient précisément à cause de cela la place du hollandais *hij, zij, het* (Il, elle, le), et du haut-allemand *er*; et il a cela de commun avec *hij* ou *er* (Il, *masc.* ou *neutre*), qu'il est pour ainsi dire sans valeur, et s'il est adressé à quelqu'un dans la vie commune il est insignifiant. (*Are, are* répond au latin : *ille, illa, illud*, en parlant de choses inférieures. Coll. — Celui-ci, ou celui-là. Dict.)

Il existe encore une autre forme, *ore* オレ, par laquelle on désigne

CH. III. — PRONOMS.

une autre personne que l'on apprécie médiocrement. On l'emploie encore pour se désigner soi-même par humilité.

L'auteur du *Fourou-coto-basi,* ou l'Échelle de l'ancienne langue, regarde cet *ore* comme une abréviation d'*onore* (haut allemand *einer, eines*). A notre idée c'est à tort; car alors on devrait admettre le haut allemand *er* pour une abréviation de *einer*. Or, la différence des deux mots japonais entre eux est la même que celle qui existe entre les mots hollandais *einer* et *er*.

Care ガレ, quelque chose qui est là, celui-là, ce. (*Care* répond au latin : *ille, illa, illud,* en parlant de choses inférieures. Coll. — Celui-ci ou celui-là. Dict.)

Core コレ, quelque chose qui est ici, celui-ci, ce (répondant à *Iste, ista, istud*. Rodr.).

Core cara inourou, s'en aller d'ici.
Core ni yotte, コレニヨッテ, par conséquent.
Corede yoi, ici donc! bien ainsi! voyez ici!
Cara-cane, sono fazime Cara yori kita-rou. Ima Nippon moppara (モッパラ) *core wo seisou,* le métal chinois (le cuivre jaune) est pour la première fois venu de Chine. A présent le fabrique le Japon seul.

Sore ソレ, quelque chose qui est ainsi, quelque chose d'ainsi, tel, un tel, en anglais *such* (répond au latin *Istud*. Coll.).

Soreva nanide gosar^{ou}, ソレハナニデゴザル, qu'est cela? qu'est-ce?
Sore no toki no fan yori tsoughi no toki ni itarou made, de la moitié d'une telle heure (d'une heure déterminée) on vient à l'heure suivante (jusqu'à l'heure suivante).
Sore cara, hors de cela.
Sore cara dekite courou, il résulte de là, il en découle, en lat. *quò fit.*
Sore cara ouye, de là en avant; (en relation au temps) plus tôt que, avant que.
Sore yori maye, procédant de là en avant, dores en avant.
Sore yori cano cata, depuis que…

Sore yori simo, procédant de là, c'est-à-dire après cela, sur cela.
Sorede mo yoi, ainsi cela est bon, ainsi cela va bien.
Sore gasi, telle et telle chose, telle personne, sert à indiquer la première personne grammaticale « Je » (spécial à la langue parlée. Rodr. — Indice de supériorité dans celui qui en fait usage. Coll. — Employé par les personnes graves et considérables.).
(*Soreniyotte,* à cause de cela. Dict.)
(*Soresama,* Votre Grâce. Dict.)
(*Soretsoura* ou *soretsoure,* de cette espèce. Dict.)
Sore est souvent placé en tête d'une

phrase comme détermination attributive (tel), suivi d'un nom, et désigne alors de nouveau, en qualité de pronom réitératif, ce qui dans la phrase précédente a été déjà dit d'un même objet ; par exemple : Il est parlé du commencement historique du Japon ; après quelques remarques générales, l'écrivain continue :« *Sore¹ Nippon² go-³ c⁰ᵘ⁴ va⁵ Morogosi⁶ Tsiou⁷ kwa⁸ no tsi yore⁹ figasi¹⁰ ni atarou¹¹ youve¹² ni Nittŏ¹³ to mo¹⁴, Fousŏ¹⁵ goc⁰ᵘ¹⁶ tomo¹⁷ ivou¹⁸*, en ce¹ qui concerne donc telle (cette)² terre du Japon¹¹, laquelle¹⁰ gît⁹ vers⁸ l'orient⁵ de la terre chinoise centrale fleurie⁶, ainsi¹ est-elle² (par les Chinois) aussi bien appelée¹⁴ *Nittŏ*¹⁵ (la terre à l'orient¹⁷¹⁸ du soleil)¹⁶, comme la terre¹⁵ *Fou-sŏ* (*Fousang*)». Évidemment ici *sore* se trouve, non comme une pure particule explétive, mais avec la même valeur intrinsèque que dans la langue latine le relatif *qui* en tête d'une phrase, par ex. : *Quæ contumelia non fregit cum, sed erexit* (C. Nep., Thémistocl. I, 3). Le hollandais échange dans les cas pareils le pronom réfléchi avec le pronom démonstratif; le japonais *Sore Nippon gocou* équivaut de même à : *Cette terre Japon.*

Dare ダレ, *dore* ドレ, et en général par le défaut d'exactitude des écrivains et des graveurs en taille-douce, タレ (*tare*), トレ (*tore*), (le Dictionnaire maintient *tare* et ne donne ni *dare*, ni *dore*, ni *tore*), littéralement « là où » (en anglais *where*) — « celui qui » (en anglais *whoe*, en latin *qui?*) et « ce que » (en anglais *what?*) [1]

Darega catana ni te wo cakerou, comment se pose la main au sabre ?

Darega cocoro wo yetarou, qui a compris le sens ? [2]

Darega tsicara wo foneworou, qui entrave ses forces ?

Darega core wo motomerou te arŏ, qui va chercher cela ?

Dare to onazi coto, avec quoi identique ?

Darega yocou sirite ovou (vŏ, Dict.), ou *irou*, qui le sait bien ?

Soumire darega tame ni nivŏ, les violettes pour qui sont-elles odorantes ?

Darega tameni naca tatsi sou, pour qui suis-je bienfaiteur ?

Dare to fanasi sourou, avec qui causer ?

Dare to tomoni orouzo, avec qui demeurer ensemble [3] ?

---

[1] Les pronoms interrogatifs sont : *Tare, taso, taga*. (Rodr.) (L. P.)

[2] Donc l'expression japonaise *darega cocorowo yetarou* peut signifier la même chose que le chinois 誰得意 ; ainsi *darega* se trouve comme sujet « quel », et non comme génitif « duquel ». (Hoffm.)

[3] *Taretotemo, taredomo are, tarenitomo, idzoure*, quiconque. (Oyanguren.)

Taramo mina, tous en général et en particulier. — *Tarenite mo, tarenite mo are, tare nari tomo*, quiconque. (Coll.)

Are, arega, sore, soregga, care, carega, core, corega, suppléent les pronoms de la 3ᵉ pers., en parlant de personnes inférieures ou de choses dont on fait peu de cas. (Rodr.) (L. P.)

CH. III. — PRONOMS.

Le pluriel des pronoms personnels se terminant en *re* est exprimé :
ou *a*) par réduplication, comme *ware ware*, *ware ware dsoure*, nous ; *core core*, ceux-ci ; *sore sore* ;

ou *b*) par composition avec les postpositions *ra*, *domo* et *nado*, qui admettent ensuite les terminaisons casuelles ordinaires, ainsi : *ware ra*, nous ; *ware ra ga*, de nous ; *ware domo*, nous. — *Arera*, *carera*, eux ; *corera*, ceux-ci ; *nanra*, comment? quoi? — Pour le choix de ces postpositions on doit consulter l'usage ; *ra* et *domo* s'appliquent aux personnes, *nada*, aux choses [1].

Sore sore ni sitagatte (ソ　レ　ソ　レ　ニ　シ　タ　ガ　ッ　テ), telle et telle chose d'accord.

Sore sore no fodo wo tatsou, prendre telle et telle détermination [2].

§ XII.

REMARQUE 1. Selon notre opinion, les mots appelés pronoms, se terminant en *re*, ne sont autre chose que des adverbes de place, composés avec *ore*, qui est formé lui-même, par confirmation du son, d'*ari* « être, exister ». (Voir l'éclaircissement du § VII du chap. II, Physiologie du verbe substantif *ari*.) Ils désignent donc une chose présente avec indication attributive du lieu « où » cette chose existe, et *care*, *core*, expriment aussi bien que *ca+are*, *co+are*, ce qui est présent là, ce qui est présent ici, « celui-là, cela, celui-ci, ceci ». On doit distinguer du substantif *are*, « une chose qui est présente quelque part », *arou* (prononcez *ar*'), « étant présent, à distance », formé d'*ari*, être ou devenir, qui est la forme attributive (appelée communément participe) et qui sert seulement comme adjectif attributif. *Arou fito* est un homme présent, quelqu'un (haut-allemand : *einer*); *arou toki ni*, à un certain moment.

Par la même raison, dans カ ル ウ ガ ヘ ニ *carouga youveni*, *carou* ne doit pas être considéré comme une forme accessoire de *care*, mais comme une abréviation (aphæresis) de *sicarou*, « ainsi étant », et *carouga youveni* signifie : à l'égard de l'être ainsi, c'est-à-dire puisqu'il en est ainsi, à cause de cela (*carouga youyeni*, pour cette cause, la chose étant ainsi. Dict.).

---

[1] Les pluriels de *core*, *sore* et *are*, sont toujours *corera*, *sorera*, *arera*. (Coll.) (L. P.)

[2] *Sore sore* : Esse, esse; isso, isso; assi assi. (Portugais.) *Soresoune*, chacun, ou de chacun. (Dict.) — *Sore sore* ou *men men*, chacun. — *Mei mei*, chacun en particulier. (Coll.) (L. P.)

Remarque II. Quand nous avons rangé parmi les adverbes de place *wa*, comme un mot racine, affecté à la désignation du « Je », considéré comme la première personne grammaticale, c'était moins en raison de la conformité apparente entre *wa* et les autres adverbes de place, que d'après la logique de déduction d'après laquelle la désignation du « Je » peut être associée à un adverbe de place, quand la relation d'objets en dehors du « Je » se trouve exprimée par des adverbes de place, selon la place qu'occupent ces objets dans l'espace. La place du « Je » et de tout ce qui appartient immédiatement au cercle du « Je », est le cercle que chacun décrit autour de soi par la pensée, et l'on trouve cette détermination confirmée par la manière dont un de nos grammairiens les plus éminents, M. le Dr Brill [1], détermine l'essence du pronom personnel de la première personne. « Il désigne, dit le savant M. Brill, l'objet qui se trouve au point central de l'espace, en même temps que la personne même qui pense ou qui parle. » Ce qui est en dehors de ce cercle est *are*, *care*, *core*, c'est-à-dire quelque chose qui est « ailleurs », qui est « là » ou « ici » ; et ce qui ne se présente pas partout en général, mais simplement dans un espace ou un intervalle intermédiaire, en japonais *Ma*, s'appelle *Mare*, quelque chose de particulier, de singulier [2].

Si les dérivations ci-dessus énoncées sont solides, alors *ware* ne signifie et n'a jamais pu signifier autre chose que ce qui est présent dans la place, *wa*, c'est-à-dire ce qui est présent dans le cercle, le « Je ». — Dans les tableaux en usage au Japon, qui mettent sous les yeux la série des degrés de parenté, le nom chinois ou japonais du « Je », non-seulement occupe la place du milieu, mais est spécialement entouré d'un cercle, et c'est une nouvelle preuve que par notre étymologie *ware* se trouve ramenée à sa véritable origine, en même temps que la définition donnée par le Dr Brill de l'essence de la première personne grammaticale est confirmée comme vérité logique par le pronom japonais désignant cette personne.

Le mot primitif *wa* désigne donc la place du « Je » de la personne qui parle, ou de son « Moi », objet du discours. Si l'objet du discours est la personne qui parle, *ware* répond alors au pronom européen de la première personne « Je » ou « Moi-même », et *wa* ou *waga* désigne le premier membre dans le composé « mon propre ». Si cependant le sujet du discours est une autre personne, le génitif *waga* sert en qualité de pronom possessif, pour le « Je » ou le « Moi-même » de cette personne, et signifie seulement « son propre, son ». Donnons quelques exemples :

Waga mama ni, ayant la force en lui-même, arbitraire.

Waga mama ni wa nai, cela n'est pas arbitraire.

---

[1] *Nederlandsche Spraakleer*, p. 212. (Hoffm.)

[2] *Marou*, expression suppléant la 1re pers., à l'usage du seul souverain. (Rodr.) (L. P.)

CH. III. — PRONOMS.

Waga ri-couts^ou wo tatenou, ne pas tenir ferme son propre spécial dessein, ne pas persister dans son opinion particulière.

Waga tame ni, pour son propre intérêt; « Je, dans mon intérêt », ou « Lui, pour lui-même ».

Ware sore wo wagameno ni sita, j'ai fait de cela ma propriété.

Care sore wo wagameno ni sita, il a fait de cela sa propriété, il se l'est approprié.

Cavico sono seki wo sarazou, wite couvamo waga mave ni kitareba, coù カヒコソノセキヲサラズヰテクハモツガマヘニキタレバクフ, le ver à soie n'abandonne pas sa claie, il demeure et il mange, quand la feuille comestible se trouve devant lui [1].

§ XIII.

Pronoms réfléchis.

D. Même, lui-même (nom. et acc.); soi, soi-même.

Ce que nous appelons pronom déterminatif, « même, soi-même », sert quand il est joint à des noms substantifs ou à des pronoms personnels (par ex.: le prince lui-même; lui-même, au nom. et à l'acc.), pour exprimer plus fortement l'idée de personnalité ou d'identité [2]. La même idée est exprimée en japonais d'une manière analogue par ミ *mi*, lequel signifie « corps » et aussi le « corps vivant », précisément comme l'anglais *body* renferme également en soi l'idée de la personne.

Nous avons spécialement en vue, par le hollandais *zelve*, un être unique, à l'exclusion des autres êtres, soit personnes, soit choses; ainsi se présente à nous le japonais オノレ *onore*, qui signifie « l'être simple, l'individu » [3].

Mi no et *onore no*, formes adjectives des deux mots, répondent à

---

[1] *Cavico* ou *caico*, de *cavi*, obtenir par semaille, et *co*, enfant; ainsi, pépinière. *Sarazou*, ne pas abandonner, de *sari*, abandonner. *Couvou* (*coù*), de *couvi* ou *coui*, mâcher, manger; de là *couva*, contracté de *coù-va*, feuille comestible, nom de la feuille du mûrier. (Hoffm.)

[2] « Même », haut allemand *selb* (contracté de *si-liba*, c'est-à-dire, *si = sih*, soi, et *lib*, vie, vivre, ou *leiban*, demeurer), signifie originairement: demeurant en —, ou pour soi, ou ayant son existence propre. A. Heyse, *Handwörterbuch der Deutschen Sprache*. — Comp. W. G. Brill, *Nederl. Spraakleer*, pp. 214, 217. (Hoffm.)

[3] *Vonore*, *vonorega*, *vonoga*, sont employés par les personnes inférieures, les esclaves, les serviteurs, les enfants. (Rodr.) — *Vonoreme* est plus bas encore. (Dict.) — *Vonore* est employé par le supérieur parlant à l'inférieur. (Coll.) (L. P.)

notre « de soi-même, de lui-même, d'elle-même », et équivaut à l'adjectif « propre », tandis que par les autres formes de déclinaison *mi ni, onore ni, mi wo, onore wo*, notre forme réfléchie « soi-même », est exprimée comme détermination adverbiale.

Si on met *mi* ou *onore* en parallèle avec notre *même*, on obtient le tableau suivant de déclinaison.

Singulier.

Nom. { *mi* / *onore* } même, même (moi-même, lui-même, le ... même).

Gén. » *no*, de soi-même (de moi-même, d'elle-même, du ... même = mon propre, le propre d'elle, le propre du ...).

Dat. » *ni*, à soi-même (à moi-même, à elle-même, au ... même).

Acc. » *wo*, soi-même, etc.

Pluriel.

Nom. *Mi domo* (*mi domo ra*, Coll.), *mi domo gara* [1], nous-, ou eux-mêmes, etc., etc.

C'est un signe de modestie quand on se désigne soi-même par *mi, mi domo, mi domo gara* [2].

Exemples de l'usage de *mi* :

Oureve naki mono va, sore tada Boun-wô ca! Quelqu'un sans chagrin, ô! tel (c') était seulement Wenwang.

Fitotabi zyou-i site, ten-ca wo tamotsou, seulement une fois il revêtit l'habit de guerre, et il fut en possession de tout l'empire.

Mi Tenca no ken-mei wo ousinavazou, lui-même ne perdit pas (son) nom éclatant dans l'empire. (*Tchong-yong*, 18.)

Mi wo osamourou youën wo sireba, sounavatsi fito wo osamourou youën wo sirou, si l'on connaît le moyen de se gouverner « soi-même », alors on connaît le moyen de gouverner les autres. (Il est essentiel de remarquer le contraste qui existe entre *mi wo* et *fito wo*, « soi-même » et « les autres ».)

Mi wo m'mani macasete nighe-sari nou, s'abandonnant à son cheval, il prit la fuite.

---

[1] On emploie volontiers aussi les formes chinoises 予 et 寡人. (Hoffm.)

[2] *Mi, miga, midomo, midomogara*, « Je » ou « Moi », sont bas.

Les réciproques *sui, sibi, se*, s'expriment en *yomi* : « sui » par *wagamino, mino, midzoucarano* ; « sibi » par *wagamini, mini, midzoucarani, varetomoni* ; « se » par *wagaramiwo, miwo, wareto miwo, midzoucarawo* ; et en *coie*, « sui, sibi, se » par *i*, répondant à *midzoucara*, joint à un autre mot du *coie* : *Jifit*, lettre autographe ; *Jigai*, suicide. (Rodr.) (L. P.)

Mi wo fiki-saghete fito no kini irou, en s'humiliant soi-même (en rampant), s'introduire dans la faveur d'autrui (litt. en abaissant son corps, etc.).

Waga mi-wo yasoumerou, faire reposer son corps, s'accorder du repos.

Waga de ni waga mi wo waroŭ sourou mono, quelqu'un qui de sa propre volonté se corrompt lui-même.

Mi no fataraki wo ghi ri sitai ni sourou mono, une personne qui fait être ses actes personnels (tout ce que lui-même fait) un cours d'après le droit et la morale ; c'est-à-dire quelqu'un qui dans tous ses actes suit les voies du droit et de la morale.

Mi no tori-mawasi wo ghi-ri no yak'sok ni tsigawanou, dans sa conduite ne pas pécher contre le droit et la morale.

D'après les exemples précédents, il est de toute évidence que *mi* désigne le corps réel, l'objet concret lui-même, tandis que l'idée de « Je » ou « même », conçu en opposition avec tout ce qui n'appartient pas à ce « Je », est désigné par *ware* (Voir ci-dessus § XII, Rem. II), distinction que l'on doit toujours avoir présente à l'esprit.

Quand la force physique d'une personne est opposée à celle d'autrui, *mi wo tatsourou mono*, signifie quelqu'un qui redresse son corps et se fait personnellement valoir ; tandis que *ware wo tatsouroumono*, est quelqu'un qui met en évidence son moi, sa volonté et son intérêt, et désigne un individu attaché à son sentiment ou opiniâtre.

Sono mi wo ousinawazou mono, est qu'un qui ne néglige pas sa personne, qui ne perd pas de vue son importance personnelle [1] ; de même que *mi-motsi wo sisoconawanou mono*, est quelqu'un qui ne fait pas défaut en sa propre personne.

Par contre, *ware ware wo wasourenou*, ou *ousinawanou*, signifie : Je n'oublie pas mon moi (ma personne en contraste avec d'autres), je ne perds pas de vue moi et mon intérêt.

Care onore wo wasourenou, il ne s'oublie pas lui-même (son individu en contraste avec d'autres).

Coun-si no mi wo fadsoucasimezou. L'homme noble ne se fait à lui-même aucun affront.

Sya va ... sei cok'ni sitsou site, caverite core wo sono mi ni motomou, l'archer ... ayant manqué le but, s'arrête et cherche (la cause) en lui-même.

Tsitsi si-serou toki sŏ (やう) siki wo soubeki tsicara nakereba ; waga-mi wo ourite, sŏ rei wo itonamou. Comme, lorsque son père mourut, il n'y avait pas les moyens de pouvoir accomplir les obligations de la sépulture, il (un certain jeune homme) vendit sa propre personne et accomplit les obsèques. L'emploi de *waga mi*, au lieu de *sono mi*, était nécessaire, autrement il aurait fallu répéter *sono son*, avec *tsitsi*, père.

---

[1] *Sonomi*, lui-même.
Wagami, moi-même, ou improprement : toi-même. (Dict.)

Sŏnomi, tout le corps.
Sonomi est commun aux deux idiomes. (Oyang.) (L. P.)

Sono mi, son corps, ou *waga mi*, le propre corps, sont échangés contre *mi-mi*, 御身, le corps princier ou élevé — le suprême, quand il est question de la personne d'un *cami* (prince ou personnage suprême). (Comp. ch..II, § XVII.)

Cono fouta fasira no cami mo mata fitori-gami nari masite, mi-mi wo cacousi tamaviki. Encore ces deux souverains étaient souverains indépendants, et tenaient cachée leur personne élevée (leur éminente personnalité).

§ XIV.

L'adverbe formé de *mi*, ミヅカラ *midsoucara*, signifie « corporellement » (en holl. *lijfelijk*, en haut-all. *leibhaftig*), « personnellement, même », précisément comme *tedsoucara* signifie « particulièrement ». (*Tezzoucara*, adv.: avec la propre main, ou de ses mains. Dict.)

Midsoucara toravare-fito to nari, il devient personnellement un prisonnier, c'est-à-dire il se constitue lui-même prisonnier.

Tedsoucara couwa wo torite, cogai wo si-tamô, personnellement elle (une certaine reine) cueillit la feuille nutritive (du mûrier), et opéra la nourriture de la pépinière (l'éducation des vers à soie).

Midsoucara omoiracouva facari coto wo yetari, ainsi qu'il se figure, il a trouvé le plan, = il se figure qu'il a fait cela. (*Vonozzoucara*, de soi-même. Dict.)

Si *midsoucara* est immédiatement suivi d'un verbe transitif, alors il devient l'objet, et indique que le sujet du discours est employé, soit comme mis en action, soit comme l'objet de l'action.

Midsoucara orou fito, est quelqu'un qui subsiste par lui-même, un homme indépendant.

Midsoucara nadsoukerou coto, se nommant soi-même, se nommer soi-même.

Midsoucara sirazou, ne pas se connaître soi-même.

Midsoucara fadsoucasimourou coto nacare, on ne se vilipende pas soi-même; litt. le soi-même vilipender ne peut être.

Midsoucara cocoromou, il prend la preuve en soi-même.

Précisément de même : *Midsoucara yominsourou mono* (自好者), quelqu'un qui s'aime lui-même.

Midsoucara itamou, qui se torture soi-même.

Midsoucara osamourou coto orosoca nari, la propre domination est tiède.

Fitowo osamourou coto ken nari, la domination des autres est énergique [1].

[1] *Midzoucara* « Je » ou « Moi », employé par les femmes. (Coll.) (L. P.)

CH. III. — PRONOMS.

Remarque I. L'usage de *midsoucara* se caractérise comme résultat de l'emploi que la langue chinoise fait de *tze* (自) dans les sens de 1. *de*, 2. *même* ; ainsi quand il précède un verbe transitif, et que celui-ci n'a aucun autre objet après lui, *midsoucara* désigne le « Je » ou le « même » du sujet comme l'objet de l'action : particularité qui n'est pas encore comprise par la plupart des personnes qui ont étudié la langue chinoise. La phrase japonaise *midsoucara fadsoucasimourou coto nacare* répond à la chinoise *wôu tzé yo* (毋自辱). Nous devons le faire remarquer, afin que tôt ou tard on ne fonde pas sur une traduction absolument erronée de l'expression chinoise une conception inexacte du japonais *midsoucara*, et qu'une erreur ne se trouve point confirmée par une autre.

Si entre *midsoucara* et le verbe transitif se trouve une autre détermination adverbiale, *midsoucara* doit être envisagé comme objet et prend la place du sujet, ou bien est employé dans un sens adverbial : « de soi-même ».

Midsoucara tcha wo nirou, faire chauffer le thé soi-même (自爨茶).

Midsoucara yama ni noborou, gravir en personne la montagne.

On peut envisager comme des tautologies les expressions familières telles que : *Midsoucara sono mi wo aisourou fito,* quelqu'un qui s'affectionne soi-même.

Remarque II. La signification, reconnue à *onore*, de « personnalité, d'individualité », repose sur la dérivation ou l'anatomie propre du mot. *Onore* est réellement composé de ォノ *ono*, un, singulier, et ヤ レ *are*, et peut donc signifier une chose qui est « simple, » précisément comme *core* indique une chose qui est « ici ». Ce qui est « un » ou « simple », est un être considéré comme isolé en lui-même, un individu. A la place d'*onore*, on trouve souvent aussi *fitori*, simple, seul.

Le mot radical *ono*, ォノ, se présente dans des formes composées, telles qu'*onogoro*, une époque isolée. Le nom d'*Onogoro sima*, que les îles du Japon ont reçu dans la mythologie, exprime des îles d'une époque unique, singulière, c'est-à-dire des îles qui sont nées en un seul et même temps = des îles contemporaines. *Ono ga siki,* litt. « unique, séparé », c'est-à-dire « agissant individuellement », a un sens analogue à celui de *watacousi siki*, personnel, égoïste. *Onazi* ォナジ, un et même, identique. (*Ono outchi* = *sonata*, « vous-même », en parlant à des égaux. Dict.)

La réduplication *ono ono*, ノノ, c'est-à-dire un et un, a le sens de « chacun » (en anglais *every one*), de même que *fito bito*, c'est-à-dire « un et un » ou « homme et homme », est le même que « chacun » ou « chaque homme »[1] (comp. ch. I, § 1), et que *ware ware*, « Je et Je », a le sens de « Nous ».

Ono-ono sono coto ni sitagŏ, オノ丨ソノコトニシタガフ (名從其事), chacun s'attache à son affaire = fait son affaire.

Ono-ono tegara wo ron sou (名論功), chacun fait mention de (ses) mérites.

(*Vonovono*, vous tous, ou Vos grâces (en parlant à un ensemble de personnes). (Dict.)

Exemples de l'usage d'*onore* :

Onorewo tadasiou site, fito ni motomezareba, sounavatsi ourami nasi, quand on se règle soi-même (son individu), et que l'on ne cherche rien près des autres, on ne rencontre aucune jalousie. (*Motomezareba*, forme verbale négative de *motome*, chercher; *ourami*, jalousie; *nasi*, ne pas être.)

Onore wo soute, fito no tame ni sou (舍己爲人), il (se) néglige « lui-même » (son individu) et s'occupe des autres = *Waga coto woba saisi-oite, fito no coto ni wa sewayacou*, il abandonne sa propre chose et sert l'intérêt d'autrui. (*Waga coto* (la propre chose) doit, comme objet direct de *sasi oki* (mettre de côté), être à l'accusatif, terminé en *wo* ou *wo ba*.)

Onore ni catsou, l'action de se vaincre soi-même.

Onore ni setsou[2] *coto*, une chose qui concerne chaque individu.

Onore wo coutsousou, s'assujettir, se soumettre.

(*Vonoreto*, de soi-même. Dict.)

Si *onore* est le sujet du discours, il répond au haut-allemand *er*, et caractérise, comme celui-ci, la qualité moindre quand il est comparé à un autre, par exemple à la personne à qui l'on s'adresse ou de qui on parle; tandis qu'il est un indice d'humilité, quand on se désigne soi-même. Une variante abrégée d'*onore* est *ore* 己 (オレ). 自 (Voy. § XI.)

Onodsoucara オノヅカラ, de soi-même, (à l'ablatif).

Onodsoucara mŏkerou fito, quelqu'un qui se place de son propre mouvement.

Onodsoucara narou cotowari wo myo !

Voici des raisons qui se produisent d'elles-mêmes !

Onodsoucara orou, subsistant de soi-

---

[1] Homo et homo, hébr. (L. P.)

[2] *Chechcha, chessou* sont des expressions polies pour « Je » (Rodr.) — *Chechcha*, » Je », en s'humiliant. — *Chechchi, chechchin*, « Je », en parlant avec modestie. (Dict.) (L. P.)

même, demeurant de soi-même : usité dans le sens de cocoro no sabaki, c'est-à-dire étroit de cœur, minutieux ; tandis que *Waga cocoro no toutsousimi*, signifie veiller diligemment sur soi-même, sur son propre cœur. *Mono no onodsoucara courou-courou to mawarou coto*, l'acte de se mouvoir les choses par elles-mêmes, la révolution des choses.

§ XV.

Mi, midsoucara, onore et *onodsoucara* sont encore remplacés par des formes bâtardes, empruntées du chinois. Les plus usitées sont :

1. 自 *chin*, pron. jap. シン *sin*, « corps », en opposition avec 人 (ジン), *zin*, ou *fito*, ou *ada* « autrui »[1].

Ano fito sin watacousi ni fanasita, il m'a parlé lui-même.

2. 自身 *tzé-chin*, pron. jap. ジシン, *zi-sin*, généralement, mais moins proprement シシン *si-sin*, propre corps. (*Ji-chin*, moi en personne. Dict.)

Zi-sin wo aisourou fito, est le même que *sono mi-wo aisourou fito*, quelqu'un qui s'aime lui-même, qui aime son bien-être.

3. 自(ジ)分 (ブン) *zi-boun*, la propre partie, sa part (mon propre pouvoir, ma propre faculté, « moi-même ». Dict.)

Zi-boun wo mi-souterou mono, quelqu'un qui perd de vue soi-même, son intérêt.
Zi-boun ni fighe wo tsoukerou, s'attirer de la honte à soi-même.
Zi-boun ni souwatte orou, = *midsoucara orou*, personnel.

Zi-boun ni tamesou, = *midsoucara cocoromou*, il éprouve cela en lui-même.
Zi-boun no sai-cou wo sourou, accomplir son œuvre personnelle, travailler uniquement pour soi-même.

4. 身(シ)然 (ゼン) *tze-jên* (le j de jen se prononce comme en français), pron. jap., *zi-zen*, et encore シネン *zi-nen*, et chez les écrivains scrupuleux シセン *si-sen*, signifie « de soi-même », « de- » et « par soi-même » = ワガデニ *waga de ni* (en lat. *sponte*), « spontanément, naturellement » ; souvent encore ainsi qu'*are*, « rude, non-préparé,

[1] *Chinga*, forme qui supplée le pronom « Je », et dont le souverain peut seul faire usage. (Rodr.) (L. P.)

non ouvré ». Comme adverbe il est mis d'ordinaire à la forme modale ジゼンニ, *zi-zen-ni.*

Sore fito-no tsi-arou va zi-zen nari. Kenmon-sourou tocoro wo cocoro ni sirou site, zi-bouts no cotowari wo wakimavourou ni ken-gou no betsou ari[1]. Que l'intelligence humaine soit apparente, c'est purement naturel (indépendant de l'homme). Dans la manière dont on interprète ce que l'on voit et entend, et dont on discerne les fondements des choses et des affaires, consiste la différence existant entre l'intelligent et le stupide.

Yama no ouye ni yi-zen no fo ari ; farou syôsi, aki metsousou. Sur la montagne est un feu spontané (un feu naturel) ; il surgit au printemps, et disparaît à l'automne.

Youme ni zizen ni mirou, voir quelque chose dans le songe de soi-même (sans en savoir la cause).

Zi nen syô sou, ジ ヂ ン レ セ ウ ス, se lever de soi-même.

Outre les composés précités, un certain nombre d'autres sont encore en usage ; ils sont d'ordinaire exprimés en caractères chinois. Ces formes ne sauraient présenter aucune difficulté pour les personnes qui allient à l'étude de la langue japonaise celle de la chinoise, mais elles devront être des pierres d'achoppement pour qui ne les aura pas reconnues comme des mots bâtards provenant du chinois. A cette série appartiennent :

Zi-fits' 自 (ジ) 筆 (ヒツ), propre pinceau.

Zi-riki 自 (ジ) 力 (リキ), propre force.

Zi-san 自 (ジ) 讚 (サン), propre louange.

Zi-man 自 (ジ) 慢 (マン), propre tromperie (illusion).

Zi-zai 自 (ジ) 在 (サイ), personnel, indépendant.

Zi-ai 自 (ジ) 愛 (アイ), l'amour-propre.

Zi-gai 自 (ジ) 害 (ガイ), se nuire à soi-même.

Zi-tok 自 (ジ) 得 (トク), la propre conservation.

Zi-mets' 自 (ジ) 滅 (メツ), l'anéantissement de soi-même [2].

---

[1] Extrait d'une Introduction à une Encyclopédie japonaise : カシラガキヅウホキンモウヅ井 *Casira gaki dzoŭ vokin mô dzoui.* (Hoffm.)

[2] *Jibai,* se vendre soi-même.
Jidocou, lire soi-même.
Jigai, se suicider.
Jimon, s'interroger soi-même.
Jiken, voir par soi-même.
Jitai, propre substance.
Jiteki, ennemi personnel.
Jitocou, pénétrer par les forces de son esprit.
Jiyo, moi et les autres : dans l'usage se prend pour « les autres ». (Dict.) (L. P.)

CH. III. — PRONOMS. 157

Ces composés et d'autres semblables sont changés en verbes par la postposition du verbe *si, sourou,* faire. (Comp. ch. II, § x.)

Zi-fits sourou, écrire de sa propre main. *Zi-man sourou,* se tromper soi-même,
Zi-san sourou, se louer soi-même. etc.

§ XVI.

Pronoms réciproques.

E. La réciprocité d'action, par laquelle « différentes personnes se prennent respectivement pour objet de leurs actes »[1], et qui est exprimée par le composé hollandais *elkander* ou *malkander*, en français « l'un l'autre, réciproquement », est considérée en japonais comme une détermination prochaine adverbiale, et rendue par タカ°ヒ二 *tagavi ni*, communément *tagai ni*, ou par アヒ *avi* (prononcé *ai*[2]), par ex. :

Tagavi ni nicoumou, se haïr réciproquement, se haïr l'un l'autre.

Sakeni yevoute tagai ni mirou, se voir opposés l'un à l'autre, se rencontrer.

Couan nin idemoucai, Fokkin yori no ocouri-fito to tagai ni ai satsou tamai ki. Les mandarins sortirent de (la ville) à la rencontre, et échangèrent réciproquement avec les personnes envoyées de Péking le salut de bienvenue.

アヒ *avi*, communément アイ *ai*, est la racine d'un verbe qui signifie « se rencontrer mutuellement, venir l'un vers l'autre, comparer l'un avec l'autre » (cadrer ensemble. Dict.) :

ヒドニアフ *fito ni avou* (vô, Dict.), rencontrer des hommes.

コノコトバワガココロニアフ *cono cotoba waga cocoroni avou,* cette parole vient au-devant de mon cœur, m'est agréable, me plaît.

Employé comme premier membre ou membre attributif de noms ou d'adverbes composés purement japonais, *avi* ou *ai* leur ajoute le sens de réciprocité ou de communauté dans l'acte :

---

[1] W. G. Brill, *Nederl. Spraekleer*, p. 218. (Hoffm.)
[2] *Tagai* signifie « différer ». Cependant *tagaini* veut dire « entre soi » dans un sens non négatif. *Ai* signifie « être d'accord ». (Dict.) (L. P.)

21

Ai-dsou, signe réciproque, c'est-à-dire signal.
Fata wo fourite ai-dsou wo nasou, donner un signal par l'agitation des drapeaux.
Te wo tatacou aidsou, signal par le battement des mains.
Ai-dsou no isibya, signal par un coup de canon.
Ai-cotoba, parole réciproque, c'est-à-dire le mot du guet.
Ai-cotoba wo awasou, échanger les paroles réciproques, c'est-à-dire donner et prendre le mot du guet.
Ai-catarou, s'entretenir, se parler mutuellement.
Ai-ghi-sou, délibérer ensemble.
Ai-canavou (canò. Dict.), s'accorder, correspondre l'un avec l'autre.
Ai-nitarou mono, choses qui se ressemblent entre elles.
Ai-tagai-ni, réciproquement.
[*Aidechi*, condisciples.
Aifendŏ, réponse.
Aimouco, les maris de deux sœurs. Dict.[1]]

Au lieu de verbes purement japonais composés avec *avi* ou *ai*, on emploie souvent des mots composés bâtards dérivés du chinois, dans lesquels l'idée de réciprocité ou de communauté attribuée à l'action, est exprimée par 相 *siang*, ou suivant la prononciation japonaise サウ *sŏ*. Nous citerons :

Siáng-lún (相論), en jap. サウロン *sŏ-ron*, conversation : de là le verbe japonais *sŏ-ron-sou*, discourir, converser, parler ensemble.
Siáng-tchouén (相傳), suivant la prononciation japonaise, サウデン *sŏ-den*, la tradition d'une chose (comme d'un héritage), d'où サウデンス *sŏ-den-sou*, transmettre une chose de l'un à l'autre. Cette expression n'admet point l'idée de réciprocité.
[*Sŏfŏ*, les deux parties.
Sŏgan, les deux yeux.
Sŏba, prix courant d'une chose. Dict.]

Nul ne saurait acquérir l'intelligence de ces formes bâtardes sans une connaissance approfondie de la langue chinoise.

---

[1] Outre ces dérivés de *ai* exprimant la réciprocité, il existe des mots auxquels *ai* initial communique un autre sens ; *aitsou, aitsoume, aitsoumega* signifient « celui-là » dans un sens de mépris. Peut-être ces formes sont-elles dérivées de *ai*, espace, intervalle. Elles sont opposées à *caitsou, caitsoume*, celui-ci, qui est de même un terme de mépris. (D'après le Dict. et Coll.) *Aitsouga, aitsoumega, caisouga, caitsoumega*, suppléent le pronom de la 3ᵉ personne, pour abaisser à l'extrême les personnes et les choses. (Rodr.) (L. P.)

§ XVII.

Sur les déterminations relatives.

F. Les pronoms relatifs (hollandais) ne sont pas relatifs de leur nature, mais ils le deviennent lorsqu'ils sont employés pour la liaison des phrases[1]. Une phrase relative est une détermination adjective, attachée à un nom ou pronom précédent au moyen d'un pronom relatif (hollandais); par ex. : « un homme — qui — est présent ». Comme en japonais chaque détermination adjective a sa place déterminée, non pas après, mais avant le mot auquel elle se rapporte, le japonais n'a rien à voir avec nos phrases relatives, et substitue à la forme hollandaise « un homme qui est présent », l'expression « un homme étant présent, *arou fito* », — tandis que *fito ari* signifie « un homme est présent ». Les phrases adjectives, qui prétendent au nom de phrases participiales, sont caractérisées par la place qu'elles occupent en relation avec un nom ou pronom, et par certaines formes de conjugaison du verbe qui termine la phrase adjective, et qui se trouve ainsi en contact immédiat avec le nom ou pronom auquel se rapporte cette phrase. La forme de conjugaison, revêtue par le verbe, quand il est employé comme adjectif attributif, est, au présent, dans les verbes dont la racine se termine en *i*, la finale *ou*, et pour les verbes dont la racine finit en *e*, la finale *ourou*, ou *erou*. (Comp. ch. II, § VII, et ch. IV, Verbes substantifs et adjectifs.)

Fa-iro awocou ficarou, la couleur des plumes a un éclat bleu. — *Awocou ficarou fa-iro,* couleur des plumes ayant un éclat bleu = couleur des plumes, qui reluit bleu. (*Ficari,* éclat, rayon lumineux.)

Fito ga ouwo wo tsourou, quelqu'un accroche du poisson (pêche à la ligne). — *Ouwo wo tsouroú fito,* quelqu'un qui pêche à la ligne, un pêcheur à la ligne. (*Tsouri,* crochet, accrocher..)

Cariga tovocou (tócou. Dict.) *yori kitari* (ou *kita*), l'oie est venue de loin. — *Tovocou yori kitarou* (ou *kita*) *cari wo torou fito,* quelqu'un qui prend des oies, lesquelles sont venues de loin.

Care va nandsi ni masarou, il vous

---

[1] W. G. Brill, *Nederl. Spraekk.,* pp. 80, 81. (Hoffm.)

surpasse. — *Nandsi-ni masarerou mono ari ya?* y a-t-il quelqu'un qui vous surpasse? (*Masare*, être plus.... que, surpasser.)

Atsousa wo sakerou sacadsouki, une tasse de *saki*, écartant la chaleur, une tasse de *saki* pour rafraîchir.

Fori va siro wo megourou midsou nari, un canal est une eau courante qui entoure des châteaux = de l'eau qui entoure des châteaux.

Tsoutsi nite tcha-wan, fatsi, sara nado wo tsoucourou mono, quelqu'un qui fait en terre des tasses à thé, des pots et des assiettes. (*Tsoucouri, ts'coúri*, faire.)

Il est essentiel de faire observer, comme une particularité de la langue japonaise, que lorsqu'une phrase attributive a son propre sujet, celui-ci doit être mis au génitif. (Comp. ch. II, § VII.)

Caze ga (nominatif)¹ *yorou ni² fouki³ ocorou*⁴, le vent¹ s'élève³⁻⁴ pendant la nuit².

— *Caze no fouki ocorou yorou*, une nuit où le vent s'élève, litt. une nuit se levant du vent. (*Fouki*, souffler, venter; *ocori* (verbe), s'élever, provenir, d'*oki*, se lever).

Ame no naserou wasawai va navo saketsou betsi, l'adversité, que le ciel fait naître, peut encore être détournée.

Roui wo idsourou sai (出類之才), un talent qui s'élève au-dessus de sa classe.

Cono¹ mono² domo³ sore yori⁴ foune no caca-⁵ ritarou⁶ cata⁷ ve⁸ youki⁹, ¹⁰zyou-ni ¹¹zin ¹²wo i-corosi¹³ keri, Hyosaimon¹⁴ ga¹⁵ norisi¹⁶ foune¹⁷ ve tai-matsou¹⁸ wo nake comou, ces gens¹ venaient² là-dessus³ (sur cela)

vers⁷ le bord⁸, où les navires⁴ se trouvaient⁵ (litt. vers le bord des navires ¹⁰se trouvant⁹), tirèrent douze personnes¹¹ ¹⁷ ¹⁸ mortes¹⁶ ¹⁵, et jetèrent l'incendie¹⁴ dans le¹² navire¹³ qu'Hyosaimon avait conduit.

Cacari, demeurer suspendu ; (v. *tarou*, ch. II, § VIII); *youki*, aller ; *i-corosi*, litt. tirer mort, tirant mort, c'est-à-dire frapper à mort ; *nori*, verbe continuatif: mettre en ordre, litt. « demeurer ordre », de *ni*, ordre, et *ori* (voy. ch. II, § XI) ; *m'ma ni nori*, être (assis) à cheval ; *youne ni nori*, aller en barque; *sai matsou*, au lieu de *taki-matsou*, brandon ; *nake*, jeter, lancer ; *come*, verbe transitif avec la signification de *in*, en anglais *into, to enter*; *comi, comou*, verbe intransitif, aller dedans, aller dans l'intérieur [1].

---

[1] Le sens relatif s'exprime d'ordinaire par la forme casuelle génitive, dative ou ablative (précédant le sujet): *Ten ni machimasou varcraga von voia*, Notre Père qui êtes aux cieux; et quelquefois par l'emploi du participe présent, surtout quand il existe deux sens relatifs successifs : *Kesa oracio vo mochita kioga tsoucouie no vie ni arou vo motte coi*, Apporte le livre qui est sur le siège, dans lequel (livre) j'ai récité ce matin l'office divin. Quelquefois encore on se sert de deux prépositions casuelles successives : *Nagasaki ieno foune*, le navire qui va vers Nagasaki (litt. de vers Nagasaki). (D'après Collado.)

Les pronoms démonstratifs opérant la section des sens font quelquefois l'office de re-

§ XVIII.

G. Pour la formation des déterminations relatives on se sert encore du substantif *tocoro* トコロ, qui répond exactement au mot chinois 所 *sò*, et qui désigne « la place, l'endroit où », et est employé pour l'exprimer par un acte accompli ou à accomplir, c'est-à-dire comme une chose passive. « L'action de faire » est exprimée par *tsoucourou coto* (comp. ch. I, § VI), l'agent par *tsoucourou mono* (ibid.); enfin *tsoucourou tocoro* est l'œuvre, la chose que l'homme fait; *fito no tsoucourou tocoro* (人所作), est donc l'ouvrage de l'homme, et aussi ce que l'homme fait, ou qui est fait par lui. Ici encore le sujet de l'action, comme détermination adjective, doit être mis au génitif : *Fito no onazicou ourou tocoro* (人所同得), ce en quoi les hommes en général se ressemblent.

Les sens dans lesquels *tocoro* exprime l'idée passive sont ou substantifs et comme tels susceptibles de déclinaison, ou adjectifs et caractérisés par la terminaison génitive attributive *no*.

Tocoro est substantif dans des sens comme : *Ware irone nari, kisaghi no oumerou tocoro va oto nari*, je suis le frère aîné, celui que la reine a mis au monde est le frère cadet.

Ware no sirerou tocoro nari, c'est quelque chose que je sais.

Ware no sirerou tocoro ari, il y a quelque chose que je sais.

Mata ware no sirazarou tocoro ari, il y a quelque chose que je ne désire pas encore.

Fito no erou beki tocoro ni arazou, il n'y a pas (*arazou*) quelque chose se pouvant obtenir pour (par) les hommes.

Ken-mon sourou tocoro wo cocoro ni sirousou, ce que l'on voit et entend s'imprime dans l'esprit.

Tocoro est attributif dans des sens comme : *Tsyŏ zen catsou-sen no toki kiritorou tocoro no mimi fana wo midsouca to iou tocoro ni oudsoumou*. On enterra les oreilles et les nez, que l'on avait coupés pendant la guerre de Corée, dans une place qui s'appelle le tombeau des oreilles.

Inisive yori motsyourou tocoro no nen-gŏ no mon-zi core nari. Ce sont les caractères des noms d'années en usage autrefois.

latifs : *Nodgiga zombounwa, core fitono zombounni cotonari*, quant à votre opinion, elle est différente de celle des autres. (Rodr.) (L. P.)

REMARQUE I. Avec la signification originaire de « la place », *tocoro* se présente dans des sens tels que :

Saca va san-tsiou no tacacou kewasiki tocoro nari ; *saca* (très-prolongé sommet) est une place haute et escarpée sur une chaîne de montagnes.

Sava va midsou no atsoumari-atsoumare tocoro nari, les marais sont des places où l'eau se rassemble.

Yen va coudameno wo ouyourou tocoro nari ; *yen* (ou en japonais *sono*, jardin) est une place où l'on cultive des fruits.

Tori kedamono wo yasinavou tocoro mo yen (苑), *to ivi, caki arouwo yen* (園), *to ioǔ*, une place où l'on entretient des oiseaux et des bêtes, on l'appelle *yen* (園); celle qui a un mur d'enceinte, on l'appelle *yen* (苑).

Tocoro wo mirou, regarder, considérer une place.

I tocoro, lieu de résidence.

Nedecoro, lieu de sommeil.

Asobi tocoro, lieu de récréation ou de promenade.

Tocoro tocoro, en tous lieux ; et par rapport au temps, toujours.

REMARQUE II. Le locatif *tocoro ni* sert souvent encore à désigner une époque, par ex. :

Mina¹ mina yorocobou² tocoro³ ni⁴ sone⁵ yo niv⁶ ni oho⁷ caze foukacai⁸ kitari keri, pendant qu'en général on était² complètement⁴ en repos⁷, il vint⁸ en cette⁵ nuit à souffler⁶ soudainement un ouragan terrible.

Ce qui est proposé dans le manuscrit (voy. plus haut § v), au sujet des deux sens « que les enfants lisent bien m'est agréable », et « j'ai appris que le navire a péri », appartient proprement à la syntaxe, qui doit discerner deux natures de sens : le sens substantif subjectif « que les enfants apprennent », et le sens substantif objectif « que le navire a péri ». Un des modes employés pour caractériser un sens comme substantif est sa réunion avec *coto*, chose. *Sirou coto*, c'est-à-dire la chose du savoir, est équivalent à l'idée (hollandaise) : « ce que l'on sait ». La question n'est donc pas de traduire mécaniquement le *dat* (hollandais) ou le « que » (français) en langue japonaise, mais de former des sens substantifs (subjectifs ou objectifs) et d'en indiquer la dérivation.

Les sens substantifs subjectifs sont par exemple :

Sirou coto soucounasi, le savoir est rare ; il arrive rarement que les hommes sachent.

I-fouk' wo somourou coto va Wa Can tomoni sono fazime fisasiki cototo zo, en ce qui concerne la teinture des

CH. III. — PRONOMS.

vêtements, en Japon et en Chine, le commencement à cet égard doit être une chose bien ancienne.

You-lyak¹ ten-wŏ² no kisaki³ couva⁴ wo⁵ motte⁶ midsoucara⁷ cavico⁸ no yasinai tamŏ⁹ coto Nipponki³ ni myetari², que l'épouse de l'empereur Youlyak¹ avec la feuille du mûrier⁴ ait personnellement⁸ nourri des vers-à-soie⁷, cela résulte de la chronique japonaise (*Nipponki*).

« Que les enfants à l'école lisent bien m'est agréable » doit donc se traduire par *Codomo gaccŏ* (ガッカウ) *ni oite yocou manabou coto watacousino ki ni irou;* ou ....*manabou cotowo yorocobou,* je me réjouis qu'ils lisent.

Les sens substantifs objectifs sont, par exemple :

Cono¹ cousa² wata³ ta-syo⁴ ni mo arou cotowo⁵ kic⁶ᵒᵘ, j'apprends⁴ que² cette¹ herbe³ se rencontre encore ailleurs.

Zi coun (二君) *ni tsoucaven coto wo fadsite, in-ton sou,* se faisant honte de ce à quoi lui servirait un second maître, il se sépara une seconde fois du monde. (*Tsoucaven* est le futur de *tsoucave, tsoucaverou,* ou *tsoucaye, tsoucayerou,* servir.)

§ XIX.

Pronoms interrogatifs.

H. Si les pronoms interrogatifs sont unis aux postpositions モ *mo,* encore, トテモ *totemo,* ou デモ *demo,* contracté de ニテモ *nitemo,* ils renferment tout ce qui est compris dans la question, comme les pronoms simples. *Mo, totemo* et *nitemo* répondent à tous égards aux enclitiques latines *que* et *cumque.* ダレモ *daremo,* « qui encore », en lat. *quisque;* ダレトテモ *daretotemo,* qui que ce soit, en lat. *quicumque;* quiconque ; ナニモ *nanimo,* quoi que ce soit, en lat. *quidcunque,* tout.

Dore doremo¹ (= *ono ono*) *sono² atari maye³ no sigoto⁴ wo seyo¹!* que chacun accomplisse² l'ouvrage⁴ qui se trouve devant lui³ ! = *fito bito sono yak-wo tsoumeyo!* que chacun fasse son devoir !

Docode mo, ou *doconi mo,* où que ce soit, partout.

Daretemo sono zi wo fomesari, comment quiconque (chacun) a-t-il apprécié cette poésie ?

Nanimo sourou mono, chacun qui fait ce que tout homme fait, quelqu'un qui fait tout.

Itsou totemo, en tel temps que ce soit = en tout temps.

Si le mot interrogatif adjectif est uni à un substantif, l'une des particules *mo, totemo* et *demo* doit se trouver à la suite. Si le substantif a une forme de déclinaison, *mo* revêt cette forme.

Idsoure no ya mo cara to ioŭ besi, chaque flèche peut s'appeler *cara* (tuyau de plume).
Idsoure no tosi nitemo fatsi-zyou-fatsi ya zen-go ni va cavico oumare idsou-rou nasi, en quelque année que ce soit (chaque année), avant ou après la 88ᵉ nuit (de l'année solaire — le 13 ou 14 mars), le ver à soie éclot.

Si le verbe prédicat est négatif, par ex. : *Daremo corewo siranou,* « quiconque ne le sait pas », on obtient, quand on emprunte la négation au verbe, et qu'on l'impose au sujet ou objet, le sens de « personne, aucun, aucune chose, etc. ». (Comp. ch. II, § XVIII.)

Nani mo senou, ne pas faire ce que chacun fait, ne rien faire.
Nani mo sezouni fi-wo courasou coto, consumer le jour à ne rien faire.
Doconi mo arazou, ce n'est rien.
Carewa nantomo omowanou, il ne s'inquiète pour rien, litt. il ne pense à rien que ce soit = *carewa couizou* (不悔), il n'éprouve aucun regret.

§ XX.

Formes interrogatives.

Pour changer une phrase simple en interrogative, la disposition des mots n'éprouve en japonais aucune modification, mais on termine la phrase par *ca* ou *ya*, qui sont des signes d'interrogation.

Sono motowa otocowo omimasta, vous avez vu l'homme.
» » » *omimastaca,* avez-vous vu l'homme ?

Les signes d'interrogation *ca* ou *ya* peuvent encore être placés après des noms substantifs et adjectifs, pour produire le même résultat.

M'maca マカム, est-ce un cheval ?
Mouz'coya ムズユヤ, est-ce un fils ?
Yoki ca ヨキカ, est-il bon ?
Yoki de aró ca, sera-t-il bon ?

Dans une phrase à la fois interrogative et négative, les noms substantifs et adjectifs ont après eux la particule *dewa*, et *ca* ou *ya* suivent la négation.

CH. III. — PRONOMS.

Mouz' co dewa naca ca, n'y a-t-il aucune servante[1] ?   *Yoca dewa naca ca,* n'est-ce pas bon ?

REMARQUE. Nous n'émettons aucun jugement sur la forme : *dewa naca ca.* Dans les phrases : *zeni ga arou ca, nai ca,* « y a-t-il de l'argent, ou n'y en a-t-il pas ? », et : *ima yocousourou ca dekinou ca,* « à présent le bain est-il prêt, ou ne l'est-il pas ? » extraites d'un livre imprimé japonais, et qui appartiennent à la langue orale, il est évident que, de même que dans les locutions hollandaises : *zal hij wel komen, fo niet? weet gij het al dan niet?* « doit-il bien venir ou non? le savez-vous ou non ». dans le japonais la question positive est confirmée par l'expression contraire ; c'est-à-dire qu'on met en question l'alternative[2].

Omaë core wo wacar^{ou}ca? comprenez-vous cela ?	*Omaë core wo wacar^{ou}ca? wacaranou ca?* comprenez-vous cela, ou ne le comprenez-vous pas ?
Core wo wacaranou ca? ne comprenez-vous pas cela ?	

A la place du verbe, dans la question négative, on emploie quelquefois *inaya* (*ina,* part. nég. ; *ya,* part. interr.).

Nandsi tairaca ni masouya-inaya? trouvez-vous à votre goût, ou non? Hoffm.[3]

Les Japonais répondent à une question faite négativement, par *oui* dans un sens négatif, et par *non* quand le sens de la réponse est affirmatif ; par ex. quand on demande : « n'est-ce pas vrai », répondre « non » veut dire : cela est vrai ; — et répondre « oui » signifie : cela n'est pas vrai.

La politesse exige toutefois que l'on réponde d'une manière con-

---

[1] Les particules interrogatives sont : *Ca, zo, ya, zoya, caya, zoca, cazo* ; elles se placent toujours à la fin des phrases. *Ca* et *ya* ont le sens de « peut-être si ». (Rodr.) (L. P.)

[2] Le chinois aussi emploie l'alternative en interrogeant; p. ex.: 聞不聞 *wên pou wên,* entendez-vous ou n'entendez-vous pas? (Hoffm.)

[3] Si l'interrogation porte sur la substance, il est répondu par le pronom substantif ou démonstratif; p. ex.: *Tareca, nani, dorezo, tare, tasa, dore;* — si elle porte sur l'accident, il est répondu par le nom adjectif; p. ex. : *ycade, ycatsou, ycayona, ycoure, ycoutari, ydzoucou,* etc.

Quelques formes interrogatives ont des formes responsives corrélatives :

Tare, dore, qui ? lequel ? — R. *Are, care, sore, core,* celui-ci, celui-là.	*cachico, cotchi, sotchi, atchi, atchira, cotchi, cotchira, sotchira,* ici, là, en ce lieu-ci ou là.
Dono, qui ? quoi ? — R. *Cono, sono, ano, cano,* ce, cela.	*Donata,* où ? par où ? — R. *Anata, sonata, conota, canata,* ici, par ici, etc.
Doco, dotchi, où ? — R. *Coro, soco, asoco,*	(Rodr.) (L. P.)

forme à toutes les questions; ensuite on propose son opinion, et enfin, s'il est nécessaire, on émet une réponse négative.

§ XXI.

Coup d'œil rétrospectif sur les pronoms personnels.

En considérant ce qui est proposé dans les feuilles précédentes au sujet de l'origine, de la signification et de l'emploi des pronoms japonais les plus usités, on a le choix, pour traduire les pronoms personnels, en tenant compte des règles de l'étiquette, entre les mots suivants :

Ire PERSONNE.

Ware, Je, § XI; plur. *warera, ware ware, waredomo, ibid.; wanami,* § IX; *waga tatsi, wagatomo, wagatomogara,* § X.
Watacousi, Je; plur. *watacousi domo,* § IX.
Soregasi, Je, § XI.

IIe PERSONNE.

Nandsi, Tu; plur. *nandsira, nandsira tomogara,* § VII.
Imasi, Tu, *ibid.*
Omaye, omayerama, ibid.
Socomoto, § IX.
Anata, anatagata, § X.
Sonata, sono fŏ, ibid.

IIIe PERSONNE.

Anofito, Il, § X; plur. *anofitotatsi, anofitogata, ibid.*
Are, ore, § XI.

QUATRIÈME CHAPITRE.

LE VERBE.

INTRODUCTION [1].

§ I.

Ce que renferme le manuscrit touchant le verbe japonais, concerne exclusivement l'idiome vulgaire de Nagasaki. L'imperfection de cette partie doit être attribuée, non pas à l'auteur du manuscrit, mais au collége des interprètes qui n'a pas consacré le temps nécessaire à la révision du premier travail.

Les étroites limites qui nous sont imposées ne nous permettent point de démontrer intégralement et péremptoirement la théorie du verbe japonais, et nous nous proposons simplement d'exposer les principes physiologiques les plus généraux, c'est-à-dire ceux dont la connaissance est absolument essentielle, et d'en déduire les formes de conjugaison, qui sont proposées dans le manuscrit.

La nature superficielle des travaux entrepris jusqu'à ce jour sur la langue japonaise, et la méthode erronée des auteurs qui consistait à assimiler le verbe japonais au verbe latin et à l'assujettir aux formes latines, n'ont produit que des résultats imparfaits, et ont plutôt retardé que fait avancer l'étude philosophique de ce verbe. Mais le lecteur se trouve aujourd'hui dans des conditions bien plus favorables pour apprécier la nature du verbe japonais, après avoir étudié la physiologie de : *ari*, être ou exister, au ch. II, § VII de cet ouvrage ; — *te ari, tari, tarou, ta*, § VIII ; — *nari*, être, § IX ; — *nare, narou, narourou*, devenir, § X ; — *nasi, nasou*, faire être, § X ; — *ori, orou*, résider, § XI ; et nous voulons seulement ajouter

[1] Par M. Hoffmann.

à ces esquisses physiologiques les principes élémentaires mis en évidence par la conjugaison d'un verbe japonais.

§ II.

Racine verbale.

Toute racine verbale se termine en I ou en E. Ces terminaisons sont l'élément verbal propre, sujet à la conjugaison.

Au point de vue de la conjugaison, les verbes japonais sont partagés en verbes : A « irréguliers ou forts » ; et : B « réguliers ou faibles ».

Cette distinction est fondée sur l'essence des verbes japonais, et n'est pas introduite par nous en imitation des systèmes grammaticaux de l'Occident.

A. La racine des verbes irréguliers se termine en I, et cet I, dans des cas déterminés, éprouve un affermissement de son, et devient A (quelquefois O).

Ces cas se rencontrent par exemple dans la formation du temps futur, de la forme passive (comp. *nare,* devenir, ch. II, § x), de la forme négative, et dans la dérivation des verbes causatifs ou factitifs (comp. *nasi,* ibid.).

B. La racine des verbes réguliers se termine en E. Cette terminaison subsiste dans les cas précités. Aux verbes réguliers appartiennent encore un certain nombre de verbes, terminés en I, dont l'I demeure invariable dans les mêmes cas.

La « racine » verbale, ou la « forme radicale », se terminant en I ou en E, répond logiquement, mais non formellement, au mode indéfini hollandais. Mais afin de prévenir une interprétation erronée, il est essentiel de ne pas donner à cette forme radicale ou à cette racine verbale le nom de « mode indéfini ». C'est précisément la « racine », et rien de plus.

On emploie la racine :

a. Comme le premier membre dans les verbes composés, de même le premier membre des substantifs composés consiste dans la racine (comp. ch. II, § 1, *b*).

CH. IV. — LE VERBE.

b. Dans l'association ou combinaison de plusieurs phrases en une seule, de même que de plusieurs substantifs réunis ensemble, le dernier seulement se décline, tandis que les précédents n'admettent aucun indice de déclinaison (comp. ch. III, § xvii, p. 160); ainsi dans les phrases liées ensemble, le verbe de la dernière admet seul le signe de la conjugaison, tandis que les verbes des phrases précédentes sont employés dans la forme radicale, et demeurent sans détermination (comp. III, § xvi, *Couan nin moucai,* etc.).

§ III.

Mode impératif.

La racine des verbes « réguliers », se terminant en E ou I, est en même temps la forme de l'« impératif ». Pour les verbes « irréguliers », la terminaison I se change en E. Cette forme peut encore être fortifiée par l'adjonction du son-voyelle *yo,* ou de *ro*[1]. L'impératif ainsi formé est comme le vocatif de la racine verbale.

Exemples d'impératifs de verbes « réguliers ».

Ake, ouvrir : *towo ake* (ou *akéyo*) ouvre la porte.
Cosiraye, préparer : *tchawo cosiraëyo,* prépare le thé !
Ire, mettre dedans, introduire : *sivo wo ireyo,* mets du sel !
Mi, mirou, voir : *miyo,* vois, regarde !

Impératifs de verbes « irréguliers » :

Kitari, venir : *coconi kitareyo,* viens ici !
Caki, écrire : *cake* ou *cakeyo,* écris !
Couvi, ordinairement *coui*, manger (mordre. Dict): *couye,* mange !
Simai, cesser : *nonde simaë,* cesse de boire !
Matsi, attendre: *mate, mateyo,* attends !
Outsi, frapper: *oute,* frappe !

REMARQUE. Comme le japonais a pour lettres linguales la série タ o テ o チ o ト o ヤ o *ta, te, ti, to, tou,* et que *ti* et *tou* se prononcent dans certains cas comme *tsi* et *tsou*, tandis que les prononciations *tsa, tse* et *tso* sont dans l'origine absolument étrangères à la langue japonaise, il est essentiel de faire observer que pour exprimer

---

[1] *Yo* répond à l'interjection française ô ! — *Ro* paraît être l'équivalent euphonique de *yo.* (L. P.)

par des lettres japonaises les sons chinois *tsa*, *tse* et *tso*, il a été nécessaire d'employer サ, セ et ソ (*sa*, *se* et *so*) : de même on ne saurait transformer les racines *matsi* (attendre) et *outsi* (frapper) en *matse* (attends !) et *outse* (frappe !). — Nous nous sommes permis cette observation, parce que nous avons lu dans l'*Epitome linguæ japonicæ* (p. 122, ll. 12 et 13), qu'il était de règle que les verbes se terminant en *tsou* (c'est-à-dire ceux dont la racine se termine en *tsi* ou en *te*), changent à l'impératif la terminaison *tsou* en *tse*, et que le verbe *outsou*, frapper, fait à l'impératif *outse*, ce qui n'est point exact.

Nul n'ignore que dans la conversation polie l'impératif absolu, au Japon ainsi qu'en Hollande, est constamment évité et se trouve suppléé par des formules plus civiles.

§ IV.

Forme conclusive du verbe.

Si un verbe termine le sens en qualité de verbe prédicat, c'est-à-dire comme *verbe final*, la terminaison I ou E de la racine se transforme en la muette *ou*. Cette forme répond logiquement à notre temps présent du mode indicatif, ou à l'*indicatif présent*.

Dans l'application de cette règle se présentent les cas suivants, si l'on considère à la fois la voyelle ou la consonne qui précède, et la finale *ou* :

Ai se change en *aou* et devient dans la prononciation *ô* long ou *oo* (*ô*, se prononçant *oo*. Dict.).

Les verbes irréguliers de cette catégorie sont le plus ordinairement les formes vulgaires des verbes terminés en ア ヒ (*avi*, *ahi*) (*ai*. Dict.). Tels sont :

アイ *ai*, pour アヒ *avi*, ressembler (convenir, cadrer. Dict.)[1].

イハイ *ivai*, pour イハヒ *ivavi*, prier (fêter, célébrer. Dict.)

カナイ *canai*, pour カナヒ *canavi*, passer en compte, acquitter (pouvoir. Dict.)

Ei, forme vulgaire d'*evi*, se change en *cou* (*eô* ou *eŏ*. Dict.).

---

[1] ア イ (*aï*) et ア ヒ (*avi*) nous paraissent identiques de sens. Les deux orthographes se confondent souvent, et quand l'une d'elles est adoptée à l'exception de l'autre, c'est par des raisons euphoniques qui ressortent du tableau syllabique joint à notre préface. (L. P.)

CH. IV. — LE VERBE.

ス イ *ei* ou *yei* (proprement ス ヒ *evi*) (*yei*. Dict.), s'enivrer ; ス ヴ *eou* ou ス 丁 *evou* (*yŏ*. Dict.), on devient ivre.

Ii, forme vulgaire d'*ivi*, se change en *iou*, ou *you* (*ioŭ*, *yoŭ*. Dict.

イ ヽ *ii* (イ ヒ *ivi*), dire ; イ ユ *you* (イ 丁 *ivou*), on dit. (*Iy*, *yoŭ*. Dict.)
モ チ イ ou モ チ 井 *motsii* (fautivement
モ チ ヒ), servir à... (estimer. Dict.),
モ チ ユ *motsyou*, cela sert à. (*Motchii- rou*. Dict.)

Oi se change en *oyou*. Comme forme vulgaire d'*ovi*, il se change en *oou*, qui se prononce comme *ô* long ou *oo* (*ô*, se prononçant comme *au* français. D'après le Dict.).

オ モ イ *omoi*, penser (aimer, regretter. Dict.) ; オ モ ヴ *omoou*, pron. *omô*, on pense (オ モ ヒ *omovi*, オ モ 丁 *omovou*, pron. *omoo*) (*omô*. Dict.).
オ イ *oi*, vieillir, オ ユ *oyou*, on vieillit.
オ イ *oi* (オ ヒ *ovi*) croître, pousser ; オ ヴ *oou* (オ 丁 *ovou*), cela croît, pousse[1].

Oui se change en *ouyou*. *Oui* est la forme vulgaire d'*ouvi*, et se change en *ouou*, c'est-à-dire *ou* long (*oŭ*. Dict.).

ウ イ *coui*, se repentir, ウ ユ *couyou*, il se repent. (*Coui*, *couyourou* (verbe défectueux), se repentir. Dict.)
ユ イ *youi*, forme vulgaire pour ユ ヒ *youvi*, lier ; ユ ヴ *youou*, ユ 丁 *youvou* (*yoŭ*. Dict.), on lie.

E et *ye* se changent en *ou* et *you* (en *yourou*. Dict.).

ヱ *e*, ou エ *ye*, recevoir, devient ヴ *ou*, on reçoit. (*Ye*, *yourou*, *yeta*, recevoir, obtenir. Dict.)
イ エ *iye*, revenir à la santé ; イ ユ *iyou*, on revient à la santé. (*Iye*, *iyourou*, *iyeta*, se guérir une blessure, etc. Dict.)
コ エ *coye*, devenir gras ; コ ユ *coyou*,
on devient gras. (*Coye*, *coyourou*, *coyeta*, s'engraisser. Dict.)
ヴ エ *ouye* ou *ouë*, planter ; ヴ ユ *ouyou*, on plante. (*Ouye*, *ouyourou*, *ouyeta*, planter, semer. Dict.)
カ エ *caye*, s'en retourner ; カ ユ *cayou*, on s'en retourne. (*Caye*, *cayourou*, *cayeta*, changer, retirer, épuiser. Dict.).

Ki ou *ghi*, et *ke* ou *ghe* se changent en *cou* ou *gou* (prononcés *kw*, ou *gw*), pour lesquels néanmoins l'orthographe *kf'* ou *gf'*, ou encore *k' g'* est adoptée par les Hollandais[2].

---

[1] *Voi*, *vôta* (verbe défectueux), vieillir.
Voi, *vô*, *vôta*, chasser ou conduire les animaux.
Voi, *vô*, *vôta*, porter un fardeau sur le dos. ‖ Devoir (avoir une dette). ‖ Recevoir.
Voi, *vôrou* (ou *voyourou*), *voyeta*, croître. (Dict.) (L. P.)

[2] La demi-voyelle *v* peut s'échanger contre la muette *ou* ; l'*f* ne le peut. (Hoffm.)

カキ *caki*, fendre, égratigner, écrire;
カク *cacou*, on fend, on égratigne, on écrit [1].
ナキ *naki*, pleurer abondamment.
タヽキ *tataki*, frapper, toucher.
アケ *ake*, ouvrir.
アゲ *aghe*, soulever de terre.
ウメキ *oumeki*, soupirer.

マネキ *maneki*, appeler (faire signe de la main. Dict.).
キヽ *kiki*, entendre.
ヒキ *fiki, hiki*, tirer.
ウゴキ *ougoki*, se remuer.
オノヽキ *ononoki*, trembler.
ユキ *youki*, aller.
フキ *fouki*, souffler.

Si ou *zi* et *se* ou *ze* se changent en *sou*, ou *zou* (s^{ou}, *s'*, ou z^{ou}, *z'*) (le plus souvent *sourou* ou *zourou*. Dict.).

ハナシ *fanasi* ou *hanasi*, causer, parler.
マハシ *mavasi*, tourner, forme causative verbale de マヒ *mavi* (ordinairement マイ *mai*), aller en rond, se mouvoir dans un cercle.
ナシ *nasi*, faire être.
ヘンジ *fen zi, hen zi*, devenir autre. (*Fenji, fenjourou, fenjita*, changer de forme. Dict.)

イマシ *imasi*, être présent (ne se trouve pas au Dict.).
ミセ *mise*, faire voir, montrer, représenter. (*Miche, misourou, miseta*. Dict.)
ヘンタウセ *fen tŏ se*, répondre. (*Fentŏ*, réponse; *che*, faire (*sourou*). Dict.)
マゼ *maze*, mêler, joindre. (*Maje, mazourou, majeta*. Dict.)

Tsi ou *dsi* et *te* ou *de* se changent en *tsou* (ts^{ou}, *ts'*) ou *dsou* (ds^{ou}, *ds'*) (le plus souvent *tsourou* ou *dzourou*. Dict.).

タチ *tatsi*, se lever.
マチ *matsi*, attendre.
モチ *motsi*, saisir, empoigner.
ハヂ *fadsi*, avoir honte. (*Fadgi, fazzourou*. Dict.)
タテ *tate*, projeter. (*Tate, tatsourou, tateta*, lever. Dict.)

ハテ *fate*, finir; ハツ *fatsou*, il finit. (*Fate, fatsourou*. Dict.)
ウチ *outsi*, battre.
ナデ *nade*, flatter; ナヅ *nadsou*, il flatte. (*Nade, nazzourou*. Dict.)
イデ *ide*, sortir; イヅ *idsou*, on sort. (*Ide, izzourou*. Dict.)

Mi et *me* se changent en *mou* (m^{ou}, *m'*) (souvent en *mourou*. Dict.).

ヤミ *yami*, passer au repos.
ヤメ *yame*, faire reposer. (*Yame, yamourou*. Dict.)
イミ *imi*, éviter (être de mauvais présage. Dict.)
ヲガミ *wogami*, honorer.

ハゲミ *faghemi*, affectionner (mettre sa force ou sa diligence à une chose. Dict.).
シメ *sime*, faire laisser, faire oublier; *chime, chimourou*, serrer. Dict.)
ヨミ *yomi*, lire.

Caki, écrire. ǁ *Caki*, arracher, égratigner. ǁ *Caki*, faire défaut. ǁ *Caki*, porter un fardeau à deux personnes. (Dict.) (L.P.)

CH. IV. — LE VERBE. 173

ヨ ㇼ *yome*, être lu (se lire), résonner. (*Yome, yomourou.* Dict.)
丿 ㇱ *nomi*, boire.

ㇼ ㇾ ㇱ *megoumi*, favoriser.
ス ㇱ *soumi*, nicher (demeurer, habiter. Dict.).

La nouvelle manière de parler et d'écrire change ordinairement les formes *avi, evi, ivi, ovi, ouvi,* en *ai, ei, ii, oi, oui ;* elle change aussi les syllabes *avou, evou, ivou, ovou, ouvou,* en *aou, eou, iou, oou, ouou.* Dans la prononciation, *avou* ou *aou* devient *ô* (*ó.* Dict.), ou *oo; evou,* ou *eou* = *eô* (ou *eó.* Dict.); *ovou* ou *oou* = *ô* ou *oo* (*au* français, d'après le Dict.).

Vi et *ve* changent en *vou ; bi* et *be* en *bou* (souvent en *vourou* et *bourou.* Dict.).

イ ハ ヒ *ivavi*, prier. (*Ivai, ivò, ivòta.* Dict.)

ア ヒ *avi*, ressembler. (*Ai, vò, vòta.* Dict.)

タ マ ヒ *tamavi*, acquiescer, accorder, condescendre. (*Tamai, tamò.* Dict.)[1].

ナ ラ ヒ *naravi*, apprendre. (*Narai, narò, naròta.* Dict.)

ハ ラ ヒ *faravi*, compter. (*Farai, farò, faròta.* Dict.)

ワ ラ ヒ *waravi*, rire. (*Varai, varò, varòta.* Dict.)

シ マ ヒ *simavi*, cesser. (*Chimai, chimò, chimòta,* parfaire, conclure une chose. Dict.)

ヱ ヒ *evi*, devenir ivre. (*Yei, yŏ, yŏta.* Dict.)

ウ レ ヒ *ourevi*, devenir triste. (*Ourei, oureòrou, oureeta.* Dict.)

イ ヒ *ivi*, dire. (*Iy, yoŭ, yoŭta.* Dict.)

イ ゴ ヒ *igovi*, exhaler. (*Icoi, ivò, icòta,* reposer, dormir. Dict.)

オ モ ヒ *omovi*, penser. (*Vomoi, vomó, vomòta.* Dict.)

ユ ヒ *youvi*, lier. (*Youi, yoŭ.* Dict.)

ア タ ヘ *atave*, donner. (*Ataye, atayourou, atayeta.* Dict.)

ト ヒ *tobi*, se mouvoir, voler. (*Tobi, tobou, tôda.* Dict.)

ハ コ ヒ *facobi*, porter dans un panier. (*Facobi, facobou, facóda,* charrier. Dict.)

タ ヘ *tabe*, manger. (*Tabe, tabourou,* manger ou boire. Dict.)

Ni et *ne* se changent en *nou* (souvent en *nourou.* Dict.).

イ ニ *ini*, s'en aller.(*Ini, inourou, ininda.* Dict.)

シ ニ *sini*, mourir. (*Chini, chinourou, chinda.* Dict.)

イ ネ *ine*, s'endormir. (*Ine, inourou, ineta.* Dict.)

カ サ ネ *casane*, entasser. (*Casane, casanourou.* Dict.)

タ ゾ ネ *tadsoune*, chercher, sonder. (*Tadsoune, tazzourou,* chercher, interroger. Dict.)

---

[1] *Tamavi*, uni à la forme radicale d'un autre verbe, sert dans le style élevé comme verbe auxiliaire. Comp. ch. II, §§ xvii et xxii. (Hoffm.) — Ajouté aux verbes, les revêt de la forme la plus honorable. (Dict.) (L. P.)

Ri et re se changent en *rou* (*rou* ou *r'*) (souvent en *rourou*. Dict.).

ア タ リ *atari*, répondre à (rencontrer. Dict.)
エ リ *eri*, choisir. (*Feri, ferou, fetta*, décroître. Dict.)
イ リ *iri*, entrer.
キ リ *kiri*, couper.
オ リ *ori*, habiter, stationner. (*Vori, vorou, votta*. Briser. | Tisser. || *Vori, vorourou, vorito*, descendre. Dict.)
ヨ リ *yori*, sortir, s'en aller. (*Yori, yorou, yotta*. Choisir. | Ciseler, sculpter. | S'approcher, arriver. | Filer, ou tordre des fils. Dict.)
オ ド リ *odori*, s'ouvrir avec effort. (*Vo-dori, vodorou, vodotta*, sauter, danser. Dict.)
ウ リ *ouri*, vendre. (*Ouri, ourou, outta*. Dict.)
ヌ リ *nouri*, enduire. (*Nouri, nourou, noutta*, oindre, vernir. Dict.)
ナ レ *nare*, devenir. (*Nare, narourou, nareta*, s'accoutumer. Dict.)
イ レ *ire*, mettre dedans, insérer. (*Ire, irourou, ireta*. Dict.)
ヲ レ *wore*, devenir froissé. (*Vore, vorourou, voreta*, se rompre. Dict.)
オ ソ レ *osore*, craindre.

REMARQUE. *Ari et nari* (être) conservent, même quand ils terminent le sens comme verbes prédicats, leurs formes radicales *ari, nari*. (Voyez ch. II, § VIII et IX)[1].

§ V.

Le verbe comme nom substantif et comme adjectif.

Si l'action d'un verbe est présentée comme un « objet substantif », ou comme une « qualité présente dans un objet », c'est-à-dire si le verbe tient la place de notre mode indéfini (infinitif) ou de notre participe, la terminaison *i* des verbes irréguliers se change en *ou*, et la terminaison *e* des verbes réguliers se change en *erou* ou *ourou*. Pour

---

[1] Les verbes de la 1re conjugaison (c'est-à-dire, en *e*, quelques-uns en *i*) ont une autre forme de l'indicatif présent, usitée surtout dans la région du *Couantô*. Cette forme est en *erou*, par la simple addition de *rou* au radical.

Les verbes en *ye* ont encore deux autres formes très-élégantes, usitées seulement dans le style le plus élevé : 1° on change *aye* en *ôrou*, *oye* en *ôrou*; 2° on change *aye* en *ô* et *oye* en *ô*, par syncope des terminaisons *ôrou* et *ôrou* qui perdent le *rou*. (Rodr.) (L. P.)

— Pour exprimer une action continue, on répète le présent de l'indicatif : *Nacounacou youta* « il parlait pendant qu'il pleurait ». — Quelquefois c'est le radical qui est répété : *Vodgi vodgi outchiye itta* « il entra en tremblant ». — On exprime encore la continuité et l'intensité de l'action en plaçant après le radical la particule *ni*, et en répétant la forme conjuguée du verbe : *Fourini fourou* « pleuvoir à verse », *terini terou* « faire grand soleil », *nakini nacou* « pleurer abondamment ». (Rodr.) (L. P.)

CH. IV. — LE VERBE.   175

les verbes réguliers se terminant en *i*, l'*i* se change en *irou* ou *ourou*.

La forme substantive du verbe peut se décliner comme tout substantif : et les relations qui, pour un nom, sont exprimées par les formes de déclinaison, si elles sont attribuées à un sens prédicat, peuvent être caractérisées comme des sens subjectifs, objectifs ou adjectifs ; ainsi :

Counsi no mitsi, tatoveva, tovoki ni youcou ga gotosi, la voie d'un philosophe est, pour employer une comparaison, comme une route dans le lointain. *Gotosi,* être comme (comp. ch. II, § v) a devant soi la détermination prochaine au génitif (*youcou ga*).
Terawo mirou ni youc^{ou}, aller voir un temple.

§ VI.

Forme de flexion pour le temps futur.

L'indice de cette forme est, pour la langue écrite, la terminaison ン *n*, au lieu de laquelle on employait anciennement ム *m^{ou}*, lequel était prononcé *m*, sans voyelle.

Pour les verbes faibles ou réguliers, dont la forme radicale se termine en *e* ou *i*, l'indice *n* s'unit immédiatement à la racine : d'*ake*, ouvrir, résulte *aken* (アケン), devoir ouvrir ; de *mi*, voir, *min* (ミン), devoir voir.

Pour les verbes forts ou irréguliers, dont la forme radicale est en *i*, la terminaison se change d'abord en *a*, par confirmation du son, et on ajoute l'indice *n* : d'*ari*, être, exister, résulte *aran* (アラン), devoir être.

Cette règle est spéciale à la langue écrite, c'est-à-dire à la forme sublime de la langue parlée, telle qu'elle est fixée par l'écriture [1].

Modification de cette forme.

Le langage oral vulgaire a dans les derniers temps modifié cette forme et changé le son *n* en *ou ; aken* est devenu アケウ *akeou* (*akeô*. Rodr.) ;

---

[1] Les désinences propres du futur, dans la langue écrite, sont *en* et *in* pour la 1re conjugaison, et *an* pour les 2e et 3e conjugaisons. (Rodr.) (L. P.)

min, ミウ *miou* (*miŏ*. Rodr.) ; *aran*, アラウ *araou* (*arŏ*. Rodr.) ; et comme en général on contracte les sons, アフ。アウ。 et オフ。オウ。 *avou, aou* et *ovou, oou* se changent en *ô* long ou *oo* (アフ *avou*, et アウ *aou* = *ô*, オフ *ovou*, et オウ *oou* = *ô*. Rodr.), de même ヱフ ou ヱウ *evou* ou *eou* = *eô* ou *evo* (*eŏ*. Rodr.) : ainsi la forme アケウ *akeou* = *akeô*, アラウ *araou* = *arô* (*arŏ*. Rodr.) (ou *aroo*). Mais le collége des interprètes japonais applique malheureusement à la langue japonaise, écrite avec ses propres caractères, la règle qui gouverne la langue hollandaise : « écris comme tu parles », au lieu de cette autre règle : « parle et écris, comme avant toi on a généralement parlé et écrit », et ils substituent d'ordinaire à アケウ la forme アケヲ, et écrivent le plus souvent アロウ, ou même アロ丨, à la place de アラウ [1].

§ VII.

Gérondif.

Aux formes de flexion dérivées immédiatement, c'est-à-dire sans interférence d'un verbe auxiliaire, de la racine verbale en *i* ou *e*, appartient le gérondif, qui est formé par la terminaison conjugative *te* ou *de* ; ainsi : *youkite*, de *youki*, aller ; *akete*, d'*ake*, ouvrir ; *mite*, de *mi*, voir [2].

Nature et signification du gérondif japonais.

La terminaison de flexion *te* ou *de*, employée avec les noms, désigne les *cas locatif, modal* et *instrumental*, répondant aux questions *où* ou *quand, comment* et *avec quoi*, ou *par où* (voyez ch. I, § XVI) ; jointe à un verbe, cette forme de flexion désigne la même relation, et l'action ou opération exprimée par le verbe est ca-

---

[1] Rodriguez énumère trois formes du futur, en *ô*, *ôzou* et *ôzourou*, pour les verbes en *e* de la 1re conjugaison ; *oû*, *oûzou* et *oûzourou*, pour les verbes en *i* de la même conjugaison ; *ó*, *ózou* et *ózourou*, pour les verbes de la 2e et de la 3e conjugaison. (L. P.)

[2] Aux formes de l'indicatif, qui servent pour le gérondif en *di*, on ajoute toujours quelque nom substantif, tel que *toki, jiboun, aida, fima, ma* ; par ex.: *Motomourou jibounde arou* « dans le temps d'acquérir ». — Ce gérondif s'exprime encore en joignant au radical du verbe les mots *yŏ, sama, toccro : Cakiyŏ* « la manière d'écrire », *nesama* « le temps de dormir », *nedocoro* « le lieu de dormir ». Cette forme est en réalité une phrase de deux substantifs. (Rodr.) (L. P.)

ractérisée comme détermination locative, modale ou instrumentale subordonnée et prochaine d'une autre action ou opération subséquente [1]. (Comp. *te ari*, ch. II, § VIII; *ibid.*, § VII, 4ᵉ alinéa; *ibid.*, § XI, p.79, 2ᵉ alinéa.) L'usage du gérondif, ainsi qu'il est exposé ici, est commun à la langue japonaise et à d'autres idiomes de la haute Asie; et une étude plus approfondie de la valeur logique de cette forme de flexion verbale devra conduire à une traduction exacte pour le sens, mais libre dans l'expression.

Dans la phrase : *Courecata* (*couregata*. Dict.) *ni oyobite waghiye ni caveriki*, « quand on arriva au crépuscule du soir, on revint à la maison », le gérondif *oyobite*, formé d'*oyobi* (venir à), équivaut à la détermination locative de temps, que nous pouvons exprimer brièvement par les mots : sur le soir, au soir.

Dans la phrase : *Te wo aghete fito wo manekiyoubou*, « élevant la main, il fait signe et appelle à lui les gens », le gérondif *aghete* répond également à la détermination locative : « tandis qu'il élève la main », et aux déterminations modale et instrumentale : « élevant la main », et « par l'élévation de la main ». Rien n'empêche le traducteur de rendre la phrase : *Te wo aghete*, etc., par : « il élève la main, et fait signe, et appelle à lui les gens »; on ne saurait inférer de cette traduction que la particule japonaise *te* soit le *en* hollandais (le *et* français), pas plus que de la traduction : « élevant la main, il appelle à lui les gens », il ne résulte que *aghete* soit un participe japonais ayant le sens de « élevant ».

En ce qui concerne la formation du gérondif, nous appelons l'attention sur les modifications suivantes de la forme originale :

A. Pour les verbes polysyllabiques, en *ki* ou *ghi*, le *k* ou le *g* sont en général supprimés. Au lieu de *youkite*, *kikite*, *soughite*, on prononce et l'on écrit : *youïte*, *kiite*, *souïte* (ユイテ, キイテ, スイテ). (Comp. ch. II, § I f)

---

[1] Il y a deux formes en *te*. La première est un nom substantif verbal qui exprime l'auteur de l'action; la seconde est une forme de prétérit et a le sens du participe passé: « ayant fait ». Elle répond au gérondif en *do*. — On l'emploie encore de différentes manières: 1° avec le verbe substantif : *Motomete arou*; 2° avec la particule *mo*, comme adversatif, dans le sens de « encore que, bien » ou « plutôt que »; 3° devant les particules *cara*, *yori*, *notchi*, il signifie « après que »; 4° devant un temps de l'indicatif ou du conjonctif, il prend les mêmes temps et mode. — La forme *motomourini*, plutôt propre au conjonctif, s'emploie encore pour ce gérondif.

Les participes présent et futur se suppléent avec les mots *mono*, *fito*, *ra*, *vo*, etc., qui sont proprement des locutions relatives. (Rodr.) (L. P.)

B. Pour les verbes en リ *ri*, ou en チ *tsi*, les formes リテ *rite*, ou チテ *tsite*, se changent dans la prononciation en *tte*.

Il résulte de l'oppression de la désinence faible *i* une assimilation de *r* ou *ts* (originairement *t*) avec le *t* qui suit. *Arite* devient *atte*; *narite*, *natte*; *tatsite*, *tatte*; *yorite*, *yotte*; *motsite*, *motte*. Ces formes de langage ne peuvent être rendues, dans l'écriture usitée au Japon, que par : アッテ *atsoute* (*ats'te*), ナッテ *natsoute* (*nats'te*), タッテ *tatsoute* (*tats'te*), モッテ *motsoute* (*mots'te*); mais d'après la prononciation japonaise, constatée depuis plus de deux siècles, il est évident qu'elles se prononcent : *atte*, *natte*, *tatte*, *yotte*, *motte*.

Collatéralement au gérondif *otte*, provenant d'*ori* (demeurer) et appartenant au langage vulgaire, existe encore dans le langage noble et dans le style des livres la forme オイテ *oite*, ou ヲイテ *voite*. — Ainsi que le verbe *ori*, le gérondif de ce verbe régit le locatif.

$\overset{1}{Cono}$ *syou* (*chou*. Dict.) *kyok sio* $\overset{2}{Naga}$-$\overset{3}{saki}$ $\overset{4}{ni}$ $\overset{5}{oite}$ $\overset{6}{tori}$ $\overset{6}{cayerou}$ *besi*, on doit $\overset{5}{\text{échanger}}$ $\overset{1}{\text{ce}}$ $\overset{3}{\text{traité}}$ $\overset{4}{\text{à}}$ $\overset{2}{Nagasaki}$. — *Niwoite*, compris parmi les postpositions, est donc l'association du gérondif *oite* avec la terminaison locative *ni*, et répond au hollandais *aan* ou *te*.

C. Les verbes irréguliers dérivés, en ミ *mi* ou ビ *bi*, ont pour formes originelles de leurs gérondifs ミテ *mite*, ou ビテ *bite*.

Erami ou *erabi*, choisir : *eramite* ou *erabite*.
Yomi, lire : *yomite*.
Yobi, appeler : *yobite*.
Ayoumi, aller : *ayoumite*.
Mousoubi, lier : *mousoubite*.

Ces formes se rencontrent dans le style des livres. Mais souvent aussi ce style supprime l'*i*, et l'on a des formes telles que *eram-te*, *yom-te*, *yob-te*, *ayoum-te*, *mousoub-te* (suivant l'écriture littérale エラムテ *eramoute*, ヨムテ *yomoute*, ヨブテ *yoboute*, アユムテ *ayoumoute*, ムスブテ *mousouboute*), et ces formes, pour l'euphonie, se transforment encore en *erande*, *yonde*, *yonde*, *ayounde*, *mousounde*, et dans les livres on trouve écrit エランデ, ヨンデ, アユンデ, ムスンデ. Le langage oral va plus loin encore, et donnant aux sons *m* et *n* la valeur d'*ou*, change les formes ci-dessus en *erôde*, *yôde*, *ayoúde* et *mousoúde*. Les sons *a* + *ou* et *o* + *ou* se fondent en *o* (*oo*) (*a* + *ou* = *ŏ* ou *oo*; *o* + *ou* = *ô* ou *au* franç. L. P.), et *ou* + *ou* en *ou* long (*oŭ*. L. P.).

Comme le prétérit présent en *tari*, *tarou*, communément *ta* (ainsi

CH. IV. — LE VERBE.

qu'il est démontré au ch. II, § VIII) a pour base la forme du gérondif, le langage oral produit encore les formes *erôda, yôda, ayoŭda* et *mousoŭda* comme formes du prétérit présent[1].

D. Les verbes irréguliers dérivés, en ヒ *vi*, perdent l'*i* au gérondif (dont la forme originelle ヒテ *vite*, se présente souvent dans l'écriture) : il en résulte la forme *v* + *te*, que l'on écrit ウテ (*voute*). Or, la demi-voyelle *v*, précisément comme *ou*, se fondant avec l'*a* ou *o* précédent en *ô* long (ǒ, ô. L. P.), le langage oral donne, au lieu d'*avite* ou *òvite*, la forme *ôte* (ǒte, ôte. L. P.), qui s'écrit アフテ ou オフテ.

アヒ *avi*, ressembler: アフテ *avoute* = *ôte*.

ナラヒ *naravi*, s'accoutumer à (apprendre. Dict.) : ナラフテ *naravoute* = *narôte*.

ワラヒ *waravi*, rire : ワラフテ *waravoute* = *warôte*[2].

シマヒ *simavi*, se désister de (conclure. Dict.) シマフテ *simavoute* = *simôte*.

オモヒ *omovi* (*vomoi*. Dict.), penser : オモフテ *omovoute* = *omôte*, et aussi (par exception) *omonde*.

Exemples de l'emploi du gérondif :

Casira wo idasite mirou, avancer la tête et frapper. — *Idasi*, faire venir à la rencontre, forme causative d'*ide*, *idsourou*, substitué à la forme tombée en désuétude *idi*, sortir, venir à la rencontre.

ツダヲ モツテ テンヲ ウカガフ, *coudawo motte tenwo oucagavou*, avec un tube observer le ciel, n'avoir point le regard assuré. — *Oucagavi* (verbe irrégulier), faire attention à une chose, observer une chose. *Motte*, gérondif de *motsi* モチ (verbe irrégulier), saisir avec la main, prendre par la main ; et dans un sens plus étendu,

employer une chose. La traduction littérale de cette phrase serait : Employant un tube, il contempla le ciel ; en d'autres termes : au moyen d'un tube il contemple le ciel.

イロハヲ モツテ ルイヲ ワカツ *i-rofa wo motte roui wo wacatsou*, selon l'Irofa on partage les espèces.

オヨソ ヒトノ サウホウヲ ウカガフ ハカレラヲ モツテ レユドス, *oyoso fito no sô-fó wo oucagavou (oucagǒ) va, casira wo motte syou to sou*. Celui qui applique son attention en général sur l'apparence extérieure de

---

[1] Quiconque aura fait le voyage de la cour et traversé la contrée entre Osaca et Méaco, se convaincra, nous n'en doutons pas, de la justesse de nos théories, car dans cette contrée, l'idiome doit être le même qu'il y a deux siècles. (Hoffm.)

[2] Dans l'expression : *Fito waravinde irou* « (il) dit avec un sourire », *waravinde* est l'instrumental du substantif *waravi* « un sourire ». (Hoffm.)

quelqu'un, considère la tête comme le principal. La traduction littérale serait : « prenant la tête, il (en) fait le maître ou le principal ». Le Japonais a cette manière de parler commune avec le Chinois (以頭爲主).

Fibari tacacou tonde ame ni itari, boumei, sou; coutabirete va, tobi sagarite cousa-mouro naca ni irou, l'alouette, haut vaguant, s'élève au ciel, danse, chante ; est-elle fatiguée, elle descend et va dans son nid d'herbes. — *Tonde*, gérondif de *tobi*, vaguer. *Itari*, aller vers, employé dans la forme radicale, pour désigner la liaison et comme l'enchaînement des sens. *Boumei* (danse — chante) mots bâtards, provenant du chinois. *Sou*, forme conclusive de *si*, faire. *Coutabirete va*, gérondif, isolé au moyen de *va*, de *coutabire*, devenir fatigué. *Sagari*, descendre; *tobisagari*, littér. voler-descendre, c'est-à-dire voler en bas. *Naca*, milieu. *Iri, irou*, aller dedans, régit le locatif, où ? on entre.

§ VIII.

La racine verbale au locatif pour la formation des sens adverbiaux déterminant la place et le temps.

Les phrases adverbiales qui déterminent un temps présent, ou un temps considéré dans le passé comme présent, et qui dans le hollandais sont liées à la phrase principale au moyen des conjonctions *als, toen, daar, wanneer* (comme, quand, attendu que, lorsque), sont en japonais caractérisées comme détermination de temps, précédant la phrase principale, par la terminaison du locatif ニ *ni*, suivie de la particule isolative ハ *va*. On obtient ainsi la terminaison *ni + va*, qui se contracte en la forme simple バ *ba*[1]. Ce *ba* se joint aux verbes réguliers comme terminaison immédiate de la racine ; par ex. :

Tate, placer : *tateba*, comme, ou quand on place.
Nare, devenir : *nareba*, comme, ou quand il arrive.
Maze, mêler, réunir : *mazeba*, comme, ou quand on réunit. (Voyez ch. II, § x, p. 75.)

---

[1] Cette terminaison *ba* est la particule *wa* altérée. On emploie *wa* sans altération pour former le conditionnel. (Rodr.) (L. P.)
Les Japonais ne savent rien autre de ce *ba*, si ce n'est qu'il est appelé le *ba* « sourd ou trouble », et qu'il répond à la conjonction chinoise 則 *tse* (alors), tandis que la particule intermédiaire ハ *va*, expliquée au chap. I, § xvi, s'appelle le *va* « clair », et peut être assimilée dans sa valeur logique au chinois 者 *tchè*. (Hoffm.)

CH. IV. — LE VERBE.

Au lieu de la racine verbale en *e* ou *i* régulier, on emploie souvent pour la formation du locatif les formes dérivées *erou, ourou, irou,* et on obtient ainsi *tatsoureba, mazoureba, soureba, mireba,* au lieu de *tateba, mazeba, seba, miba.*

Pour les verbes irréguliers en *i,* la finale éprouve d'abord un renforcement de son et se change en *e,* d'où, avec le *ba* suivant, résulte la forme *eba* ; par ex. :

Youki, aller : *youkeba,* comme, ainsi que, ou quand l'on va.	*tati*), se lever : *tateba,* quand on se lève.
Nari, être : *nareba,* quand, ou comme on est.	*Siri,* connaître : *sireba,* quand on connaît. (Voyez ch. III, § XIII.)
⾒ ≠ *tatsi* (ou, dans quelques dialectes,	*Nakeri,* n'avoir pas été : *nakereba.* (V. *ibid.*; et § XIV.)[1]

On emploie encore pour les verbes irréguliers, au lieu de la forme locative expliquée présentement, la forme substantive avec la désinence locative *ni* ou *ni va.* (Voir ch. II, p. 69, note 1.)

De même la tournure hollandaise : *lenteregen* (faire une pluie de printemps), *groene weiden* (paître la verdure, l'herbe verte), existe en japonais ; par ex. :

Ame yorou fourourou va, tsicaki ni mata ame, « le (fait de) cesser, à la nuit, d'une pluie, (c'est) dans peu de temps pleuvoir de nouveau », équivaut à :	*Ame yorou faroureba, tsicaki ni mata ame fourou,* quand la pluie cesse pendant la nuit, il doit dans peu de temps pleuvoir de nouveau.

§ IX.

La forme du futur au locatif, indice du sens adverbial présupposé.

Si le temps à déterminer par un sens adverbial est considéré comme

---

[1] Rodriguez distingue deux conjonctifs : le premier, au présent, se forme du présent de l'indicatif, en changeant *rou* en *reba* ; au prétérit, en ajoutant *reba* au prétérit de l'indicatif, et au futur, en changeant *rou* de la 3ᵉ forme du futur de l'indicatif, en *reba* (*motomeôzourou, motomeôzoureba*); pour la 2ᵉ forme du futur, en ajoutant au prétérit parfait de l'indicatif, *rô* dans la langue parlée, et *ran* dans la langue écrite. (Dans ce dernier cas, la phrase doit se terminer par un nom.)
Le 2ᵉ conjonctif est en *domo.* Voy. plus bas. (D'après Rodr.) (L. P.)

présent, c'est-à-dire si le sens adverbial donne à connaître une « présupposition », cas auquel sont employées en hollandais les conjonctions conditionnelles *als, wanneer, zoo, indien, ingeval dat* (comme, quand, si, mais, dans le cas où), alors la forme du futur du verbe japonais est placée au locatif en *ni*, et caractérisée, par l'adjonction de la particule séparative *va*, comme une partie du discours subsistant d'elle-même.

Les formes ainsi dérivées de *youcan* (devoir aller) et de *naran* (devoir être) : *Youcan+ni+va* et *naran+ni+va* se fondent, dans la langue parlée et écrite, en *youcaba et naraba*, et signifient « en » ou « pour le devoir aller », c'est-à-dire « quand » ou « si l'on doit aller », et « en » ou « pour le devoir être », c'est-à-dire « en cas que l'on soit ».

Ici nous devons constater l'un des procédés les plus ingénieux de la langue japonaise, sans doute incompris des Japonais de notre temps! Nous avons peine à croire, en effet, que ceux-ci apprécient bien, et se soient expliqué rationellement, pourquoi il existe une différence entre *youkeba* et *youcaba*, car à cette heure ils échangent indistinctement les deux formes, ce que ne faisaient pas les anciens auteurs du siècle d'or de la littérature japonaise [1].

Comme les verbes réguliers en *e* ont leur futur en *en*, comme *taten*, devoir placer, *aken*, devoir ouvrir, *naren*, devoir être : ainsi les formes locatives *taten+ni+va*, *aken+ni+va*, *naren+ni+va* et, d'après la méthode de contraction, d'abord *taten+n'+va*, *aken+n'+va*, *naren+n'+va*, et ensuite *tatén+ba*, *akén+ba*, *narén+ba*) ne

---

[1] Les formes en *aba*, d'après Rodriguez, se confondent avec celles en *eba* pour constituer le conditionnel. Pour le présent on ajoute à la racine la finale *ba*, ou la forme du présent *naraba*, ou *ni woitewa*; pour le prétérit on ajoute *raba*, ou *naraba*, ou *ni woitewa*; pour le futur on ajoute au futur de l'indicatif l'un edes désinences *naraba*, ou *ni woitewa*.— La forme du présent sert aussi pour le futur.

Les formes du conditionnel terminées en *ba* ont proprement le sens du futur, et non celui du présent ni du prétérit proprement dit; ainsi *motomeba* est le futur, et *motometaraba*, le futur parfait ou accompli. Ces formes sont des futurs et sont dérivées du futur indicatif, ainsi que le prouve l'emploi dans certaines provinces, dans le *Fizen* par exemple, du futur de l'indicatif avec la particule *ba*, proprement *va*.

Les indices du futur sont *beki, bechi, baya, nan, ten, taran, taranzourou, taranzouran, tsouran, nouran, ouran, chi, ran, ken* (ces deux derniers, étant précédés de *coso*, changent *n* en *me*).— D'autres indices sont composés des particules du prétérit, combinées avec les particules du futur, et ont le sens du futur. (Rodr.) (L. P.)

peuvent manquer de devenir *tatéba, akéba, naréba*, et de se confondre avec les formes *tateba, akeba, nareba*, dérivées immédiatement des racines *tate, ake, nare*.

Pour rétablir la différence, on fait usage du présupposant *mosi*, ou *mosicouwa*, « étant admis que », lequel est employé généralement au commencement du sens adverbial présupposant.

§ X.

MO ou TOMO, formes de relation du sens adverbial concessif.

Les sens adverbiaux concessifs sont ceux qui sont liés en hollandais avec le sens principal, que le concédé détermine ou relève, au moyen des conjonctions *ofschoon, schoon, hoezeer, hoewel, alhoewel, nietlegenstaande, al* (aussi bien, bien que, combien que, encore que, tout autant que, nonobstant, quoique)[1].

Le mot de forme japonais du sens adverbial concessif, qui comme tel précède constamment le sens principal, est 毛 *mo*, cette postposition que nous avons appris à connaître dans sa relation avec les pronoms interrogatifs comme signifiant « encore ». On emploie aussi la forme confirmée トモ *tomo*, en latin *quoque*. Dans la phrase simple : *Daremo corewo siranou*, litt. « qui aussi ne sait cela ? » est contenu le principe de la formation du sens concessif. — *Ama-goumo arite* ou *arite va* (communément *atte* ou *attewa*), *ame fourou* signifie « des nuages de pluie étant présents, il tombe de la pluie »; et *amagoumo areba fourou*, « comme il y a des nuages de pluie, il pleut ». — *Amagoumo arite-mo fourazou* signifie « encore (ou même) avec la présence des nuages de pluie, ne pleut-il pas », c'est-à-dire suivant la manière de parler hollandaise : « Aussi bien (bien que, combien que, encore que, tout autant que, quoique) il y ait des nuages, cependant il ne pleut pas ».

En opérant d'après ce principe, on obtient le tableau suivant des formes verbales :

[1] D' W. G. Brill, *Syntaxe*, 255. (Hoffm.)

LE VERBE COMME SUBSTANTIF.	*Youcou va*, le aller.

<table>
<tr><td rowspan="6">LE VERBE COMME SUBSTANTIF.</td><td>*Youcou va*, le aller.</td><td>*Youcou mo*, ou *youcou tomo*, encore (ou même) le aller.</td></tr>
<tr><td>*Tatsourou va*, le placer.</td><td>*Tatsourou mo*, ou *tatsourou tomo*, encore (ou même) le placer.</td></tr>
<tr><td>*Mirou va*, le voir.</td><td>*Mirou mo*, ou *mirou tomo*, encore (ou même) le voir.</td></tr>
<tr><td>*Youcou ni va*, dans le aller.</td><td>*Youcou ni mo*, encore dans le aller, *etc*.</td></tr>
<tr><td>*Tatsourou ni va*, dans le placer.</td><td>*Tatsourou ni mo*.</td></tr>
<tr><td>*Mirou ni va*, dans le voir.</td><td>*Mirou ni mo*.</td></tr>
<tr><td rowspan="3">GÉRONDIF.</td><td>*Youkite*, ou *youkite va*, communément *youite*, ou *youite va*, par le aller, allant.</td><td>*Youkite mo*, communément *youite mo*, encore (ou même) par le aller, encore allant, si l'on va.</td></tr>
<tr><td>*Tatete*, ou *tatete va*, par le placer.</td><td>*Tatete mo*, encore (ou même) par le placer.</td></tr>
<tr><td>*Mite*, ou *mite va*, par le voir.</td><td>*Mite mo*, encore (ou même) par le voir, si l'on voit.</td></tr>
<tr><td rowspan="3">LOCATIF DÉTERMINANT LE TEMPS.</td><td>*Youkeba*, contracté de *youke+ni+va*, quand on va.</td><td>*Youke domo*, contracté de *youke+ni+domo*, *youkendomo*, quand même on va.</td></tr>
<tr><td>*Tateba*, contracté de *tate+ni+va*, quand on place.</td><td>*Tatedomo*, contracté de *tate+ni+tomo*, *tatendomo*, si l'on place encore.</td></tr>
<tr><td>*Tatsoureba*, contracté de *tatsourou+ni+va*, quand on place.</td><td>*Tatsoure domo*, contracté de *tatsoure+ni+tomo*, si l'on place encore.</td></tr>
</table>

Cette dérivation rend sensible les raisons pour lesquelles on doit dire et écrire : ユクハ (*youcouva*) et ユキテハ (*youkiteva*), *youcou mo* et *youcou tomo*, tandis que d'autre part *youkeba* et *youke domo* sont corrects, *youke va* et *youke tomo* incorrects. Précisément comme le *b* de *ba* est une contraction de *n + v*, ainsi le *d* de *domo* est une contraction de *n + t*. Les écrivains instruits ont devant les yeux cette distinction, les écrivains médiocres la perdent de vue, ou bien oublient de ponctuer ハ (*va*) et ト (*to*), et d'écrire バ (*ba*) et ド (*do*).

A la place de *domo* on emploie quelquefois イヘトモ *ive domo*, ou イヱトモ *iye domo*.

Iyedomo est la forme de flexion concessive de イビ *ivi*, ou イヽ dire, et signifie : « si l'on dit, si cela s'appelle ». Ce verbe a devant soi la détermination appositive : « comment on appelle une chose », avec la postposition ト *to;* par ex. : *Couni ari, sono na wo Nippon to ivou* (*you*. Dict.), il y a un empire, on appelle son nom *Nippon*.

CH. IV. — LE VERBE.   185

Si l'apposition est un verbe, ce verbe est mis en la forme substantive, ou en la radicale : *Youcou to ivou, tatsourou to ivou,* cela veut dire que l'on va, que l'on place. *Youcou to iyedomo* et *tatsourou to iyedomo* signifient donc : « si l'on dit que l'on va, si l'on dit que l'on place », manières de parler qui n'ont d'autre sens que : « si l'on va, si l'on place »[1].

§ XI.

Preuve absolue et générale.

Afin d'appliquer les principes ici développés de flexion verbale sur un texte japonais vulgaire, ouvrons le livre japonais *Fak bouts zen* (博物筌), p. 239, au mot *ame* :

ハル 雨 フリテ 山ノ根 クモ チギレタラバ ヤガテ ハレ。

Farou ame fourite, yama no ne coumo tsighiretaraba, yagate fare.

Traduction. — Pendant que tombe la pluie du printemps, si les nuées des cîmes des montagnes se dispersent en tous sens, à l'instant même il fait clair de nouveau.

Dérivation et éclaircissement.—*Farou*, printemps, contracté de *fayourou*, germer, pousser = en anglais *spring*, printemps, et *to spring*, germer (étendre | germer. Dict.). — *Ame, ama*, contracté de *ao mao*, l'espace bleu : 1. le ciel, le firmament, 2. la pluie. *Ame fourou*, le ciel sème, disperse, il pleut. — *Fourite*, gérondif de *fouri*, verbe irrégulier : 1. s'agiter comme un oiseau ; 2. se répandre, tomber de haut. *Youki, arare nado fourou*, il tombe de la neige, de la grêle, etc. — *Yamano ne*, racine de montagne, c'est-à-dire sommet ou cime d'une montagne ; *kino ne*, sommet d'un arbre ; *yane*, racine, c'est-à-dire pignon d'une maison ; *mine*, racine du sommet, c'est-à-dire le plus haut pic d'une chaîne de montagne, etc. — *Coumo*, nuée, de *coumi*, s'installer (tisser, entrelacer, couvrir. Dict.). — *Tsighiretaraba*, forme adverbiale présuppositive de *tsighiretari*, prétérit présent, contracté de *tsighire* + *tari*, être répandu. *Tsighir—e, —ou, —erou, —ourou*, contracté de *tsini kire*, c'est-à-dire haché en mille morceaux (*tchighire, —rourou, —reta*, se défaire, se rompre comme une corde, un fil. Dict.) — *Tari*, contracté de *te ari*, mot auxiliaire pour la formation du prétérit. (V^r Ch. II, § VIII.) Le futur *tsighiretarou*, communément *tsighire taró*, formé de *tsighiretari*, être répandu,

---

[1] D'après Rodriguez, le présent du second conjonctif se forme en changeant *rou*, de l'indicatif présent, en *redomo* ; pour le prétérit, on ajoute *redomo* au prétérit parfait de l'indicatif ; au futur, on change *rou*, du futur de l'indicatif, en *redomo*. (D'après Rodr.) (L. P.)

186　GRAMMAIRE JAPONAISE.

signifie : « devoir être répandu »; la forme qui en est dérivée, *tsighire taraba*, répond à : « au cas où il doit être répandu ». *Tsighire taraba*, au contraire, devra signifier : « quand on répand ». — *Far—e, —ou, —erou, —ourou*, s'éclaircir. — Par l'emploi de la racine verbale la phrase est caractérisée comme une série continue. (V. ch. IV, § II, *b*.)

On lit à la suite :

冬至 ニ フリダシタル アメ ハ 久 ク フル。
Tô - zi ni fouridasitarou ame va fisasicou fourou.

Traduction. — Quand la pluie se déclare au point culminant de l'hiver, il pleut en abondance.

Éclaircissement. — *Tôzi* = 22 décembre. — *Fouridasitarou*, forme attributive du prétérit présent de *fouridasi*; celui-ci composé de *fouri*, joncher, tomber, et *dasi*, = *idasi*, faire sortir, produire; *fouridasitarou ame*, pluie qui tombe en abondance. D'après le caractère de la langue japonaise, le premier membre de phrase peut encore être interprété comme une détermination de temps.

久雨 ノノチイヌ 亥子 ウシノチキ 山ノ根 スキタル
Fisasiki ame no notsi inou-, i-, ne-, ousi no toki, yama no ne soukitarou

ハ ハル。西比 ハルテ モ 西 ニ アマグモ ツヨク ツカヘタル
va, fare. Nisi-kita farete mo, nisi ni amagoumo tsouyocou tsoucavetarou

ハ ソノ 日 フラズ トモ 明日 アメ。
va, sono fi foura-zou tomo, asouva ame.

Traduction.—Si après de longues pluies dans les heures du chien, du porc, du rat, ou du taureau, les cimes des montagnes sont devenues transparentes, alors (le ciel) devient lumineux. Si, malgré que (le ciel) devienne plus lumineux dans l'ouest nord (le nord-ouest), des nuages de pluie se condensent fortement dans l'ouest, il arrive que, s'il ne pleut pas ce jour-là même, il pleuvra le lendemain.

Éclaircissement. — Le membre de phrase qui finit par *soukitarou va*, caractérisé comme initial par la particule distinctive *va* (voyez ch. I, § XVI), est le membre du sujet; tandis que si *fare* se trouve simplement comme sens prédicat, le membre est elliptique, car la partie verbale constitutive du prédicat se trouve être absente.

Le cas est pareil avec la phrase qui suit immédiatement : si le membre initial finit par *tomo*, le membre prédicat est elliptique. — *Farete mo*, gérondif de *fare*, avec la postposition *mo*, signifie : « encore dans le devenir brillant », c'est-à-dire

CH. IV. — LE VERBE. 187

« encore pendant qu'il devient brillant ». *Tsouyocou*, adverbe de *tsouyoki*, fort (comp. ch. II, § 1, *h*.). Par une inadvertance du graveur au burin on trouve dans l'original ノユケ, à la place de ヨケ. — *Tsoucave tarou*, prétérit présent de *tsoucave* ou *tsoucaye*, être condensé. — *Fourazou*, il ne pleut pas, forme négative de *fouri*, tomber, pleuvoir.

雨 ヨル ハル｜ハ チカキ ニ 又 アメ。二十八日 ニアメ
Ame yorou farourou va, tsicaki ni mata ame. Ni-zyou-fatsi ga nitsi ni ame
フウハ ツイタチ 多クハ 雨。久雨 ノ ノチ クサビラ アサ
fourou va, tsouitatsi ó cou va ame. Fisasiki ame no notsi cousabira asa
イヅルハ ハレ。クレニ イヅルハ アメ°
idsourou va fare; coureni idsourouva ame.

アメ 多ク コチ ニテ フル。南ヘマハリテ 西風 ニ ナレバ
Ame ócou cotsi nite fourou, minami ve mavarite nisi-caze ni nareba,
晴。比ヘマハリテ ハルレバ 又二三日ノ内 フル。西
fare; kitave mavarite faroureba, mata ni san nitsi no outsi fourou. Nisi-
風 ニテ フル 雨ハ アサキ ナリ 子辰申ノトキ フリ
caze nite fourou ameva asaki nari. Ne-tatsou-, sarou-no toki fouri
イダセ バ ナガシ。
idase-ba nagasi.

Traduction. — Si le ciel s'éclaircit pendant la nuit, après un court intervalle il pleut de nouveau. S'il pleut le 28ᵉ jour du mois, il pleut souvent à la nouvelle lune.

Si, après une longue pluie, des champignons viennent à paraître le matin, il fait clair de nouveau ; s'ils naissent vers le soir, il pleut.

S'il tombe de la pluie par le vent d'est, et que ce vent passant vers le sud devienne un vent d'ouest, il fait clair de nouveau. Si le vent tourne vers le nord, et qu'il se fasse clair, il pleut de nouveau après deux ou trois jours.

La pluie qui tombe par le vent d'ouest est fine. Si elle commence dans le signe de la souris, du dragon ou du singe, elle est de longue durée.

Éclaircissement. — *Tsicaki ni*, locatif de l'adjectif *tsicaki*, prochain, voisin, en relation avec l'espace ou le temps: racine, *tsica*. (Comp. ch. II, § II, p. 64, 2ᵉ col.)

Mata, 1. jumeau, tout ce qui va en paire ; 2. encore, de nouveau. — *Tsouitatsi* (voyez ch. II, § xxv). — *Ocouva*, l'adverbe *ócou*, isolé par *va*, d'*óki*, beaucoup (voyez ch. II, § 1, *h*.). — *Idsourou*, d'*ide*, sortir, venir à la vue. — *Cotsi*, c'est-à-dire le pays de l'arbre ou du bois, = l'est. *Cotsi* est mis elliptiquement pour *cotsi-*

caze, le vent d'est. — *Mavari*, verbe irrégulier, se tourner, forme verbale continuative de *mavi*, se mouvoir dans un cercle, tourner en rond. — *Nisicaze ni nari*, il devient en vent d'ouest (comp. ch. II, § x). — A l'égard de *ne—*, *tatsou—*, *sarou no toki*, voyez ch. II, § xxvi.

雷。春 ハジメテ ナル トキ。ハゲサキ 聲 ハ 旱 ナリ
Icatsousi. Farou fazimete narou toki, faghesiki coye va fideri nari,

ソノ 声 シヅカ ナル ハ 雨 ヲヲシ。雨 ナシニ ナル ハ 大風
sono coye sidsouca narou va ame ósi. Ame nasini narou va dai-fou

ノ シルシ ナリ。又 夏月 夜 雷声 ハツスルヲ 長 雨
no sirousi nari. Mata matsou tsouki yo icatsoutsi fatsou sourouva nagaki ame.

又 沖 ヘ ナリ 入 モノ ハ 雨 長 シ。其 ホカハ スベテ 晴
Mata oki ve nari irou mono va, ame nagasi. Sono foca va soubete fare

ヲ ツカサドル 夏 ナラント シテ ヲ 朝 夕ノ 間 ニ 雲
wo tsoucasadorou. Natsou naranto site va asa you no aida-ni coumo

ハシリ トンデ。其中 アカキ 雲 アリテ ソノ アイダ ニ
fasiri tonde. Sono aca acaki coumo arite, sono aida ni

乱 ルヽ ハ 夜大 ニ 雷雲 アルナリ。アサ ニシ ニ ニジ
midarourou va, sonoyo ôvi ni rai-oun arou nari. Asa nisi ni nizi

アレバ 三日 ノ ウチ アメ。
areba san nitsi no outsi ame.

Traduction. — Du tonnerre. Un éclat violent, quand il retentit pour la première fois au printemps, est (signe de) sécheresse. (Le sens prédicat *fideri nari* est une ellipse pour *fideri no sirousi nari*, « est un signe de sécheresse. »)

Le bruit est-il faible, alors la pluie est abondante ; littéralement : le « être faible de ce bruit (est un signe que) la pluie est abondante. » Tonne-t-il, tandis qu'il ne pleut pas, c'est un signe de tempête. De plus, l'explosion du tonnerre dans les nuits des mois de printemps est (un signe de) longue pluie. De plus, un bruit de tonnerre qui vient du côté de la mer est (un signe que) la pluie est de longue durée. Au surplus, le tonnerre précède en général l'éclaircissement de l'atmosphère. Quand dans l'été, pendant que le temps est orageux, entre le matin et le soir, les nuages volent extravagants, qu'il y a parmi eux des nuages rouges, et que tous s'entremêlent, souvent il doit survenir des bourrasques pendant la nuit. Paraît-il au matin un arc-en-ciel vers l'ouest, il pleut durant trois jours.

Éclaircissement. — *Fazimete*, gérondif de *fazime*, commencer. — *Nari*, *narou*,

CH. IV. — LE VERBE.   189

verbe irrégulier, mugir, gronder, bruire, tonner. *Narou cami*, le Dieu de tonnerre. *Narouto*, la porte du tonnerre, nom d'un passage étroit entre les îles *Awadsi* et *Sicok*. *Narou toki*, le temps tonnant, c'est-à-dire : pendant, ou quand il tonne. *Naras)i, -ou*, verbe causatif, faire mugir, gronder, etc. *Tsouri gane wo narasou*, faire résonner une cloche. — La particule isolative *va* sépare le sujet du prédicat, et le sens subjectif du sens prédicat. — *Sidsouca nari*, être doux. — *Nasi ni*, locatif de *nasi*, ne pas être à portée. (Voir l'éclaircissement du ch. II, § ɪᴠ.) — *Naranto site va*. *Naran*, futur de *nari*, mugir. *Site va*, gérondif isolé par *va* de *si*, *sou*, faire ; *to*, indice de la détermination appositive. *Naranto sou*, il va tonner, il est temps de tonnerre ; *naranto site va*, pendant qu'il est temps de tonnerre. — *Fasir-i, -ou*, sauter, courir, extravaguer. — *Tonde*, gérondif de *tobi*, vaguer, voler. — *Arou nari*, « il est présent » ou « l'on a ».

四月朔日ノ天氣。コンニチ アサヒノイヅル 所
Si-gwats tsoui tatsi no ten-ki.   Con nitsi asa-fi no idsourou tocoro
ヒガシニクモヲ | クニシ ハレタル ハツキ ヂウ   テンキ
figasi-ni coumo oocou nisi faretarou va tsouki-dsiou (dgiou. Dict.) *tenki*
ヨシ。ヒニ カサアレバ イ子ノ子タカシ。ニシ キタノカゼ フケバ キ
yosi. Fi ni casa areba ine no ne tacasi. Nisi kita no caze foukeba ki
キンスルナリ。オヨソ オホイニ フウ ウスレバ アキ ダ イ スイ
kin sourou nari. Oyoso ovoini fou-ou soureba, aki dai-soui
アリ。スコシ キ ウ フウ スレバ アキノミヅ スクナシ。
ari. Soucosi-ki ou-fou soureba, aki no midsou soucounasi [1].

Traduction. — Sur la température du jour de la nouvelle lune dans le quatrième mois. — Quand en ce jour, pendant l'ascension du soleil matutinal, les nuages sont abondants vers l'orient, l'occident est pur ; et l'atmosphère est belle durant le mois. Y a-t-il un anneau (chapeau) autour du soleil, le prix du riz est élevé. Souffle-t-il un vent d'ouest-nord (nord-ouest), il y a famine. En général, quand il vente fort et qu'il pleut, on a dans l'automne une inondation. S'il pleut et vente peu, la pluie d'automne est rare.

月暈 アルトキハ 三日ノウチニ 雨 フルトイヘリ。
Tsouki-casa arou toki va, san nitsi no outsi-ni ame fourou to iveri [2].

[1] *Gwats rei fak bouts zen*, part. IV, p. 3 et suiv. (Hoffm.)
[2] ツ ウ ホ キ ン モ ウ ツ イ。 Part. I, p. 7 r°, l. 3-4. (Hoffm.)

On dit qu'il pleut durant trois jours quand un chapeau de lune (halo, anneau autour de la lune) est apparent.

Éclaircissement. — *Iveri*, il est dit, de *ivi*, dire. Le modificatif adjectif, « ce qui est dit, » précède comme sens objectif, caractérisé par la forme substantive du verbe (*fourou*), suivi de la particule *to*. Ce mode d'association entre les phrases répond à la forme conjonctive hollandaise. (Comp. ch. II, §§ VII, XVII à la fin, et XVIII, p. 102.) — *Ame* est ici sujet. — *Tsouki-casa arou toki va* est un déterminatif adjectif de temps, isolé par la particule *va*, et signifie littéralement : « Du chapeau de lune paraissant-le temps ». —; La forme substantive *orou* est ici adjective. (Comp. ch. IV, § V.) Au lieu de *tsouki casa arou toki va*, l'on peut dire encore : *Tsouki casa arou va*, ou : *Tsouki casa areba*.

ヨバイ 星 ハ ホシ ト 名 ヅク ト イヘドモ 星 ニ アラズ。
Yobai- fosi va, fosi to na-dsoucou to ivedomo fosi ni arazou.

中天 ニ アル 處 ノ 天火 ノ ルイ ナリ。
Tsiou-ten ni arou tocoro no ten coua no roui nari.

En ce qui concerne les étoiles filantes, quoiqu'on les appelle étoiles, ce ne sont pas des étoiles. C'est une espèce de feu céleste, qui apparaît dans le ciel moyen.

Éclaircissement. — *Yobai fosi*, litt. une « réputée étoile ». Ce nom est en rapport avec l'image que les sorciers appellent étoile. — *Nadsoucou to ivedo mo*, litt. comme il résonne, comme on dit, comme on appelle, comme s'appelle. — *Arazou*, ne pas être présent, forme négative de *ari*, être présent. Il a devant soi la détermination prochaine, « où quelque chose est présent », au locatif (ici *fosi-ni*). *Tosi nari* signifie donc : « le être étoiles » (voyez ch. II, § IX), *fosi ni arazou* : « il n'y a point d'étoiles ». La forme négative régulière de *nari* serait *narazou*, ordinairement *naranou*. Elle est souvent évitée et remplacée par la forme ouverte (directe) *ni arazou*. — *Arou tocoro no*, forme du qualicatif attributif : « être à la main ». (Voir ch. III, § XVIII.)

ソレ タカ サイ アリ ト イヘドモ チギヤウ ヲ シリテ ハナタザ
Sore taca sai ari to ivedomo dsi-ghyô wo sirite fanataza-
レバ オホク ハ リ ヲ ウシナフ モノ ナリ。
reba ovocouva ri-wo ousinô mono nari.

Quoique un faucon de cette espèce possède encore assez d'intelligence pour apprendre à connaître la situation locale, néanmoins, quand il n'est pas mis en liberté, c'est un individu qui (pour la chasse) perd souvent son avantage, c'est-à-dire n'arrive pas, reste à court.

Éclaircissement. — *Sai*, talent, capacité. — *Dsi ghiyŏ wo sirite*, en apprenant-connaître la constitution locale. L'auteur ne s'exprime pas avec justesse, car il veut dire : afin d'apprendre à connaître la contrée. Il aurait dû, à la place du gérondif *sirite*, employer, soit *sirou tameni* (pour la prise de connaissance), soit *sirantote* afin d'apprendre à connaître. — *Fanatazareba*, de *fanatazare*, « ne pas être élargi »; et celui-ci de *fanatsi*, élargir.

Comme la doctrine ici développée de la flexion du verbe japonais est le résultat d'une étude sérieuse et approfondie de la langue et de la littérature, elle sera nécessairement vérifiée et confirmée par la même littérature, et elle devra former la base d'une doctrine complète, appropriée aux verbes dérivés, dont il existe des variétés très-nombreuses.

Nous arrivons maintenant au chapitre du manuscrit concernant

LE VERBE.

§ XII.[1]

Quand les verbes japonais sont écrits en caractères purement japonais, *hiracana* ou *catacana*, ils finissent tous, au mode indéfini, par le son *ou*, qui le plus souvent ne se prononce pas.

Mirou, voir ; prononcez *mir*.   *Kirou*, couper ; prononcez *kir*.
Kirou, vêtir ;   »   *kir*.

[Éclaircissement. — Par la forme indéterminée, l'auteur entend parler de ce que nous avons appris à connaître (§ v) comme la « forme substantive » du verbe.

Le manuscrit propose 36 verbes, en indiquant leur prononciation abrégée, comme ci-dessus. Nous transcrivons cette liste, en omettant la troisième colonne, c'est-à-dire la forme abrégée.

Acourou, ouvrir.   *Cayerou*, s'en retourner.   *Harawou*, pron. *harau*
Anzourou, penser.   *Courou*, venir.   (*harŏ*. Dict.), payer.
Arou, être, avoir.   *Foucou*, souffler.   *Kicou*, entendre.
Cacou, gratter, écrire.   *Hanasou*, causer.   *Mawarou*, se promener.

[1] Ce paragraphe et les suivants, jusqu'au § XXVIII inclusivement, sont tirés du manuscrit, et enrichis de nombreuses additions par M. Hoffmann.

Mawasou, tourner.
Nacou, hurler.
Narawou, pron. *naraw* (*narŏ*. Dict.), apprendre.
Narou, exister.
Nerou, } dormir.
Nourou, }
Nomou, boire.
Noucomerou (?) } couver.
Noucoumourou, }
Nourou, étendre, peindre.
Odorou, danser.
Odosou, intimider.
Ogamou, prier.
Ogorou, gronder (être orgueilleux).
Osiyerou, enseigner.
Orou, demeurer.
Outsou, battre.
Sourou, faire.
Taberou, } manger.
Tabourou, }
Tatacou, frapper.
Ts^{ou}cayourou, servir.
Ts^{ou}courou, faire.
Warawou, pron. *waraw* (*warŏ*. Dict.), rire.
Yacou, cuire.]

§ XIII.

Conjugaison.

Au temps présent le mode indicatif revêt le mode indéfini des verbes sans aucune altération, et demeure le même pour toutes les personnes du singulier et du pluriel.

Watacousiga ou *watacousiwa mir*, je vois.
Sono motoga ou *motowa mir*, tu vois.
Carega ou *carewa mir*, il voit.

Warewarega ou *warewarewa mir*, nous voyons.
Sono moto tatsiga ou *tatsiwa mir*, vous voyez.
Careraga ou *cararawa mir*, ils voient.

[Éclaircissement. — Ce qui est appelé ici « mode indicatif du temps présent », est désigné au § IV de ce chapitre comme « forme finale indicative du verbe ».

La raison, pour laquelle le verbe japonais n'a aucune terminaison conjugative, servant à l'expression de la personne grammaticale, est exposée au ch. III, § V. (Hoffm.)]

§ XIV.

Le temps passé du verbe japonais est reconnaissable à la terminaison *ta*, invariable pour toutes les personnes du singulier et du pluriel.

Or, « demeurer, être », a pour temps passé imparfait et parfait : *ots'ta*, « je demeurais, j'étais, je suis demeuré, j'ai été ».

Ce temps passé d'*or*, « demeurer », sert en japonais de verbe auxiliaire pour le temps passé imparfait.

CH. IV. — LE VERBE.

Watacousi wa	(ou *ga*) *mi ots'ta*, je demeurais ou étais voyant,		je vis.
Sono moto wa	(» ») » » , tu, etc.		tu vis.
Carewa	(» ») » »		il vit.
Ware ware wa	(» ») » »		nous vîmes.
Sono moto tatsi wa	(» ») » »		vous vîtes.
Carera	(» ») » »		ils virent.

§ XV.

Le temps passé parfait n'a pas besoin de cet auxiliaire, et est formé par le signe du temps passé, *ta*.

Watacousiwa ou *watacousiga mita*, j'ai vu.
Sonomotowa ou *sonomotoga mita*, tu as vu.
Carewa ou *carega mita*, il a vu.

Warewarewa ou *warewarega mita*, nous avons vu.
Sono moto tatsi wa ou *ga mita*, vous avez vu.
Carerawa ou *careraga mita*, ils ont vu.

[Éclaircissements. — 1. L'essence et l'usage de *ta* sont éclaircis au ch. II, § VIII, et nous avons constaté que cette désinence était l'indice du prétérit présent ; d'où l'on doit conclure qu'elle ne peut suppléer notre imparfait. Le verbe japonais n'a point d'imparfait. (Hoffm.)

2. *Ari* (être), composé avec *tari*, donne ア リ タ リ *ari tari*, communément ア リ タ *arita*, forme du temps présent parfait du prétérit présent, « avoir été, etc. » Dans la prononciation, *arita* se change en *atta*, lequel suivant l'orthographe usuelle japonaise s'écrit ア ツ タ *atsouta* (ats^{ou}ta, ats'ta), mais dans l'usage est prononcé *atta*, jamais *atsta*. (Voyez § VII B.)

Par ex.: *Nandsi no kita toki va nandoki de atta?* Combien tard était-il, quand vous êtes arrivé ? (litt.: de « vous être arrivé » l'heure, quelle heure était-il ? — Si la réponse est : « il était midi », un Japonais dira : *Firou coconots' de atta*, et non *atsta*.

Le cas est le même avec *ori*, demeurer, rester (comp. ch. II, § XI, Physiologie du verbe *ori*), d'où est dérivé オ リ タ リ *oritari*, communément オ リ タ *orita*, être demeuré. Le verbe *ori*, d'après la règle générale, devient dans la prononciation *otta*, lequel doit être écrit オ ツ タ *otsouta* (ots^{ou}ta, otta). Quand donc le manuscrit, qui se limite, pour ainsi dire, à la langue parlée, introduit, ainsi qu'on le verra, *yots'te* à la place de *yotte*, et propose dans sa doctrine de conjugaison *otsta* comme le temps passé d'*ori* (demeurer), et *atsta* comme le temps passé d'*ari*, au lieu d'*otta* et *atta*, on en doit inférer que l'orthographe *yots'ta*, *ots'ta* et *ats'ta* n'exprime pas la prononciation réelle, mais plutôt la transcription littérale, ou bien que la corporation des interprètes japonais, dont le zèle pour l'enseignement des étrangers a été si justement et si magistralement caractérisé par E. Kæmpfer [1], ont voulu enseigner à leurs amis hollandais une prononciation du Japonais plus pure que la véritable.

Quant à la forme proposée dans le manuscrit : *watacousiwa miotsta* (je voyais), nous ne saurions l'admettre : car, si l'on dit : ミ テ オ リ *mi-te ori*, c'est-à-dire « être dans le voir, ou demeurer voir », et non pas *mi ori*, on doit aussi pour le prétérit présent retenir la forme ミ テ オ リ タ *mi-te orita*. C'est ainsi que nous verrons bientôt, dans le ms., *mi te otta* réclamé par nous sous la forme *mi te otsta*. (Hoffm.)].

§ XVI.

Le temps passé plus-que-parfait est formé en japonais par *ots'ta*, temps passé de *or*, « demeurer, être », comme auxiliaire, précédé de *simôte*, participe de *simawou* (*simŏ.* Dict.), « finir »; et le verbe principal prend la désinence *te* et revêt ainsi la forme du participe.

Watacousiwa (ga)	*mite simôte ots'ta,*			je demeurais, ou j'étais finissant-voyant, ou avec voir, c'est-à-dire j'avais vu.
Sono moto wa (ga)	»	»	»	tu avais vu.
Carewa (ga)	»	»	»	il avait vu.
Ware ware wa (ga)	»	»	»	nous avions vu.
Sono moto tatsi wa (ga)	»	»	»	vous aviez vu.
Carerawa (ga)	»	»	»	ils avaient vu.

[Éclaircissement. — Le verbe シ マ ヒ *simavi*, ordinairement シ マ イ *simai*, finir, en la forme prédicative シ マ フ *simavou*, ordinairement シ マ ウ *simaou*, prononcé *simoo* (*simŏ*. Dict.), a devant soi, au locatif (*gérondif*) se terminant en *te* ou *de*, la détermination prochaine, « dans où » ou « avec où on finit » (comp. ch. II, § XI, p. 79). Par ex. :

カ レ ハ ク フ (ク ウ) デ シ マ フ, *care va couvou* ou *couou* (*coŭ*. Dict.) *de simoo* (*simŏ*. Dict.), il cesse de manger.

ク フ デ シ マ ヱ, *couou de simaye*, cesse de manger !

カ レ ハ ク フ デ シ マ フ タ, *care va couou de simoota* (*simŏta*. Dict.), il a cessé de manger, il a mangé.

ミ テ シ マ フ タ, *mite simoota* (*simŏta*), il a vu. (Hoffm.)]

---

[1] E. Kaempfer, *Descr. du Japon*, p. 245, 2ᵉ col. (édit. hollandaise). (Hoffm.)

§ XVII.

Comme indice du temps futur les verbes japonais ont après eux *aroo* (*arŏ*. Dict.), qui, s'il peut se traduire, signifie « devoir ».

Cet *arŏ* exige que le verbe admette la désinence *de*.

Watacousiwa (*ga*)	*mir de arŏ*, je dois voir.
Sono motowa (*ga*)	» » » tu dois voir.
Care wa (*ga*)	» » » il doit voir.
Wareware wa (*ga*)	» » » nous devons voir.
Sono moto tatsi wa	» » » vous devez voir.
Carera wa (*ga*)	» » » ils doivent voir.

[Éclaircissement. — *Arŏ* est, ainsi que nous l'avons vu (§ VII), le futur d'*ari*, « être, exister », lequel verbe a devant soi la détermination prochaine où? au locatif, terminé en *ni* ou *te* (voyez ch. II, § VII). La forme locative la plus simple d'un verbe est le gérondif en *te* ou *de*, comme *akete*, *mite*, etc. (Voyez § VII et comp. ch. II, § VIII, *Te ari*.) L'on prononce et l'on écrit d'ordinaire *akete arou* et *akete orou*, *mite arou* et *mite orou*, et non pas *mir de arou*, *mir tarou*, *mirta*. On pourrait aussi contester la forme *mir de arŏ*, proposée dans le ms., si quelques personnes n'avaient pas coutume, dans le langage, de dériver le gérondif de la forme substantive du verbe, au lieu de le dériver de la forme radicale. Ou bien serait-il plus conforme au langage oral de dire: ヒト ミナ コレ ヲ ミテ アリ, *fito mina core wo mite ari*, que: ミル デ アリ, *mir' de ari*, pour exprimer: « tous voient cela »? La question ne saurait être décidée qu'après avoir entendu parler l'idiome de *Nagasaki*.

Cet *arŏ*, futur d'*ari*, répond au hollandais *zullen* (devoir), et est expliqué très-amplement au § VII. Si l'on veut désigner une action comme commençant, par ex.: « il va voir, il va ouvrir la porte », on emploie la racine, ou la forme substantive du verbe, avec la désinence terminative *ni*: *Carewa mini*, ou *mirouni youcou*, il va voir; *mini youke*, va voir! — *Carewa to wo akerou-ni youcou*, il va ouvrir la porte; — ou bien l'on se sert, au lieu d'*akerouni*, de la forme *aken to sou*, ordinairement *akeŏ to sou*, le futur *aken* étant caractérisé comme déterminatif appositif par la postposition *to* et régi par *sou*; *aken to sou* signifie donc : « être employé pour (ou à) le devoir ouvrir ».

Veut-on donner à connaître « une aspiration à faire une chose », on se sert de formes composées avec la postposition substantive *taki* (度欲), avide ; par ex.: *manai taki*, avide d'apprendre ; *mitaki*, aspirant à voir. — *Taki* a devant soi le premier membre de l'expression composée en sa forme radicale, et a lui-même *ta* pour racine. Sa formation s'opère suivant les règles développées au ch. III, § 1. *Taki*, ordinairement *tai*, est la forme attributive ; *tacou*, ordinairement ㇰ ヴ *taou* ou ㇰ ヲ *tavou*, prononcé *too* (*tŏ*. Dict.), la forme adverbiale ; tandis que *tasi* désigne le prédicatif « être avide, est avide ». — *Nomitaki* ou *nomitai mono*, quelqu'un qui a soif. — *Warewa nomitasi*, je veux boire, je désire boire. — *Nandsi nomitaki ya*, voulez-vous boire ? (Hoffm.)]

§ XVIII.

Pour le temps futur passé, les verbes japonais ont après eux, outre *aroo* (*arŏ*. Dict.), signe du temps futur, *ots'ta*, temps passé d'*or*, « demeurer, être », comme verbe auxiliaire. En même temps le verbe, par la terminaison *te*, revêt la forme du participe, et le verbe auxiliaire reçoit la terminaison *de*.

Watacousiwa (ga)	*mite ots'ta de arŏ,*	je dois demeurer ou avoir été voyant, c'est-à-dire je dois avoir vu.
Sono motowa (ga)	» » » »	tu dois avoir vu.
Care wa (ga)	» » » »	il doit » »
Ware ware wa (ga)	» » » »	nous devons » »
Sono moto tatsi wa (ga)	» » » »	vous devez ». »
Carera wa (ga)	» » » »	ils doivent » »

§ XIX.

Le temps conditionnel et le temps conditionnel passé sont semblables au futur et au futur passé, dans le langage oral. On peut les exprimer aussi de la manière suivante :

Watacousiwa (ga) mir de arŏ monowo,   je dois pouvoir voir, je dois voir.
  » » » » *mite ots'ta de arŏ monowo,* je dois pouvoir avoir vu, je dois avoir vu.

[Éclaircissement. — Au sujet de *mir de arŏ*, voir l'éclaircissement du § XVII. (Hoffm.)]

CH. IV. — LE VERBE.

§ XX.

Pour le mode impératif, les verbes japonais ont différentes désinences ; par ex.: *ro, yo, nahai, nasare, besi* :

Miro, miyo, minahai, minasure, mirbesi, vois !

[Éclaircissement. — Pour le mode impératif, voir le § III. — La forme *mi nahai* nous est inconnue. — *Minasare* signifie, comme forme radicale, « être dans l'intention de voir », et comme impératif : « qu'il soit vu ! » — La forme *besi* est expliquée au ch. II, § VI.

Besi a devant soi la détermination verbale prochaine, tantôt en la forme radicale, tantôt en la forme substantive employée adjectivement, et même encore, chez les écrivains peu scrupuleux, en la forme conclusive indicative [1] ; par ex.:

Acari wo tsouke besi, on doit allumer le flambeau.

Acari wo tsouke beki ya ? doit-on allumer le flambeau ?

Coui beki ya ? doit-on manger ?

Mi-besi et *mirou-besi,* on doit voir.

Tchawo tsougou beki ya, doit-on verser le thé ?

Tchawo mirou beki ya , doit-on cuire (préparer) le thé [2] ?

Fiyori yoki wo mite, tane wo aghebesi.
Savo nado ni tsouri, ficaghe nite cavacasou besi. « Par le voir » (en voyant) que le temps est beau, on doit retirer la semence (de l'eau). On doit l'exposer au feu, suspendre ce qui reste, et le faire sécher au soleil. — La forme radicale *tsouri* désigne la liaison ou l'enchaînement de la phrase. (Voir § II. (Hoffm.)]

§ XXI.

Le mode conjonctif (ou subjonctif) est caractérisé par le mot *coto,* « cas ».

Watacousi wa (ga) mir coto, que je voie.
     »   »   » *miots'ta coto,* que je visse.
     »   »   » *mita coto,* que j'aie vu.
     »   »   » *mite simôte ots'ta coto,* que j'aie eu vu.

---

[1] *Beki, bechi* se joignent au présent de l'indicatif. Les verbes de la 1re conjugaison perdent alors le dernier *rou : Motomoubeki.* (Rodr.) (L. P.)

[2] Ces exemples japonais sont tirés du Vocabulaire japonais-hollandais de *Minamoto Masataca. Besi* et *beki* y sont traduits par *zullen* ou *zal,* qui n'en rendent pas absolument le sens. (Hoffm.)

Watacousi wa (ga) mawar coto, que je me promène.
    »   »   » *mawari ots'ta coto*, que je me promenasse.
    »   »   » *mawarta coto*, que je me sois promené.
    »   »   » *mawari te simôte ots'ta coto*, que je me sois (été) promené.

[Éclaircissement. — L'essence du mode subjonctif et la manière de l'exprimer en japonais sont exposées au ch. III, § XVIII, Rem. 2. Nous pouvons passer rapidement sur les formes citées dans le ms. (Hoffm.)]

§ XXII.

Le participe présent est reconnaissable à la désinence *te*; par ex.: *mite*, voyant.

[Éclaircissement. — *Mite*, appelé ici le participe présent, est suivant nous le gérondif de *mi*, voir. La phrase : « quelqu'un qui voit cela » = « une personne voyant cela », et ne peut être exprimée par *core wo mite fito* ; la forme adjective du verbe (Voir § V) répond réellement à notre participe ; et l'on doit dire : *corewo mirou fito*, une personne voyant cela. (Hoffm.)[1]]

§ XXIII.

OBSERVATIONS.

Le temps passé parfait des verbes est, parmi les personnes de la classe élevée ou dans le langage poli, exprimé par *masta*, et non pas *ta*; par ex. : *Watacousiwa (ga) mimasta*, j'ai vu.

Les désinences du mode impératif proposées dans le manuscrit sont toutes primitives, et elles sont considérées comme inciviles. Dans la classe élevée on en atténue l'effet, en les faisant suivre de *mase* マセ « plaise ! » *Minasare mase, minahai mase*, plaise de voir !

[Éclaircissement. — *Masita*, マシタ, prononcé *masta*, est le prétérit présent de *masi, masou*, et celui-ci est composé de *ma*, originairement *ima*, espace, place, ou (en relation avec le temps) intervalle, pause, et de *si, sou*, être occupé, faire.

---

[1] Les formes du participe composées avec *mono, fitowa, wa* ne sont pas proprement des participes ; ce ne sont que des expressions relatives dont on se sert pour exprimer le participe. (Rodr.) (L. P.)

CH. IV. — LE VERBE.

(Comp. *Nasi*, ch. I, § x). *Masi, masou*, originairement *imasi, imasou*, signifie donc différer, s'arrêter, et remplace dans le style élevé ses synonymes plus usités *ari* et *ori*. Exemples :

Cono mi fasirano (Voir ch. II, § xviii, p. 102). *Camiva mina* (ibid. § xvii). *Wataravino agata ni masou camitatsi* (Voir ch. III, § x) *nari*. Ces trois *Camis* (êtres suprêmes) sont des êtres suprêmes qui résident ensemble dans le district de *Wataravi*.

Masou, joint à la racine en *i* ou *e* d'un verbe, remplace, dans le langage élevé, le verbe auxiliaire « être ». Au lieu de *ama terasou caimi*, « l'être suprême illuminant le ciel, » le style sublime emploie *Ama-terasi-masou cami*. — L'on trouve même encore, à la place de *nari* (être, est), lequel suivant l'éclaircissement du ch. II, § ix, est dérivé de *ni*, la forme sublime *ni-masi, ni-masou*, ce qui nous paraît démontrer que notre dérivation ou déduction de *nari* n'est pas une fantaisie pure, mais est fondée sur la nature même de la langue japonaise.

Tamayori fime no micoto va Camo no mi-oya no cami ni-masou. L'Altesse de (= Son Altesse) la princesse *Ta-mayori* est le *Cami* (la divinité) des illustres parents de *Camo*.

Au point de vue de la courtoisie, *inasi* a la valeur de *gelieven* en hollandais, de *se plaire* en français, de *geruhen* en haut allemand ; et le ms. traduit très-exactement *minatse* par « j'aimerais à voir » ; mais tandis que l'expression *nandsi mimasta*, c'est-à-dire : « Vos Seigneuries aimeraient à voir », est très-civile, il est à craindre que l'expression *watacousi mimasta*, c'est-à-dire « j'aimerais à voir », proposée dans le ms. pour la 1re personne, ne doive être éliminée. (Hoffm.)]

§ XXIV.

Souvent la politesse exige plus encore, et les verbes reçoivent l'addition de l'*o* devant toutes les formes de conjugaison, précisément de même que cette addition a lieu pour les substantifs. Toutes les règles proposées au chapitre des noms (§ III) peuvent encore s'appliquer aux verbes.

[On emploie généralement dans la classe élevée, comme aussi vis-à-vis de la plupart des personnes, par civilité, au lieu de *minahai*, ou *minasare*, vois ! ou de *minahai matse*, ou *minatsare matsou*, les formes : *Ominahai matse*, ou *Omina-*

sare matse, plaise de voir! On dit précisément de même : *Sonomotowa umimasta*, tu as vu ; tandis que l'on dit, en parlant de soi-même : *Watacousiwa mimasta*, ou *Watacousiwa mita*, j'ai vu.]

§ XXV.

	KIR, habiller.	KIR, couper.
Imparf. passé temps,	*kiots'ta*.	*kiri ots'ta*.
Parf. » »	*kita, kimasta*.	*kirita, kiri masta*.
Plus-que-parf. »	*kite simôte ots'ta*.	*kirite simôte ots'ta*.
Fut. »	*kir de arŏ*.	*kir de arŏ*.
Passé fut. »	*kiots'ta de arŏ*.	*kiri ots'ta de arŏ*.
Impér. mode. »	*kiro, kinahai, kinasare, kirbesi*.	*kiro, kiri nahai, kiri nasare, kirbesi*.

[Pourquoi *kir*, habiller, a-t-il au prétérit *kita*, et *kir*, couper, a-t-il *kirita*? — Parce que la forme radicale du premier est simplement *ki*, et celle du second, *kiri*. Il est donc essentiel de connaître la forme radicale d'un verbe, avant de pouvoir accomplir sa conjugaison. Si dans les vocabulaires japonais la forme radicale d'un verbe n'est jamais proposée ou ne l'est que très-rarement, et qu'on ne voit la plupart du temps que la forme substantive, c'est l'effet du défaut de système chez les savants japonais. Aussi longtemps qu'il n'aura pas été remédié à cette imperfection par les Japonais eux-mêmes, nous devrons rechercher la racine verbale d'après la forme du gérondif ou d'après les verbes composés.

Ki, gérond. *kite*, substant. *kirou*, signifie proprement : mettre, vêtir.

Casa-ki fito, quelqu'un qui porte un chapeau.

Arouzino coromo wo kite fisogani sarinou, il revêt l'habit de son hôte et s'échappe furtivement.

Coromo mosouso wo mi ni kirou, revêtir l'habit intérieur et extérieur.

Kiri, couper, hacher, fait au gérondif *kirite*, ordinairement キ リ テ, *kitte*. — Son impératif est *kirezo* ou *kirero*, et non *kiro*.

Le manuscrit de Nagasaki contient encore 26 autres verbes, et donne *in extenso* les formes de conjugaison, le plus souvent sans indication de la forme radicale. Pour ne pas donner à cet ouvrage une étendue trop considérable, nous avons cru pouvoir nous borner à l'énumération de ces verbes, en ajoutant seulement la forme radicale entre parenthèses, afin de donner à chacun les moyens d'étudier soi-même

CH. IV. — LE VERBE.   201

tous ces verbes, soit d'après les principes développés par nous dans l'introduction au premier chapitre, soit d'après la théorie du manuscrit. — Nous ignorons les raisons qui ont fait choisir ces 26 verbes parmi les 36 proposés au § XI. (Hoffm.)]

Cacou, gratter, écrire ; t. passé parfait *caita* ; (カキ, verbe irrég.; gérondif カキテ, ou カイテ; mode impér. カケ *cake!* ou カケヨ *cakeyŏ*). Voir Vocabul. Japonais-holl. du prince de Nacats'. (Hoffm.)

Cayerou, retourner ; (カエリ *cayeri*, verbe irrég.; t. passé カエッタ *cayetta*).

Courou, venir; t. passé *coutta* ; mode impér. *coure*.

Foucou, souffler ; t. passé *fouita* (フキ, verbe irrég.; t. passé フキタ, ou フイタ).

Hanasou, causer, converser; t. passé *hanaita* (ハナシ, verbe irrég.; ハナシタ).

Harawou (*harŏ*. Dict.), payer ; t. passé *harŏta* (ハラヒ, ordin. ハライ, verbe irrég.; t. passé ハラフタ, pron. *harŏta*).

Hentsourou, répondre ; t. passé *hentŏsita* (ヘンタフシ *hentŏsi*, verbe irrég., formé du chinois *hentŏ*, répondre, et de *si*, faire).

Hicayourou, tergiverser ; t. passé *hicayeta* (ヒカエ, verbe rég., retenir, tirer en arrière; par ex.: *m'mawo hicayourou*, tirer le cheval en arrière).

Hicou, tirer; t. passé *hiita* (キヒ, verbe irrég.; t. passé ヒキタ *hiita, fiita*).

Kicou, entendre ; t. passé *kiita*; mode impér. *kikiro* (キヽ *kiki*, verbe irrég.; キヽタ·キイタ; mode impér. キケ).

Mawas', faire tourner; t. passé *mawaita* (マヲシ·マヲイタ).

Misourou, désigner ; t. passé *miseta*; mode impér. *misero* (ミセ, verbe rég., faire voir, montrer).

Nacou, hurler (pleurer. Dict.); *naita*; mode impér. *nakiro* (ナキ, verbe irrég.; gérondif ナキテ, ou ナイテ; mode impér. ナケ).

Narawou (*narŏ*. Dict.), apprendre ; t. passé *narŏta* (ナラヒ, ordin. ナライ, verbe irrég.; t. passé ナラフタ, pron. *narŏta*).

Nomou, boire ; t. passé *nŏda* (ノミ, verbe irrég.; t. passé ノウダ).

Noucoumourou, ou *noucoumerou*, couver; *noucoumeta* (ヌクメ, verbe rég.).

Nourou, ou *nerou*, dormir; t. passé *neta* (子, verbe régulier; 子ルo子ル).

Nourou, frotter, enduire, peindre ; *noutta*; mode imp. *nourou* (ヌル, verbe irrég.; gérondif ヌリテ; mode imp. ヌレヨ, ou スレロ).

Odore, danser; *odotta*; mode impér. *odoro* (ヲドリ, verbe irrég.; gérondif ヲドリテ; mode impér. ヲドレ *odore*, ou ヲドレヨ *odoreyo*).

Odosou, rendre timide (menacer. Dict.); t. passé *odoita* (ヲドシ, verbe irrég.).

Ogamou, prier (vénérer, adorer. Dict.); t. passé *ogŏda* (ヲガミ, verbe irrég..

Ogorou, gronder; *ogotta*; mode impér. *ogoro* (ヲゴル, verbe irrég., s'enorgueillir, se faire valoir ; mode impér. ヲゴレ *ogore*).

Outsou, battre ; t. passé *outta*; temps futur *outs'de arŏ*; mode impér. *outsiro*. (Racine ウチ *outsi*, verbe irrég.; t. passé ウッタ *outta*; mode impér. ウテ *oute!* ou ウテヨ *outeyo!* Ou-

tsousime, verbe rég. causatif, faire battre.)
Tabourou, ou *taberou*, manger; t. passé *tabeta* (racine ア ベ, verbe rég.; forme substantive タ ベ ル, ou タ ブ ル; gérondif タ ベ テ).
Tatacou, frapper; *tataita*; mode impér.

tatakiro (タ ヽ キ, verbe irrég.; gérondif タ ヽ イ テ; mode impér. タ ヽ ケ o).
Warawou (*warô*. Dict.), rire; t. passé *warôta*; mode impér. *warairo* (ワ ラ ヒ, ordin. ワ ラ イ, verbe irrég.; t. passé ワ ラ フ タ, pron. *warôta*).

§ XXVI.

L'objet ou la chose sur lesquels l'action opère, et qui pour cette cause sont mis à l'accusatif, précèdent le verbe dans la disposition des mots.

Watacousiwa otoco wo mita, j'ai vu l'homme.
Sonomotowa wareware wo omimasta, tu nous as vu.
Yoki tori wo minasare mase, daignez voir le bel oiseau, — voyez le bel oiseau.
Otocoga sonomototatsi wo mir de arô, l'homme vous verra.

§ XXVII.

Les verbes impersonnels sont formés en japonais par le génitif du radical, suivi de *fourou*, joncher, *foucou*, souffler, *narou*, bruire (mugir, rugir), *sourou*, faire, *tatsou*, se lever.

Ameno fourou, le joncher de la pluie, pleuvoir.
Youkino fourou, le joncher de la neige, neiger.
Arareno fourou, le joncher de la grêle, grêler.
Simono fourou, le tomber du givre, givrer.
Inabicari zourou, le retentir ou éclater de la foudre, éclairer, fulminer.
Cadseno foucou, le souffler du vent, venter.
Caminarino narou, le bruire du tonnerre, tonner.
Awano tatsou, le lever de la mousse, mousser, écumer.
Youki tokeno zourou, le se fondre de la neige, dégeler.

Réflexions touchant les verbes impersonnels. — Ce paragraphe est écrit en vue des verbes impersonnels de la langue hollandaise, et les exemples démontrent que *awano tatsou*, signifiant litt. « le lever de l'écume », répond à l'infinitif « écumer, mousser ». *Awano* est ainsi le génitif attributif, « de la mousse », et *tatsou* la forme substantive du verbe *tatsi*, « monter, s'élever ». Mais comme il s'agit ici de l'impersonnalité, la manière d'exprimer cette forme : « il écume », désignée comme impersonnelle dans nos livres de classe, n'est point indiquée dans le manuscrit. D'ailleurs la question est déjà résolue en principe ; il suffit de revoir le texte japonais, cité au § XI. Il en résulte qu'en japonais, à proprement parler, il n'existe pas de verbes impersonnels. On y trouve à la vérité, aussi bien que dans nos langues occidentales, une infinité d'expressions impersonnelles, c'est-à-dire dans lesquelles une action est proposée, sans qu'un sujet, leur cause directe, soit désigné par son nom, ou suppléé par un pronom démonstratif, mais nous n'avons point encore découvert de verbes qui soient originairement impersonnels et qui le demeurent toujours. On peut bien alléguer que dans des phrases telles que : il revient (des esprits), il vente, il gèle, les verbes sont impersonnels, c'est-à-dire sans sujet ; mais « il » n'est-il pas alors le sujet grammatical et logique, indiqué comme une chose inconnue, ou qui se trouve au-delà, et qui n'est pas désignée d'une manière prochaine. On demande : qui ou quoi revient ? quoi gèle ? quoi vente ? et la réponse suit : les morts reviennent, l'eau gèle, le vent souffle ; l'impersonnalité de ces verbes s'évanouit donc immédiatement. Une expression peut être impersonnelle ; mais c'est une grave erreur que d'attribuer au verbe l'impersonnalité de l'expression. Les langues japonaise et chinoise vont même si loin dans l'impersonnalité de l'expression qu'elles n'indiquent pas une seule fois le sujet inconnu ou innommé, qui est en action, d'une manière grammaticale, c'est-à-dire par un pronom supplétif, répondant à « il » ou « on » ; nous en avons pour preuves un grand nombre de phrases japonaises, citées dans cet ouvrage.

Nous confirmerons notre thèse par de nouveaux exemples : en même temps nous rectifierons certains expressions du manuscrit.

A l'égard de la signification et de l'usage de *fouri*, voyez § XI. — On dit et on écrit : *Ame, youki, arare nado four^{ou}*, « pluie, neige, grêle, etc., tomber ».

« Le vent souffle » est exprimé par *haze fouc^{ou}* ; « il vente », par *fouc^{ou}* ; par ex. :

風 (カゼ) 吹 (フイ) テ 土 (ツチ) ヲ フラス ヲ ツチフル ト イフ [1]
Caze   fouite   tsoutsi   wo fourasou wo tsoutsifourou to iou.

littéralement : Le faire pleuvoir de la terre pendant que le vent souffle, s'appelle « faire pleuvoir de la terre ».

Éclaircissement. — *Fouite*, gérondif de *fouki*, souffler, venter. — *Fouye wo fou-*

---

[1] カレラガキヅツホキンモウヅ井, part. I, p. 6 recto. (Hoffm.)

cou, la flûte souffle. — *Fouye fouki*, hautbois. — *Fourasou*, c'est-à-dire le faire pleuvoir, forme causative de *fouri*, formée par l'adjonction de *si*, faire (comparez *nari*, faire être, ch. II, § x). Le premier membre, se terminant par *fourasou wo*, est l'objet; *ioŭ* (on appelle) est le verbe prédicat; et, même sans qu'il existe de sujet, *tsoutsi-fourou to* est la détermination appositive d'*iŏu* (comp. § x, *i yedomo*). Chacun peut essayer à son gré de traduire cette phrase d'une manière plus littérale et plus vraie.

風 (カゼ) 吹 (フク) トキハ 土 (ツチ) 必 (カナラス) カワク
Caze   foucou   toki va tsoutsi   canarazou   cavacou [1]

Pendant que (comme) le vent souffle, la terre est nécessairement sèche.

« Il tonne » = *narou* (v. § xi, p. 188), verbe continuatif, dérivé de *ne*, bruit, son. — *Cami nari* = le grand bruit supérieur, ou le bruit d'un *Cami* (d'un être suprême); *Cami narou* = le *Cami* (être suprême) fait un grand bruit. — *Narou Cami*, le *Cami* faisant grand bruit, le Dieu du tonnerre [2]. — L'expression du manuscrit : *Cami nari no narou*, litt. « le grand bruit des grands bruits supérieurs », est poétique; la langue vulgaire se contente de *Cami nari*, et emploie pour l'harmonie les mots *todorok-i*, —*ou* (tonner, bruire), et *fibik-i*, —*ou* (retentir); elle forme du mot chinois *rai* (tonnerre) un verbe *rai-si*, *rai-sou* (tonner), et de *rai-den* (tonner et éclairer) le verbe *rai-densi*; elle emploie *rai coyewo fats*ᵒᵘ*sou*, litt.: « il fait éclater la voix du tonnerre », et maintient : キヤウチツノセツライアレバハノルヒヘヒサシ, *kiyŏ-tsits*ᵒᵘ *no sets*ᵒᵘ *rai areba, farouno five fisasi* [3], quand pendant le réveil des insectes (5—20 mars) il y a du tonnerre, alors le froid du printemps est de longue durée.

Fatsou cami nari; fatsou inabicari tsiou (tchoŭ. Dict.) *Siyoun* (choun. Dict.) *ni fazimete fatsousou. Cono goro yori mousi ougocou youve, soc*ᵒᵘ*ni mousi dasi to ioŭ. Cami nari na coto couvasicou va Fak-bouts-zen ni ari* [4].	Comme à partir de cette époque les insectes se montrent, on nomme en général (ce phénomène) la production des insectes.
Traduction. Le premier tonnerre, la première foudre éclatent pour la première fois au milieu du printemps.	Ce qui regarde le tonnerre (litt. la chose du tonnerre) se trouve amplement dans le (vocabulaire instructif) *Facbouts-zen*.

---

[1] カミナラガキヅウホキンモウゾ井, part. I, p. 6 recto. (Hoffm.)
[2] *Couats-rei facbouts zen*, part. II, p. 2 verso. (Hoffm.)
[3] *Ibid.* (Hoffm.)
[4] *Ibid.*, part. II, p. 9 verso. (Hoffm.)

CH. IV. — LE VERBE. 205

Fatsous(i, -ou, rompre, crever. — *Youve* ou *youë*, la cause = puisque; ce mot a devant soi comme attributif la détermination qui le régit. Ainsi *cono youve*, pour cela, pour cette raison; *mousi ougocou youveni*, puisque les insectes se remuent. — *Ougocou*, forme substantive du verbe irrégulier *ougoki*, se remuer, se mouvoir, employé ici d'une manière attributive. — *Mousi*, insecte. — *Dasi*, verbe irrégulier causatif: faire éclore, produire.

« Geler, devenir glace » est exprimé par le verbe irrégulier コリ *cori*, qui signifie: se figer, se congeler.

Mighino focani tocoro docoro no sima va, mina sivonawa no cori narerou nari, en ce qui concerne les îles existant tout autour, excepté la principale, elles sont toutes nées de la congélation de l'écume de la mer.

Mighi, à droite, répond à « précédent, susmentionné ». — *Tocoro*, place. *Tocorodocoro*, forme du pluriel, « places »; *tocoro docorono sima*, îles de différentes places. — *Cori-nare*, devenir en congélation. (Voir ch. II, § x.) *Cori narerou* est la forme substantive verbale = « le congelé, le devenu épais »; elle a devant soi au génitif la détermination prochaine: *sivo-nawa*, l'écume de la mer. — La traduction littérale de *mina sivo-nawano cori-narerou nari*, serait donc: Elles sont toutes ensemble le produit congelé de l'écume de la mer.

Ame corite youki to narou, la pluie en se gelant devient neige.
In-ki sacan narou toki va tsouyou cori-mousounde simo to narou [1]. Quand l'air de la nuit devient plus fort (que la main suprême existe), la rosée arrive à se congeler et devient givre.

Corosi, corosou, qui équivaut au verbe *tuer* (holl. *dooden*), est la forme causative de *cori*, et signifie « faire geler ». — *Fitowo corosou*, tuer quelqu'un, c'est-à-dire, rendre quelqu'un froid (et dans l'argot des voleurs de France: *refroidir quelqu'un*; en allemand: *jemand kalt legen*).

« Être gelé, se trouver à l'état de congélation », est exprimé par コホリ *covori*, ordinairement コヲリ *cowori* ou *coori*. C'est un verbe continuatif, formé régulièrement du verbe tombé en désuétude *covi*, « s'épaissir, devenir épais » (d'où est aussi dérivé *covari*, « être endurci ») et d'*ori*, demeurer (v. ch. II, § xi), précisément de même que *mavari*, « tirer par continuation », est dérivé de *mavi*, « se mouvoir dans un cercle » (v. § xi ci-dessus, p. 187). *Covori* signifie donc: « être congelé »; c'est aussi le nom de la glace.

Cava ni va covori ari, la glace se trouve dans la rivière.
Ni gwats cava no covori ki yen to sou, dans le deuxième mois la glace de la rivière va se fondre. (Comp. § xv ci-dessus.)

---
[1] *Fak bouts zen*, p. 288. (Hoffm.)

Arareva, youki covorite maroca narou wo arare to ioû, à l'égard de la grêle, on appelle grêle la neige qui devient ronde en se congelant.

Can-ki tsouyoki toki vayouki to narite, carosi: can-ki ousouki toki va youki omocousite toke yasousi. Y a-t-il de la neige, au temps où le froid ou la gelée sont forts, alors (elle) est légère; lorsque le froid est faible (non violent), la neige est pesante et fond aisément.

Youki ame ni mazivari fourou wo mizore to ioû, la neige qui tombe en se confondant avec la pluie, on l'appelle *mizore* (givre).

Youki-midsou can ni mousoubovourete (mousoubôrete), noki no sitari covorite tsourara to narou, l'eau de neige se change en glaçons, quand elle se raidit par le froid, et elle est gelée comme les gouttes du toit.

« Dégeler, fondre, se dissoudre » est exprimé par les verbes continuatifs ト ケ *toke*, et キ エ *kiye*.

Midsou wo motte mono wo tocou, faire dissoudre une chose dans l'eau.

Cami wo tocou, résoudre, délier la chevelure.

Cotoba wo tocou, expliquer les paroles.

— La forme régulière *toke* (*tocou, tokerou, tocourou, tokete*, etc.) signifie : s'approprier l'action dissolvante provenant du dehors (comp. *nare*, ch. II, § X), c'est-à-dire « être dissous, ou se dissoudre, se fondre ».

Youki omocousite toke-yasousi, la neige étant pesante se fond aisément.

Covori toucourou wo fan to ioû, on appelle le dégel *fan* 泮 (ハン)[1].

Farouno covori toke, zyou (joû. Dict.) ren mo midori nari[2]. Quand la glace du printemps fond, les bois deviennent verts. (Le mot radical *toke* est employé ici, parce que la relation est copulative. Voyez § II, b.)

— *Youki tocourou*, la neige fond.

キ エ *kiye*, ordinairement キ ヘ *kive*, verbe régulier, « passer, disparaître ».

Isi-foumi no mon-si ki yetari, l'inscription du monument est disparue.

Ima made no tsoutome midsou no ava to ki ye, bac^{ou}dai sonsits^{ou} narou besi, l'œuvre (faite) jusqu'à présent peut s'évanouir en (comme l') écume, et invisiblement perdue disparaître.

Youki-ki ye-tsouki, nom du second mois japonais, dans lequel la neige se fond.

Youki ki ye cacatte mo, moune firacou; yo-can youneni yanaghi no iro ousousi. Le prunier s'épanouit, quand la neige commence à passer ; à cause du froid qui demeure (car il fait froid encore) la teinte des saules est fauve. — *Youki farete moume mats^{ou} firaki, farou samoucousite yanaghi moyovosanou*. La neige se dissolvant, le prunier s'épanouit d'abord ; si le printemps est froid, les saules ne germent pas.

---

[1] *Couats-rei facbouts zen*, II, p. 1. v. (Hoffm.)
[2] *Ibid.*, I, 75. r. (Hoffm.)

CH. IV. — LE VERBE.

« Écumer » est exprimé par ア ワ ノ タ ツ *awa no tatsou*; « il écume » l'est par *awa tatsou*, « l'écume s'élève ».

Gomi tatsou, la poussière s'élève.
Nami tatsou, les vagues s'élèvent, surgissent.
Tsouki tatsou, la lune s'élève, il naît une nouvelle lune.

Casoumi tatsou, il s'élève un brouillard.
Tsoui tatsi, avénement de la lune nouvelle. (Comp. ch. II, § xxv.)
Sou-tatsitarou taca, un faucon qui est sorti de son nid, qui a quitté son nid.

« Il fait (un temps) rigoureux ». — « Rigoureux, rude, cru, sauvage » est exprimé par *ara*. De cette racine sont dérivés l'adjectif *araki*, l'adverbe *aracou* et le prédicatif *arasi*, « être rigoureux ou rude ». (On peut mettre en parallèle la série de dérivation exposée au ch. II, § v.) La forme verbale *arose*, employée comme substantif, désigne le vent rigoureux, qui souffle des hautes montagnes au commencement de l'automne. — On dit : *araki caze*, un vent rigoureux ; *araki m'ma*, un cheval difficile, indompté ; on forme de l'adverbe *aracou* le verbe irrégulier *aracousi*, « rendre rude ou âpre, rendre sauvage ».

Ten-wò oumare-tsouki aracousite, fito wo corosou-cotowo conomou, l'illustre céleste (c'est-à-dire le *Micado*), de sa nature un (être) sauvage (litt. faisant sauvage), songeait à massacrer des hommes. (*Nippon wò dai itsi ran*, I, p. 19.)

Cata va sivo mitsourou toki va arasi, le rivage est désert, pendant que la mer est pleine, c'est-à-dire pendant le flux. *Ougouvisou no cayovanou sato no iye va arasi* [1], un séjour terrestre, où ne vient aucun rossignol, est voisin. (*Cayovanou*, ne pas changer, de *cayoi*, changer.)

Conclusion. — D'après les exemples et les éclaircissements qui précèdent, on doit avoir acquis la conviction qu'un article spécial des verbes impersonnels, ainsi qu'il existe dans le manuscrit, n'est nullement nécessaire. La même observation s'applique au § 43 de l'*Epitome linguæ japonicæ*.

« La langue japonaise, dit M. de Siebold, n'a point de verbes impersonnels, à l'exception de *corou* (*cori*, *corou*), « se congeler » ; les verbes impersonnels des langues européennes sont exprimés en japonais par des périphrases, et l'on dit pour « il pleut », *amega four'* (*effunditur pluvia*) ; « il neige », *youkiga four'*; « il tonne », *cami nari ga nar'*; « le vent souffle », *kazeya fouc'*; « il grêle », *ararega four'*. En même temps *aras'* peut être mis au nombre des verbes impersonnels, car il a la signification de « il (fait) orage » (*sævit*), c'est-à-dire « l'orage sévit » (*procella sævit*) ». — Il est évident pour nous que l'interprète japonais qui a fourni

[1] *Couats rei facbouts zen*, II, p. 1. v. (Hoffm.)

ces exemples à l'auteur de l'*Epitome* considérait les mots *amega*, *youkiga*, *caminariga*, etc., comme des génitifs. *Amega four'*, *caze ga fouk'* équivalent aux expressions *ameno four'* et *cazeno fouk'* du ms., et signifient : le tomber de la pluie, le souffler du vent ». L'*Epitome* les assimile à tort aux expressions : « il pleut, il vente, ou le vent souffle ». De même encore c'est par erreur qu'à la page précédente *arasi* est présenté comme impersonnel. D'après nos observations, tout le § 43 de l'*Epitome* devient sans objet. (Hoffm.)

§ XXVIII.

Nous avons déjà dit (§ XIII) que le verbe *or* « demeurer » est employé comme verbe auxiliaire pour le temps passé imparfait.

I. Les verbes simples ne pouvant pas être conjugués complétement, *or* « demeurer » sert comme verbe auxiliaire pour tous les temps ; ainsi *motsou*, avoir, posséder, ne peut être conjugué par lui-même dans tous les temps, on emploie le participe (ou gérondif) *motte* モツテ « ayant » avec *or* « demeurer ».

Temps présent. *Watacousiwa motte or*, je demeure ayant, j'ai.
» passé imparf. » » *ots'ta*, je demeurais ayant, j'avais.
» passé parfait. » » *orita*, je suis demeuré ayant, j'ai eu.
» passé pl.-que-p. » » *simôte ots'ta*, je demeurais finissant d'avoir, j'avais eu.
» futur. » » *or de arô*, je dois demeurer ayant, j'aurai.
» futur passé. » » *ots'ta de arô*, je dois être demeuré ayant, j'aurai eu.
Mode impér. » » *oreyo*, demeure ayant, aie.

[Remarques sur les déterminations précédentes.

1. On trouve expliqué d'une manière précise au ch. II, § XI, comment le verbe *ori*, *orou* a pris la fonction de verbe auxiliaire. Il en résulte que tout verbe, non-seulement peut, mais en quelque façon doit être associé avec *ori* ou *ari*, quand on veut attribuer à ce verbe l'idée de la continuité d'une action ou opération, sans se préoccuper du fait de savoir si la durée prolongée existe dans le temps présent, dans le passé ou dans le futur.

Dans le manuscrit, les verbes simples, par ex. *motsi*, sont considérés comme ne pouvant être conjugués qu'incomplétement. Cette assertion est basée sur des

CH. IV. — LE VERBE.

prémisses inexactes. *Motsi*, nous le verrons bientôt, a son contingent de formes conjugatives aussi bien que tout autre verbe. — *Ots'ta* du ms., qui a déjà été critiqué par nous (ch. III, § XIV) (on écrit オ ツ タ *ots'ta*, et l'on prononce *otta*) n'est autre chose que la prononciation ordinaire d'*orita* et désigne, comme celui-ci, le prétérit présent (le temps passé parfait); on peut donc l'employer comme indice du temps passé imparfait, et les formes de conjugaison, fondées sur une distinction imaginaire entre *orita* et *otta*, ne sauraient être justifiées au point de vue logique.

2. *Motte* モ ツ テ est le gérondif du verbe irrégulier *motsi*, prononcé *motchi* dans quelques provinces. *Motsi, motsou* signifie : « appréhender, saisir un objet avec les doigts », tandis que l'*empoigner* avec la main est exprimé par *nikiri*. Les entailles des deux extrémités d'un arc s'appellent *tsourou motsi*, « capteurs de corde ». Si la préhension est continue, on emploie en japonais *motte orou* モ ツ テ オ ル, c'est-à-dire « le prendre persister » ou « demeurer prendre ».

L'objet que l'on saisit, ou prend à la main, est ou « l'objet direct » d'une action qui doit être exprimée bientôt, ou « le moyen » pour l'accomplir.

Comme objet direct, l'action s'accomplit dans des phrases comme :

將 (モツテ) 詩 (シ) ヲ 莫 (ナカレ) 浪 (ナミニ) 傳 (ツタフ) ル コト.

Si wo motte nami ni tsoutŏ coto nacare,

c'est-à-dire litt.: Prenant la poésie, on ne la livre pas aux flots = on n'abandonne pas la poésie aux flots.

Comme objet indirect, employé comme moyen pour l'accomplissement d'une action, l'objet est indépendant de *motte* dans des phrases comme :

以 (モツテ) 人 (ヒトヲ) 治 (ヲサム) 人 (ヒトヲ)

Fito wo motte fito wo osamou.

Il traite l'homme selon l'homme (c'est-à-dire selon ses mérites).

Irofa wo motte roui wo wacatsou.

Selon l'*Irofa* on divise les classes.

以 (モツテ) 文 (モンヲ) 會 (クワイス) 友 (トモニ)

Mon wo motte tomo ni couvaisou.

Par l'étude des lettres on lie des relations avec ses collègues ; ou :

Gacou-mon no ghin-mi de fito to ide-ŏ.

Par (*de*) le goût (*ghin-mi*) dans l'exercice des lettres (*gac^{ou}mon*) on se met en contact avec autrui.

Est dérivé de *motte* le verbe irrégulier *mottesi* モツテン, posséder comme moyen, prendre pour règle.

Fito wo torou ni mi wo mottesou ; mi wo osamourou ni mitsi wo mottesou. Lorsqu'il agit avec les autres, il prend lui-même pour mesure ; quand il régit soi-même, il prend la « voie » (la loi des usages) pour mesure ; = il dirige les autres d'après soi, et se forme d'après les rites.

Il est essentiel de remarquer l'emploi de *motsi*, « saisir », comme premier membre des verbes composés.

Sacadsouki wo motsi-kitareyo, apporte des tasses à *saki*, litt. : prenant des tasses à *saki*, — viens !
Motsi-watasi, transporter (sur mer).

Mono wo fito ni motsi-ocouri, pardonner une chose à quelqu'un.
Mono wo yocou-zits ni motsi-cosi, remettre une chose au matin.

Motasi, motasou, « faire prendre », forme verbale causative de *motsi*. (Hoffm.)]

II. *Ar* « être » ; temps passé imparfait, *ats'ta* (pron. *atta*. Hoffm.) ; temps passé parfait, *ita* ; temps passé plus-que-parfait, *ite simôte ots'ta* ; temps futur, *ite or' de arô* ; temps futur passé, *ite ots'ta de arô* ; mode impératif, *areyo* !

[Il est évident qu'*ita* ne saurait être le passé parfait d'*ari* : c'est le prétérit de la racine verbale *i* (voir l'éclaircissement du ch. II, § vii), le prétérit d'*ari* est *arita*. (Hoffm.)]

Ar, employé comme verbe auxiliaire, doit être traduit tantôt par « être » et tantôt par « avoir ». Il a quelquefois aussi le sens de « avoir, posséder ».

[La raison de ce fait se trouve expliquée dans la physiologie d'*ari*. Le verbe japonais *ari* est d'ailleurs absolument identique avec le verbe chinois 有 *yeoù*. (Hoffm.)]

III. « Etre » est encore exprimé par *gozari masou* ゴザリマス, qui, de même que *ar*', a quelquefois le sens de « avoir ». Il fait, au temps passé, *gozari masta*, et au temps futur, *gozari masou de arô*.

[*Gozari masou* est composé de *gozari* et de *mas−i*, —*ou* (v. § xxii) et signifie : se trouver (*masi*) dans l'état indiqué par *gozari*. *Gozari* est contracté de 御 (ゴ), 座 (ザ), 有 (アリ), *go-za-ari*, et signifie : être présent (*ari*) en un siége (*za*) princier (*go*), princièrement être assis. *Gozari* (ou mieux *gozari masi*) est substitué par la civilité japonaise, pauvre en idées mais d'une sublimité vertigineuse, dans

CH. IV. — LE VERBE. 211

le style épistolaire plein de *mers et de montagnes*, et répond, dans le langage ordinaire, au petit mot européen « est ».

Dóde gozarou to tó, on demande comment c'est.   *Soreva nanide gozarou,* qu'est cela ?

Gozarimazou de aroo contient donc, littéralement, l'idée de « devoir être dans, se trouver en » un siége princier (expression seulement usitée par les fonctionnaires japonais inférieurs, toujours ivres d'admiration en la présence de leurs supérieurs) [1]. (Hoffm.)]

IV. *Nar* « devenir » fait, au temps passé, *narita* ou *natta* ナツタ, et, au temps futur, *nar de aró*.

[*Nar.* A l'égard de *nare*, devenir, voyez ch. II. § x. (Hoffm.)]

V. *Rourou* « devenir » fait, au temps passé parfait, *rete or'*; au temps passé imparfait, *rete ots'ta*; au temps futur, *rour de aró*.

Devenir, *nar*, a plutôt la signification de naître et *rourou*, « devenir », celle d'une action à subir.

Par ce motif, *nar* est employé après les noms substantifs et adjectifs, et *rourou* après les verbes.

Akira nar, devenir léger.   *Outarourou* ウタルル, être battu.
Ftocou nar, devenir grand.   *Yobarour'* ou, être appelé.

[A l'égard de *rourou,* voir le paragraphe suivant. (Hoffm.)]

§ XXIX.

Forme passive des verbes [2].

La physiologie de *nare* (*narou, narerou* ou *narourou*) « devenir » exposée et définitivement fixée au ch. II, § x, contient en principe la loi logique d'après laquelle est formé le passif japonais; et la théorie entière du passif n'est qu'une dérivation et un développement de cette loi.

---

[1] J. C. T. Van Assendelft de Coningh, *Mijn verblijf in Japan,* Amsterdam, 1856, p. 81, excellent livre qui fait le plus grand honneur à cet officier de marine. (Hoffm.)

[2] Mis en lumière par J. Hoffmann.

Ainsi l'élément verbal qui sert pour exprimer le passif est le verbe régulier *e* (forme conclusive *ou*; forme substantive *erou* ou *ourou*; gérondif *ete*; prétérit présent *etari*, ordinairement *eta*). Il signifie originairement « obtenir, s'approprier », en anglais *to get*. Les verbes dérivés au moyen de cet élément verbal signifient donc le fait de s'approprier une action déterminée provenant du dehors, et sont, d'après leur nature et leur forme, des verbes *actifs* dérivés, auxquels, dans nos langues occidentales, nous substituons des verbes *passifs* ou *réciproques*.

Dans le japonais on ne doit considérer que la dérivation de ces verbes passifs, car il n'existe point de formes passives, le verbe *e* n'ayant point d'autres formes que celles de la conjugaison (active) régulière.

§ XXX.

Il existe trois degrés de dérivation.

A. Verbes passifs du premier degré.

Tous les verbes irréguliers transitifs (se terminant en *i*) peuvent devenir passifs, quand l'élément verbal *i* est remplacé par l'élément verbal *e* :

Oumi ウミ, produire, enfanter, faire naître.

Oume ウメ, obtenir le produire, être produit ou enfanté, naître.

Yomi ヨミ, lire.

Yome ヨメ, être lu, résonner (v. neutre).

Ari アリ, être présent, exister.

Are アレ, obtenir l'être, devenir.

Nari ナリ, être.

Nare ナレ, devenir.

Wori ヲリ, briser (v. transitif).

Wore ヲレ, se briser (v. intransitif), être brisé. (カゼニヲルルタケノ *caze ni worerou takeno co*, une tige de bambou qui est brisée par le vent.)

Iki イキ, respirer, vivre (V^r ch. II, § vii, Éclairc.) (vivre, être vivant. Dict.).

Ike イケ, obtenir le respirer ou vivre, devenir vivant (faire vivre. Dict.).

Yaki ヤキ, brûler (v. transitif).

Yake ヤケ, être brûlé, se consumer.

Kiki キヽ, entendre.

Kike キケ, être entendu (s'entendre), résonner (non au Dict.).

CH. IV. — LE VERBE.

Dans les dictionnaires japonais on chercherait vainement cette distinction, et si les deux formes se trouvaient par hasard citées ensemble, on serait dans une ignorance absolue touchant leur raison d'être.

Les verbes réguliers en *i*, la plupart du temps monosyllabiques, suivent la même règle, avec un écart à peine sensible, qui consiste en ce que le *j* (hollandais; *i* ou *y* français), comme lettre de transition entre l'*i*, voyelle radicale du verbe, et l'*e* (ou, *erou*, *ourou*) qui suit, est ajouté dans la prononciation et indiqué dans l'écriture au moyen des formes : エ *ye*, ユ *you*, エル *yerou*, ユル *yourou*. Souvent par ignorance on remplace エ *ye* par ヘ *fe* ou *he*.

Mi ミ (*mirou*, *mite*), voir.

Miye ミエ (*miyou* ミユ; *miyourou* ミユル; *miyete* ミエテ), paraître, devenir visible.

I 井 (*irou* 井ル; *ite* 井テ), tirer, décharger.

Iye 井エ (*i you* 井ユ, *i yourou* 井ユル; *ite* 井テ), être tiré, être atteint, recevoir un coup. De là *i you sisi*, un cerf abattu.

Ni ニ (*nirou* ニル), cuire (v. transitif). *Tcha wo nirou*, faire chauffer le thé.

Ni-ye ニエ (*ni-you* ニユ, *ni-yourou* ニユル ou *ni-yerou* ニエル, *ni-yete* ニエテ), se cuire, verbe intransitif. *Ni-yeyou*, eau qui cuit (chauffe). *Nabe no you ni ye-taghirou toki*, quand l'eau de la (dans la) bouilloire chauffe.

§ XXXI.

B. Verbes passifs du second degré.

Au lieu d'être simplement remplacé par l'élément verbal *e*, l'élément *i* des verbes irréguliers subit un affermissement de voyelle, et devient *a* ou *o*, auxquels on ajoute *e*. On obtient ainsi les formes *aë* ou *oë*, qui, pour éviter l'hiatus, sont transformées en *aye* ou *oye*, précisément comme dans le néerlandais *maai-en* se change en *maai-j-en*, et *tooi-en* en *tooi-j-en*.

Ari アリ, être, exister; avoir.

Araye アラエ (*arayou*, *arayourou*, *arayete*), être l'objet de l'avoir (précisément comme on dit en anglais : *it is to be ha-l*).

Ivi イヒ, dire, appeler. *Ivaye* イハエ, etc., être 'oojet du dire, être nommé, s'appeler (v. intransitif).

Siri シリ, apprendre, connaître. *Siraye* シラエ, devenir l'objet de l'apprendre, connaître, être connu.

Kiki キヽ, entendre. *Kicoye* キコエ, etc., devenir l'objet de l'entendre, se faire entendre. De là *coye*, abrégé de *kicoye*, la voix !

Omovi (*omoi.* Dict.) オモイ, penser. *Omovoye* (*omóye.* Dict.) オモホエ, etc., devenir l'objet du penser; être pensé.

Le principe d'après lequel l'*i* des verbes irréguliers, par la confirmation de la voyelle, est changé soit en *a*, soit en *o*, est celui qui régit toutes les langues de la haute Asie, c'est-à-dire que les voyelles des syllabes accessoires s'unissent par assimilation à celles des syllabes principales [1]. Cette loi d'assimilation ne régit pas seulement la formation de la forme passive des verbes, mais encore celle de la forme verbale causative, sans que ce soit pourtant avec la rigueur absolue que, d'après la remarque de W. Schott, on observe dans la langue hongroise. Nous avons appris à connaître (ch. II, § x) *nasi*, « faire être », comme la forme causative de *ni*, « être »; de même *oki*, « se lever », a pour forme causative *ocosi*, « faire lever, soulever » (au lieu d'*ocasi*), en même temps que dans *ocasime*, « laisser lever, permettre que l'on se lève », qui en est dérivé, l'*o* se trouve de nouveau transformé en *a*.

Les formes substantives des passifs dérivés du second degré : *arayourou, irayourou, sirayourou*, etc., signifient : « l'objet de l'avoir, du dire, de l'apprendre, etc. », en d'autres termes : « ce que l'on a, que l'on dit, que l'on apprend », et répondent aux locutions chinoises 所有 *sò yeòu*; 所謂 *sò wei*, 所知 *so tchí*. Si ces deux natures de formes, la japonaise et la chinoise, sont employées attributivement, elles équivalent à nos participes passifs du temps passé :

Cono mi fasirano cami va ivayourou save no cami nari, ces trois *Cami*'s (êtres suprêmes) sont les « ainsi appelés » Dieux dirigeants.

Sirayerou mono, l'objet que l'on apprend à connaître, et surtout l'objet que l'on « a » appris à connaître.

[1] Comp. Dr W. Schott, *Versuch über die Tatarischen Sprachen*, Berlin, 1856, p. 23. (Hoffm.)

CH. IV. — LE VERBE.   215

§ XXXII.

C. Verbes passifs du troisième degré.

Au lieu du simple verbe *e*, on emploie *are*, « devenir, naître » (*fieri*), passif d'*ari*, « être, exister », pour former le passif des verbes, avec addition de l'idée de continuité. *Are* a devant soi le premier membre verbal du mot composé, dans sa forme substantive (en *ou* pour les verbes irréguliers, en *erou* pour les verbes réguliers). Toutefois une élision s'opère ici : la désinence faible *ou* se trouve étouffée par l'*a* fort immédiat du mot *are*[1].

De *ficou are*, ヒ ク ア ヽ, résulte *ficare*, ヒ カ ヽ, être tiré.
» *nasou are*, ナ ス ア ヽ,   »   *nasare*, ナ サ ヽ, être fait.
» *motsou are*, モ ツ ア ヽ, »   *motare*, モ タ ヽ, être atteint.
» *outsou are*, ウ ツ ア ヽ, »   *outare*, ウ タ ヽ, être frappé.

Si l'on nous demande pourquoi les verbes se terminant en *tsi*, tels que *motsi*, *outsi*, se changent en *motare* et *outare*, nous répondrons qu'ici s'accomplit précisément le même effet qu'en hollandais pour la lettre *t* dans les mots *natie*, *natuur* et *natalis*, c'est-à-dire que les syllabes japonaises *tsi* et *tsou* n'ont point d'autre valeur essentielle que celle de *ti* et *tou*, quoique dans certaines provinces elles soient prononcées *tsi* et *tsou*. — Si le *t* est suivi d'un *a*, d'un *e* ou d'un *o*, il retient ou reprend sa valeur originaire et se prononce *t*; les sons complexes *tsa*, *tse* et *tsó* n'existent pas dans le japonais pur, c'est-à-dire non altéré par l'étude des langues occidentales.

D'*oumou are*, ウ ム ア ヽ, vient *oumare*, ウ マ ヽ, être né.
» *ovou (ô Dict.) are*, オ フ ア ヽ, » *ovare*, オ ハ ヽ, être mis après, ou suivi.
» *yobou are*, ヨ ブ ア ヽ,   »   *yobare*, ヨ バ ヽ, être appelé.
» *akerou are*, ア ケ ル ア ヽ,   »   *akerare*, ア ケ ラ ヽ, être ouvert.
» *mazerou are*, マ ゼ ル ア ヽ,   »   *mazerare*, マ ゼ ラ ヽ, être mêlé.
» *taterou are*, タ テ ル ア ヽ,   »   *taterare*, タ テ ラ ヽ, être érigé.

Ces verbes se conjuguent sur le modèle des verbes réguliers (—*e*, —*ou*, —*erou*, —*ourou*, —*etari*, —*eta*, etc.).

[1] Le même phénomène se produit dans le hollandais. Comp. Dr W. G. Brill, *Nederl. Spraakleer*, p. 52. (Hoffm.)

§ XXXIII.

Observations. — En opposition à cette méthode naturelle de dérivation, que nous prenons sous notre responsabilité comme le résultat de notre propre étude, s'élève une imposante autorité qui est celle des docteurs japonais eux-mêmes; en effet ces docteurs ont adopté un verbe *Rarourou* (*rare, rarou, rarourou*, et aussi *rerou*, et *rourou*), et l'ont inséré dans les vocabulaires japonais, comme correspondant au verbe purement chinois (被 *p'i*), qui s'emploie pour caractériser la nature passive des verbes transitifs : notre théorie doit donc se trouver formellement contredite par les Japonais comme un paradoxe 異端, et le collége des interprètes doit nous condamner officiellement. Mais le temps et la force des raisons rendront, nous l'espérons du moins, les esprits japonais plus accessibles à nos théories, que nous maintenons comme le résultat d'une analyse philosophique du langage. En même temps nous nions l'existence d'un verbe substantif *rare* (*rarourou*, etc.), qui serait le seul des verbes japonais purs (car nous ne parlons pas des verbes dérivés du Chinois et japonisés), qui commencerait par un *r* ! Mais il est évident que notre honorable compatriote, l'auteur du manuscrit, ne saurait être critiqué pour avoir, sur l'autorité des Japonais, admis un verbe substantif *rourou* avec le sens de « devenir ». — Au surplus, ce *rare, rarourou*, etc., revient comme une ombre dans chaque forme passive, et résiste opiniâtrement à l'examen méthodique ; cependant il doit être anéanti par la loi de dérivation de la forme passive, que nous avons constatée comme un résultat logique ; et nous finirons par le voir exclu de la série des verbes auxiliaires, et relégué dans les vocabulaires originaux japonais. — Une autre autorité s'oppose à la méthode analytique-synthétique, d'après laquelle nous avons étudié la forme passive des verbes japonais. C'est celle de l'auteur de l'*Epitome linguæ Japonicæ*. Mais la doctrine proposée dans le § 88 de ce livre, à l'égard de la conjugaison des verbes affirmatifs dans leur forme passive, ne nous paraît point fondée sur des principes solides : elle n'a point de relation avec les verbes réguliers, qui sont les premiers cités, et n'a d'application qu'avec les verbes irréguliers. Il est vrai que l'échange de la dernière syllabe *cou* dans le verbe irrégulier *caki, cacou* (la forme *cacou* est qualifiée d'infinitif et indicatif présent dans la *regula prima* du § 37 de l'*Épitome*) avec *ca*, et l'addition de *rourou* donnent la forme passive *cacarourou*, « être écrit » ; mais on dériverait à tort d'*acou*, forme conclusive indicative du verbe régulier *ake*, « ouvrir », une forme passive *acarourou*, car la série doit être et est réellement アゲラ°アケラル°アケラルル° ou アケラル, *akerar-e*, *-ou, -ourou* ou *-erou*, et produit nécessairement *akerarou*. La règle de dérivation de

CH. IV. — LE VERBE. 217

la forme passive, proposée dans l'*Epitome,* confond ensemble les espèces grammaticales.

Les exemples basés sur la forme passive de la langue chinoise peuvent servir à démontrer la dérivation ou constitution des « passifs » japonais, et sont des arguments en faveur de notre théorie de cette forme. Les deux verbes chinois que nous avons cités et qui servent à la formation du passif, sont 被 *pi* et 有 *yeoù.* Le premier signifie « revêtir (un habit), prendre sur soi, s'adapter une chose, se revêtir d'une chose ». Le second répond de tous points au verbe japonais *ari* « être présent », et a précisément aussi la signification d' « avoir », dans cet exemple : « L'arbre a des fleurs ». Cela revient à dire : « A l'arbre sont des fleurs ». L'expression chinoise est : *chou yeou hoá* 樹有花. *Yeou* « avoir » ou « être présent », a immédiatement après soi, comme objet, la détermination prochaine « quoi a-t-on »? ou « qui est présent »? Cette détermination est par là même un sens objectif qui a son sujet particulier, soit appelé de son nom, soit sous-entendu. Alors le sujet d'*yeou* est une action ou opération en dehors de l'individu, désignée par le sens objectif, ce qui revient à dire que par cette raison il se maintient passif. Si le sujet d'une phrase revêt d'abord l'action ou opération d'un autre sujet, il est réellement passif au point de vue de l'action ou de l'opération de ce sujet. La phrase : « Un homme de bien est trompé par les autres », est traduite en chinois par la forme : « Un homme de bien revêt (*p'i*) les autres tromper (善人被人欺) », ou « il a (*yeou*) les autres tromper ». Il en est de même avec la négation de 有 *yeou,* c'est-à-dire avec 無 *wou,* « ne pas être ». — Nous avons cru devoir insister sur ce point, parce que plusieurs sinologues considèrent encore *pi* comme une préposition ayant le sens de *par* (en lat. *ab*)[1]. — *Pi* est un verbe, et rien autre chose qu'un verbe.

§ XXXIV.

Encore quelques exemples pour éclaircir l'usage de la forme passive :

水(ミヅ)ハ東(ヒガシ)ヘ流(ナガル)
Midsou   va figasi   ve nagarou,

Le courant se dirige vers l'est.

---

[1] *Éléments de la Grammaire chinoise,* par M. Abel-Rémusat. Paris, 1822, p. 139, § 363. — *Grammaire mandarine, ou Principes généraux de la langue chinoise parlée,* par M. A. Bazin, professeur de chinois moderne. Paris, 1856, p. 43. (Hoffm.)

218 GRAMMAIRE JAPONAISE.

Midsou, eau douce, rivière. — *Figasi*, contracté de *fi-moucaisi*, c'est-à-dire « le soleil est arrivé à la rencontre (en face) »; (on sous-entend *cata*, côté). *Fi moucaisi cata* = *fi m'casi* = *fingasi* = *figasi cata*, est le côté par où le soleil vient au-devant, c'est-à-dire vers nous. — L'Ouest, *inisicata*, contracté en *nisicata*, et nommé *nisi* par abréviation, est le côté vers lequel le soleil s'en est allé, ou s'en va. — *Nagare*, être remué en avant, couler; comme substantif: *nagare*, le courant.

Asagavo asa ni oumarete, yoube ni si sou, l'apparence du matin (la fleur des vents, *convolvulus*), est née le matin et meurt le soir.
Cono mitsi sacan ni oconavarerou to miyetari, il est démontré (ou: il est évident) que cette voie est de plus en plus frayée.
Ocanavare, passif d'*oconai*, parcourir, frayer, exercer. — *Miyetari*, présent prétérit de *miye*, être évident; et celui-ci forme passive de *mi*, *mirou*, voir.

惡 (アク) 風 (フウ) ニ ハナタレテ 着 (チヤク) 岸 (カン)
Ac   foŭ   ni   fanatarete   tsyak(tchacou. Dict.) *can*
シタル 由 (ヨシ) ヲ 陳 (チン) 放 (ハウ) ズ。
sitarou yosi   wo   tsin   fŏ   zou.

On répand la nouvelle que le navire, par un mauvais vent, a été séparé (de ses ancres) et a été jeté à la côte.

Fanatarete, gérondif de *fanatare* (*fanatarou*, *fanatarourou*, etc.), être défait, ou élargi; et celui-ci forme passive dérivée du verbe irrégulier *fanatsi* (*fanatsou*), élargir; par ex.: *Saca wo fanatsou*, lâcher un faucon; *ya wo fanatsou*, lancer une flèche. — *Fanatarourou* est la mise en liberté de l'oiseau. — *Tsyak' can*, mot composé, dérivé du chinois, qui signifie: « aller au rivage ». — *Sitarou*, ayant fait, prétérit présent de *si*, faire. — *Tsyak' can si tarou yosi*, la nouvelle que l'on est arrivé à la côte. — *Tsin fŏ*)*zi*, —*zou*, répandre.

L'objet d'où procède l'action de s'approprier le sujet, se met en avant, comme détermination prochaine, caractérisée par la terminaison *ni*, ou par *no tame ni*, c'est-à-dire « pour le besoin de ».

Ten wŏ ni corosarou, (il) est tué par l'empereur.
Warewa fito ni tasinamerarou, je suis tourmenté par d'autres.
Inou ni camaretarou fito, quelqu'un qui est mordu par un chien. — *Cami*, verbe irrégulier, mordre.
On dit encore: *Inou ni camaretarou miyŏ yak'*, c'est-à-dire des blessures provenant de morsures de chiens;

CH. IV. — LE VERBE.

mais c'est une forme illogique, et que l'on doit éviter.

Mimana tsoui ni Sinra no tame ni forobosarou, l'état de *Mimana* devint finalement ruiné dans l'intérêt de (= par) *Sinra*. — *Forobi*, verbe irrégulier, aller à fond.

La matière dont une chose est faite précède au génitif comme détermination prochaine.

Comp. (p. 170, l. 2.) *Siro nawa no cori narerou sima*, îles écloses par la congélation de l'écume de la mer.

Cova fi no cami no tsi no narerou nari, cet (esprit) a été procréé du sang du Dieu du feu [1].

§ XXXV.

Forme passive des verbes [2].

Les verbes passifs, formés en hollandais par le verbe auxiliaire, sont composés de même en japonais, avec le participe passé ou le temps passé, suivi de *rour'ou*, devenir.

Outs', frapper. — *Outs'ta*, frappé. — *Outs'tarourou*, être frappé.

Comp. *outare, outarou, outarourou*, forme passive d'*outsi*, frapper, p. 180, l. 9. Au sujet de *rourou*, voir p. 180, Remarque.

Nous rappelons ici la conjugaison de *rourou*, devenir.

Temps présent,	*Watacousiwa (ga)*	*rourou*, je deviens.
Temps passé imparfait,	»	» *re ots'ta*, je devenais.
Temps passé parfait,	»	» *reta*, je suis devenu.
Temps passé plus-que-parf.	»	» *rete simŏte ots'ta*, j'étais devenu.
Temps futur,	»	» *rourou de arŏ*, je deviendrai.
Temps futur passé,	»	» *re ots'ta de arŏ*, je serai devenu.

---

[1] Le verbe passif se forme du verbe actif, en ajoutant *nare* ou *rarourou* au radical des verbes de la 1ʳᵉ conjugaison, et en changeant *ŏ* du futur en *a* et ajoutant *ra* ou *rourou* pour les verbes des 2ᵉ et 3ᵉ conjugaisons.

Le P. Rodriguez appelle verbe impersonnel celui qui n'indique pas une personne déterminée, et qui a un sens passif. Il le forme du verbe actif en ajoutant au radical *rare* (1ʳᵉ conj.) ou *re* (2ᵉ et 3ᵉ conj.) (D'après Rodr.) (L. P.)

[2] D'après le Ms.

§ XXXVI.

Forme négative des verbes[1].

I. Origine et essence de la forme négative.

La langue japonaise, dans une phrase négative, associe la négation au verbe prédicat. Elle nie bien qu'une action ou situation soit inhérente à un sujet déterminé, ou se trouve en relation avec un sujet déterminé ; mais elle ne nie pas, ainsi qu'il arrive dans nos langues occidentales, l'existence du sujet ou de l'objet, et laisse l'action, l'opération ou la situation de l'objet subsister comme positive[2].

D'après ce principe, le japonais n'a point d'équivalent des mots européens « aucun, personne, rien ». D'après le même principe, ce n'est pas la substance de la détermination prédicative qui se trouve niée, mais simplement son attribution à l'objet ; et comme la puissance d'attribution réside dans l'élément verbal i (v. § II), ou dans la racine verbale qui en est dérivée, ni (v. ch. II, § XVII), ou si (v. ch. II, § X), l'élément négatif, qui en japonais est le son n, se rattache à ces éléments i, ni ou si en manière de détermination adjective[3]. On obtient alors en premier lieu les formes : $n + i = ni$; $ni + i = ni$; $n + si = zi$: verbes auxiliaires irréguliers négatifs, avec la forme conclusive indicative ヌ nou, ou ズ zou, qui est en même temps la forme substantive et attributive, et qui se présente seulement comme forme de dérivation, et non comme verbe substantif. Dans le style plus pur de la langue écrite on emploie généralement ズ zou, et aussi dans la langue parlée ヌ nou[4].

---

[1] Cette théorie est de M. Hoffmann.

[2] Le caractère illogique de cette expression admise par l'usage : « Je (ne) vois personne (*ik zie niemand*. Holl.) », est rendu sensible quand on lui oppose cette autre expression : « Je vois un grand nombre de personnes qui ne sont pas visibles ». Nous mentionnons cette anomalie afin de faire mieux concevoir la propriété d'une « forme verbale négative ». (Hoffm.)

[3] Le verbe substantif négatif est *nai*. (Rodr.) (L. P.)

[4] La règle exige que l'on écrive ズ (*zou*) ; mais, sur cent volumes japonais, on en trouve à peine un seul dans lequel la règle soit observée et où ス (*sou*) ne soit pas employé au lieu de ズ (*zou*). Cette négligence est à déplorer, car la distinction entre la forme

CH. IV. — LE VERBE.

L'usage de la forme radicale *zi* est limité à la langue écrite, qui évite la forme radicale *ni* [1].

§ XXXVII.

II. Dérivation des verbes négatifs.

Pour les verbes réguliers en *e* ou en *i* régulier, les syllabes *zi* et *ni*, ou leur forme conclusive *zou* et *nou*, sont rattachées immédiatement aux désinences *e* et *i*.

Ake, ouvrir; *akezou* ア ケ ズ, ou *akenou* ア ケ ヌ, ne pas ouvrir.

Nare, devenir; *narezou* ナ レ ズ, ou *narenou* ナ レ ヌ, ne pas exister.

Se, faire; *sezou* セ ズ, ou *senou* セ ヌ, ne pas faire.

Mi, voir; *mizou* ミ ズ, ou *minou* ミ ヌ, ne pas voir.

Le verbe en partie irrégulier *ki*, venir (*ki, cou, courou, kite, kiyo*), a pour forme négative, non pas *kinou*, qui signifie une étoffe de soie, mais *conou* コ ノ. De là *coneba naranou* « on peut venir », litt. « le ne pas venir n'existe pas ».

Pour les verbes irréguliers en *i*, cet *i* subit, précisément comme pour la dérivation des verbes causatifs (voir ch. II, § x) et pour celle des passifs du second degré (v. p. 205), un renforcement de voyelle, et devient *a*, d'où résultent les formes *azou* ou *anou*; p. ex.:

causative et la forme négative, entre フ ラ ス (*fourasou*) « faire pleuvoir » et フ ラ ズ (*fourazou*) « ne pas pleuvoir », se trouve comme abolie. (Hoffm.) — La forme en *zou* a pour suppléante *zourou*, dérivée de *zari*. Cette désinence est spéciale au style des livres : néanmoins dans plusieurs provinces, dans le *Choungocou*, le *Chicougo*, le *Chicoujen*, elle est usitée pour le langage oral. — La forme en *zou*, dans le langage comme dans l'écriture, est comme le radical du verbe négatif. Elle ne se trouve pas ordinairement à la fin des phrases; elle y est remplacée par la forme en *nou*. — On se sert aussi quelquefois de la négative *fou*, mot chinois ou *coye*, dont la lecture *yomi* est *nou* ou *zou*. (Rodr.) (L. P.)

[1] De ce que la racine *ni* est évitée et n'est pas en usage, il n'en résulte pas qu'elle ne puisse être la base d'une série de dérivations régulières. Si l'on forme d'après les règles ces formes dérivées, on est naturellement ramené vers la racine. « Pourquoi », dit notre savant grammairien le Dr L. A. Te Winkel, dans sa *Proeve van etymologie van het werkwoord « lijken » en zijne voornaamste afstammelingen*, 1857, p. 1 ; « pourquoi la science de l'étymologie ne suivrait-elle pas l'exemple des sciences expérimentales, lorsqu'elle peut éclaircir les formes et les significations d'une série complète de mots anciennement usités ou encore en usage, en admettant que telle forme fabriquée par nous, mais dont on n'a point d'exemple (nous ajouterons : qui est tombée en désuétude), puisse avoir existé dans une époque de beaucoup antérieure ? (Hoffm.)

Caki, écrire ; *cacazou* ou *cacanou*, ne pas écrire.
Nasi, faire être ; *nasazou* ou *nasanou*, ne pas faire être.
Tatsi, se lever ; *tatazou* ou *tatanou*, ne pas se lever.
Outsi, battre ; *outazou* ou *outanou*, ne pas battre.
Nomi, boire ; *nomazoü* ou *nomanou*, ne pas boire.
Ari, exister ; *arazou* ou *aranou*, ne pas exister.
Nari, être ; *narazou* ou *naranou*, ne pas être.

§ XXXVIII.

III. Formes de conjugaison des verbes négatifs.

1. Les formes simples les plus usitées du verbe auxiliaire *zi*, ordinairement *ni*, sont :

	Pour la langue écrite.	Pour la langue parlée.
Forme radicale (v. § II).	zi ジ.	(ni, inusité).
Forme concl. ind. (§ IV).	zou ズ.	nou ヌ.
Forme subst. (§ V).	zou ズ.	nou ヌ.
Le même, isolé.	zouva ズハ. / zouwa ズヲ.	
Forme adj. ou part. (§ V).	zou ズ.	nou ヌ.
Gérondif (§ VII).	zide ジデ, devenant par élision ide イデ. / zoude ズデ ou zounde ズンデ, contracté de *zou-ni-te*. / zou-site.	de デ ou nde ンデ, contracté de *ni* (ou *nou*)-*te*. / nou-ni-woitewa.
Forme locat. déterminative du temps, forme causale et modale (§ VIII).	zeba ゼバ.	neba ネバ.
Forme présuppositive (§ IX).	zounba ズンバ. / zoumba, contracté de *zou-ni-va*.	deva デハ ou ndeva. / nou-naraba.
Forme concessive (§ X).	zou-tomo. / zou-to-iyedomo.	ne-domo. / nou to iyedomo.

4. La forme du gérondif *senou* + *de* (不爲而) « ne faisant pas » se transforme en *sen'de*, *sede* セデ.
Saranou + *te*, contracté de *sicaranou* + *te*, « non ainsi étant », fait *sarade* サラデ.
Aranou + *te*, *arande* (弗而) « ne pas étant existant », devient *arade* アラデ.

CH. IV. — LE VERBE.   223

Omavanou+*te* (不思有) fait *omovade* オモハデ « sans y penser », équivalant à *omovazounde* ou *omovazoude*. (Hoffm.)

2. Les formes contractées *zousite*, *nou ni woite va*, *nou naraba*, sont proposées d'après le tableau ci-dessus. (Hoffm.)

Prétérit. — Le prétérit présent, dérivé de la forme radicale négative *ni*, au moyen de *te ari* = *tari*, communément *ta* (v. ch. II, § VIII), et qui suivant la règle devrait être *ni* + *tari* ou *nita*, est *nanda* ナンダ ; on met ainsi en évidence l'élément négatif, l'*n*. D'après ces principes sont dérivées les formes telles que :

Akenanda, ne pas avoir ouvert.
Aghenanda, ne pas avoir soulevé.
Yomananda, nomananda, ne pas avoir lu, ne pas avoir bu, etc.

Akenanda nareba, *akenanda niwoite va*, tandis que l'on n'a pas ouvert.
Akenandanaraba ou *akenandareba*, dans le cas où l'on n'aurait pas ouvert.

Impératif. — Le mode impératif est formé par l'adjonction de *na* (latin *ne*) à la forme substantive du verbe confirmatif (affirmatif).

Arou, l' « être »; *arouna*, n'est-il pas ?
Sourou, le « faire »; *sourou na*, ne fais pas ! (anglais: *don't*), litt.: « faire-vous pas ») [1].

Si l'idée de continuité est liée à la prohibition, on emploie, au lieu de *na*, le mot *nacare*, mode impératif du verbe continuatif *nacari*, « ne pas exister ». L'action ou opération, caractérisée par *nacare* comme une chose qui ne peut pas être, doit précéder, en qualité de sens subjectif, déterminé par *coto*, chose ; par ex.:

Tsiou-syo mitsi wo sarou coto tovocarazou. Corewo onore ni fodocosite negavazounba, fito ni fodocosou coto nacare [2]. Celui qui est honnête et bienveillant ne s'éloigne jamais beaucoup de la voie (de la loi morale). S'il ne désire pas que l'on attribue telle ou telle chose à lui-même, ne doit-il pas désirer qu'on l'attribue à autrui ? ou litt. : « Que l'homme honnête et bienveillant abandonne la voie, n'est-ce pas éloigné. N'est-il point (dans) son vœu, quand une chose est attribuée à lui-même, qu'elle soit de préférence attribuée à autrui.

Eclaircissement. — *Tovoki*, adj., éloigné ; *tovocari*, être éloigné ; *tovocarazou*, ne pas être éloigné. — *Negai*, verbe irrégulier, désirer ; *negavazou*, ne pas désirer. — *Fodocosi*, verbe irrégulier, donner, attribuer [3].

[1] On forme encore un impératif en mettant *na* devant et *so* après la racine. (Coll.) (L. P.)
[2] Paroles de Confucius, dans le *Tchoung young*, ch. XIII. (Hoffm.)
[3] La forme en *na* a quelquefois le sens du prétérit : *chena* « je n'ai point fait ». (Rodr.) (L.P.)

Futur. La forme du temps futur n'est pas directement dérivée de *zi*, mais dans la langue écrite elle est formée du verbe continuatif *zari*, dérivé de *zi*, et est *zaran* サ°ラン. La langue parlée emploie la tournure : *nou-de aró* ヌデ°アラウ, c'est-à-dire « devoir être dans le non-faire ». (Comp. § VI.)

On a encore considéré *mai*, qui se présente dans des composés tels que *arou mai, cacou mai, outsou mai*, comme un futur de la forme négative, et admis pour les composés que nous avons cités les significations : « On ne doit pas être, — écrire, — frapper ». Nous ne saurions applaudir à ces hypothèses, par les raisons suivantes :

Mai est une forme vulgaire résultant, par élision du *z*, de *mazi* マジ, précisément comme *ide* est la forme elliptique de *zide*. *Mazi* lui-même est la fusion de *ma + nasi*, ordin. *ma + nai*, et signifie litt. : « il n'y a pas lieu ». Le mot radical *ma* est déjà expliqué au § XXIII comme signifiant : « espace, place », ou par rapport au temps : « intervalle, pause ». Ici se rattache logiquement l'idée exprimée par le mot hollandais *gelegenheid* (occasion, circonstance — en anglais *opportunity*), par ex. : *Icariwo orosou ma mo nacousite, caze ni macasete youcou*, c'est-à-dire : « Pas une seule fois le temps (ou l'occasion) existant pour jeter l'ancre, on s'abandonne au vent, et l'on va plus en avant. » L'action pour laquelle aucun temps ou aucune occasion n'existe, est, dans un sens absolu, celle qui n'arrive pas parce que le temps ou l'occasion manque ; toutefois un véritable futur, « qu'elle ne doit pas arriver », n'est pas renfermé dans le sens, ou bien il faudrait conjecturer que la racine *ma* a encore la signification de « but » ou de « terme final »[1].

Au sujet des formes de conjugaison en *mazi* ou *mai*, il faut surtout remarquer que ces mots ont devant eux la détermination prochaine : « pour quoi le temps ou l'occasion n'existe pas », dans la forme verbale ou dans la forme attributive ; tels sont : le gérondif déterminant le temps : *mai ni*, « tandis qu'il n'y a aucune occasion » ; *mai toki*, « comme il n'y a aucune occasion » ; *mai tomo*, « comme il n'y a aucun temps pour.... » ; et les dérivés : *maziki, maziki nari*; *mazicouva* ou *maicouva*, « pendant que, si » ; *mazikereba* ou *maikereba*, « comme, puisque » ; *mazikeredomo* ou *maikeredomo*, « encore qu'il n'y ait aucun temps ou occasion ». — *On-ki tsoucai nasarou* (ou *nasare*) *mazicou soro*, il n'existe (*soro*) aucune occasion ou motif, pour que votre intérêt soit excité.

---

[1] La forme en *mai* (*motomemai*) est vicieuse. — Il existe une autre forme du futur en *ii* (*motomeii*), spéciale à la langue écrite, mais usitée quelquefois dans l'idiome oral. (Rodr.) (L. P.)

CH. IV. — LE VERBE.

§ XXXIX.

2. Les formes composées les plus usitées sont formées de la réunion du verbe négatif *zi*, ordinairement *ni*, avec *ari*, « être continuant ». Il en résulte des verbes continuatifs, conjugués précisément comme l'irrégulier *ari* (*ari, arou, are, arite* ou *atte, arita* ou *atta, areba, araba, aran*, etc.)

Prenons pour exemples les verbes réguliers : *ake*, ouvrir; *are*, devenir; *nare*, devenir; *se*, faire; *mi*, voir; *miye*, se montrer; — et les irréguliers : *caki*, écrire; *nasi*, faire être; *outsi*, frapper; *nomi*, boire; *omoi*, penser; *ari*, exister; *nari*, être. L'on obtient, en suivant cette voie,

LES FORMES DE DÉRIVATION NÉGATIVES.

		Pour la langue écrite.		Pour la langue parlée.	
VERBES RÉGULIERS	Ake	akez)i,-ou	akezar)i,-ou アケザリ	akezi de ar)i,-ou	akenou de ar)i,-ou.
	Are	arez)i,-ou	arezar)i,-ou アレザリ	arezi de ar)i,-ou	arenou de ar)i,-ou.
	Nare	narez)i,-ou	narezar)i,-ou ナレザリ	narezi de ar)i,-ou	narenou de ar)i-ou.
	Se	sez)i,-ou	sezar)i,-ou セザリ	sezi » » »	senou » » »
	Mi	miz)i,-ou	mizar)i,-ou ミザリ	mizi » » »	minou » » »
	Miye	miyez)i,-ou	miyezar)i,-ou ミエザリ	miyezi » » »	miyenou » » »
VERBES IRRÉGULIERS	Caki	cacaz)i,-ou	cacazar)i,-ou カヽザリ	cacazi » » »	cacanou » » »
	Nazi	nasaz)i,-ou	narazar)i,-ou ナサザリ	nasazi » » »	nasanou » » »
	Outsi	outaz)i,-ou	outazar)i,-ou ウタザリ	outazi » » »	outanou » » »
	Nomi	nomaz)i,-ou	nomazar)i,-ou ノマザリ	nomazi » » »	nomanou » » »
	Omoi	omovaz)i,-ou	omovazar)i,-ou オモハザリ	omovazi » »	omovanou » »
	Ari	araz)i,-ou	arazar)i,-ou アラザリ	arazi » » »	aranou » » »
	Nari	naraz)i,-ou	narazar)i,-ou ナラザリ	narazi » » »	naranou » » »

1. La prononciation supprime le z de zide ari; de là les formes akeide ar', areide ar', etc., que l'on rencontre chez les poëtes.

2. Les formes akenou de ari, arenou de ari, etc., se transforment dans la prononciation en akende ar', arende ar', etc.

3. *Narazou* est le plus souvent échangé contre *ni arazou*.

La négation d'une négation est considérée comme une affirmation renforcée.

§ XL.

Exemples de l'usage des verbes négatifs.

1. *Ame tsoutsi firakesi yori cono cata imano toki fodo dai-fei narou coto arazi. Nisi va Ki-cai Yacouno sima yori figasi Osiyou no Sotoga fama made gŏ rei no youki-todocazarou tocoro mo nasi.* (Épigraphe d'une préface.) — Depuis le développement du ciel et de la terre, jusqu'au temps actuel, il n'est pas arrivé qu'il y eût une paix générale. A l'ouest, depuis l'île de *Yacou*, qui appartient au domaine des Esprits, jusqu'au rivage le plus extérieur de l'*Osiyou* oriental, il n'y a aucune place où l'autorité du souverain n'atteigne pas.

Éclaircissement. — *Firake*, verbe rég., s'ouvrir, se développer. *Firakeri*, forme du prétérit propre au style écrit, = s'est ouvert. La forme substantive, et en même temps attributive, qui en dérive est *firakesi*. — *Cono cata*, voir ch. III, § x. — *Arazi*, forme négative, ne pas être présent. — La liaison des sens a lieu par enchaînement, ce qui motive l'usage de la forme radicale (voir § II.). — *Yori*, sortant de; *made*, jusqu'à. — *Gŏ rei*, 号令 (ガウ) 令 (レイ), l'autorité (du souverain). — *Youki todoki*, verbe irrég., = atteindre : *todocazou*, il n'atteint pas ; *todocazarou*, il n'est pas atteignant, ne venant pas à. *Todocazarou*, qui est aussi la forme substantive, se trouve ici comme la détermination adjective de *tocoro*. — *Nasi*, il n'y a pas.

2. *Ware corewo sezou*, je ne fais pas cela. — *Ki sin no tocou tarou coto, sore sacan narou ca! Corewo mite mizou; corewo kiite kicazou; mono ni tei site nocosou becarazou*[1]. — L'action bienfaisante des esprits, combien elle est puissante! En regardant, on ne les voit pas; en écoutant, on ne les entend pas; ils sont incorporés aux choses visibles (à la matière), et on ne peut pas les laisser en arrière (n'en pas tenir compte).

3. *Coun-si irou to site, zi-tok-sezarou coto nasi. Ziyŏ-i ni arite, simo wo*

---

[1] Paroles de Confucius. *Tchoung young*, ch. XVI. (Hoffm.)

sinogazou. *Ca-i ni arite, camiwo ficazou. Onore wo tadasiousite (tadachousite.* Dict.), *fito ni motomezareba, sounavatsi ourami nasi; cami Ten wo ouramizou. Simo fito wo toyamezou. Carouga youëni coun-si va yasouki ni wite motte mei wo matsou* [1].

Traduction.—Un homme noble étant une fois placé dans une situation déterminée, on ne voit pas qu'il ne demeure pas toujours le même. Est-il dans une situation élevée, il n'en dédaigne pas une inférieure. Est-il dans une situation inférieure, il n'aspire pas à une plus élevée. Comme il pense uniquement au perfectionnement de lui-même, et qu'il n'exige rien des autres, il ne s'élève aucune haine contre lui [2]; et comme il n'est pas éloigné du ciel (de la divinité) qui est au-dessus de lui, et qu'il ne fait pas souffrir les personnes qui sont au-dessous de lui, il est toujours en paix, et attend jusqu'à la fin son sort.

Éclaircissement.—*Zi-tok'*, la propre conservation (voir p. 156); *zi-tok'si*, se conserver soi-même, demeurer ce que l'on est. *Zi-tok' sezarou coto*, « ne pas demeurer ce que l'on est », est le sujet de *nasi* (n'est pas). — *Sinogazou*, forme conclusive indicative négative de l'irrégulier *sinoghi*, détourner, éloigner. — *Ficazou*, « il n'avance pas », de l'irrégulier *fiki*, marcher; employé ici dans le sens d'être soumis servilement. — *Tadasiou* (*tadachou*. Dict.) *site*, gérondif de *tadasiousi* (*tadachousi*); et celui-ci (suivant la règle *i*, ch. II, § 1) forme syncopée de *tadasicou si*, rendre droit, diriger, parfaire. — *Motomezareba*, forme locative déterminative du temps (comme il n'exige pas) de *motomezari*, « ne pas exiger », et celui-ci de *motome*, réclamer, exiger. — *Ourami*, verbe rég., « être éloigné de », et comme nom substantif: « aversion, éloignement ».— *Carouga youëni*, ou *carouga youveni*, pour cela (voir ch. III, § XII). — 井 テ *wite, ite*, gérondif de 井 ou 亻 (*wi* ou *i*), « s'asseoir », d'où est dérivé *ori*, 才 リ, (voir ch. II, § XI).

4. *Mitsino oconavarezarou ware core wo sireri: Tsi-sya (cha.* Dict.) *va core ni sougou; gou-sya (cha) va oyobazou* [3]. Que la voie (la loi morale) ne soit pas entièrement suivie (litt.: qu'il ne soit pas marché dans la voie), je le sais. Les intelligents vont en dehors, les ignorants n'y vont pas du tout.

Éclaircissement.—*Oconavi*, exercer, pratiquer; *oconavare*, être pratiquant; *oconavarezari*, ne pas être pratiquant.

---

[1] *Tchoung young*, ch. XIV. (Hoffm.)

[2] Nous n'ignorons pas que jusqu'à ce jour l'on a compris différemment cette parole, et qu'Abel-Rémusat a pensé que l'expression chinoise 無怨 (en japonais, *ourami nasi*, c'est-à-dire, il n'y a aucune répugnance), a la signification de « il n'est pas répugnant (*non indignatur*); tandis que David Collie, dans la traduction intitulée: *The Chinese classical works* (Malacca, 1828), a traduit le passage par : « *He feels no dissatisfaction* ». Tous deux par leur erreur ont altéré l'une des plus belles paroles de Confucius. L'explication que nous avons proposée à la p. 217 était alors inconnue des sinologues. (Hoffm.)

[3] *Tchoung young*. (Hoffm.)

Siri, *sirou*, apprendre à connaître ; *sirer)i*, *-ou*, savoir. — *Sough)i*, *-ou*, *-irou*, *-ourou*, verbe irrég., enjamber. — *Oyob)i*, *-ou*, atteindre ; *oyobazou* ou *oyobanou*, ne pas atteindre.

5. *Yaso Cami. Co va fito fasira no mina ni arazou. Oho couni nousi no Cami no ani oto no Cami tatsiwo mawosou nari.* — *Yaso Cami* ou les 80 êtres suprêmes. Ce n'est pas le nom noble d'une personne. On appelle ainsi la série des *Camis* frères aînés et plus jeunes du *Cami* illustre de la grande terre.

Éclaircissement. — *Fasira*, voir ch. II, § XVIII. — *Cami tatsi*, série *Cami*, forme du pluriel : *Camis* ou êtres suprêmes.

6. *Rei ni arazou* (非禮), impoli, sans manières, non convenable. — *Rei*, la convenance, la décence, le *decorum*. — *Rei ni arazousite mirou nacare* (非禮勿視), ne regardez pas sans politesse !

Sican va arazou, ou *sono yŏ ni nai*, ou *sŏde wa nai*, il n'en est pas ainsi.

Minou de wa nai, litt. : ce n'est pas à ne pas voir, c'est-à-dire : on voit cela bien réellement.

Iwanou de wa nai, on peut parler. — *Ware core wo facarazou*, ou *camawanou*, je ne dis pas cela, je ne me soucie pas de cela: *Care moucouvizou*, ou *henzi senou*, il ne remercie pas.

7. *Omonbacarazarou wo sinserarezou* (不億不信), ce que l'on ne peut soulever et mouvoir, ne trouve aucun crédit !

Rocou ni denou cocoro, condition de ne pouvoir être élevé (non-élévabilité?), litt.: cœur qui ne procède pas droit (*rocouni*).

Mate sirazarou tocoro ari, encore y a-t-il ce que l'on ne sait pas. *Mata youcou sezarou tocoro ari*, encore y a-t-il ce que l'on ne fait pas bien [1].

Éclaircissement. — *Sirazarou* et *youcousezarou*, forme substantive attributive, usitée comme prochaine détermination de *tocoro* (voir ch. III, § XVIII.).

Monocoŭ toki ni monogatari sezou (食不語), pendant le repas on ne cause pas.

Monogatari, récit, conversation. — *Kedasi coutsi ni fouta yacou wo cakenou*, c'est-à-dire : avec la bouche on ne fait aucun double service.

8. *San ca nitsino aida caze ame nacou coumorite, fino ficari wo mizareba, itsi nen no dai-fi wo tsoucasadorou* [2]. Quand dans les trois jours (après le nouvel an) il n'y a aucun vent ni pluie, que le temps est couvert et que l'on ne voit pas paraître le soleil, cela présage la grande sérénité de l'année entière (cela signifie que l'année entière doit être très-sereine).

Eclaircissement. — *Fino ficari*, éclat du soleil. — *Mizareba*, locatif déterminant le temps, « quand on ne voit pas ».

9. *Ame ni mo arazousite, courocou coumorite, in-in tarou no mata fi nari*. Encore le fait d'être obscur, tandis que l'air est couvert et noir, sans qu'il y

---

[1] *Tchoung young*, ch. XII. (Hoffm.)
[2] *Cwats rei* I, 12 v°. (Hoffm.)

ait de la pluie, est pareillement un signe que l'année sera belle.

Éclaircissement. — *Arazousite*, gérondif (déterminant le temps) d'*arazou*, « ne pas exister »; il est subordonné à *coumorite*, « pendant qu'il est couvert », et celui-ci l'est au sujet *in-in tarou*, « être obscur ». — A l'égard de *mo*, voir §§ x et xi. — Le sens prédicat *fi nari*, c'est-à-dire « il devient beau », est elliptique; l'écrivain a voulu dire : *Itsi nen finarento no sirousi nari*, c'est un signe que l'année entière doit être belle.

Coun-si yo wo nogarete sirarezou site, couïzou [1]. L'homme noble, retiré du monde et se trouvant inconnu, n'éprouve aucun dépit.

Éclaircissement. — *Nogarete*, gérondif de *nogare*, « être retiré », et celui-ci passif de *nogh)i, -ou*, revenir en arrière, s'esquiver en arrière. — *Sirare*, être connu; *sirarezou site*, gérondif, « n'étant pas connu ». — *Coui*, verbe rég., « il a dépit d'avoir ».

Ine va midsou ni arazareba, carourou nari [2]. Le riz sèche sur pied quand il n'y a pas d'eau.

Éclaircissement. — *Arazeba*, locatif (déterminant le temps) d'*arazari*, « ne pas être visible ». Dans l'original se trouve *arezareVa*, faute typographique, ainsi qu'il paraît d'après le dernier exemple de la page précédente, où est employée la forme correcte *mizareBa*.

Con nitsi oho caze foukeba, caico yabourete, ito no atai tacasi, mata gococ' minorazou. Ame fare, atataca ni site,

*caze foucazareba go-coc' yocou zyouc' (jouc*ᵒᵘ*. Dict.) site, ine no atai yasousicou, nin-min anzen nisite, yamai mo nacou, youtaca nari* [3].

Traduction. — Quand à ce jour (au jour du nouvel an) un ouragan souffle, le ver à soie n'arrive à rien, et le prix de la soie brute s'élève; et aussi les grains ne produisent aucun fruit. Si le ciel est clair et chaud, et qu'il ne souffle aucun vent, les grains deviennent mûrs, et le prix du riz baisse; le peuple, pendant que tout est prospère, se conserve en santé et vit dans l'abondance.

Éclaircissement. — *Yabourete*, gérondif de *yaboure*, s'en aller en morceaux, se briser, être ruiné. — *Go-coc'*, les cinq graines, c'est-à-dire l'ensemble des céréales. — *Minori*, verbe irrég., porter des fruits. — *Ziyouk* (*joucou.* Dict.) *-si*, verbe formé du chinois, « mûrir ».

汝ノ國爲(タメニ)吾(ワガ)國(クニノ)所(ソイ)破(ヤブラ)非(アルマジ)久矣(ニ)。

Nandsi no couni waga couni no tame ni yobouran coto fisosiki ni aroumazi [4]. Cela ne peut pas durer longtemps, et votre terre doit dans l'intérêt de (de la part de) notre terre être ruinée de fond en comble.

Éclaircissement. — *Tameni*, dans l'intérêt de, par rapport à (voir § xxxiv).

---

[1] *Tchoung young*, ch. II. (Hoffm.)
[2] *Cwats rei* II, 21 r°. (Hoffm.)
[3] *Ibid.* I, 13 et suiv. (Hoffm.)
[4] *Nipponki.* (Hoffm.)

— *Yabouran*, futur du verbe irrég. *yabouri*, « tomber en ruines »; *yaboure*, verbe rég., « briser une chose en morceaux, la renverser à terre ». — *Coto* désigne le sens subjectif (voir ch. III, § XVIII).

Fou-ziyou. (jou Dict.) *sei-kei madsousı to waravou* (pron. *waroo*) (*varŏ*. Dict.) *coto nacare*[1]. Que le revenu d'un mauvais professeur soit aussi restreint, cela n'est pas un motif de rire (on ne rit pas de ce que, etc.). (Voir § XXXVIII, Impératif.)

Con nitsi mousi nezoumi no cayovou (*cayŏ*. Dict.) *ana wo fousagheba, ninca ni cai arou mousi nezoumi no tagoui foutatabi kitarou coto nasi*[2]. Quand à ce jour on bouche étroitement les trous secrets des insectes et des souris, alors tout ce qui se trouve dans les habitations des hommes en insectes nuisibles et en souris, ne reparaît plus.

Éclaircissement. — *Cayov*)*i, -ou*, verbe irrég., « passer ». — *Fousaghi*, verbe irrég., « rendre étroit, fermer étroitement ». — *Cai arou*, nuisible. — *Tagoui*, sorte, tout ce qui se rapporte à… — *Kitarou coto*, « le venir »; *nasi*, n'est pas. (Comp. ch. III, § XVIII, sur les sens subjectifs.)

Arou nasi wo tovou (*tŏ*.Dict.), (angl. *to be or not to be, that is the question!*) (問有無).

Zeniga arouca, naica? Y a-t-il des deniers ou non? y a-t-il de la monnaie ou non?

Zeniga mada tsoukinou, les deniers ne sont pas encore dépensés.

Éclaircissement. — *Mada*, contracté de *ima + mata* = seulement aussi, c'est-à-dire encore (angl. *yet*).

N.B. La négation ne réside pas dans *mada*, mais dans la forme verbale négative *tsoukinou*, du verbe rég. *tsouki*, « dépenser, dissiper », dont *tsoucousi*, « faire dépenser, épuiser », est la forme causative.

Corewo motsivite tooucousou coto atavazarou mono naran. En examinant bien, le fait de tout dépenser doit encore être impossible ; c'est-à-dire : essayez, et il ne sera pas possible de tout dépenser.

Ima yocousourou ca, dekinou ca? (今能否), arrive-t-il, ou n'arrive-t-il pas?

Éclaircissement. — *Deki, dekirou, dekite*, verbe rég., « procéder, paraître à la vue, résulter, exister ».

Mousi ovocou deki, caico wo soui-corosou, les insectes viennent souvent et sucent à mort les vers à soie. — *Sore cara dekitecourou*, il résulte de là.

Sarite caveranou, (je) pars et (je) ne reviens plus.

Moucasi yori mada kicanou, il est inouï, litt.: depuis les temps anciens il n'a pas encore été entendu. — *Kicanou* au lieu de *kicananda*.

Wagatomo de nai, nous ne le sommes pas.

Waga coto de nai, ce n'est pas mon affaire, cela ne me convient pas, je n'ai rien de commun avec cela.

---

[1] *Cwats rei* I, 30 r°. (Hoffm.)
[2] *Ibid.* I, 47 v°. (Hoffm.)

Carewa moto tacave de nai, il n'est pas trop stupide.
Fito coto mo nai, ce n'est pas une chose simple, ce n'est pas absolument à portée, ou allant de soi-même.
Tonto sacana ga nai, il n'y a en général aucun poisson (pour dessert).
Itsou no tsiriga nai, aucune parcelle d'étoffe.
Tosiga onazicou nai, l'année n'est pas la même.
Cacouno gotocou narazareba (不如是), comme il n'en est pas ainsi.
Ware wo facarananda, on n'a (ou je n'ai) pas pris ma personne en considération.
—*Fin wo sirananda,* il n'a pas appris à connaître la pauvreté. — *Ouwoga yerarenanda,* il n'y avait aucun poisson à obtenir, on ne pouvait obtenir de poisson. — *Ouwo wo minanda,* on n'a vu aucun poisson. — *Tsoure datsite mada modorananda,* ils ne se sont pas rassemblés de nouveau.
Minou de wa nai (非不見), on ne peut l'apercevoir.
Iwanou de wa nai (非不言), on ne peut en parler.
Nakerana naranou, bien réellement !

§ XLI.

Forme négative des verbes [1].

Quand une négation est associée à un verbe, au moyen de la particule négative, qui précède ou qui suit, l'équivalent s'opère dans le japonais par *nou* ou *zou*, qui signifient : « pas ou point », et qui font partie de la terminaison du verbe.

Le verbe subit par là même une modification, de sorte qu'en japonais il existe en réalité des verbes négatifs.

§ XLII.

MINOU « ne point voir ».

Temps passé imparf.	*Watacousiwa (ga)*	*miots' ranou* 1).
» » parf.	»	» *miyedsou* 2).
» » plus-que-parf.	»	» *miyedsou ni ots'ta* 3).
» futur.	»	» *minou de arŏ.*
» futur passé.	»	» *miots' ranou de arŏ* 4).
Mode impératif.	»	» *minasarouna* 5).

[1] D'après le Ms.

[Observations sur les formes précédentes.

1. *Miots'ranou* ne peut être proposé comme l'imparfait de *minou*. Si l'on admet, ce qui n'est point démontré, que le peuple de Nagasaki, depuis quelques années, dise *mi-orou*, « être voyant », au lieu de *mi te orou*, ou de *mi te arou* (ainsi que l'on disait auparavant), la forme négative dérivée doit être *mioranou* ou *mite oranou*. Et si l'on veut, de la forme suspecte *miots'ta*, que le Ms. présente comme le temps passé imparfait de *mi*, « voir », faire dériver une forme négative, on aura *miots' taranou*, « ne pas avoir vu », ce qui doit condamner absolument la forme *miots'ranou*.

2. La forme *miyedsou*, indiquée ici comme le temps passé parfait de *minou*, équivaut à *miyezou* ミエズ, car l'auteur du manuscrit échange ordinairement *tsou* (ツ) contre *sou* (ス), et *dsou* (ヅ) contre *zou* (ズ). *Miyezou* est le présent négatif régulier de *miye*, « paraître, être visible » (voir § xxx, l. 4), et signifie : « ne pas paraître », ou comme indicatif : « il ne paraît pas ». Et de même que l'expression : « Je ne deviens pas visible, » n'est pas le prétérit de « je ne vois pas », ainsi *watacousiwa miyezou* ne peut être le prétérit de *watacousiwa minou*. Dans le langage oral ordinaire, « Je n'ai pas vu » se trouve exprimé par : *watacousiwa minou te atta*. Si l'on emploie au lieu d'*atta* le futur *arŏ*, on obtient « *watacousiwa minou de arŏ*, « Je ne puis pas voir ».

3. *Miyedsouni ots'ta*, forme supposée d'un plus-que-parfait qui n'existe pas, doit être éliminée de même que *miyedsou* et

4. *Miots' ranou de arŏ*, forme supposée d'un futur antérieur, non moins erroné.

5. Le mode impératif : « ne vois pas » est *mirou na*, tandis que *minasarouna* signifie : « ne deviens pas vu ». (Comp. § xx.)

A la suite de *minou*, « ne pas voir », le Ms. propose 15 autres verbes. Nous réunissons en un tableau leurs formes de flexion, d'après le Ms. Ces verbes sont :

Cayenarou, ne pas revenir en arrière ; *kinou*, ne pas vêtir ; *kicanou*, ne pas entendre ; *kiranou*, ne pas couper ; *conou*, ne pas venir ; *hanasanou*, ne pas causer ; *hicayenou*, ne pas tergiverser, ou hésiter ; *misenou*, ne pas montrer ; *nacanou*, ne pas sangloter ; *nenou*, ne pas dormir ; *nomenou* ou *nomanou*, ne pas boire ; *oyoranou*, ne pas gronder ; *senou*, ne pas faire ; *tabenou*, ne pas manger ; *warawanou*, ne pas rire.

CH. IV. — LE VERBE.

Temps présent.	Temps passé imparf.	Passé parfait.	Temps passé p.-q.-p.	Temps futur.	Temps futur passé.	Mode impératif.
Cayeva-	Cayeri-	Cayera-	Cayera-	Cayera-	Cayeri-	Cayeri-
Ki-	Ki-	Ki-	Ki-	Ki-	Ki-	Ki-
Kica-	Kiki-	Kica-	Kica-	Kica-	Kiki-	Kiki-
Kira-	Kiri-	Kira-	Kira-	Kira-	Kiri	Kiri-
Co-	Ki-	Co-	Co-	Co-	Ki-	Ki-
Hanasa-	Hanasi-	Hanasa-	Hanasa-	Hanasa-	Hanasi-	Hanasi-
Hicaye-	Hicaye-	Hicaye-	Hicaye-	Hicaye-	Hicaye-	Hicaye-
Mise-	Mise-	Mise-	Mise-	Mise-	Mise-	Mise-
Naca-	Naki-	Naca-	Naca-	Naca-	Naki-	Naki-
Ne-	Ne-	Ne-	Ne-	Ne-	Ne-	Ne-
Nome- ou Noma-	Nomi-	Noma-	Noma-	Noma-	Nomi-	Nomi-
Ogora-	Ogori-	Ogora-	Ogora-	Ogora-	Ogori-	Ogori-
Se-	Si-	Se-	Se-	Se-	Si-	Si-
Tabe-	Tabe-	Tabe-	Tabe-	Tabe-	Tabe-	Tabe-
Warawa-	Warai-	Warawa-	Warawa-	Warawa-	Warai-	Warai-

(Column suffixes: *nou.* / *vanou.* / *dsou.* / *sunou ta.* / *arou de non.* / *arou de nou ots'rano.* / *nasarouna.*)

Nos observations au sujet des formes de conjugaison de *minou* s'appliquent aux 15 verbes ci-dessus. Le présent et le futur sont seuls corrects. (Hoffm.)]

§ XLIII.

Oranou, « ne pas demeurer », fait au temps passé parfait *itaradsou*, et au mode impératif *ori nasarouna*; *aranou*, « ne pas être », ne se conjugue pas, — et *mote oranou* signifie : « ne pas avoir »; — *gosaimatsenou*, signifie : « ne pas avoir, ne pas être »; — *naranou*, « ne pas devenir »; — *re aranou*, « ne pas devenir ».

[A l'égard des formes précédentes nous ferons observer qu'*itaradsou* n'est pas le temps passé parfait d'*oranou*, mais une prononciation fautive de *itarazou* (comp. § XLII), forme régulière négative d'*itari*, lequel verbe a dans l'origine la signification de « être allé »; et ordinairement on lui attribue le sens : *Youcanto omovou*

(*omŏ*) *tocoro made youkitsou-kitarou coto nari*[1], c'est-à-dire : « aller à la place où l'on est habitué à aller »[2]. Seulement *itarazou*, « ne pas être allé, ne pas parvenir à », peut-il être considéré comme le passé parfait d'*aranou*, « ne pas demeurer » ?
— *Mote oranou* ne doit-il pas être モツテオラヌ, *motte oranou* ?— *Gosaimatse-nou* n'est-il pas une prononciation fautive de ゴザリマサヌ, *gozarimasanou*?
— *Naranou*, qui signifie « ne pas être », n'est-il pas substitué à *narenou*, qui signifie réellement : « ne pas devenir » ? = Le chef des interprètes, M. Hatsiyemon, ne pouvait ignorer ces points élémentaires.

Le Ms., dans son exposition de la forme négative des verbes, n'introduit aucuns principes, aucune méthode de permutation; les formes produites sont souvent fautives ou au moins hypothétiques; et en ce qui concerne ces formes elles-mêmes, un petit nombre est à conserver. Mais la plupart des imperfections sont le fait du collége des interprètes. Considérons, en effet, la doctrine des formes verbales négatives, telle qu'elle a été communiquée en 1824 à l'auteur de l'*Epitome linguæ Japonicæ*. Sans examiner le livre en lui-même, et surtout l'erreur principale qui consiste à revêtir la langue japonaise des formes de la langue latine, on verra l'identité qui existe entre ses théories et les théories des livres imprimés dans la langue populaire japonaise.

Par ex.: Suivant le § 39 de l'*Epitome*, le mode négatif est formé par le changement des terminaisons verbales *ou*, *cou*, *sou*, *tsou*, *mou* et *rou* en *wanou*, *canou*, *sanou*, *tanou*, *manou* et *ranou*. *Caou* (origin. カフ *cavou*. Hoffm.) (cŏ. Dict.), « acheter », se transforme en *cawanou* (origin. カハヌ *cavanou*. Hoffm.); *cacou*, « écrire », en *cacanou*; *sasou*, « piquer », en *sasanou*; *outsou*, « frapper », en *outanou*; *foumou*, « marcher sur... », en *foumanou*.

Ceci est exact : mais la règle est seulement applicable aux verbes irréguliers; tandis que les verbes réguliers en *e* ou *i* conservent sans altération l'élément verbal.

Ake (*acou*, *akerou*, *acourou*), « ouvrir », devient *akenou*, « ne pas ouvrir », et non *acanou* ou *akeranou*.
Tate (*tatsou*, *tatsourou*), « placer », devient *tatenou*, non *tatanou* ou *tatsouranou*.
Mi (*mirou*), « voir », devient *minou*, non *miranou*.

增補詩文重寶記。p. 6 r°. (Hoffm.)

[2] 食(クラヘドモ)肉(ニクヲ)不(ズ)至(イタラ)變(ヘンズル)ニ)味(アヂヲイヲ). *Nicouwo courave domo, atsiwai wo fenzourou ni itarazou*, c'est-à-dire, quand on mange la chair (la plus dispendieuse), il ne convient point de changer de goût. (Hoffm.)

CH. IV. — LE VERBE. 235

La forme du temps passé se produit, suivant l'*Epitome*, en ajoutant à la forme négative du temps présent le verbe auxiliaire *te arou, te arita*, contracté en *te atta*.

De *cawanou*, « ne pas acheter », provient *cawanou te arita* ou *te atta*, « n'avoir pas acheté ».

Cela est encore exact.

La forme du temps futur est obtenue, suivant l'*Epitome*, en ajoutant le mot *mai*, c'est-à-dire : « cela ne doit pas être », à l'infinitif du verbe affirmatif.

Cò mai, je ne dois pas acheter.   *Cacou mai*, je ne dois pas écrire.

(On a présenté à la pensée notre forme attributive.)

A l'égard de la forme passive, l'*Epitome* propose pour règle le changement de *rourou* en *renou*, pour obtenir le mode négatif du temps présent.

De *cawarourou*, « être acheté », vient *cawarenou*, « ne pas être acheté », tandis que la forme *cawarenou te arita*, ou *te atta*, répond au temps passé, « ne pas avoir été acheté », et *cawarenou te arò* signifie : « ne pas devoir être acheté ». Aussi *cawarourou mai*, c'est-à-dire la forme attributive du présent passif (envisagé à tort dans l'*Epitome* comme l'indicatif présent), suivi de *mai*, sert de forme du futur: « il ne doit pas être acheté ».

Le mode impératif est formé, suivant l'*Epitome*, en ajoutant *na* à l'infinitif,— ce qui constitue, d'après notre opinion, la forme substantive du verbe.

Còna, n'achète pas !   *Cacou na*, n'écris pas !
Cawarourou na, qu'il ne soit pas acheté !   *Cacarourou na*, qu'il ne soit pas écrit !

Les personnes à qui notre livre aura permis d'étudier à fond le japonais, et de pouvoir converser avec les indigènes de toutes les classes, apprécieront, nous n'en doutons pas, la solidité de notre doctrine. Hoffm.]

CINQUIÈME CHAPITRE.

ADVERBES, POSTPOSITIONS, CONJONCTIONS ET INTERJECTIONS.

Adverbes.

§ I.

[Les mots japonais qui répondent à nos adverbes sont : ou des adverbes d'origine, tels que : *ito, hanahada*, « beaucoup », l'adverbe modal *he*, avec ses variantes *hi, hai, hehi, ha*, « oui », et *iye* « non »,— ou des formes adverbiales, terminées en *cou* et formées des adjectifs en *ki*, telles que *fisasicou*, « longtemps » (voir ch. II, § I); — ou bien l'on emploie des substantifs au cas modal avec *ni* ou *de*,— ou encore des verbes au gérondif. — Toute détermination adverbiale précède le verbe ou l'adjectif auquel elle appartient. (Hoffm.)]

Coconi, ici [1].
Asoconi ア ソ コ ニ, là (voir ch. III, § ɪx, p. 139).
Saki, sakini, au-delà.
Ousironi, en arrière.
Soba, près.
Hidar ヒ ダ リ, à gauche.
Mighi, à droite.

Tovocou ト ホ ク, ou *toocou* ト ヽ ク, loin [2].
Tsicacou チ カ ク (de *tsicaki* チ カ キ), près.
Ima, tadaima, seulement.
Ile, hi, hai, hehi, nai, ha, ai, o, oui.
Iya, iye, non.
Naca [3], pas.

[1] D'après le Ms.
[2] La forme *tooca* du manuscrit ne saurait être qu'une contraction de la forme isolée *tovocouva* ト ホ ハ ク. (Hoffm.)
[3] Il existe bien un négatif *naki, nai, nacou, nacou va, nacare, nacana;* mais nous hésitons à admettre *naca.* Comp. ch. II, § ɪv, éclaircissement. (Hoffm.)

Mata, encore.
Mata, aussi.
Sai-zen サイ (最) ゼン (前), le premier. *Sai tsou goro*, ou *saki goro* tout de même.
Tsouini, iccô, toujours.

Doconimo, partout.
Ots'ke オツヽケ (刻上), vite.
Tokini yottewa トキニヨテワ, peut-être (par circonstance, selon qu'il arrive. Hoffm.)

[*Tsoui ni* ツイニ, ou ツヒニ, est le locatif de *tsouvi*, ordin. *tsoui*, « fin », et signifie : « à la fin, jusqu'à la fin ». *Tsoui no mitsi* est la voie finale (終道), la voie vers le tombeau ; *tsouino soumica*, le lieu final du repos, le monde inférieur (頁府) ; *fito no tsoui ni norou* (乗人之敝), opérer sur la ruine d'autrui, c'est-à-dire : « tirer parti de la ruine d'autrui ». Mais quand *tsoui ni* est annexé à un verbe négatif, comme détermination adverbiale, par ex.: *tsoui ni wasourezou* ou *wasourenou* (終不忘), c'est-à-dire : « jusqu'à la fin ne rien oublier », alors on peut, en traduisant, retirer au verbe la négation et (comme il est indiqué au ch. III, § XIX) la joindre au régime ou au sujet de la phrase, ou comme ici, à l'adverbe. Au lieu de « jusqu'à la fin (ou en quelque temps que ce soit) ne pas oublier », on obtient nécessairement : « jusqu'à aucune fin (ou jamais) n'oublier ».

Il en est de même avec *iccô* イツカウ, qui peut être représenté par le mot chinois 一向, *y hiang*. *Iccô* signifie : « jusque-là encore », et peut, quand il emprunte la négation d'un verbe négatif, être traduit par « encore jamais ».

Doconimo signifie « partout », ainsi qu'il est démontré ch. III, § XIX. Ses variantes sont : *docodemo* et *docomocamo, doconimo casiconimo*. (Hoffm.)]

§ II.

A l'égard des adverbes, qui sont souvent de véritables adjectifs, nous ferons observer qu'étant employés comme adverbes, ils ont toujours la terminaison *cou*. (Voir ch. II, § V.)

« Il est un bon homme. » « Il a bien agi. » Dans la première de ces phrases « bon », nom adjectif, est traduit par *yoki* ; et dans la seconde phrase, « bien » adverbe, par *yocou*. (En hollandais le mot *goed* signifie « bon » et « bien ».) — Les noms adjectifs en *rasica* (voir Éclairc. du ch. II, § V) changent cette terminaison en *rasicou* ラシク, quand ils sont employés comme adverbes ; par ex.: « Un homme puéril »: *codomorasiki*, « puéril », nom adjectif. — « Il agit puérilement »: *codomorasicou*, « puérilement », adverbe.

L'adverbe peut, quand il se trouve isolé, être exprimé par le nom adjectif, suivi de *coto*, « cas »; par ex.: *Yoki coto*, « bon ! », litt.: « bon cas ! ».

Quand le nom adjectif n'a qu'une terminaison, il prend après soi, comme adverbe, e mot *ni*, « dans », signe du datif; par ex.: *Baca*, « stupide, fou », nom adjectif; *bacani*, « stupidement, follement », adverbe.

Postpositions.

§ III.

OBSERVATIONS SUR LA NATURE ET L'EMPLOI DES MOTS DE RELATION.

(par M. HOFFMANN).

Le japonais, ainsi que d'autres langues de la haute Asie, substitue des postpositions, non-seulement à nos prépositions, mais à nos conjonctions. Nous appellerons ces postpositions « mots de relation », afin d'en caractériser l'essence, et de pouvoir rassembler plus tard sous cette dénomination tous les mots japonais correspondant à nos prépositions, et à nos conjonctions.

Les « mots de relation » servent à désigner certaines relations dans lesquelles se trouve la principale idée vis-à-vis d'autres objets ou idées, et comme ils régissent les dénominations de l'objet ou de l'idée avec lesquels le sens principal est mis en relation, ils ont constamment devant eux ces dénominations, et en deviennent par là même les postpositions.

Les lois générales de leur usage sont les suivantes :

I. Chaque détermination adjective précède le mot auquel elle se rapporte. (Comp. ch. II, § I, A.)

II. L'objet précède le verbe par lequel il est régi.

Natures de relations. — L'objet avec lequel une idée principale se trouve en relation, peut être :

1. Une place ou un temps.

Les déterminations de place ou de temps sont de quatre sortes :

a. La présence en une place ou dans un temps déterminés, ré-

CH. V. — ADVERBES, ETC. 239

pondant aux questions « où » ou « quand » ? Elle est spécifiée par l'une des désinences locatives *ni* ニ, *nite* ニテ ou *de* デ.

b. Le mouvement en dehors d'une place, ou à partir d'une époque déterminée, est spécifié par *cara* カラ, ou *yori* ヨリ. (Comp. ch. I, § XVI.)

c. Le mouvement vers une place ou vers une époque déterminées, répondant à la question « vers où » ou « à quelle époque », avec la désinence *ve* ヘ ou *ye* エ (côté), ou la postposition *made* マデ, « à ».

d. Le mouvement à travers ou par-dessus une place ou un espace, exprimé par des verbes tels que *fe* ヘ, *ferou* ヘル, *fete* ヘテ (passer); par ex.: *couni wo fete*, à travers le pays; *tosi wo fete*, durant l'année.

2. L'instrument, ou le moyen, avec lequel ou par lequel une chose arrive, ou la matière avec laquelle ou par laquelle une chose est faite. La forme caractéristique est ici le cas instrumental en *ni*, *nite*, *de* (comp. ch. I, § XVI), ou モツテ *motte*, gérondif de *motsi* (employer). (Comp. ch. III, § x, et ch. IV, § XXVIII).

3. L'objet pour lequel une chose existe ou est faite. L'indice caractéristique est ト *to* (holl. *tot*, haut allem. *zu*, angl. *to*), ou ニ *ni*.

4. La liaison réciproque, caractérisée par : « en conformité ou en société avec », ou par : « et, conjointement, comme aussi ». Dans ce cas le japonais emploie également la postposition ト *to*. — La réduplication *to... to* répond à « et... et », ou « aussi bien... comme ».

販 (ハン) 婦 (フ) ハ アキナヒ ヲ スル 女 (ヲンナ) ヲ イフ。買 (ハイ) 婆 (バ) ト モ イフ ナリ。都 (ミヤコ) ニ ハ スクナシ 鄙 (イナカ) ニ オホク アル モノ 也 (ナリ)[1]。

EXEMPLES :

Fan-fou va akinavi (akinai) wo sourou onna wo ivou (you). Bai-ba tomo ivou (you) nari. Miyaco ni va soucounasi; inaca ni ohocou arou mono nari. « On appelle « colporteuses » les femmes qui exercent le commerce. On les nomme encore *Baiba* (femmes commerçantes). Ce sont des personnes (*mono nari*) qui sont rares dans la capitale, mais qui se rencontrent en grand nombre dans le pays. »

[1] カレラ ガ キソウ ホキン モウジ 并 *Casiragaki zó vokín móxzou i*, part. IV, p. 18 v°. (Hoffm.)

240 GRAMMAIRE JAPONAISE.

Morocosi ni va mei-gwa amata arite, cazovourou (cazôrou) ni itoma arazou Finomoto nite va Coseno Canaoca (Cañoca)..... mata Sets'siou nado moucasi no mei-gwa nari[1]. En Chine, il y a de fameux peintres en grand nombre, et il n'y a aucun moyen de les énumérer. Au Japon, il y a *Coseno Canôca, Sets'siou*, et d'autres peintres illustres de l'antiquité.

仙(セン)ハ飛(ヒ)行(ギヤウ)シテコノ山(ヤマ)ヨリカシコノ山(ヤマ)ヘウツルユヘニ仙(セン)人(ニン)ト名(ナ)ヅク。

Sen va fi-ghiyo (ghyŏ) site, cono yama yori casi cono yamave outsourou youveni sennin to nadsoucou[2]. Les esprits des montagnes sont appelés « hommes mouvants » parce qu'ils se déplacent comme des spectres, d'une montagne à une autre montagne.

Firato yori Nagasaki made, de Firato à Nagasaki. (Comp. ch. I, § XVI.)
Asou made, jusqu'au matin.
Ban made, jusqu'au soir.
Asou yori ban made, du matin au soir.
I-fouc, yacou tabino roui made ghesare keri, on leur fit parvenir le vêtement, les objets de literie et jusqu'aux bottines, etc.
Watasimori va ohocava, cocawa wo foune nite moucavou (moucŏ) no kisi ve watasou mono nari. Ohocava niva siyo siyo (cho cho) ni founawatasi arite, waou (wŏ) rai no fito no tasouke to narou nari[3]. Le patron d'un bateau de trajet est une personne qui, sur de grandes ou petites rivières, dans (ou avec) un bateau, fait passer (les gens) sur l'autre rive. Sur les grandes rivières il y a de place en place des quais et des débarcadères pour le service des gens qui vont et qui viennent.
Magaki va take nite amitarou caki nari[4], une enceinte est une clôture de bambous entrelacés.
Souvemono tsoucouri (ou tôca) va tsoutsi nite tsiyawan (tchawan), fatsi, sara nado wo tsoucourou mono wo ivou (yoŭ)[5]. On nomme potier de terre celui qui avec de la terre fait des tasses à thé, de petits plats, des soucoupes, etc.
Isi nite outsouvameno wo tsoucourou mono[6], celui qui avec de la pierre fabrique des ustensiles.
Isiwo imozi wo motte nireva, yawaraca ni narou to zo[7]. On cuit les pierres (que l'on veut mettre en œuvre) avec les tiges des patates, et on les amollit.

---

[1] *Casiragaki*, IV, 6 v°. (Hoffm.)
[2] IV, 9 r°.
[3] IV, 21 r°.
[4] III, 13 r°.
[5] IV, 8 v°.
[6] IV, 14 v°.
[7] IV, 14 r°.

Fata ga caze ni nabicou, le pavillon flotte au vent.

Caze de fana ga otsourou, la chute des fleurs dans, ou par le vent.

Yebisou to waboc sita, on a conclu la paix avec les barbares.

Kimi to tomoni sourou, se maintenir avec le maître, demeurer uni à son maître.

Cocoro omosiroki coto va ken-ziya (ja. Dict.) *to tomo ni sou*, la sérénité de l'âme est inhérente au philosophe.

Atsi cotsi to, là et ici, çà et là?

Moucasi to imato onazi, le passé et le présent ne sont qu'un.

Dare to onazi coto? avec quoi (est-ce) d'accord?

Tomotatsi to onazicou sou, avec ses amis ne faire qu'un.

Tovoki (tôki) mo tsicai mo onazi coto, ou loin ou près, c'est identique.

Firougo to Avasima to mi-cono cazou ni irazou. L'île *Firougo*, aussi bien qu'*Avasima*, n'appartiennent pas au nombre de ses créatures (des créatures de l'auteur du monde, selon la cosmogonie japonaise).

Si-siya (cha. Dict.) *kitarite Nippon to San Can to no atsoucavi (atsoucai) no coto wo totonovou (totonó) to iveri*, on raconte que des ambassadeurs sont venus et ont entamé des négociations entre le Japon et les Trois-Royaumes.

Mata no tsoutave ni ivacou, Oki no sima to Sado no sima to wo foutago-oumini sou. Yo ni foutago-oumi mono arou va, coreni yorite nari. Suivant la teneur d'une autre tradition, (les Dieux) ont procréé aussi bien l'île *Oki* que *Sado*, comme jumelles. Et l'existence de jumeaux en ce monde a lieu d'après cet exemple.

Ite va m'ma ni nori, youcou to caverou to ni mato wo irou. Les archers courent à cheval, ils lancent de là en tous sens leurs traits vers le but.

§ IV.

Les déterminations de place telles que : « au dedans, au dehors, devant, après, au-dessus, au-dessous, sur, sous, entre », etc., sont exprimées par des substantifs, qui ont avant eux la détermination prochaine « entre-où, hors-d'où », etc., comme détermination attributive, avec ou sans la désinence génitive *no* ou *ca* ; ainsi : *ye no outsi*, litt. « l'intérieur de la maison », c'est-à-dire : « à l'intérieur, au dedans de la maison ».

Ces substantifs composés sont eux-mêmes déclinables, et les différentes relations dans lesquelles ils se trouvent sont exprimées par les mots de relation ci-dessus exposés ; par ex. : *Mado no outsi yori fo-*

cawo oucagavou (oucagó)[1], de l'intérieur de la fenêtre regarder l'extérieur (ce qui est dehors).

L'emploi de substantifs chinois, composés d'après le même principe, est assez fréquent, par ex. : *Tenca* (天下), se trouve souvent à la place de *ame ga sita*, ce qui est sous le ciel, l'univers.

Les plus usités parmi les substantifs déterminant la place sont :

Outsi ウチ (內), à l'intérieur, dans.

Mon fei no outsi wo niva to iv'ou (yoŭ)[2], l'espace entre la porte et la clôture, on l'appelle *niva*, « la cour intérieure ».

Manaco no outsi ni ari, être dans la prunelle de quelqu'un.

Youme no outsi de couma ni avouta (ŏta), il a dans son rêve rencontré un ours.

Midsougaki va zin-zen (神, ゼン, 前, ゼン) *siya* (cha) *zen* (社, シ)

ャ, 前, ゼン) *no caki nari*. *Fouziyó (jó) no fito core yori outsi ve irou becarazou*[3]. *Midsougaki* est une barrière devant les chapelles des esprits. Une personne impure ne peut les franchir.

Mado no outsi ve fairou, entrer par la fenêtre.

Teki no outsi ve semeirou, poursuivre l'ennemi.

Mots composés chinois :

Cai-dai (海內), ce qui est entre les mers, c'est-à-dire « la terre ferme ».

Coc'dai (國內), ce qui est dans les limites d'un pays, l'espace qui constitue un royaume ou une province.

Coc-dai no dai itsino gac' siya (cha), le premier savant de l'empire.

Foca ホカ (外), hors, excepté.

Tozasi va foca yori todsourou couan nari[4],

To zasi, c'est-à-dire : « fermeture de porte », barre qui ferme en dehors.

Desima no foca, hors de *Desima*.
An-zi no foca, entre savoir et espérer.
Coou (cŏ) *couái* (口外), hors de l'embouchure, hors des pertuis.

Soto ソト, le côté du dehors, la direction vers le dehors.

Sato no soto, le côté extérieur d'un village.

Soto oumi, la pleine mer.

Soto nori, *oura nori*, l'équerre, litt. : « la règle du dehors, la règle du dedans ».

---

[1] *Casiragaki*, III, 21 r°.
[2] III, 18 r°.
[3] III, 19 r°.
[4] III, 22 r°.

CH. V. — ADVERBES, ETC.

Comme exemple nous trouvons cité le texte de l'ancien réglement local pour le quartier de Desima, suivant l'orthographe haut-allemande, extrait de la description du Japon d'E. Kæmpfer (2ᵉ vol., p. 105 de l'édition française in-f°). L'orthographe *catacana* est ajoutée par nous, afin d'indiquer les corrections nécessaires.

Kee- se no foca onna irou
ケイ セイ ノ ホカ オンナ イル
cotto.
コ ト｡

(Défense) Que, à l'exception des châteaux penchés [1], les femmes entrent.

Côya fisiri no foca siou-(chou)
カウヤ ヒシリ ノ ホカ シウ
ke yamabous irou cotto.
ケヤマブシ イル コト｡

Que, à l'exception des sages du (monastère de la montagne) *Côya*, tout ecclésiastique ou coureur de montagnes [2] entre.

So- guan- sin no mono nara-
ソ グハン シン ノ モノ ナラ
bini cotscusiki irou cotto.
ビニ コツスキ イル コト｡

Que les porteurs de placets, et aussi les mendiants entrent.

Desima mawari fori coui yori
デシマ マハリ ホリ ケヒ ヨリ
outsyni foune nori comou cotto.
ウテニ フネ ノリ コム コト｡

Que l'on pénètre avec un bateau dans l'intérieur des palissades du canal de ceinture de *Désima*.

Tsouketari fassinosta foune nori
ツケタリ ハシノスタ フネ ノリ
toorou cotto.
トヲル コト｡

Que l'on passe avec un bateau sous le pont qui y est adjacent.

Youye nacou site Horanda sin De-
ユエ ナク シテ ホランダ シン デ
sima yori idsourou cotto.
シマ ヨリ イヅル コト｡

Que sans motifs les Hollandais sortent de *Désima*.

Mighino dsiŏ dsio catacou li mamo-
ミゴノ ヂヤウ ジ カタク マモ
rou beki mono nari.
ル ベキ モノ ナリ｡

— Les défenses susdites sont ce que (*mono nari*) l'on doit strictement observer.

Cami カミ (上), le plus élevé, le suprême; *naca* ナカ (中), le moyen; *simo* シモ (下), l'inférieur.

---

[1] Les châteaux penchés, ne résistant pas à des assauts, se rendent effectivement. On désigne ainsi les femmes de mauvaise vie. (Hoffm.)

[2] *Yama bousi*, c'est-à-dire les coureurs de montagnes, en haut-allemand *berglaqerer*, espèce de vagabonds. (Hoffm.)

Camisimo, vêtement à manches.

Mina cami (水上), la partie supérieure, le haut d'une rivière, son origine, sa source; le même que *minamoto*.

Cawacami, cawanaca, cawasimo (上流。中流。下流。), la partie haute, moyenne ou basse d'une rivière.

Cawa coutsi, l'embouchure d'une rivière.

Caza cami (上風), *caza simo* (下風), le dessus, le dessous du vent.

Sono cami (en relation avec le temps), au commencement, dès l'origine.

Cami yo, l'ancien temps, l'antiquité.

Camicasira, le surintendant du commerce (hollandais). — A l'époque où les surintendants portaient des perruques longues, ce mot était pris dans le sens de tête à perruque (毛頭).

Yo naca, le milieu de la nuit, minuit.

Youme no naca no fito, quelqu'un qui apparait en rêve, quelqu'un de qui l'on rêve.

Cousa no naca de nacou kera, grillons qui chantent dans (parmi, sous) l'herbe.

Yama no naca ni ari, pénétrer dans la montagne (c'est-à-dire parmi les montagnes).

Naca goro, 1. le moyen âge, 2. vers le milieu d'une époque.

Simootoco, un valet.

Simozama, un maître de maison.

Composés chinois :

Tŏ-tsiou (*tchou*) (道中), en chemin.

Cai-tsiou (*tchou*) *no mono* (海中物), choses qui sont dans la mer.

Soui-tsiou (*tchou*) *ni soumou mono*, êtres qui habitent dans l'eau douce.

Mon-tsiou (*tchou*), sous la porte.

Nen-tsiou (*tchou*), dans l'année, dans le cours de l'année.

Ouve ウヘ, ordin. *ouye* ウエ, vers le haut, en haut, au-dessus, sur. — *Sita* (pron. *sta*) シタ, en bas, au-dessous, sous.

Tsoutsi no ouveni, au-dessus du sol.

Yanoveno coke, la mousse qui est sur la maison.

Ouveno kinou, l'habit de dessus, sous lequel on porte un autre habit.

Ouvesama, Son Altesse; on entend par là le *Syŏgoun*.

Arou ouyeni mata fitotsou, au-dessus duquel il y a quelqu'un.

Core yori ouye wa nai, litt.: après cela il n'y a rien au-dessus (comp. ch. II, § VIII, D), c'est-à-dire: il n'y a rien au-dessus, c'est le point le plus élevé, le point suprême.

Amegasita, ce qui est sous le ciel, l'univers.

Cavicosita (*caicosita*) ou *cosita*, la litière des vers à soie.

Idsoumi va, sita yori waki-idsourou wo ran-sen to ivou (*you*)[1], en ce qui concerne les sources, celles qui sourdissent de dessous la terre, on les nomme *ransen*.

Sitani! sitani! (pron. *stani*), à bas! à

[1] *Casiragaki*, III, 13 r°.

CH. V. — ADVERBES, ETC.

bas! (commandement usité, quand, dans les voyages à la cour, le vague-mestre (*Ban syo si*) avec un train d'employés, escortait les voyageurs étrangers, et ordonnait au peuple de se prosterner, ainsi qu'il est d'usage sur le passage des seigneurs).

On a dérivé de *sita* le verbe *sitagavi* (ordin. *sitagai*) céder, plier, amener (les voiles), se ranger après, suivre.

ミヅハウヅハモノニシタガフ, l'eau touche à la futaille.
Toki ni sitagŏ, s'accommoder au temps.

Composés chinois :

Tsi-ca (地下), sous le sol.

Dô-ca (堂下), la partie inférieure d'un palais. On entend aussi par là l'ordre de la noblesse.

Otoco ziyou (jou)-go i-ca wo dô-zi to ivou (you), on appelle adolescent un homme de 15 (ans) et au-dessous.

Soc'ca (足下), litt.: sous le pied = « Tu. »

I-ca (以下), ainsi de suite, *et cætera*.

Omote オモテ, l'apparent, l'extérieur, l'endroit (opposé à l'envers). — *Oura* ウラ, le côté intérieur, l'envers. — *Ousiro* ウシロ, la partie intérieure, le côté de l'intérieur (d'un habit)[1].

Ourami won no oura nari, l'aversion est le côté intérieur (l'opposé) de l'inclination.

Nicaïoura, le revers du « second étage ». — N. B. On entend par là le plafond du rez-de-chaussée.

Mave マヘ, ou *maye* マエ (de *ma*, œil, et *ve*, vers : vers l'œil, dans la direction de l'œil), devant, dans la direction antérieure, en lieu convenable, ou à temps. — *Notsi* ノチ, dans la direction postérieure, par derrière, ensuite, après.

Matsoumaye, devant les pins (nom de la capitale d'*Iezo*).

Te mave no mono, ce qui se trouve devant ou vers la main (en français : sous la main).

Cavico idsourou mave ni, avant que le ver à soie n'éclose.

Yei-zi wo moune no mave ni cacavete niou-yŏ sou[2], elle tient le nourrisson devant le sein, et l'allaite.

San-ziyou (jou) go yori mave, de la 35e année au devant, c'est-à-dire avant la 35e année.

Cono maye ou *cono i-zen* (此以前),

---

[1] Encyclop. jap.: *San-zai dsou-e*, part. XII, p. 4 v°. (Hoffm.)
[2] *Casiragaki*, etc., IV, 3 r°. (Hoffm.)

ou encore *sono cami*, avant ceux-ci.
Maye cata, la direction inverse, c'est-à-dire (par rapport au temps) auparavant.
Mayecatayori, antérieurement. = ヵ ヨ テ *catte*, déjà.
Sono notsi, après cela, ensuite.
Caze okirou notsi, après le fraîchissement du vent, après que le vent s'est élevé.
Cazega foukite notsi, après qu'il a fait du vent.
Notsino waza, litt.: l'œuvre postérieure. — On entend par là les obsèques, ou l'enterrement.

Composés chinois :

Men zen (面 前), en face de.   *Mon zen* (門 前), devant la porte.

Soba ソバ, la proximité ; près, à côté de.

Cavico no soba wo sarazouna! ne quittez pas le voisinage des vers à soie.
Fino soba ni coye, viens près (ou à côté) du feu.
Sobame, femme additionnelle, concubine.
Cavasoba, vers une rivière, auprès d'une rivière.

Cata ヵタ (方), le côté droit ou gauche, la superficie d'une chose ; l'espace hors de nous dans une direction latérale ; (par rapport au temps) aussi bien, comme, environ, vers. — Comme adjectif attributif il signifie : « sur un côté, d'un seul côté ».

Figasicata, le côté de l'orient.
Nisicata, le côté de l'occident.
Kitacata, le côté du nord.
Kitacata no caze, vent qui vient du nord.
Minamigata, le côté du sud.
Camigata, le côté supérieur. — On entend par là *Méaco*.
Camigata ye noborou, monter vers le lieu supérieur, signifie : « se diriger vers *Méaco* ».
Catana, c'est-à-dire tranchant latéral, appellation du sabre.
Cocatana, un petit sabre, c'est-à-dire un couteau.
Cata va amabe no firadsi nari. Ousivo mitsourou toki va, sounavatsi arasi, sivo firou toki va, sounavatsi ficata to sou. Cata (le rivage) est le pays plat au bord de la mer. Dans le flux (litt.: pendant que l'eau de la mer devient pleine), il devient humide (l'eau franchit les bords) ; dans le reflux (litt.: pendant que l'eau salée ou de mer se dessèche), il devient un endroit sec (une plage).
Micata, le côté du maître de la terre.
Teki no cata nite, du côté de l'ennemi.
Catacana, litt.: les lettres latérales, l'écriture littérale japonaise, qui d'ordinaire est placée à côté de l'écriture en caractères chinois.
Catave, dans le sens latéral.
Catavara, la plaine ; à côté de... (Comp. ch. II, § VII.)

Yoake cata (le côté où la nuit commence), vers l'aube du jour.
Sono fino youcatani, ou courecata ni, vers la tombée de la nuit.

Sore yori cono cata (自來。自後。), litt. : depuis ce côté, c'est-à-dire, depuis ce temps.

Composés chinois :

Cai-ben (海邊), sur la mer.
Cai ben no min, peuple qui habite auprès de la mer.

Cai ben no waza, exercer le métier de la mer.

Fotori ホトリ, mavari マハリ, autour, à l'entour.

Ike no fotori no tsoutsoumi [1], digue autour d'un étang.

Avida アヒダ, ordin. aida アイダ, アヰダ, l'espace intermédiaire, dans l'intervalle (au point de vue du lieu et du temps).

Aida signifie originairement une jointure, l'espace qui opère la réunion de deux choses l'une avec l'autre, à la différence de fima ヒマ, fente, espace intermédiaire qui sépare deux choses l'une de l'autre, intervalle, circonstance.

Aidano fima, intervalle, temps vacant, occasion pour une chose.
Cono aida, sur ces entrefaites.
Sono aida, dans cette circonstance, au milieu de cela, dans le temps intermédiaire.
Yofodo no aida (多時), un espace raisonnable.
Tani va riyaou (pron. ryŏ) san no naca no riou-soui nari. Yama no aida ni midsou arouwo can (澗) to ivou (you) tani-gava to yomeri [2]. — Tani (torrent) est une eau qui court entre des montagnes. Le fait de l'eau qui se précipite entre les montagnes s'appelle can; on l'exprime par tani - gava courant de vallée.
Navade va ta no aida no mitsi nari [3], Navade est un sentier entre les champs de riz.
Mizo va den-can (田間) no midsou nari, il y a des fossés d'eau douce entre les champs de riz.

[1] Casiragaki, etc., II, 13 r°. (Hoffm.)
[2] Ibid. II, 8 v°. (Hoffm.)
[3] Ibid. II, 14 r°. (Hoffm.)

§ V.

Postpositions[1].

La langue japonaise, au lieu de prépositions, a des postpositions, ainsi qu'on l'a pu voir par la déclinaison des substantifs.

No, de.
Ni, de, dans, auprès, sur, à, selon.
Yori, par, de, hors de.
To, avec (en union).
De) avec, par, le moyen avec lequel
Nite) ou par lequel.
Mayeni, au-devant, pour.
Tameni, pour (dans l'intérêt ou au lieu de).

Saki) pour, devant, au delà, plus
Sakini) loin, plus tôt.
No, signe du génitif.
Ni, signe du datif.
Yori)
To)
De) Signes de l'ablatif.
Nite)

Otoco yori, de l'homme.
Cono yori ftoca, plus grand que celui-ci.
Coura yori, hors du magasin.
Sacana to imo, poisson avec des pommes de terre.

Bŏ de, avec (au moyen de) un bâton.
Mids' de 三 ゴ デ, avec (au moyen de) l'eau.
Syo-ki (蒸氣) *nite*, avec (au moyen de) la vapeur.

Mayeni, « devant, pour », est déjà le datif (locatif) de *maye*, « le premier ou précédent ». Il exige devant soi le génitif; par ex.: *To no mayeni*, devant la porte.

Il en est de même de *tameni* : *Care no tameni*, « pour, ou dans l'intérêt de lui, dans son intérêt »; mais *careno tameni* signifie aussi : pour lui, à sa place.

Saki, *sakini*, devant, précédemment : *Watacousino sakini*, avant moi, antérieurement à moi.

Stani, sous, au-dessous : *Tatamino stani*, sous la natte.
Ouyeni, sur, au-dessus : *Yaneno ouyeni*, sur le toit.
Outsini, dans (à l'intérieur): *Iyeno outsini*, dans la maison.
Sotoni, hors (à l'extérieur): *To no sotoni*, en dehors de la porte.

Comme ces mots sont des particules postérieures et non antérieures, il en résulte qu'ils appartiennent au mot précédent et non au suivant :

[1] D'après le Ms.

Sacana to imo, « poisson avec des pommes de terre ». *To*, « avec », se rattache à *sacana*, « poisson », et non à *imo*, « pommes de terre » : *sacana* est à l'ablatif, et *imo* au nominatif. *Watacousiwa sacana to imowo tabourde arò*, « je mangerai du poisson avec des pommes de terre ». *Watacousiwa*, nom. « Je ». *Sacana to*, abl. « poisson-avec ». *Imo wo*, acc. « pommes de terre ». *Tabourde arò*, temps futur de *taboure*, « manger ».

Quand plusieurs choses sont énumérées successivement dans une période, la dernière exprimée reçoit seule le signe de l'accusatif.

Carewa bouta to imo yasaiwo tabeta, il a mangé de la chair de porc avec des pommes de terre et des herbes. — *Carewa*, nom., « il ; » *Boutato*, abl., « chair de porc avec ; » *Imo*, subst. pommes de terre ; *Yasaiwo*, herbes ; *Tabeta*, temps passé parfait de *taboure*, manger.

Quelquefois aussi, dans une phrase de ce genre, on peut employer *de*, avec.

Warewarewa bouta cavasi de imo yasaiwo tabeta, nous avons mangé de la chair de porc avec de la moutarde, des pommes de terre et des herbes. *Watacousiwa inouwo bôde outsta*, j'ai frappé le chien avec un bâton. — *Watacousiwa*, nom, « Je ; » *Inouwo*, accus., « chien ; » *Bôde*, abl., « avec un bâton » ; *Outsta* (pron. *outta*), temps passé parfait de *outsi*, battre.

En énonçant cette proposition : « Les pommes de terre ne doivent pas être cuites avec de l'eau chaude, mais avec de l'eau froide », on ne peut employer le mot *to*, pour traduire « avec », mais on doit se servir de *de*, « avec, par, le moyen avec-ou par lequel ». — Si l'on veut dire au contraire, que l'on fait cuire ou bouillir ensemble des navets avec des pommes de terre, on emploie *to*, et non pas *de* ; de même quand une chose est assaisonnée avec du sel, du poivre, de la moutarde, etc., on doit toujours employer *de*.

§ VI.

Conjonctions [1].

Oyobi } et, avec.
Sonos'te }

Sòsite } puisque.
Nyots'te }

[1] D'après le Ms.

Tsourega tame, parce que.
Nogotoc'
Noyoni   } comme, de même que.
Itsi'yoni
Coreni yots'te, c'est pourquoi.
Soreni yots'te, si.
Sicas
Sicas nagara } mais.

Sore de mo yahari, cependant.
Arouiwa
Mata } où.
Sore nac'
Sono hocai } excepté.
Towa iyedomo, mais.
Simai, déjà.

§ VII.

RELATIONS RÉCIPROQUES DES PHRASES ET PRINCIPAUX MOYENS D'EXPRIMER CES RELATIONS.

Les conjonctions sont suppléées en japonais par les formes modales des verbes, et par certains mots de relation qui lient ensemble les phrases en spécifiant la nature de la relation. Les véritables mots de relation japonais, c'est-à-dire ceux qui régissent un sens indépendant, ont ces sens placés avant eux, et avec cet attribut précèdent la phrase principale. Les conjonctions qui ne régissent pas un sens, et qui n'ont pas avant elles de phrases, sont des déterminations adjectives.

On distingue les phrases, d'après la manière dont elles sont liées les unes avec les autres, en :

A. Phrases enchaînées (ou associées), et
B. Phrases relatives.

§ VIII.

A. Dans les phrases enchaînées, le verbe du dernier sens reçoit seul l'indice de la flexion, et les verbes des sens précédents demeurent indéterminés et sont employés en la forme radicale. (Comp. § II, *b*.) Si le verbe est un de ces mots de propriété qui sont formés avec le conjonctif *si* (par ex. *tacasi*, « est haut »), et dont l'adjectif (suivant l'éclaircissement du ch. IV, § 1), reçoit la désinence *ki* (par ex.: *tacaki*), et l'adverbe la désinence *cou* : alors la forme adverbiale est employée dans un sens indéfini.

Parmi les adverbes employés conjonctivement, et qui expriment l'association de phrases consécutives, sont :

Mata マタ (又), ou isolément *matava* マタハ, qui signifiait originairement : « jumeau, chose double ». Ce mot lie les noms ainsi que les phrases en qualité d'adverbe, avec la signification de « encore, là-dessus (*sono ouye*), pareillement ». On en trouve des exemples au ch. III, § XIII, et ch. IV, § XI, p. 180.

Matana, c'est-à-dire double nom, = synonyme.
Mata tovou (*tó*), interroger encore.

Core wo — to matava — to mo ivou (*you*), on appelle cela aussi bien —, comme —.

[*Narabi ni* ナラヒ゛ニ (幷 並), « contre, à côté de », de *narabi*, *narabou*, « se placer auprès », sert de lien entre les substantifs.]

[*Oyobi* オヨヒ゛ (及), atteindre à ; — employé comme adverbe : jusqu'à, en même temps, comme aussi ; il est synonyme de *ni itarou made* ou *youki tsoukite*, « arrivant à », et unit des objets distants l'un de l'autre, en comprenant ou sous-entendant la série intermédiaire des objets de même sorte.]

Arouviva アルヒハ (或), « ainsi que l'on dit », répond à la forme oppositive hollandaise *of* ou *ook*, « ou » ou « aussi ».

Arouiwa —, arouiwa — : « ou —, ou encore — ».

Ya ヤ, ou.

Ta ya sonoga fouroubita, le champ ou le jardin est devenu vieux.
Kemouri ya ameno outsi ni youcou, se dissoudre en vapeur ou en pluie.

Onoono nisi ya fiyasi fou, chacun fait ceci ou cela.
Nisi-fiyasi, Ouest-Est = ceci ou celà, quelque chose.

Kedasi ケダ゛シ (蓋), c'est-à-dire, à savoir.

§ IX.

B. Les sens subordonnés ou dépendants, qui précèdent le sens principal. A cet ordre appartiennent :

I. Les sens substantifs objectifs. (Voir ch. III, § xviii.)

II. Les sens adverbiaux, qui concordent avec les déterminations adverbiales.

D'après leur relation logique avec la phrase principale, ces phrases

1. Déterminent la place et le lieu.

Comme formes de phrases adverbiales déterminant le lieu ou le temps se présentent en premier lieu le gérondif (voir § vii), la racine verbale au locatif (voir § viii), et la forme substantive du verbe au locatif (voir § v). (Comp. *mirouni*, « par le voir » (ch. II, § vii).

Ces formes sont remplacées par des mots de relation, lorsque la relation du sens adverbial au sens principal est déterminée ou modifiée d'une manière prochaine. Les mots de relation ont devant eux le sens adverbial qu'ils régissent, dans sa forme attributive. (Voir § iv, p. 173.)

Comme mots de relation déterminant le temps, nous citerons : *Toki, toki va, toki ni, toki ni va, tokinva* = « pendant que, au temps où ».

Monocoŭ toki ni monogatari sezou, pendant le (temps de) manger on ne parle pas. (Comp. ch. II, § vii, *b.*)

Nous pouvons échanger l'expression « au temps où » avec cette autre : « quand, pendant que, durant que, aussi longtemps que, à présent que », et par « lorsque », quand le sens principal désigne une action ou un événement passés. Il est en même temps un lien causal entre le sens principal et le sens adverbial déterminant le temps, et dans ce cas devant le sens principal se trouve encore l'adverbe *sounavatsi* スナハチ (則即), ordin. *sounawatsi* スナワチ, qui répond au consécutif hollandais *zoo,* « ainsi, par suite ». Le sens adverbial précédent subit alors la modification, que les Hollandais expriment par *zoodra als,* « aussitôt que ».

On trouve des exemples de l'emploi de *toki* : au ch. IV, § xxvii, *caze foucou tokiva ;* ibid., *tsouyoki tokiva ;* ibid., *mitsourou toki ;* § xl, *monocoŭ tokini.*

CH. V. — ADVERBES, ETC. 253

A la place de *toki* on emploie souvent le mot chinois *sets* 節 (セツ), «instant». (Comp. ch. IV, § XXVII.) *Tocoro* se rencontre aussi comme synonyme de *toki*.

(Voir p. 189, *asafi no idsourou tocoro*; et ch. III, § XVIII, Rem. 2.).

On emploie, absolument de même que *toki*, les autres mots de relation déterminatifs du temps, c'est-à-dire qu'ils ont devant eux le sens précédent qu'ils régissent en sa forme attributive. S'ils concourent avec un gérondif précédent, ils appartiennent comme adverbes au sens principal qui suit immédiatement.

Outsi ウチ, pendant que.
Fito coù outsi ni, pendant que l'on mange.

Nagara ナカ゛ラ, «espace, pause», répond à la conjonction hollandaise *terwyl*, «puisque, pendant que». Il a devant lui le verbe qui le régit, en sa forme radicale, c'est-à-dire qu'il forme avec ce verbe un mot composé.

Sicasi nagara, puisqu'il en est ainsi, dans ce cas.
Inagara ourou fito, quelqu'un qui étant assis fait le commerce, qui a une boutique.
Couvi nagara, pendant que l'on mange.
Motsi youkite ourou fito, quelqu'un qui en colportant vend, qui colporte des marchandises.

Quelquefois la position du sens principal exprime l'opposé du sens que l'on pourrait déduire du sens précédent régi par *nagara*.

Cono couni Dai Min ni tsoudsoukinagara, kiza arazou, litt.: puisque cette terre confine à la Chine (*T'ai ming*), elle n'a point d'éléphants = comme cette terre confine à la Chine, elle n'a encore (cependant, néanmoins) aucun éléphant.
So fouc' wo ki nagara, matsouricoto wo kikitamavou (kikitamò) [1], puisque (quoique) il porte l'habit blanc (l'habit de deuil), il donne audience pour les affaires du gouvernement.

Dans les cas du même genre, on emploie encore *nagara mo*.

Mama マヽ, *mama ni*, «aussi souvent que, aussi fréquemment que, chaque fois que».

---

[1] *Nippon wô dai itsi ran*, II, p. 2 v. — Sur *tamavou* (*tamò*) voir la note au § IV, p. 173. (Hoffm.)

Mono wo torou mama ni, chaque fois que l'on prend une chose.

Tabitabi ni タヒ〻 ニ, *tabigoto ni*, ou *gotoni*, « aussi souvent que ».

Ya wo fanatsou tabigoto ni, ou *ya no tobou goto ni*, *coye wo tatsourou*, s'écrier chaque fois à l'émission d'une flèche, ou aussi fréquemment qu'une flèche vole.

Mave マヘ, ou *maye* マエ, « auparavant, avant que, plutôt que ». — On dit aussi *yori mave*.

Notsi ノチ, après que.

Made マデ, jusqu'à ce que. (Comp. ch. III, § vi.)

Yori ヨリ, depuis que, depuis. (Comp. § xl.)

§ X.

2. Sens adverbiaux déterminant la qualité.

A. Les sens de comparaison, que nous relions au sens principal au moyen des conjonctions « comme (ainsi), de même que, ainsi que », peuvent aussi en japonais être exprimés en la forme de sens adverbiaux, régis par *gotocou* (voir ch. II, § v, Éclairc.) ; mais le sens de comparaison est de préférence rendu comme prédicat.

Cacouno gotocou ni site, attendu que la chose est ainsi établie, donc....

Yawo fanatsou coto ameno fourouga cotosi, litt. : l'émission de flèches est comme le fait de pleuvoir = on envoie des flèches, de même que (comme) s'il pleuvait.

Wasouretarou ga gotosi, c'est comme si l'on oubliait.

B. Sens exprimant la continuité, formés par *fodo* ホド, « ainsi que, autant que ». (Voir ch. II, § xiii, c.)

To ivou (yoŭ) fodo no cotoba nari, c'est un mot qui exprime l'idée que —.

Tsicara no oyobou fodo, autant que les forces suffisent, aussi loin que les forces s'étendent.

§ XI.

3. Sens exprimant la cause, formés :

A. Par le mot substantif de relation *youve* ユヘ, *youve ni*, ordin.

youye ou *youë*, « par la raison, parce que, comme, puisque, vu que, d'autant que, » etc.

Ghiyo fo (漁父) *va sounadori sourou mono nari, Soui-zin-si*[1] *no yo ni Ten-ca ni midsou ovosi youve ni, fito ni osiyourou ni sounadori wo motte sou.* Les pêcheurs sont des personnes qui exercent la pêche. Au temps de *Soui-jin-chi* (le Prométhée de la mythologie chinoise), on a, tandis que sur la terre les rivières étaient nombreuses, employé la pêche comme moyen de faire subsister le peuple.
Reousi (pron. *reòsi*) *va youmi tetsou-paou* (pron. *teppò*) *wo motte tori kedamono wo torou mono nari. Foutki-si yo ni Ten-ca ni kedamono oho-cou, den-fata wo soconavou (*soconò*) youveni, fito ni cariwo osive tamavou* (*tamŏ*) *yori fazimari to zo*[2]. Un chasseur est une personne qui avec un arc ou des engins prend des animaux ou des oiseaux. La chasse doit avoir son origine dans le fait que, du temps de *Fohi*, l'on a enseigné aux hommes l'art de chasser, pendant que les animaux étaient en grand nombre sur la terre, et causaient du dommage aux terres cultivées (champs de riz et terres à grains). (Voir ch. III, § II, p. 146 et ch. V, § III, *Outsourou youveni*.)

B. Par *yorite* ヨリテ, ordin. *yotte* ヨッテ, gérondif de *yori*, « procédant de, ayant son fondement dans, sur le fondement que, comme, puisque, vu que, attendu que ». *Yotte* a devant soi le sens causal qui le régit, dans sa forme substantive, avec ou sans la désinence locative *ni*.

Cami no coudari no Avadsinosima yori Sadonosima made ya sima madsou oumi maserou couni narou ni yorite, Ohoya sima couni to ivou (*you*)[3]. Comme les huit îles, d'*Avadsi* à *Sado*, (mentionnées) dans les lignes précédentes, sont la terre qui est apparue d'abord : ainsi l'on dit (ainsi on les appelle) la grande terre-huit-îles.
Sarou no i-miyavou (*miyŏ*) *va ba-fou to ivou* (*you*) *ni yotte, m'maya ni sarou wo motte ki-tó to sourou to zo. Mata m'maya no ouye ni m'ma wo tsounagou ki wo sarouki to ivou* (*you*)[4]. Comme un nom particulier du singe est « le père du cheval », ainsi l'on peut tenir le singe pour quelque chose dans les écuries, ce qui est à constater. Aussi la solive supérieure de l'écurie du cheval, à laquelle on attache celui-ci, on la nomme la solive du singe.

[1] *Casiragaki*, IV, 19 r. (Hoffm.)
[2] *Ibid.*, IV, 17 v. (Hoffm.)
[3] 古吏系圖。上卷, *Ko si kei dsou*, I, p. 4, r° (Hoffm.).
[4] *Casiragaki*, III, 12 r° v°. (Hoffm.)

Fyak-coc wo ouyourou cotowo yoc^ou sou yotte mono wo tsoucourou mono wo noou (pron. *nô*) *nin to ivou* (*yoŭ*). *Mata Sin-nô go-coc^ou wo ouyourou cotowo osive tamŏ yotte nô to nadsoucourou to mo ivou*(*yoŭ*) *nari*[1]. Comme il est expert dans la culture des cent (= différentes) sortes de grains, ainsi on nomme le laboureur *nô nin* (en chinois *noung jîn*). On dit encore que *Sin nô* (le prince chinois *Chin noung,* c'est-à-dire le divin laboureur), parce qu'il a enseigné l'agriculture, est nommé *Nô* (*Noung,* le laboureur). Éclaircissement. *Ouye, ouyourou,* cultiver.—*Yoc^ou-si, yoc^ou-sou,* apprécier, connaître une chose. — *Mono wo tsoucouri,* littéralement, faire les choses, c'est-à-dire produire. — *Go coc wo ouyourou,* cultiver les cinq sortes de grains. — *Tamavi, tamavou* (voir la note au § IV). — *Nô to* est la détermination appositive caractérisée par *to,* de *na-dsouke,* donner un nom, dénommer.— *Nadsoucourou to,* détermination appositive de *ivou* (*yoŭ*), on dit. — *Mo,* encore, sert à rattacher à *nadsoucourou* la conjonction *mata* « en même temps », qui se trouve au commencement de la phrase.

C. Par *motte* モツテ, gérondif de *motsi,* « employer ». Il a devant lui le sens qu'il régit, en sa forme substantive, et comme accusatif. (Comp. p. 239.)

Kei-moc^ou zen va nai gwai tomo maroucou site, nivadori no me ni nitarou wo motte nadsouketari. Le denier à œil de poule (centime japonais qui a un trou rond au milieu) est ainsi nommé parce qu'il est rond au dedans et au dehors, et qu'il ressemble à un œil de poule.

Le sens causal peut encore suivre, comme sens substantif, le sens principal dont il déduit les causes.

Sisi va ziou tsiou no waou (pron. *wô*) *tari. You ghyoo* (*ghyô*) *sourou ni osore nakereba nari.* Le lion est roi parmi les animaux : c'est parce qu'il est sans frayeur dans ses excursions.

Pour les sens qui donnent à connaître la suite d'une proposition précédente, la relation des sens est exprimée par *carou ga youve ni* カルガユヘニ, « parce que, pour cette raison, par conséquent ».

Voir ch. III, § XII, et ch. IV, § LX, p. 227.

Les sens qui expriment « le but » sont caractérisés par les formes de relation *tame* タメ, ou *tote* トテ, « afin de, afin que ». Ils ont devant eux

---

[1] *Casiragaki,* IV, 4 r°. (Hoffm.)

CH. V. — ADVERBES, ETC.

le verbe au futur, quand le fait est considéré comme futur. De plus, *tame* régit le génitif (*ga*).

Cagami va sougata no yosi-asi wo mirou mo, cocoro no kyok tsiyok (choc) wo tadasi aratamen ga tame nari. Le miroir a pour but, non-seulement de voir si l'apparence est belle ou laide, mais encore de rectifier et réformer ce qui est plus ou moins dévié (c'est-à-dire le côté moral) du cœur.

Seou fou to ivou (you) mono fou-zi no gousouri wo motomen to te Nippon ve watariki. Quelques *Siou fou* se dirigeant vers le Japon, afin de se procurer le remède d'immortalité.

4. Sens conditionnels.

Leur forme est éclaircie au ch. IV, § IX.

5. Sens concessifs.

Voir ch. IV, § XL, en relation avec le § IX, p. 290, comme encore, ci-dessus p. 253, ce qui est proposé pour *nagara*.

§ XII.

Les sens « modaux » sont formés par le mot substantif de relation *yaou* ヤウ, pron. *yoo* (*yŏ*), au locatif *yaouni* (*yŏni*), « de la façon dont, ainsi que ».

Ce mot est dérivé du chinois et répond à *yang* 樣.

Imayŏ, le mode actuel.
Omŏ yŏ, la manière de penser.
Fito no soucou yŏ ni sourou, faire en sorte que les gens aient de la bonne volonté.
Fito no moune ni sitagavou (pron. *si-tagŏ*), se ranger à l'avis des autres.
Cuico couva ni fanarenou yŏ ni soubesi, on doit faire en sorte que les vers à soie ne soient pas dégoûtés de la feuille nutritive.

Le lien logique entre deux sens peut encore être exprimé par l'adjonction intermédiaire d'un troisième sens qui renferme l'idée de la conjonction hollandaise *zoo*, « ainsi ». Le verbe employé à cet effet est *sicari* シカリ, avec ses formes verbales de conjugaison. *Sicari*, pron.

scari, est la forme continuative, dérivée au moyen d'*ari*, de *siki*, « comme, ainsi que » (voir ch. II, § v), et signifie : « être ainsi que ». Par élision la forme *sicari* se modifie en *sari*. — En vertu de sa signification, *sicari* tient la place du sens précédent, et ses formes de conjugaison expriment la relation dans laquelle le sens précédent se trouve avec le suivant.

Les principales formes sont :

La forme radicale et conclusive *sicari*, ou sa contraction *sari*, « être ainsi, il en est ainsi ».

Ki seki-rei va catatsi sekirei ni cotonarou mono nacou, ohosa mata sicari. La bergeronnette jaune ne se distingue point par la taille et la forme de la bergeronnette commune (littéralement : elle n'est, en ce qui concerne la taille, auprès de la bergeronnette commune, point un être spécial !), par sa grandeur elle est identique.

Sarinagara, puisqu'il en est ainsi, ou quoiqu'il en soit ainsi. (Comp. p. 253.)

Sicarou- ou *saroutoki va*, puisqu'il est établi ainsi.

Sicarou- ou *saroutocoro ni*,   »   »   »   »

Sicarou ni- ou *sarou ni*, dans cette situation.

Sicarou ni- ou *sarouni yotte*, attendu qu'il en est ainsi, par conséquent, etc.

Sicarouga youve ni, ou par aphérèse *carouga youve ni*, pour cela, litt.: pour la raison qu'il en est ainsi. (Comp. ch. III, § XII.)

Sicareba ou *sareba*, comme il en est ainsi, cela étant ainsi.

Sicarba ou *saraba*, puisqu'il en est ainsi.

Sicaredomo ou *saredomo*, et aussi *sicari to iyedomo* ou *to wa yedomo*, quoiqu'il en soit ainsi, nonobstant.

Formes négatives.

Sicarazou, sicarazari, ce n'est pas ainsi. — *Sicarazou ya ?* n'est-ce pas ainsi, est-ce autrement ?

Sicarazouside, sicarazareba, sicarazarou toki va, en cas qu'il n'en soit pas ainsi.

Mosi fana wo seu (*seŏ*) 生 (セ ウ) *seba, kiri-sarou besi, sicarazarou toki va sin yov' (yó)* 新 (シン) 葉 (ヨフ) *osocou seǒ-sou.* Dans le cas où les fleurs viendraient à naître, on devrait les couper, autrement de nouvelles feuilles auraient peine à se développer.

La forme adverbiale *sicou va*, dérivée de *siki* et isolée au moyen de *va*, se fond en *sica*, « ainsi », (lat. *sic*) : *Carega sica ivou (yoŭ)*, « il parle ainsi ». — La forme modale *sicani va*, formée de *sica* et isolée par *va*, se fond en *sicaba*, « ainsi, de la sorte », et caractérise le sens précédent comme causal.

San can Nippon ve mitsouki mono wo ocotari sicaba, couan-fei wo tsoucavasou, Comme les trois états (de la presqu'île coréenne) ont été lents dans l'apport des tributs au Japon, on doit les détruire de fond en comble.

D'après les règles proposées au ch. II, § I, on a formé de *sica* un adjectif : *sicaki*, « tel », — un adverbe : *sicacou*, — et un verbe prédicatif : *sicasi*, « il en est ainsi ».

Sicacou s'abrège en deux manières :

1. Par aphérèse il se change en *cac^{ou}* カク, qui lui-même par syncope se transforme en *ca+ou* カウ, pron. *coo (cǒ)*.

2. Par syncope des deux *c*, *sicacou* devient *si-a-ou*, pron. *sioo (siǒ)*, qui s'écrit ordinairement シヨフ, de telle sorte que la prononciation finit par se transformer en *sô*, que l'on écrit ソウ.

§ XIII.

Sur ces transformations repose l'identité de signification des différentes formes ci-dessus proposées, mises en lumière ici pour la première fois. — Par exemple, de l'adverbe *sicac^{ou}*, est dérivé le verbe *sicac^{ou}si*, « faire ainsi » ou « agir ainsi ». — Le gérondif *sicacousite* signifie : « puisque l'on fait ainsi, puisque la chose est ainsi », et équivaut aux expressions hollandaises : *zoo doende*, « ce faisant », ou *zoo zijnde*, « ainsi étant »; tandis que le prétérit présent *sicacousita* répond au hollandais *zoo gedaan*, « ainsi faire ». Par suite des permutations ci-dessus, on obtient au lieu de *sicacousi*, « ainsi faire », d'une part la forme *cacousi* カクシ, qui se change en *caousi* カウシ, prononcée *coosi* (*côsi*), et d'autre part la forme *soousi* ソウシ, prononcée *soosi* (*sôsi*).

Les variations, par altération et suppression, du gérondif *sicac*ᵒᵘ*site* sont, d'une part, les formes シカクシテ *sicacousite*, prononcée *sicoosite* (*sicôsite*), et カクシテ *cacousite*, qui se transforme en カウシテ *caousite*, prononcée *coosite* (*côsite*), et d'autre part, ソウシテ *soousite*, prononcée *soosite* (*sôsite*). Toutes ces variantes se rencontrent dans le langage ordinaire comme synonymes des mots chinois 而, *eûl*, et 然而, *jên eûl*; on trouve aussi *soosite* (*sôsite*) avec le sens de « tout ensemble » : cette dernière forme est dérivée du chinois et répond à 總而 · *tsoung-eul*; elle est en général distinguée de l'autre *sôsite* par l'adjonction des caractères chinois.

Sôsi, *sôsite* et *sôsita*, « il est ainsi, ainsi étant », répondent à la question ドウシ *dôsi*, *dôsite*, *dôsita*, « comment est-ce? comment? de quelle manière? » (Comp. ch. III, § x, p. 143.) — On écrit encore quelquefois ドウシタ *doosita*, et aussi, mais inexactement, トウシタ *toosita*. Ainsi : *Doosita cotozo*, « quelle chose est-ce? » — Nous considérons ce *doou* ou *doo* comme une contraction de ドヤウ *do yaou* (*do yô*) « de quelle manière », (lat. *quomodo*) ?

ソウスルナ *só sourou na*, ne fais pas ainsi !   ソウデヲナイ *só dewa-nai*, cela n'est pas ainsi.

La langue écrite remplace le premier par *nacare* (毋。勿。), « ce n'est pas », et le second par *fi nari* « ce n'est pas juste ».

非 (ヒナリ) ソウデヲナイ。是 (シナリ) ノ字 ノ ウラナリ。是 (シナリ) トハソウシヤトモヨム。

Fi-nari, ordinairement *sódewa nai*, est le contraire de *si-nari* « il est ainsi, il est juste »; *si nari* est encore échangé contre *sózya*, c'est-à-dire « quelque chose de tel ».

Do co de mo só de nai to ivou (yoú) cotowa nai, littéralem.: en quelque lieu que ce soit, on ne voit pas que l'on dise que cela n'est pas, c'est-à-dire partout on pense de la sorte, ou plutôt, qu'il en est ainsi.

Só ou *có site oite cara*, attendu que la chose est ainsi.

CH. V. — ADVERBES, ETC.

Só nac͏ᵒᵘva, comme cela n'est pas ainsi.
Na wo cakitomerou besi, só nacouva wasourerou coto yasouri, on doit noter les noms, autrement on les oublie facilement.
カウレタコトデワナイカ, la chose n'est-elle pas ainsi, n'est-ce pas une chose qui est ainsi?
カウトワシモワヌ, *có to wa omowanou,* ne pas penser qu'il en soit ainsi. (Hoffm.)

§ XIV.

Interjections [1].

Ayanta, ah! hélas!
Aita, oh! (avec sentiment de douleur), aïe!
Misonaghe, quel dommage! (employé seulement par les femmes.)
Cawaiso, ô malheur! (employé seulement par les hommes).

[Comme exclamations employées dans le style, nous citerons ア丨 *aa* ou *á,* e ア卞 *aya,* qui tous deux précèdent l'idée, et donnent pour ainsi dire le ton à la phrase. Ils répondent au hollandais *och! a!* (ah! hélas!); et la postposition カナ *cana.* — L'expression « C'est dommage! » est exprimée par *sore va ki no doc͏ᵒᵘna!* » (Hoffmann.)]

[1] D'après le Ms.

FIN.

TABLE ANALYTIQUE.

A, racine adverbiale de lieu, 137.
A, renforcement de la finale radicale, 168.
Aba, forme conditionnelle, 182.
Accent, 27 et n.
Adjectifs, 30, 57, 60.
— invariables, 60 n.
— de pays, 62.
— privatifs, 63.
— spécifiant la nature, 64.
— impliquant l'existence, 67.
Adjectifs (verbe comme nom), 174.
Adjectifs (verbes), 58.
Adverbe, 20, 236.
Adverbial (sens) présupposé, 181.
Ai, avi (orthographe diverse, sens identique), 170 n.
Ai, ei, ii, oi, oui, formes adjectives nouvelles, 173.
Almanachs japonais, 116 n., 118, 126.
Amari, être en excès, indice de comparaison, 83.
Anata, anatagata, tu, vous, 129.
Anata, ailleurs, 141.
Angabe Chin. und Jap.... Illicium, 6.
Animaux, 47.
Année (énonciation de l'), 111.
— lunaire, 118.
Années (chronologie des), 112.
— du règne, 115.
— (noms spéciaux des), 115.

Ano, celui-là, cela, 130, 141.
Anofito, quelqu'un, 141.
Anou, forme négative, 221.
Anuswara, 12, 21.
Aou, avou, ŏ, 12, 13 et n., 59.
Aou (ó), finale verbale conclusive, 170.
Apocope, 14.
Arasiki, forme adjective, 64.
Are, celui-là, cela, 130, 144.
— il, 128.
— (adverbes de place composés avec), 147.
— signe de continuité, élément des passifs du 3ᵉ degré, 215.
Aredomo, ceux-là, 131.
Arenado, ceux-là, 131.
Ar, être, avoir, comme verbe auxiliaire, 210.
Ari, être, verbe adjectif. — Physiologie, 68.
— comme prédicat, invariable, 174.
Arita, atta, avoir été, 193.
Aroo (arŏ), indice du futur, 195.
Arow, forme substantive ou attributive d'*ari*, 68.
Arou, étant présent, 147.
Aroufito, quelqu'un, 69.
Article, 56.
Asi, pied, 76.
— verbe hypothétique, 76, 78.
Asoco, ailleurs, 139.
Aspirée aiguë chinoise, 23.
Assenfeldt (Van) de Coningh, 211.

Astronomique (division) du jour, 121.
Ate, indice des nombres distributifs, 94.
Attribut, 57.
Auxiliaires (éléments) de numération, 100.
Avi, ai, indice de la forme réciproque, 157 et n., 158.
Aye (formes passives en), 213.
Azou, forme négative, 221.

Ba, finale, 180 et n.
— (sa décomposition), 184.
Bai, indice des nombres réduplicatifs, 93 n.
Ban, indice ordinal, 90.
Basca, forme euphonique de *Rasca*, 64.
Bazin, 217.
Be, racine exprimant la possibilité, 66.
Becore, ben, indices adverbial et verbal de possibilité, 67.
Beki, indice de possibilité, 66.
Besi, forme impérative, 197 et n.
Bi, numérale, 102.
Bon, numérale, 103.
Boun, mesure de longueur, ligne jap., 95, 106.
Boun, minute japonaise, 122.
— centième partie du *Cok*, 125.
Bourou, forme verbale conclusive, 173.
Brahmanique (série) des sons, 10.
Brill (Dr), 148-9, 159, 183, 215.
Buddhapantheon von Nippon, 6.
Byŏ, numérale, 104.

C, final chinois, 18.
Ca, postposition du génitif, 53.
— finale non définie, 60 n.
— numérale, 101, 117 n.
— (jap.), jour, 119.
— là, 137.
Ça, ço, çu (*sa, se, sou*), 27 n.
Cacocou, numérale, 105 n.
Cadgiŏ, numérale, 105 n.
Cadrans, 127.
Cai, numérale, 105 n.
Cami, 52 n.
— indice ordinal supérieur, 91.

Cana, signe de son, 4.
Cana, goki, 4.
— *monzi*, 4.
— (valeur des signes), 10.
Cane sasi (pied de fer), mesure, 105.
Cano, la chose mentionnée, 141.
— *onna*, elle, 128-9.
— *nado*, elles, 128-9.
Cantonais (idiome), 18.
Cara, postposition de l'ablatif, 53, 4.
Care, celui-ci, ce, 145.
Care, il, 118, 129.
Carera, ils, 128, 129.
Caron, 17, 20, 21.
Carou, ainsi étant, 147.
Casico, en cette place, 139.
Casira, numérale, 102.
Casiragaki, encycl. jap., 156, etc.
Casoco, casico, telle ou telle place, 139.
Catacana, l, 30.
— *gaki*, 6.
— *monzi*, 6.
Cattie, nom holl. de la livre jap., 108.
Causatifs (verbes), 76.
Caye, cazo, signes d'interrog., 164, 165 n.
Chak, mesure de longueur, 105.
— mesure de capacité, 107.
Chang (chin.), indice ordinal, 91.
Chechcha, checchi, checchin, chessou, je, 154 n.
Chin (mot chinois), forme réfléchie, 155.
Chinga, je (sublime), 155.
Chinois littéral, 2.
— (style), 30.
Chinois (mots), 29.
Chinoise (langue), 84.
— (langues) et japonaise combinées, 33.
— (prononciation) au Japon, 18.
Chŏ, numérale, 105 n.
— mesure de superficie, 106.
— — de capacité, 106.
Chou, indice du pluriel, 36 n.
Chronologie, 111.
— de l'année, 112.
Ciel (le), 49.

TABLE ANALYTIQUE

Cloche (heure par la), 125.
Co, fils, signe du genre, 35 n.
— enfant, poudre, élément diminutif, 55, 60 n.
Co, numérale chinoise, 101.
— ici, 137.
— place, élément de formes pronominales, 138.
Coban, cobang, monnaie d'or, 110 et n.
Cŏ bŏ dai si, 6.
Coco, ici, en ce canton, 138.
Codamas, billes, monnaies d'argent, 109.
Cok, mesure de capacité, 107.
— entaille, division du *Toki*, 122 et n., 125.
Collatéraux (nombres), 100.
Collie, 227.
Comparaison (degrés de), 81.
Comparatif mongol, 84.
— mandchou, 84.
— relatif, 80, 85.
— — chinois, 84.
Complément dans la phrase, 30.
Composés (mots), 57.
Con, numérale, 105 n.
Concessive (forme), 183.
Conclusive (forme), 170.
Conditionnel, 196.
Condrin, valeur monétaire, 107 n.
Conjonctifs (formes de), 181, 185 n., 197.
Conjonction, 30, 249.
Conjugaison, 192.
Cono, celui, 130, 141.
Consonnes modifiées, 15.
Consonnes redoublées, 27.
Construction japonaise, 29, 202.
Construction (signes de), 31.
Con tei, 51 n.
Continue (action), itération du verbe ou du radical, 174.
Core, celui, 130.
— celui-ci, ce, 145.
Coréenne (écriture), 16, 28.
— (prononciation), 18.
Corps (le) et ses parties, 42.
Coto, chose, 9.

Coto, finale de noms, 41.
— chose, cas, suppléant le pronom relatif, 132.
Coto, tout, 138.
— constitue un sens comme substantif, 162.
— signe du conjonctif, 195.
Cotsi (*cotchi*, *cotchiga*), cette place, ici, quasi-pronom pers., 139.
Cou, cfou, 17.
Cou, finale des adverbes, 18.
Couan, numérale, 105 n.
Couats rei, etc., 118, etc.
Coubŏ, coubŏsama, 52 n.
Couo tei, 51 n.
Coutsi, numérale, 102.
Coye, 3, 6.
Cursive (écriture), 4.
Cycle sexagésimal, 114.
Cycles dénaire et duodénaire, 112, 3.

Da, do, racine du pron. interr., 137.
Daga, forme génitive possessive, 141.
Dai, indice ordinal, 90.
Dai ri, 51 et n.
Dan, numérale, 105 n.
Da no, quel, quelque, 142.
Dare, quel, lequel, 145.
Daremo, qui encore (latin *quisque*), 163.
Daretotome, qui que ce soit, 163.
De, postpos. du loc., mod. et instrum., 53.
De, indice du gérondif, 176.
Déclinaison, 52, 54.
Delta, 9.
Demo, enclitique (latin *cumque*), 163.
Démonstratifs (pronoms), 130.
Démonstratifs devenant relatifs, 160 n.
Dérivation (degrés de), 212.
Déterminatif, 29.
Détermination, 30.
Dewa, postpos. double, 54.
Dewa, indice de la forme négative interrog. 164.
Dgiŏ, numérale, 105 n.
Dignités et emplois, 51.
Diou gan, 25.

TABLE ANALYTIQUE.

Diphthongues contractées, 14 n.
Distributifs (nombres), 93.
Division des syllabes en mots, 9.
Do, quel, 131.
Do, fois, indice itératif, 91.
Dô sita, quel? 143.
Doco, dotsir, dotsira, quel, quels,138.
Docteurs japonais, 216.
Doeff, 18, 22, 28.
Domo (sa décomposition), 184.
Domo, signe du pluriel, 35 et n., 36 n.
Dono, quel, 131.
Do no, quel, quelque, 142.
Dore, quel, lequel, 131, 145.
Dsi, postposition numérique (euphonique), 87.
Dsoudsou, à la fois, indice des nombres distributifs, 93.
Duit, nom holl. du denier jap., 108.
Dzoumou, forme verbale conclusive, 172.

E et *I*, confondus et échangés, 13 n.
E, finale de la racine des verbes rég., 168.
E, liquide, 26 n.
E, simple, 11 n.
— (son), 11.
Eba, forme conditionnelle, 182.
Ecriture brahmanique, 7.
— chinoise, 1, 2, 28.
— japonaise, 1, 4, 28.
— — *Cana*, 11.
Elément verbal, 168.
En, désinence du futur, 175 n., 182.
Eou, 13 et n.
— *eò*, finale verbale conclusive,170.
Eoû, eoù, 13 n.
Epitome linguæ jap., 96, 207, 216, 234.
Erou (forme indicative en), 174.
— forme verbale dérivée, 181.
Euphonie, 34 n., 35.

F, 23 n.
— aiguë japonaise, 23.
F, V, H, Ph, 21, 22, 23.
Fa, numérale, 102, 104.

Fa, fe, fi, fo, 21.
Fac boutzen, 102 n., 185, 204, 15.
Facio, lat., 76.
Faible aperçu des trois langues, 28.
Faibles (verbes), 168.
Fai, numérale, 105 n.
Fami, numérale, 102.
Fan (chinois), troupe, indice ordinal, 90.
Fatsou, Fazime no, Fazimari no, indice d'antériorité, 91.
Fasira, numérale, 101.
Fen, numérale, 105 n.
Fi, 22.
— jour naturel, 121.
Fiki, numérale, 102.
Final (verbe), 170.
Finales des syllabes et des mots, 26 n.
Fio, lat., 76.
Fiô, numérale, 105 n.
Firacana ou *Firacana gaki,* 5, 30.
Firou, le midi, 121.
Firou-yorou, jour civil, 121.
Fito, numérale, 101.
Fito bito, chacun, 153.
Fitori, simple, seul, 153.
Fodo, quantité, indice d'égalité absolue, 82 et n.
Fokinois (idiome), 18.
Fokye, monnaie de compte, 108.
Fon si, écriture brahmanique, 7.
Formes verbales (tableau des), 184.
Forts (verbes), 168.
Fotoke, 35 n.
Fou, 21.
— préposition négative, 81.
Fouroucoto no basi, 87.
Fractionnaires (nombres), 95.
Fusion des sons, 13.
Futur (indice du),182 n.
Futur (temps), 175.

G, 25 n.
G, supprimé dans les gérondifs, 179.
Ga (formes en), exprimant le mépris ou l'humilité, 136.

TABLE ANALYTIQUE.

Ga, postpos. du gén. ou du nom. (D. C.), 53, 54, 55.
Gantang (mot malais), mesure de capacité, 106.
Gata, signe du pluriel, 35.
Genre, 34.
Géographiques (noms), 51.
Gérondif, 176 et n., 179, 184.
Ghets (mot fokinois, pron. jap.), lune, mois, 117.
Ghio, particule honorif., 37 n., 136.
Gi (*dgi*), 27 n.
Go, particule honorif., 136.
— particule honorif., 37 n.
Gô, mesure de capacité, 95.
Gô, mesure de capacité, 106.
Golownin, 17, 22.
Go miyô dô sei, 6.
Goto, finale de noms, 41.
— pareil, 66.
Gotocou, Gotoki, indice de similitude, 66, 82.
Gotoni, en chaque chose, 97.
Gotosi, être pareil, 66, 82.
Gou, numérale, 105 n.
Gouat, numérale, 104 n.
Gouri, numérale, 105 n.
Gourô, le vil vieillard, suppl. la 1re pers., 134 n.
Gousó, le vil religieux, suppl. la 1re pers., 134 n.
Gozari, être présent, 210.
Gozari masac, auxiliaire, 210.
Guen, numérale, 105 n.
Gwats (mot fokinois, pron. jap.), lune, mois, 117.

H, 21.
— pour *F*, 22.
He, postpos. du dat. et terminat., 53.
Hawks, 115 n.
Heyse, grammairien allemand, 149.
Heures comptées d'après la longueur du jour, 125.
Heures du jour, 121, 122.
Heures (noms cycliques des), 122.

Hia (chinois), indice ordinal inférieur, 91.
Hito, finale, 38.
Horaire (numération), 121.
Hotoke, 35, n.

I, élidé, 13.
I, finale de la racine des verbes irréguliers, 168.
I, liquide, 26 n.
I ou *Wi*, place, siége, siéger, 77.
I, J, 26 n.
I, racine exprimant l'expiration, 68.
I, supprimé dans les gérondifs, 178.
I et *wi*, différence, 11.
Ia, numérale, 104 n.
Icchô, mesure de capacité, 106.
Icchou, monnaie d'or, 110 et n.
Iki, respirer, vivre, 68.
Ikye, mesure de longueur, 106.
Imasi, auxiliaire de civilité, 199.
— substitut pronominal, 135.
Impératif, 197.
— (mode), 169.
— évité, 170.
Impersonnels (verbes), 202, 207, 8, 219 n.
In, désinence du futur, 175 n.
Inaya, indice interrog. nég., 165.
Indéfini (mode), 191.
Indéterminés (nombres), 96.
Indicatif (mode), 192.
— présent, 170.
Ini, s'en aller, passer, 68
Inotsi, voie du passé, l'existence, 68.
Interjection, 30, 261.
Interprètes, 19.
— 37 n.
Interrogatifs (pronoms), 131, 163.
Interrogation alternative, 30, 165 n.
Interrogatives (formes), 164, 165 n.
Inversion (signe d'), 31.
Io, numérale, 104 n.
Iou, Ioú, 13.
Iou (*Ioú*), forme verbale conclusive, 171.
Irou, forme verbale dérivée, 181.
Irova, 6, 7, 8.

Irréguliers (verbes), 168.
Itacane, métal plat, nom de certains lingots monétaires, 109.
Itatte, extrême, indice du superl. relat., 83.
Itchabou, monnaie d'or, 110 n.
Itche, le médecin, 40 n.
Itératifs (nombres), 91.
Itsi, un, entier, total, 97.
Itsi, itsou, affixes des numérales chinoises, 101.
Itsi, itsi, chacun, 97.
Itsipou, monnaie d'or, 110.
Ittan, mesure de superficie, 106.
Itto, mesure de capacité, 107.
Issyô, mesure de capacité, 106.
Ivedomo, Iyedomo pour Domo, 184.
Ivi, dire, 184.
Iya, ultérieur, indice de comparaison, 83.

J, portugais, 25 n.
Jacquet, 51 n.
Japan's bezüge..., 2.
Je (théorie du), 148.
Ji, je et ses composés, 156.
— (chin.), jour, 119.
Ji ching, 18.
Ji, forme réfléchie, 150 n.
Jour du repos, 10e, 20e, 30e du mois, 120.
Jours (numér. des), 119.
— (tableau de la longueur variable des), 127.

K, supprimé dans les gérondifs, 177.
Kaempfer, 17, 24, 194.
Ken, mesure de longueur, 106.
— carré, 106.
— numérale, 103.
Ki, particule honorif., 37 n., 136 n.
— postpos. attributive, 58.
— racine exprimant l'aspiration, 68.
Kifŏ, Kifew, Kicho, Kidew, formes honorif., 136 n.
Kimi, Kimisama, substitut pronominal, 135.
Kin, livre japonaise, 107-108.
— numérale, 105 n.

Kiv, habiller, et Kiv, couper (paradigm. de), 200.
Klaproth, 33 n.
Kyok syak, pied en équerre, mesure, 105.

L, r, 24.
La, signe du pluriel, 35.
Labiaux (sons), 10, 23.
Langue des livres, 30.
— néerlandaise, 2.
Liang, unité mon. d'argent et d'or, 109, 110.
Lie, li, des Chinois, 24.
Lien, 24.
Ligature de deniers, 109.
Linguaux (sons), 10, 24.
Locatif (racine verbale au), 184.
— exprimé par la forme substantive, 181.
Locatif, indice du sens adverbial présupposé, 181.
Locatif, déterminant le temps, 180.
Loung ngan, 25.

M, modifiant la consonne suivante, 34 n.
— Mou, 20, 21 n.
— — indice ancien du futur, 175.
Ma, espace (théorie), 224.
— mare, espace, intervalle, centre, 148.
— espace, réalité, indice du positif, 82 n.
Ma no, finale de noms, 40.
Maas, valeur monétaire, 107.
Mai, nom d'un lingot monétaire d'argent, 109.
— (coye), tout, 138.
— fausse forme négative du futur, 235.
— numérale, 105 n.
Maisons, meubles, vêtements, 44.
Maki, numérale, 104.
Mana, nom réel, 4.
Mandchoue (langue), 84.
Mannaca, juste milieu de l'heure, 124.
Man yeoŭ cana, 5.
— — syou, 4.
Marée (heure de la), 124, 125 et n.
Marou, suppl. la 1re pers., 15, 148.
Mas, mesure de capacité, 5.

TABLE ANALYTIQUE. 269

Mas, mesure de capacité, 106.
Mase, « plaise », indice atténuant de l'impératif, 190.
Masta, indice noble supposé du passé, 198.
Mata, double indice de comparaison, 83.
Matière (adjectifs de), 62.
— (nom de la), 219.
Matsi, rue, mesure, 106.
Me (forme en), exprimant le dédain, 136 n.
— indice ordinal des nombres itératifs, 92.
— part. ordinale des jours, 121.
— signe du féminin, 34.
Melia azedarach, 24.
Meô, seconde japonaise, 122.
Mesi, numérale, 103.
Mesures, 105.
Meubles, 44.
Meylan, 22, 24, 124, 125.
Mi, pron. réfléchi, 149, 150.
— particule honorif., 37 n., 136 n.
— forme réfléchie sublime, 152.
Micado, 51 n.
Midomo, nous-mêmes, 150.
Midzoucara, adverbe réfléchi, 150 n., 152.
Mina, ensemble, 96.
Mino, de soi-même, 149.
Mise, finale de noms, 38.
Minou, ne point voir, verbe nég., 231.
Mma, 25.
Mo, assez, indice du positif, 82 et n.
— enclitique (latin *que*), 163.
— *tomo*, formes de relation concessive, 183.
Mô, poids et monnaies, 107, 109.
Mois intercalaires, 118.
— (numér. des), 117.
— (noms du), 118.
Mo mo, tout absolument, 82 et n.
Mon, unité monétaire, 108.
Mongole (langue), 84.
Monmo, poids, 107 et n., 108.
Monnaies, 108.
— d'argent, 109.
— de fer et de cuivre, 108.
— d'or, 110.

Monosyllabes chinois, 3.
Mosi, *mosicouwa*, indice de présupposition, 183.
Mosou, plaire, auxiliaire de civilité, 199.
Moto, numérale, 103.
Motsye, monnaie de compte, 108.
Motte (de *Motsi*), gérondif auxiliaire, 209.
Mottesi, *Motsi*, *Mottesou*, auxiliaire et ses dérivés, 210.
Mottomo, indice du superlatif relatif, 83.
Moune, numérale, 102.
Moure, numérale, 103.
Mourou, forme verbale conclusive, 172.
Multiplicatifs (nombres), 92.

N, changée en *M*, 21 et n.
— élidée, 34 n.
— euphonique, 34 n.
— finale, 20.
— forme négative et dériv., 220, 221 n.
— fusionnée, 16.
— imparfaite, 16.
— indice du futur, 175.
— modifiant la consonne suivante, 34 n.
— omise dans l'écriture, 16.
— (son), élément négatif, 220.
— suivie d'*a*, *va*, *e*, *y*, *i*, *vo*, *ou*, 27 n.
— — d'*ya*, *ye*, *yo*, *you*, 27 n.
Na, finale négative de l'impératif, 223.
— (forme en), avec le sens du prétérit, 223.
— (pas, non), et ses dérivés, 63.
— postpos. du gén. qualif., 53.
Naca, dans, 56.
— indice ordinal moyen, 91.
Nacare, finale négative continuative, 223.
Nacou, *naou* (*nô*), sans, 63.
Nado, signe du pluriel, 35.
Nagare, numérale, 103.
Nai, verbe subst. nég., 220 n.
Naki, indice négatif, 81.
— *nai*, non étant, nullement, 63.
Nanda, forme de passé négatif, 223.
Nando, *nannen*, quel? 138.
Nandsi, *nandgi*, substitut pronominal, 134, 136 n.

Nani, nan, quoi? 107, 143.
Nanimo, qui que ce soit, 163.
Nan no, nani no, quel, quelque, 142.
Nar, auxiliaire, 211.
Nare, devenir, passif de *ni,* physiologie, 73, 211.
Narerou, forme subst. et attribut. de *Nare,* 74.
Nari, prédicat, invariable, 174.
Nari, être en puissance, physiologie, 72.
Narou, forme subst. et attrib. de *Naro,* 72.
Narourou, forme subst. et attrib. de *Nare,* 74.
Nasi, faire être, physiologie, 76.
Nasi, Nai, ne pas être, 63.
Négatifs (adjectifs), 80.
— (verbes), 220.
— (conjug. des verbes), 222.
— (dériv. des verbes), 221.
— (exemples des verbes), 226.
Négation jap., 220.
Négative (forme) des verbes, 231.
Négatives (formes) composées, 225.
Nen, numérale, 104 n.
Nengŏ, noms des années, 115 et n.
Ng, son final chinois, 12.
Nh, 25 n.
Ni, indice du locatif, 73.
— postpos. du datif et terminatif, 53, 54.
— postpos. du locat., modal et instrum., 53, 56.
Ni, signe déterminatif, 218.
— verbe, « être dans », 72.
Nien, nom jap. de l'année, 111.
Niéu-hão, nom des années, 115.
Nigori, 15.
— (syllabes), 15 n.
Nin, finale, 38.
— numérale, 104.
Nin wo, nin ŏ, nom des anciens souverains, 115.
Nippon archief, 115 n., 124.
Nippon o dai itsi ran, 33 n.
Nippon sio ky, 4, etc.
Nit (chin.), *nits, nitsi* (pron. jap.), jour, 119.

Nite, postpos. du loc., mod. et instrum., 58.
Nitemo, enclitique (latin *cumque*), 163.
Niteva, postpos. double, 54.
Niva, postpos. double, 54.
Nna, 25.
No, omis, 56, 70.
— postpos. du gén. qualific., 53, 54, 55, 62.
No tameni, déterminatif, 218.
Nocorazou, sans exception, 97.
Nombres chinois, 87, 89.
— des noms, 35.
— de sorte, 93.
— distributifs, 93.
— fractionnaires, 95.
— (expression des), 90.
— indéterminés, 96.
— itératifs, 91.
— (noms des), 87.
— originaux japonais, 87.
— réduplicatifs ou multiplicatifs, 92.
— (usage des noms de), 99.
Nou, 21.
— indice négatif, 220 et n.
— prépos. négative, 81.
Nou-de-arŏ, forme négative orale du futur, 224.
Nourou, forme verbale conclusive, 173.
Nousi, Nouchi, subtitut pronomin., 136 et n.
Numérales, 100.

O, 13 et n., 29 n.
O, 18 et n., 26 n.
Ŏ, contraction d'*aou,* 170, 175.
Ô, contraction d'*oou,* 170, 176.
O et *wo,* différence, 11.
O (forme indicative en), 174.
O (forme indicative en), 174.
O, ŏzou, ŏzourou, ô, ôzou, ôzourou, formes du futur, d'après Rodr., 176 n.
O, on ou *go,* préfixe noble, 36 et n.
O, préfixe de civilité devant les verbes, 199.
O, princier, *oho,* grand, 37.
O, renforcement de la finale radicale I, 168.
O, signe d'éminence, 37.

TABLE ANALYTIQUE. 271

O, signe du masculin, 34.
Objet, 30.
Objectifs (sens substantifs), 163.
Oboban, ooban, obang, monnaie d'or, 111.
Ok, nombre multiple, non défini, 89.
Omaye, omaë, omaï, omaesama, substitut pronom., 135.
Omoi, sens, 70.
Omoú, préfixe du mois intercalaire, 118.
Onagi, identique, 153.
Ono, seul, simple, 153.
Onodzoucara, de soi-même (abl.), 154.
Onolanzan, 20.
Ono ono, chacun, 152.
Onore, l'être simple, l'individu, 149, 153.
Onore no, de soi-même, 149.
Oocou, fréquemment, 98.
Ooki, beaucoup, 97.
Oou, ovou, 13 et n.
Oou, contracté en *ó*, 59.
Ordinaux (nombres), 90.
Ore, abrév. d'*onore*, 154.
Ore, un autre, je (humblement), 144.
Ori, orou (or), auxiliaire, 208.
Orita, otta, être, demeurer,193.
Ori, demeurer, physiologie, 77.
Orou (forme indicative en), 174.
Orthographe japonaise, 28.
Osi, verbe hypoth., 78.
Ots'ta, auxiliaire du passé, 192.
Ots'ta de oró, indice du futur passé, 196.
Otte ou *oite*, gérondif d'*osi*, 178.
Oû, 13 n.
Oú, 26 n.
— contraction d'*ouou*, 171.
Ou élidé, 13.
— finale des verbes, 191.
— finale verbale conclusive, 170.
— (*u*), intermédiaire,26 n.
— pour *n*, indice oral du futur, 175.
— (son), 11.
— son final, 12.
Oujiro, indice ordinal postérieur, 91.
Ouou, contracté en *oú*, 59.
Ourou, forme verbale dérivée, 181.

Outsi, sans, 56.
Ouye, particule honorif., 37 n.
— sur, 56.
Overmeer (van) Fisscher, 21, 22.
Oye (formes passives en), 213.

Palataux (sons), 10.
Paradigmes de verbes, 200, 201.
Parenté, 42.
Parfait (temps passé), 192.
Participe présent, 198.
Participes, 80.
Passé (temps), 192.
Passif, 73.
Passifs (exemples de), 217.
Passifs (verbes), du 1er degré, 212.
— — du 2e degré, 213.
— — du 3e degré, 215.
Passive (forme), 211, 219.
Permutation, 7 n.
Perry, 116 n.
Personne grammaticale, 69.
Personnes pronominales, 133.
Personnels (pronoms), 128, 166.
Pi, verbe chinois, 216, 217.
Pied japonais, 105.
Pisje, nom holl. du denier jap., 108.
Place (relation de), 24.
Pluriel des pron. pers., 147.
— noble, 35.
Poids japonais, 107.
— de pharmacie, 110.
Point, 9.
— signe du son postérieur, 12.
Positive (forme), 81.
Possessifs (pronoms) suppléés, 37 n.,130,141.
Postpositions, 238, 240.
Pou, pas, mesure de superficie, 106.
Poun, poids et monnaie de compte, 107.
Prédicat, 29.
Prédicat (verbe), 170.
Prédicats (adjectifs employés comme), 59.
Présupposé (sens adverbial), 181.
Preuve absolue et générale au sujet des verbes, 185.

TABLE ANALYTIQUE.

Prolongation de voyelle, 9.
Prononciation chinoise, 2.
Pronoms, 128.
Pronoms proprement dits, 136.
Pronoms (théorie des), par M. Hoffm., 133.
Pyŏ, mesure de capacité, 107.

Qualificatif, 30.
Qualificatifs (noms), suppléant les pronoms personnels, 134.

R, *l*, 24.
Ra, signe du pluriel, 35, 36 n.
Racine, 57.
— verbale, 168, 169.
Radicale (forme), 57.
Radicaux de verbes servant d'adjectifs, 60 n.
Rare, rarourou (verbe), des docteurs jap., 216, 219.
Rasca, forme adjective, (D. C.), 64.
Rasiki, forme adjective, 64.
Raxii, particule d'énergie, 65 n.
Re, finale de certains pron. subst. pers., 137, 144.
Re, ri, 24.
Réciproques (pronoms), 157.
— (verbes), 212.
Réduplicatifs (nombres), 92.
Réduplication des consonnes, 25, 26, 27.
— signe du pluriel, 35.
Réguliers (verbes), 168.
Réfléchis (pronoms), 149.
Réitération du verbe, signe de continuité ou d'intensité, 174.
Relatifs (pronoms), 132.
Relation (mots de), 238.
Relations réciproques des phrases, 250.
Relatives (déterminations), 158.
Rémusat, 217, 227.
Ren, numérale, 105 n.
Répétition d'un caractère, 9.
— de 2 ou 3 syllabes, 9.
Ri ou mille, mesure de longueur, 106.
Rien, 98.
Rin, mesure de longueur, 106.

Rin, poids, 107.
Ro, finale confirmative de l'impératif, 169.
Rourou, devenir, auxiliaire, 211.
— forme verbale conclusive, 174.
Rre, 25.
Ryŏ, unité monétaire d'argent et d'or, 109, 110.

S, 25 n.
Sa, caractéristique des subst. abstraits, 59, 62.
Saki, indice ordinal supérieur, 91.
S'akja's leven, 6.
Sai, mesure de capacité, 95, 107.
Salamandre, 49 n.
Scosi, peu, indice du degré inférieur, 83.
S'cosi, indice du pluriel, 36.
Sama, titre donné par déférence, 37 et n., 51.
Sama, *Sima*, indices des nombres de sortes, 93, n.
Sama, finale honorif., 135 et 136 n.
San cai mei san dzou e, 49 n.
San yu pien lan, 19.
San kok tsou ran, 33 n.
Saut du son, 24.
Schott, 84, 214.
Se, mesure de superficie, 106.
Sei, partie véritable du *toki*, 122.
Sende, gérondif de *zi*, verbe rég., 222.
Sen, unité monétaire, 108, 109.
Setsouki, sections du cours du soleil, 126.
Si, verbe « être », 59.
Si, sou, faire, 76.
Siang (chinois), indice de réciprocité, 158.
Sica, forme adv. confirmée de *Sicou*, ainsi, 64.
Sicou, ainsi, 64.
Sicosi, peu, indice du degré inférieur, 83.
Siebold, 22, 207, 8, 216.
Signaux horaires, 134.
Signe d'inversion, 31.
Signes ˊ et ˆ, 26 n.
— de construction, 31.
— sténographiques, 9.
Siki, tel, 64.

TABLE ANALYTIQUE. 273

Simo, indice ordinal inférieur, 91.
Simôte ots'ta, indice supposé du plusque, 9. parf., 194.
Simples (verbes), 209.
Sin roui, allié par le sang, 70.
Sisa, la qualité de, 64.
Sisi, être ainsi, 64.
Site, 9.
Sitvan mata ti wen, 23.
Siwo toki, heure de la marée, 124, 125 et n.
Siyak, pied jap., 95.
— mesure de capacité, 95.
Siyô goun, 51 et n.
Siyou, indice des nombres de sorte, 93.
So (chinois), indice relatif, 161.
So, racine du pronom réfléchi, 137.
Sô, numérale, 103.
Sô, numérale, 104.
— (pron. jap. de *siang*), indice de réciprocité, 158.
Soc, numérale, 104.
Soco, là, 139.
Socomoto, tu, 109, 123.
Socomoto tatsi, vous, 128.
Socou, numérale, 105 n.
Son, particule honorif., 37 n.
— numérale, 104.
Sonata, tu, 128.
Sono, tu, 129.
— celui-là, cela, tel, un tel, 130, 142, 145.
Sono cata, son coin, vous, tu, 142.
Sono fô, vous, tu, 142.
Sono mi, son corps, soi-même, 142, 151.
Sonomoto, tu, 128.
Sonomoto tatsi, vous, 128.
Sore, celui-là, cela, 130.
Sorte (nombres de), 93.
Sotsi (*Sotchi*), une telle place, suppléant le pronom pers., 139.
Sou, particule négative (incorrecte), 220.
— particule honorif., 136.
Soumi, 15 n.
Soucosi, peu, 98.
Soun, mesure de longueur, 106.

Source, 50 n.
Sourou, forme verbale conclusive, 172.
Sons doubles, 13.
Soun, pouce jap., 95.
Spalding, 24.
Style, 30.
Subjectifs (sens substantifs), 162.
Substantif (le verbe comme nom), 174, 184.
Substantifs, 34.
Substantifs concrets, 58.
Substantives (formes) dérivées des passifs du 2e degré, 214.
Substitution dans la lecture, 32.
Sujet, 29.
Superlatif, 85, 86 n.
Superficie (mesure de), 106.
Syak, mesure de capacité, 107.
— mesure de longueur, 105.
Syllabes japonaises, 3, 6.
Syô, mesure de capacité, 106.
Syo, partie initiale du *toki*, 122.

T et *ts*, valeur, 215.
T, final chinois, 18.
Ta, terminaison du parfait, 70.
— signe du passé, 193.
— *tano*, autre, 143 n.
Ta, ti, tou, te, to, 19.
Ta, to, racine (incorrecte) des pron. interr., 137.
Tabane, numérale, 103.
Tabi, fois, indice itératif, 91.
Tableau horaire, 123.
Tac'san, en grand nombre, 98.
— indice du pluriel, 36.
Taël, monnaie fictive, 107 et n.
Tagavi ou *Tagai-ni*, indice de la forme réciproque, 157 et n.
Tai, numérale, 105 n.
Tai sei, indice du pluriel, 36.
Taki, tai, indice de l'optatif, 195.
Tamari, tamai, verbe auxiliaire, 173 n.
Tambour (heure par le), 125.
Tama, 9.
Tan, mesure de superficie, 106.

TABLE ANALYTIQUE.

Tan, numérale, 105 n.
Tano, quelqu'un, personne, 143 n.
Tare (*Dare*), qui, quel, 131, 145.
Tarezo, taso, quelqu'un, 143.
Tari, physiologie, 70.
— *Tarou, ta*, prétérit présent, 178.
Tarou, forme substantive et attributive de *Tari*, 70.
— numérale, 104.
Tartare (langue), 84.
Tatchi, indice du pluriel, 36.
Tawara, mesure de capacité, 107.
— numérale, 104.
Tch'in (mot chin.), substitut pronominal, 134.
Tchô, rue, mesure, 106.
Tchong (chinois), indice ordinal moyen, 91.
Tchong yong, 96, etc.
Tchoung (chinois), indice des nombres de sorte, 93.
— indice chinois des nombres réduplicat., 92.
Tçu (*tsou*), 27 n.
Te, désin. du part. prés., 198.
— indice du gérondif, 176, 177 n.
— numérale, 103.
— postpos. du loc., mod. et instrum., 53.
Te ari, tari, être, permanent dans l'être, physiologie, 70.
Tedzoucara, particulièrement, 152.
Teki, numérale, 105 n.
Ten si, 51 n.
Terre (la), 50.
Teva, postpos., double, 54.
Texte chinois avec trad., 31.
Titsingh, 22, 33 n.
To, démonstratif, 143 n.
— indice de l'ablatif, 54.
— indice du terminatif et de l'apposition, 73.
— indice (supposé) du pronom possessif personnel, 130.
— mesure de capacité, 107.
— numérale, 103.
Tochi, numérale, 104 n.

Tocoro, indice relatif, 161, 162.
— « place », suppléant le pronom relatif, 132.
To couai sets yo fyac ca toú, 101 n.
Toki, 9.
— intervalle du jour, 121.
— (subdivisions d'un), 124.
— variable, 125.
Tomai, numérale, 103.
Tomas', mesure de capacité, 107.
Tomo, 9.
— forme de relation conclusive, 183.
Ton ferme, 27.
Tori i, siége d'oiseau, 77.
Tosi, tose, nom jap. de l'année, 111.
Totemo, enclitique (latin *cumque*), 163.
Tou (chinois), indice de nombre itératif, 91.
— postpos. du gén. qualif., 53.
Traduction jap. interl., 30.
Tse-chin (*zi sin*), propre corps, forme réfléch., 155.
Tse-jen (*zi zeu*), de soi-même, 155.
Tsi, canton, élément de formes pronomin., 138.
Tsi, dsi, 20.
— *tsou*, 19.
— postposition numérique, 87.
Tsien, denier chinois, 108.
Tsiou ya (chin.), jour civil, 121.
Tsiyoo, mesure de superficie, 106.
Tsou, 25.
— postpos. du gén. qualif., 53.
— postpos. numérique, 87.
Tsourou, forme verbale conclusive, 172.
Tsoughi, indice ordinal moyen, 91.
Tsouki, lune, mois, 117.
— numérale, 104 n.
Tsoui, numérale, 105 n.
Tsoubo, pas, mesure de superficie, 106.
Tsouranari, numérale, 104.
Tsoure, numérale, 104.
Tsoutsou, indice des nombres distributifs, 93.
Tsoutsi, canton, 138.
Tsougai, numérale, 103.
Tsyô, rue, mesure, 106.

TABLE ANALYTIQUE. 275

Tte, résultat de contraction dans les gérondifs, 178.
Tze (chinois), particule et pronom, 153.

U portugais devant *V*, 26 n.
U portugais, liquide, 26 n.

V, f, leur emploi, 171,
Va, postpos. du nomin., 53, 54.
Vaga, Je, 140.
Ve, indice des nombres rédupl. ou multipl., 92.
— postpos. du datif et terminat., 53.
Végétaux, 46.
Verbe, 30, 167, 191.
Vêtements, 44.
Virgule, 9.
Visarga, 12.
Vo, von, particules honorif., 37 n., 136 n.
Vocabulaires, 133, 197.
— japonais, 11.
Vocatif, 54.
Vonore, vonoga, pron. réfl., 149 n.
Vourou, forme verbale conclusive, 173.
Voyelles, 10, 11.

Wa, adv. de lieu, 137.
— finale, 180.
— indice du « Je », 148.
— postpos. du nomin., 53, 55.
Waaijer (mot holl.), éventail, mesure, 105.
Waba, postpos. double, 54.
Wadono, wanousi, wara, wanami, quasi pronoms pers., 139.
Waga, waca, personnel, propre, 140, 148.
Wang-jin, 2.
Ware, je, 128, 144.
Warera, waremi, Je, 144.
Waresama, tu, 144.
Ware, ware, nous, 128.
Watacousa (watacsa), nous, 140.
Watacousi, je, 128.
— *siki*, propre, personnel, 140.
— *(watacs)*, quasi pron. pers., 139.
We (son), 12.

Winkel (T.), 221.
Wo, numérale, 102.
— postpos. de l'accus., 53, 54, 55.
Womi, substitut pronominal, 136 n.
Won, son, voix, 3.
Worara, quasi pronom personnel, 139.
Wori, variante d'*Ori*, 77.

X, portugais, 25 n.
Xii, particule d'énergie, 65 n.

Y, 26 n.
Ya, finale de noms, 38.
— signe d'interrogation, 164, 165 n.
Yahe, indice du pluriel, 36.
Yamato, 5.
— *cana*, 5.
— *boumi*, 4.
Yatsoucare, substitut pronominal, 134.
Yatsouco, substitut pronominal, 134.
Ye, indice des nombres multiplicatifs, 92.
— postpos. du dat. et terminat., 53.
— (son), 12.
— et *we*, différence, 11.
Yeou, verbe chinois, 210, 217.
Yn, son, voix, 3.
Yo, finale confirmative de l'impératif, 169.
— je, 137.
— là-bas, 137.
— nuit, 121.
Yoco, yoso, ailleurs, 139.
Yomo, 3, 6.
Yono, dehors, centre, 142.
Yori, point de départ d'une comparaison, 84.
— postpos. de l'ablatif, 53, 54.
Yorore, minuit, 121.
Yo-san fi rok, 6, 96 n.
You (*Yoù*), forme verbale conclusive, 171.
Youe, lune, mois, 171.
Yourou, forme verbale conclusive, 171.

Z, hollandais, 25 n.
Za, numérale, 105 n.
Zaran, forme négative du futur, 224.
Zeni, denier japonais, 108.

Zi, forme négative, 220.
— (formes simples du verbe négatif), 222.
— *boun*, même, soi, se, 129, 155.
— et ses composés, 156.
— *sin*, même, soi, se, 129, 155.
Zin (chin.), autrui, 155.

Zin mou, fondateur de la dynastie *Micado*, 115.
Zo, *Zoya*, *Zoca*, indices interrog., 165 n.
Zou, particule négative, 220 et n.
— prépos. négative, 81.
Zourou, forme verbale conclusive, 172.

FIN DE LA TABLE ANALYTIQUE.

TABLE DES MATIÈRES.

Avant-propos (par le traducteur).	vii
Introduction (par M. Hoffmann).	ix
Sur l'écriture des Japonais	1
Nombre des sons ou syllabes	6
Tableau des signes *Cata cana de l'Irova*	8
Valeur des signes en rapport avec les organes de la parole	10
Observations sur l'appareil des sons japonais et sur l'expression des sons en lettres européennes.	11
A. Voyelles	12
Ou, son final	»
Sons doubles et leur fusion	13
Oppression (élision) des voyelles I et Ou	14
B. Consonnes et leurs modifications	15
Réduplication des consonnes	25
Ton ferme ou accent	27
* Construction japonaise.	29
* Langue des livres et style.	30

PREMIER CHAPITRE.

NOMS SUBSTANTIFS.

§ I.	Genre	34
§ II.	Nombre	35
§ III.	Préfixe O	36
§ IV.	Nomenclature des noms. — L'homme et ses conditions d'existence	38
§ V.	Commerce, industrie, artisans	»
§ VI.	Noms de choses et d'affaires (en général)	40
§ VII.	Parenté	42
§ VIII.	Le corps et ses parties	»
§ IX.	Maisons, meubles, vêtements	44
§ X.	Végétaux	46
§ XI.	Animaux	47

§ XII.	Le ciel	49
§ XIII.	La terre	50
§ XIV.	Noms géographiques	51
§ XV.	Titres de dignité et d'emploi	»
§ XVI.	Déclinaison (par M. Hoffmann)	52
§ XVII.	Déclinaison (d'après le Ms.)	54

DEUXIÈME CHAPITRE.

NOMS ADJECTIFS.

§ I.	Préliminaires (par M. Hoffmann)	57
§ II.	Noms adjectifs (d'après le Ms.)	60
§ III.	Adjectifs de matière	62
§ IV.	» privatifs	63
§ V.	» de nature ou de similitude	64
	Forme en *rasiki*	65
	» » *fotoki*	66
§ VI.	» » *beki*	»
§ VII.	Idée adjective exprimée par le primitif suivi d'*Arou*	67
	Physiologie du verbe substantif *Ari* (être) (par M. Hoffmann)	68
§ VIII.	» de *Te ari, tari, tarou, ta* » »	70
§ IX.	» » *Nari* (être) » »	72
§ X.	» » *Nare* (devenir) » »	73
	» » *Nasi* (faire être) » »	76
§ XI.	» » *Ori* (demeurer) » »	77
§ XII.	Adjectifs négatifs (d'après le Ms.)	81
§ XIII.	Degrés de comparaisons. Éclaircissement par M. Hoffmann	»
	Théorie du Manuscrit	86
§ XIV.	Noms de nombre (par M. Hoffmann)	87
	A. Nombres originaux japonais	»
	B. » chinois	89
§ XV.	C. » ordinaux	90
	D. » itératifs	91
	E. » réduplicatifs ou multiplicatifs	92
	F. » de sorte	93
	G. » distributifs	»
§ XVI.	H. » fractionnaires	95
§ XVII.	I. » indéterminés	96
§ XVIII.	K. Usage des noms de nombres.	99
§ XIX.	Mesures, poids et espèces monétaires de l'empire japonais (par M. Hoffmann)	105
	I. Mesures de longueur	»
	II. » de superficie	106
	III. » de capacité	»

TABLE DES MATIÈRES. 279

§ XX.	IV. Poids	107
§ XXI.	V. Monnaies de fer et de cuivre	108
	VI. » d'argent	109
	VII. » d'or	110
§ XXII.	Chronologie	111
	A. Énonciation de l'année	»
§ XXIII.	B. Chronologie des années	112
	Cycle sexagésimal	114
	Numération des années d'après les années du règne	115
	Chronologie d'après les noms des années	»
§ XXIV.	C. Numération des mois	117
§ XXV.	D. » des jours	119
§ XXVI.	E. » horaire	121
	Tableau horaire	122
	Subdivisions d'un *Toki*	124
	Variations du jour naturel	127

TROISIÈME CHAPITRE.

Pronoms (d'après le manuscrit)		128
§ I.	Pronoms personnels	»
§ II.	» possessifs	130
§ III.	» démonstratifs	»
§ IV.	» interrogatifs	131
§ V.	» relatifs	132

ADDITIONS AU TROISIÈME CHAPITRE.

	Origine, signification et emploi des pronoms japonais les plus usités (par M. Hoffmann)	133
§ VI	Théorie de la personne grammaticale	»
§ VII.	I. Noms qualificatifs	134
§ VIII.	II. Pronoms proprement dits	136
	Liste des adverbes de lieu	137
§ IX.	A. Pronoms formés des adverbes de lieu	138
§ X.	B. Adverbes de lieu déterminatifs attributifs avec le désinence génitive *ga* ou *no*	140
§ XI.	C. Pronoms substantifs personnels formés des adverbes de lieu, au moyen de la terminaison *re*	144
§ XII.	Remarques de M. Hoffmann sur la localisation pronominale	148
§ XIII.	D. Pronom réfléchi	149
§ XIV.	Suite	152
§ XV.	Pronoms réfléchis dérivés du chinois	155

GRAMMAIRE JAPONAISE.

§ XVI. E. Pronoms réciproques 157
§ XVII. F. Déterminations relatives.. 159
§ XVIII. G. Déterminations relatives formées par *tocoro* 161
§ XIX. H. Pronoms interrogatifs. 163
§ XX. Formes interrogatives 164
§ XXI. Coup d'œil rétrospectif sur les pronoms personnels. 166

QUATRIÈME CHAPITRE.

INTRODUCTION (par M. Hoffmann) 167
§ I. Préliminaire . . . . »
§ II. Racine verbale. 168
§ III. Mode impératif. 169
§ IV. Forme conclusive du verbe. 170
§ V. Le verbe comme nom substantif et comme adjectif 175
§ VI. Forme de flexion pour le temps futur. . . . . »
     Modification de cette forme . . . . »
§ VII. Gérondif. 176
      Nature et signification du gérondif japonais. . . . . »
§ VIII. La racine verbale au locatif pour la formation des sens adverbiaux déterminant la place et le temps 180
§ IX. La forme du futur au locatif, indice du sens adverbial présupposé. . . 181
§ X. Mo ou Tomo, formes de relation du sens adverbial conclusif. 183
§ XI. Preuve absolue et générale. 185
§ XII. Le verbe (d'après le Ms.). 191
§ XIII. Conjugaison. 192
§ XIV. Temps passé.. . . . . »
§ XV. Temps passé parfait. 193
§ XVI. Temps passé plus-que-parfait. 194
§ XVII. Temps futur. 195
§ XVIII. Temps futur passé. 196
§ XIX. Temps conditionnel et conditionnel passé. . . . . »
§ XX. Mode impératif. 197
§ XXI. Mode conjonctif (ou subjonctif).. . . . . »
§ XXII. Participe présent.. 198
§ XXIII. Observations. . . . . »
§ XXIV. Formes de politesse. 199
§ XXV. Paradigmes. 200
§ XXVI. Construction objective. 202
§ XXVII. Verbes impersonnels. . . . . »
§ XXVIII. Auxiliaires *Or*, demeurer. 208
§ XXIX. Forme passive des verbes.. 211
§ XXX. Degrés de dérivation passive. — 1er degré. 212
      XXXI. 2e degré. 213

TABLE DES MATIÈRES.

§ XXXII.	3ᵉ degré.	215
§ XXXIII.	Observations.	216
§ XXXIV.	Exemples de passifs.	217
§ XXXV.	Forme passive (d'après le Ms.).	219
§ XXXVI.	Forme négative (théorie de M. Hoffmann).	220
	Origine et essence de la forme négative..	»
§ XXXVII.	Dérivation des verbes négatifs.	221
§ XXXVIII.	Formes de conjugaison des verbes négatifs..	222
§ XXXIX.	Formes composées..	225
§ XL.	Exemples de l'usage des verbes négatifs..	226
§ XLI.	Forme négative des verbes (d'après le Ms.).	231
§ XLII.	Minou, ne point voir.	»
§ XLIII.	Oranou, ne point demeurer.	233

CINQUIÈME CHAPITRE.

ADVERBES, POSTPOSITIONS, CONJONCTIONS ET INTERJECTIONS.

	Adverbes.	236
§ I.	Généralités.	»
§ II.	Adverbes adjectifs..	237
	Postposition.	238
§ III.	Observations sur la nature et l'emploi des mots de relation (par M. Hoffmann).	»
§ IV.	Détermination de place.	241
§ V.	Postpositions.	248
§ VI.	Conjonction.	249
§ VII.	Relations réciproques des phrases et principaux moyens d'exprimer ces relations.	25
§ VIII.	Phrases enchaînées..	»
§ IX.	Sens subordonés et dépendants.	252
§ X.	Sens adverbiaux déterminant la qualité.	254
§ XI.	Sens exprimant la cause..	»
§ XII.	Sens modaux.	257
§ XIII.	Identité de signification des différentes formes.	259
§ XIV.	Interjection.	261
Table analytique.		263

FIN DE LA TABLE DES MATIÈRES.

ERRATA.

Page 27, note, 4ᵉ ligne en remontant : *mittaraba*, lisez *fimittaraba*.
» » » 3ᵉ » »   le chiffre 1 (de note) omis.
» 36, note 1, ligne 1 : ス, lisez レユ.
» 56, 3ᵉ ligne en remontant : *youe*, lisez *ouye*.
» 59, ligne 9 : *oou*, lisez *ouou*.
» » » » *fouroou*, lisez *fourouou*.
» » » 26 : *abtraits*, lisez *abstraits*.
» 76, ligne 13 : *ouo*, lisez *ou o*.
» 105, note : 2, lisez 1.
» 107, note : 2, lisez 1.
» 146, 4ᵉ ligne en remontant : *Taramo*, lisez *Taremo*.
» 189, note 1 : *Gwats*, lisez *Owats*.
» 199, ligne 18 : *inasi*, lisez *imasi*.
» 203, ligne 26 : *certains*, lisez *certaines*.

www.ingramcontent.com/pod-product-compliance
Lightning Source LLC
Chambersburg PA
CBHW071342150426
43191CB00007B/819